Siegfried Fiedler
Kriegswesen und Kriegführung im Zeitalter der Kabinettskriege

Heerwesen der Neuzeit

Herausgegeben von Georg Ortenburg

Abteilung II
Das Zeitalter der Kabinettskriege

Band 2

Siegfried Fiedler

Kriegswesen und Kriegführung
im Zeitalter der Kabinettskriege

Bernard & Graefe Verlag

Siegfried Fiedler

Kriegswesen und Kriegführung im Zeitalter der Kabinettskriege

Bernard & Graefe Verlag

Satz, Druck und Bindung: Druckerei Mühlberger, Augsburg
Herstellung und Layout: Walter Amann, München
Printed in Germany

ISBN 3-7637-5478-4

Inhalt

I. Zur Charakteristik der Epoche

In einem seiner sehr beachtenswerten Aufsätze beschrieb der deutsche Verfassungshistoriker Otto Hintze die Wandlungen und Wechselbeziehungen von Staats- und Heeresordnung als einen zusammenhängenden Entwicklungsprozeß von der Antike bis zur Gegenwart (1906). Er unterschied ihn »in drei große Epochen . . . in denen bestimmte Typen der Staats- und Heeresverfassung miteinander verbunden erscheinen: Die Epoche der Stammes- und Geschlechterverfassung in der Urzeit, die Epoche des Feudalismus im Mittelalter und die Epoche des Militarismus in der neueren Zeit . . .«[1] Der Verfasser legte den heutzutage total inkriminierten Begriff rein historisch dar, ganz wertfrei und ohne jede Polemik, indem er die Bildung stehender Heere seit der Mitte des 17. Jahrhunderts als wesentlichstes Merkmal des absolutistischen Zeitalters bezeichnete, als die zentralisierten Groß- und Einheitsstaaten in Europa entstanden. Die dadurch bedingte militärisch-politische Machtentfaltung sei aus den Rivalitätskämpfen jener werdenden Staaten seit Beginn der frühen Neuzeit hervorgegangen.

Von da ab hatte es keinen dauerhaften Frieden mehr gegeben. In fast ununterbrochener kriegerischer Anspannung gestaltete sich die moderne Staatenwelt, ausgehend vom Ringen zwischen Frankreich und dem habsburgischen Imperium um die Vorherrschaft. Als die Großmacht im Westen am Ende des 30jährigen Krieges triumphierte, galt es, ihrem weiteren Ausdehnungsdrang Schranken zu setzen, was mit der Wiederherstellung des europäischen Gleichgewichtes endete. Doch blieb der Zustand eines »flüssigen, labilen und konkurrierenden Staatensystems«, in dem es kein Stillstehen gab und eine friedliche Dauerordnung unerreichbar schien[2]. Es kam zu gewaltigen Umwälzungen und Neubildungen. England begann zur Weltmacht aufzusteigen, Schweden verlor seine beherrschende Position im Ostseeraum, an dessen Stelle trat Rußland als neue achtunggebietende Militärmacht, mit seinen fortgesetzten Siegen über die Türken war Österreich zum starken Vielvölkerstaat emporgewachsen und zuletzt erkämpfte sich das kleine Königreich Preußen durch robuste Selbstbehauptung in gefährdeter Mittellage seinen Rang im Konzert der Großmächte.

Mit diesem, im Blickfeld der Außenpolitik liegenden Aufstieg der souveränen Machtstaaten entwickelte sich das europäische Wehrwesen vom ungebundenen, nur für den Kriegsfall angeworbenen Unternehmerheer zum stehenden Fürstenheer des »miles perpetuus«. Der in der Militärliteratur geläufige Ausdruck bezeichnet den

---

1 O. Hintze: Staatsverfassung und Heeresverfassung. Gesammelte Abhandlungen, Göttingen 1970, S. 58.
2 C. Hinrichs: Preußen als historisches Problem. Gesammelte Abhandlungen, Berlin 1964, S. 22.

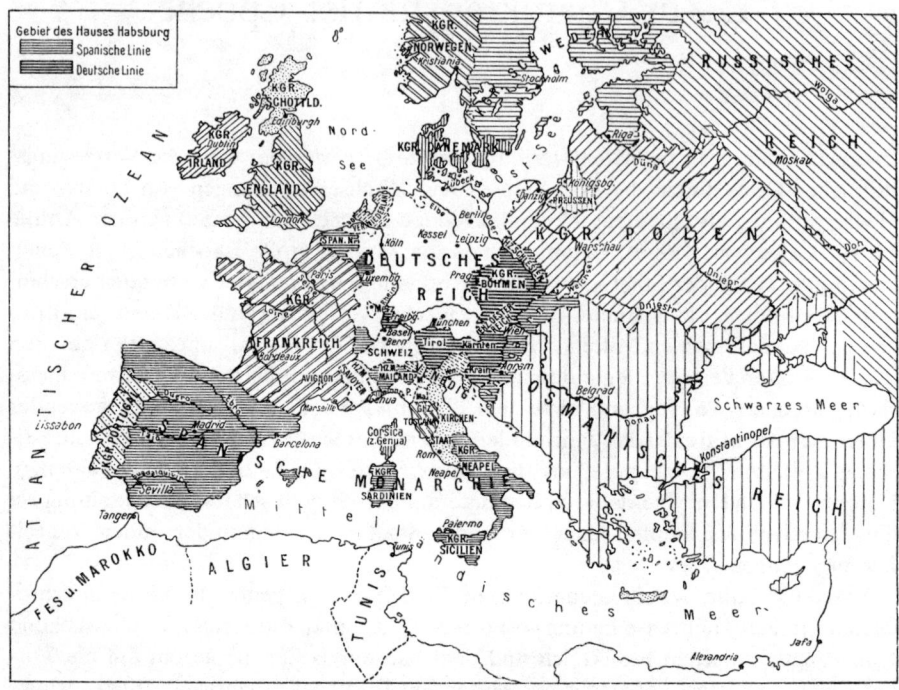

Abb. 1. Übersichtskarte Europa nach dem Westfälischen Frieden.

ausschließlich auf den Monarchen verpflichteten, vollständig seiner staatlichen Gewalt unterworfenen, auch im Frieden bereitgehaltenen und gründlich geschulten Soldaten im Unterschied zu seinem Vorgänger, dem freien Söldner als Angehöriger einer
Kriegerschar ohne Staat. Innenpolitisch bedeutet die militärische Entwicklung einen
wichtigen Wendepunkt im langen Kampf zwischen den Landesherren und ihren vorwiegend adligen Ständen um das Besteuerungsrecht. Soweit der Herrscher als Sieger
hervortrat, flossen die abgetrotzten Finanzmittel in seine eigene Kasse, so daß mit
Hilfe einer leistungsfähigen Verwaltung eine starke bewaffnete Macht geschaffen und
dauernd unterhalten werden konnte[3]. In dem konfliktreichen Prozeß gingen Rüstung,
Machtpolitik und Verfassungsumbildung Hand in Hand. Alles kam darauf an, das
gesamte Staatsgebiet einheitlich zu regieren, zentralistisch zu verwalten und auf die-

---

3 Die Aufwendungen für die Sicherheit des Landes, wozu der Fürst seit je verpflichtet war,
reichten aus den althergebrachten Einkünften – Domänen als Haus- bzw. Funktionsbesitz
und Regalien, d. h. den seit dem Mittelalter der fürstlichen Gewalt zustehenden Hoheits-
rechten – nicht aus.

8

ser militärisch gesicherten Grundlage alle Teile streng zusammenfassend zu einem festen Ganzen zu verbinden. Das lag überall im Zuge der geschichtlichen Notwendigkeit. Nach gebrochener ständischer Vorherrschaft leistete das Heer die Gewähr, daß der Fürst nicht mehr unter den Druck konträrer politischer Willensbildung geriet. Schon aus diesem Grund wurde es vom zivilen Staatsleben abgesondert gehalten, ohne Möglichkeit bürgerlicher Einflußnahme mit eigener Gerichts-, Polizei- und Kirchenordnung.

Die absolute monarchische Herrschgewalt hat sich in Kontinentaleuropa ab Mitte des 17. Jahrhunderts kontinuierlich, wenn auch nicht vollendet, durchgesetzt. England hingegen blieb davon ausgenommen, weil dessen Weltlage im Zusammenhang mit Handel, Schiffahrt und Kolonialmacht weder eine straff ausgebildete oberste Staatsgewalt noch eine starke Armee nötig machte. Nach herkömmlichem Periodisierungsschema wird der Geschichtsverlauf vom Westfälischen Frieden 1648 bis zur Französischen Revolution allgemein als das »Zeitalter des Absolutismus« markiert. Gegen diesen Epochebegriff erhebt die neuere historische Wissenschaft allerdings berechtigte Einwände; denn die Zustände und Ereignisse zeigen ein viel differenzierteres Bild. Nicht nur, daß innerstaatliches Wachstum schon in der frühen Neuzeit begann und die Landstände durchaus daran beteiligt waren, auch die den Absolutismus hemmenden und begrenzenden Kräfte fielen ins Gewicht. Selbst im Musterstaat Ludwigs XIV. überwog das Feudalsystem auf die Dauer die Politik der Machtkonzentration. Weiterhin bereitet der Einbezug kultureller und wirtschaftlicher Entwicklung in den Zusammenhang des Zeitalters seine Schwierigkeiten, da für jeden Bereich eine andere Periodisierung zutrifft. Militärgeschichtlich gesehen liegen die Dinge kaum einfacher. Wie der Beginn des Absolutismus in Frankreich, schon im Hinblick auf den 100jährigen Krieg gegen England und den folgenden Kampf gegen die spanisch-habsburgische Umklammerung bis zur Mitte des 15. Jahrhunderts zurückreicht, so auch die Anfänge des stehenden Heeres. Das gilt für das gesamte Kriegswesen: die militärisch-funktionale Hierarchie, die systematisierte Taktik und Truppengliederung, die indirekten Methoden der Strategie und die Magazinversorgung. Alles ist schon viel früher nachweisbar; ansatzweise im Söldnertum des Mittelalters, in ausgeprägterer Form nach der Wende zur frühen Neuzeit[4]. Wesentliche Erscheinungsweisen aus absolutistischer Zeit blieben auch nach der Französischen Revolution zwangsläufig aus Gründen der Waffentechnik und der geschlossenen Ordnung in der Taktik noch lange erhalten.

Wieder eine andere Frage ist es, ob das Ende des 30jährigen Krieges in sozialgeschichtlicher Hinsicht als »Wasserscheide« zwischen dem alten Söldnerheer und dem neuen stehenden Soldatenheer angesehen werden kann. Das Soldatentum der Fürsten setzte sich personell aus den Veteranen des langen Orlogs zusammen. »Die

---

4 Über die weiterreichenden Kontinuitäten siehe S. Fiedler, Abt. I, Bd. 2 dieser Reihe: Kriegswesen und Kriegführung im Zeitalter der Landsknechte. Koblenz 1985, S. 7 ff.

Soldbanden wurden nicht ersetzt durch ein Kriegertum anderen Ursprungs, sondern sie änderten ihren Charakter, indem sie dauernd unter den Fahnen blieben und zu stehenden Heeren wurden[5].« Der dennoch gravierende Wandel kam der zivilen Umwelt zunächst nicht zum Bewußtsein, weil der Soldat schlechthin in einem üblen Rufe stand. Die pauschale Diskriminierung als vagabundierender Taugenichts und Mordbrenner hat er aber nicht verdient. Allzuoft ist er aus schuldhaftem Versagen seiner Führung oder im allgemeinen Fatalismus restlos zusammengebrochener Heeresversorgung dem Elend überlassen geblieben, das zur Selbsthilfe zwingen mußte. Das negative Klischeebild wurde auch im landesherrlichen Interesse publizistisch verbreitet, um die neue Heeresverfassung gegenüber der ständischen Renitenz wirksamer zu vertreten[6]. Unabhängig davon haben Staatsmänner und Militärtheoretiker die Umformung des Wehrwesens als einen wichtigen Fortschritt empfunden.

Wenn sich das stehende Heer großenteils wie bisher durch die Söldnerwerbung ergänzte, folglich noch keine enge innere Bindung an den Staat haben und keine feste Wurzel im Volk fassen konnte, so wird es hier im gewohnten periodisierten Rahmen dargestellt und betrachtet, obgleich dieser epochale Rahmen als zu einseitig erscheinen mag. Das entscheidende, allen Heeren gemeinsame Charakteristikum war das zum artgemäßen Berufsstand ausgeprägte neuzeitliche Soldatentum. Erstmalig in der nachantiken Geschichte trat der militärische Typus des »miles perpetuus« wieder in Erscheinung. Er löste den allein für Sold und Kriegsbeute kämpfenden, das Waffenhandwerk als Selbstzweck ausübenden Landsknecht ab. Der Status eines Söldners änderte nichts an diesem Sachverhalt. Der Soldat unterschied sich von seinem geschichtlichen Vorgänger durch folgende wesentliche Merkmale: Seine Existenz war ausschließlich auf den Staat bezogen, der ihn in Pflicht nahm. Nach dem Willen seines fürstlichen Schöpfers sollte er gehorsam dienen, durch den leiblichen Fahneneid fest an seine Person gebunden. Er wurde strengster Disziplinierung unterworfen und erhielt eine intensive Ausbildung, um ihn für den Normalfall der Schlachtkrise sicher in die geschlossene taktische Gefechtsordnung einzufügen. Einheitlich reglementierte Dienstformen bestimmten sein Leben. Auf das berufsständische Ethos verpflichtet, verband den Soldaten das Bewußtsein der Solidarität mit seinen Kameraden und Vorgesetzten zu einer Regimentsgemeinschaft besonderer soziologischer Prägung sui generis.

Es erleichtert das Verständnis des Überganges vom alten zum neuen Heer, wenn zuvor Klarheit über das Wesen des Absolutismus und seine geschichtliche Wirkung gewonnen wird:

Er gründete sich auf die Idee der Souveränität, die der bedeutsame französische Systematiker des Staats- und Verwaltungsrechtes, Jean Bodin (1530–1596), inmitten der Schrecknisse blutiger Glaubenskämpfe zur Zeit der Hugenottenkriege theoretisch

---

5 H. Delbrück: Geschichte der Kriegskunst, Bd. IV, S. 255.
6 Vgl. B. R. Kroener: Soldat oder Soldateska? In: Beiträge zur Mil.- und Kriegsgeschichte, Bd. 25, Stuttgart 1982, S. 100 ff.

formuliert hat. Mit seiner Gedankenarbeit suchte er den chaotischen Zustand innerer Zerrissenheit und äußerer Schwäche zu überwinden. Die Formel, die Bodin fand, beinhaltete die außen- und innenpolitisch völlig unabhängige und unteilbare oberste staatliche Gewalt. Sie umschrieb das Ideal eines Staates, der die absolute Herrschaft besaß und durch sein alleiniges Gesetzgebungsrecht befähigt war, die in tödlicher Feindschaft zerstrittenen Parteien zur Ordnung zu zwingen. Da die Monarchie in ihrer Abwehr von den universalen Ansprüchen der Kirche und allen Forderungen der Stände gestützt werden mußte, konnte es solcher Maxime gemäß nur der König sein, dessen Wille als höchstes Gesetz galt. Er erhielt das Szepter weder vom Papst, noch vom Volk, sondern von keinem anderen als von Gott und blieb folglich ihm allein verantwortlich. Selbst wenn der legitime Souverän die göttlichen und natürlichen Rechte verletzen sollte, wäre die Tyrannei immer noch besser als die Anarchie[7].

Auf Bodin berief sich der englische Philosoph Thomas Hobbes (1588–1679), der unter dem Eindruck des Bürgerkrieges im eigenen Land wie der Unruhen in Frankreich in gleicher Grunderkenntnis den starken diktatorisch regierten Staat als einzige Alternative zum Chaos postulierte. Da das Prinzip der Lebenserhaltung der Egoismus sei, der gesellschaftliche Naturzustand des Menschen der Kampf aller gegen alle, könne nur eine absolute Macht die Räuberinstinkte bändigen; eigentlich schon die Furcht, die solche Macht erzeugt. Daraus resultiere die Notwendigkeit der Oberhoheit eines Monarchen, der zum Schutz des Lebens und des Friedens mit harter Hand zu herrschen habe, ohne durch das Gesetz gebunden zu sein, damit jeder Rückfall in die Gesetzlosigkeit des Urzustandes verhindert würde. Der Bürgerkrieg sei schlimmer als jede Despotie.

Inwieweit im Bewußtsein des absolutistischen Legitimitätsprinzips die natürliche Person des Souveräns und die juristische Person des Staates als wesensgleich galten, das erhellt die Selbstauffassung König Ludwigs XIV. von seinem Herrscheramt. Durch die Geburt von Gott eingesetzt und auf den höchsten Platz gestellt, besitzt der vorbildliche Monarch, wie ihn Frankreich braucht, die alleinige höchste politische Einsicht in die Notwendigkeit aller anstehenden Entscheidungen, wenn er die schwierige Detailarbeit des Regierens auch kraft eigenen Entschlusses zum absoluten Selbstherrschertum persönlich ausübt. Dann können die einzigartigen Möglichkeiten seiner erhabenen Stellung verwirklicht und die mit diesem höchsten Rang gegebenen Qualitäten wirksam werden. In einem solchen Sinne ist der dem König zugeschriebene, aber nicht belegte Ausspruch »l'Etat c'est moi!« zu verstehen[8].

Neben der Lehre von der Souveränität bildete die Idee der Staatsräson den zweiten Pfeiler absolutistischer Regierungspraxis. Auf Machiavelli als ihrem ersten Theoreti-

---

7 Über die Grundbedingungen, die den Absolutismus im Zeitalter Ludwigs XIV. nach Bodins Definition einschränkten, siehe G. Barudio: Das Zeitalter des Absolutismus und der Aufklärung 1648–1779, Fischer Taschenbuch, Bd. 25, Frankfurt a. M. 1981, S. 88 f. u. 109 ff.

8 C. Hinrichs: Zur Selbstauffassung Ludwigs XIV. in seinen Memoires, Gesammelte Abhandlungen, S. 299 ff. u. Barudio, a. a. O., S. 109 ff.

Abb. 2. Titelkupfer zum »Leviathan« von Thomas Hobbes. Das wichtigste Zeugnis seines politischen Denkens, mit dem er vor dem Hintergrund des Bürgerkrieges die ungeteilte Einheit und Stärke staatlicher Souveränität begründete. Das Bild zeigt die Vereinigung aller Gewalt in der Hand des Königs: links die Symbole der militärischen, rechts der ideologischen Macht.

ker zurückgehend, enthielt sie die leitende Maxime des machtpolitischen Handelns unter dem Gesichtspunkt der Staatsnotwendigkeit und der Selbstbehauptung, der den Vorrang gegenüber Freiheit, Eigentum und Privatinteressen aller Bürger rechtfertigte. Als subjektives Prinzip des Herrscherwillens schrieb die Staatsvernunft dem Souverän jeweils vor, welchen Entschluß er zum Wohle des Ganzen zu fassen hatte[9].

Außer jedem Zweifel steht, daß der Absolutismus mit der Organisation des modernen Macht- und Einheitsstaates seine größte Leistung vollbrachte. Ohne sie wäre der enorme zivilisatorische Aufschwung seit dem 18. Jahrhundert nicht denkbar. Bahnbrechende Gesetze schufen eine feste Rechtsordnung. Die etablierte, nach rational durchgebildeter Verwaltungstechnik arbeitende Finanzbürokratie ermöglichte regelmäßige Steuereinnahmen, und der davon ausgehende Druck der Staatslast ließ sich durch die ökonomische Entwicklung mildern, indem der Reichtum des Landes anstieg. Der Merkantilismus als typisches System absolutistischer Wirtschaftsführung bezweckte die künstliche Förderung von Gewerbe, Industrie und Handel, insbesondere der Güterausfuhr. Alles planmäßig gelenkt, wurden die Teile des Staatsgebietes zu einem nach außen abgeschlossenen, relativ autarken Wirtschaftskörper in der Einheit von Münze, Maß und Gewicht zusammengefaßt, mit einem freien Innenmarkt und strengen Zollgrenzen. Die Ökonomie aller Großstaaten stand im Dienste der Machtsteigerung, die in der dauernden Gespanntheit der politischen Lage Europas eine permanente Rüstung erforderte und aufzeigte, wie der Absolutismus »in der Begleitung von Militarismus und Bürokratie«[10] vordrang. Frankreich erreichte die weitesten Ziele; es besaß eine starke Handels- und Kriegsflotte und wurde Kolonialmacht.

Alle Erfolge waren nicht zuletzt den gesammelten Früchten des Geisteslebens zu verdanken, das auf der Bahn eines beschleunigten Fortschrittes der Wissenschaften die Kultur Europas seit der Renaissance überaus bereichert hat. In riesiger Gedankenarbeit erhob der philosophische Rationalismus die Vernunft zur absoluten Norm des Denkens und Verhaltens und definierte sie als Fähigkeit, alle Phänomene des Lebens begrifflich zu erfassen und analytisch zu zergliedern, um die Welt organisatorisch zu beherrschen[11]. Demzufolge wurden alle materiellen Bereiche des Staatswesens zielgerichtet in den großen Rationalisierungsprozeß einbezogen: die Administration, die Wirtschaft und ebenso die militärischen Machtmittel. Davon ging eine beispiellose leistungssteigernde Wirkung aus. Im Gesamtzusammenhang ist zu erkennen, daß die Staatsräson auch eine kriegerische war.

---

9 Fr. Meinecke: Die Idee der Staatsräson in der neueren Geschichte, München 1957.
10 O. Hintze: Wesen und Wandlung des modernen Staates. Gesammelte Abhandlungen, S. 480.
11 Die Entwicklung vom Alten zum Modernen durch die geistigen und moralischen Kräfte anschaulich dargestellt von P. Hazard: Die Krise des europäischen Geistes 1680–1715, dtsch. Ausgb. Hamburg 1939.

Da jedoch jede Sache an sich selbst ihre gute und ihre schlimme Seite hat, so lag der schwerwiegende Nachteil des Absolutismus in einer schädlichen Bevormundung aller Bürger, in ihrer Erniedrigung zu Untertanen. Das wurde aber zunächst nicht als Druck oder gar als Zwangsregime empfunden. In Frankreich, das an den Rand des Ruins getrieben stand, sehnte sich das Volk nach Ruhe, innerer Ordnung und äußerer Sicherheit. Es erwartete eine gerecht arbeitende Verwaltung und erhoffte eine disziplinierte Armee. Außerdem hielt man allgemein königliche Macht für überliefert, die Obrigkeit als von Gott verordnet, so daß die ihr geschuldete Achtung nicht verletzt werden konnte, ohne ein Sakrileg zu begehen. Ähnlich waren die Verhältnisse in Deutschland, wo nach all den Greueln und Verwüstungen des 30jährigen Krieges der Wiederaufbau starke Herrscherhände erforderte. Ihr Eingreifen selbst in private Bereiche nahm der Untertan als ein relativ kleines Übel hin. Erst später unterlag das subjektive Bewußtsein im Unterschied zu den objektiven unveränderten Staatszuständen einem Wandel durch die Infiltration der ideologischen Botschaften und des philosophischen Programms.

Sie war im Strom der Aufklärung entstanden; jener kritischen Geistesbewegung, die im ausgehenden 17. Jahrhundert von England her ihren Ausgang genommen hatte, in Frankreich größte publizistische Wirkung erzielte und bald ganz Europa beherrschte. Sie beruhte auf dem naturwissenschaftlichen Weltbild der Neuzeit und auf den Resultaten des rationalen Denkprinzips, woraus sich zwangsläufig die Forderung nach einem Wandel im gesellschaftlichen Leben des Menschen ergab. Wenn er das Maß aller Dinge war, mußte der Bürger aus seiner politischen Unmündigkeit heraustreten und von seiner Vernunft auch öffentlichen Gebrauch machen können, ohne obrigkeitlicher Leitung zu bedürfen. Mit innerer Logik richteten sich solche humanitären Fortschrittsthesen gegen das absolutistische Regime. Die immer mächtiger werdenden Ideen der Aufklärung erschütterten schon frühzeitig die Fundamente, auf denen der Alleinherrscher stand, und nach den großen Kriegen des 18. Jahrhunderts formierten sie Opposition gegen sein stehendes Heer[12]. Demgegenüber konnten die Fürsten nicht abseits bleiben. Hervorragende Persönlichkeiten haben sich dem hohen Ideengut besonders verpflichtet gefühlt und ihre Regierungsweise daran ausgerichtet. Zwar ist es keinem möglich gewesen, das innere Gefüge des Staates mit seiner getrennten, ständisch abgestuften sozialen Schichtung abzuändern, doch ihr Wohlfahrtsdrang, durch eine geordnete Finanzwirtschaft und die Kraft der Arbeit das Land auch im Interesse der »kleinen Leute« zur Blüte zu bringen, läßt sich nicht bestreiten. Für diesen »Aufgeklärten Absolutismus« ist der Preußenkönig Friedrich der Große als vornehmster Repräsentant eines ganzen Zeitalters bezeichnet worden.

---

12 Zur prinzipiellen Opposition gegen Geist und System der Regierung Ludwigs XIV. siehe W. Gembruch: Zur Kritik an der Heeresreform und Wehrpolitik von Le Tellier und Louvois, in: Militärgeschichtliche Mitteilungen, H. 12, Jg. 1972, S. 7 ff.; die Opposition gegen die stehenden Heere zur Spätzeit des Absolutismus bei M. Lehmann, Scharnhorst, Bd. 1, Leipzig 1886, S. 50 ff., 68 ff. und 204 ff.

Er hat nicht nur das Herrscheramt mit einer Befähigung und Hingabe ohnegleichen ausgeübt, sondern darüber hinaus als erster Staatsdiener sein Königtum auf die Regeln des Vernunftrechtes gegründet, jeder überirdischen Weihe und zeremonieller Überhöhung entkleidet, und er hat damit das Musterbeispiel gegeben.

Die Wehrverfassung im Zeitalter des Absolutismus stimmte mit der Staatsverfassung voll überein. Das stehende Heer lag als politisches Machtinstrument allein in der Hand des Monarchen, jederzeit beliebig nach seinem Willen verwendbar. Sobald ihm nach schrittweiser Überleitung der gesamte militärische Apparat unmittelbar zur Verfügung stand, waren alle Regimenter verstaatlicht, die Übel und Gefahren der Söldnerzeit beseitigt. Ein dramatischer Konflikt wie zwischen dem Großunternehmer Wallenstein und seinem Kaiser konnte sich nicht mehr wiederholen.

Ein Rest des Unternehmertums lebte aber fort. Der Landesherr hatte zwar als nunmehr wirklicher Eigentümer sämtliche Truppenteile etatisiert, die administrative Verantwortung für die Kompaniebereiche jedoch den zuständigen Chefs übertragen. Dort trug das investierte Kapital der betreffenden Offiziere weiter zum Unterhalt bei, und ihre Nachfolger mußten sie jeweils entschädigen. Demnach bedeutete das Ende der selbstherrlichen Regimentswirtschaft den Anfang der zum Teil noch eigenständigen Kompaniewirtschaft. Die Kriegskasse gab den Chefs einen Pauschalbetrag, von dem sie die Soldaten löhnten, die Bekleidung besorgten, Waffen und Ausrüstung instandhielten, die Werbung bestritten und bei der Kavallerie auch das Pferdefutter kauften. Da ihnen hierbei ein großer Spielraum überlassen blieb, durch angemessene Haushaltsführung auch einen persönlichen Profit herauszuwirtschaften, erhielten die Regiments-Chefs, alle Stabsoffiziere und die älteren Kapitäne eine Kompanie, die dann Stellvertreter kommandierten. Dieses Verfahren, das im Verlauf des 18. Jahrhunderts eingeschränkt wurde, ist mehr oder weniger zwangsläufig in die neue Militär-Ökonomie hineingelangt[13].

Eine Fortsetzung des Unternehmertums ganz anderer Art bestand in der »Subsidienpolitik« der kleineren deutschen Territorialherren. Sie schlossen Allianzen mit reichen Kriegsmächten ab, wonach die neu errichteten Regimenter gegen Bezahlung in die Hände des Geldgebers gelangten. Bei eigener Teilnahme an einem Koalitionskrieg oder am Türkenkrieg im Bündnis mit dem Kaiser galten ähnliche Subsidien-Verträge. Auf diese Weise konnte ein stehendes Heer in angemessener Stärke unterhalten werden, wie man es zu besitzen wünschte, auch wenn dazu die eigenen Geldmittel nicht ausreichten.

13 Das Standardwerk leider nur in Englisch von F. Redlich: The German Military Enterpriser and his Work Force. A Study in European Economic and Social Historie Vol. I und II, Vierteljahrschr. f. Sozial- und Wirtschaftsgeschichte, Beiheft 47 und 48 1964/65, hier der dritte Teil: The Decay and Demise of Military Entrepreneurship; für die preußische Armee siehe auch M. Lehmann: Werbung Wehrpflicht und Beurlaubung im Heer Friedrich Wilhelms I., Historische Aufsätze und Reden, Leipzig 1911, S. 144 f. und 359, und C. Jany: Geschichte der Kgl. Preuß. Armee, Bd. I, Berlin 1928, S. 580 ff., 734 f. und 759.

Der Soldat basierte gemäß seinem rechtlichen Status nicht wie zuvor noch der Landsknecht als Vertragspartner auf der gegenseitigen Verpflichtung zwischen Söldner und Kriegsherrn, sondern er unterlag der einseitigen Befehls- und Disziplinargewalt seines Fürsten. Dem entsprach der Übergang von den »Artikelsbriefen« zu den »Kriegsartikeln«. Sie galten als absolut verbindliche Rechtsnormen für die gesamte Mannschaft ohne Unterscheidung in Fußvolk und die früher rangmäßig höher gestellte Reiterei. In der preußischen Armee galten sie nicht für das adlige Offizierkorps, wodurch dessen soziale Heraushebung als besonderer Stand offiziellen Ausdruck fand; zugleich die breite Kluft zu den Unteroffizieren, die zur Mannschaft zählten. Um die innere Ordnung der Heere zu gewährleisten und die Disziplin gegen die vielen Möglichkeiten von Verstößen und Verfehlungen durchzusetzen, enthielten die Kriegsartikel eine lange Reihe scharfer Bestimmungen. Gegenüber den Artikelsbriefen, die dem gleichen Zweck gedient hatten, waren sie strenger gefaßt, genauer detailliert und auf die Maßregeln des Friedensdienstes erweitert worden. Ausführlich machten sie jedem Soldaten bekannt, was er zu beachten, wonach er sich zu richten und was er in jedem einzelnen Fall des Zuwiderhandelns an Strafen zu erwarten hatte. Gleich am Anfang stand die Ermahnung zur Frömmigkeit und zum regelmäßigen Kirchenbesuch. Drakonische Bestrafung bedrohten Aufsässige und Meuterer, Fahnenflüchtige, Feige und Verräter, schlafende Posten und Pflichtvergessene aller Art, Diebe, Plünderer und Marodeure, Notzuchtverbrecher sowie Rauf- und Trunkenbolde. Keine Missetat aus der breiten Skala herkömmlicher Heeresübel blieb ausgelassen. Erst nach Kenntnisnahme dieser Gebote und Verbote schwor der frisch Geworbene den Fahneneid. Im Verlauf seiner Dienstzeit wurde ihm der Inhalt der Kriegsartikel durch häufiges Verlesen ihrer Texte immer wieder in Erinnerung gebracht[14].

Dem gleichen Bestreben, die Disziplin nachhaltig zu stärken, dienten die Exerzierreglements, die außer den Vorschriften für die kleine und große Taktik allgemeine Richtlinien darüber, wie der Dienst im Felde und in der Garnison geschehen sollte, mit umschlossen. Diese Art der Kodifikation bezeichnet ebenso augenfällig wie die Kriegsartikel eine Entwicklungsstufe in der Heeresgeschichte. In Preußen bezog das erste, für eine ganze Waffengattung verbindliche Infanteriereglement des Potsdamer Soldatenkönigs von 1714 sogar Maßnahmen der inneren Truppenwirtschaft in den hier am schärfsten vorangetriebenen Prozeß genereller Uniformität ein. Dem offenbar nicht genügenden Versuch folgten bald bis in alle Einzelheiten festgelegte Ökonomie-Reglements für jedes Regiment, die aus Gründen wirtschaftlicher Notwendigkeit den Machtbereich des zuständigen Chefs weiter einengten und ihm unter

---

14 Eine Sammlung aller Gesetze und Vorschriften, worauf »der gantze Militär-Staat beruhet«, einschließlich bedeutender Rechtsgrundlagen früherer Jahrhunderte, hat J. Chr. Lüning 1723 mit seinem »Corpus iuris militaris« herausgebracht; Fasimiledruck in der Biblitheca Rerum Militarium, Osnabrück 1968.

königlicher Kontrolle das verantwortungsvolle Amt eines »guten Wirthes« auferlegten[15].

Um die Bürger und Bauern nicht neuer Bedrückung durch übermäßige Ansprüche der Soldaten auszusetzen, regelten zahlreiche Ordonnanzen (Verordnungen) bzw. Edikte die Verpflegung der Armee, auch die Bekleidung, die Einquartierung und die Truppenmärsche; viel schärfer und detaillierter als die ersten landesherrlichen Versuche dieser Art im 30jährigen Kriege. Sie bezeugen den Willen des Staates, seine bewaffnete Macht in den Grenzen ihrer existenziellen Abhängigkeit von der merkantilistischen Leistungskraft des arbeitenden Volkes zu halten. Darauf entfiel der weitaus größte Teil der Rüstungskosten. Der Etat für die Produktion der Waffen war vergleichsweise gering; denn bis zum normalen Verbrauch verging eine lange Zeit[16].

Auch die stehenden Heere ergänzten sich primär durch die Werbung. Eine Verpflichtung der Untertanen zum Wehrdienst, die nur zwecks Landesverteidigung möglich schien, lag nicht im besonderen Interesse des absolutistisch regierten Großstaates. Er verfolgte offensive Kriegsziele und benötigte hierfür brauchbare Truppen. Vor allem entsprach es den Erfordernissen des Merkantilismus, daß die Rekruten weniger aus dem eigenen als aus einem fremden Lande kamen. Er setzte ein sich gegenseitig bedingendes, nicht hemmendes Verhältnis von Wirtschaftskraft und Wehrkraft voraus. Die produktiven Stände, die bürgerlichen Berufe und die Landwirte, mußten vom Militärdienst ausgeschlossen bleiben; denn sie garantierten als Steuerträger das Wachstum des Staatsvermögens. Nur die Angehörigen der unteren sozialen Schicht ließen sich teilweise entbehren. Demzufolge verfuhr man nach dem Grundsatz: jeder im Ausland angeworbene Freiwillige erhält dem Staat einen schaffenden Menschen und nimmt dem potentiellen Gegner einen Soldaten weg. Das ständige Bestreben, die Heere zu vergrößern, um im Kriege dem Feind mit numerischem Übergewicht entgegenzutreten, dazu die starken, durch eine immer länger werdende Kette von Feldzügen verursachten Ausfälle erhöhten jedoch den Ergänzungsbedarf. Da es qualifizierte Freiwilligenheere aber nur im kleineren Umfang geben konnte, war die nötige Menge gesuchter Soldaten bald nicht mehr vorzufinden. So griff das Rekrutenpressen mittels List und Gewalt um sich, trotz fataler Rückwirkung auf die Desertion. Landsknechte des 17. Jahrhunderts hatten aus Profitgründen oder aus materieller Not meistens bei einem anderen Söldnerführer ihr Fortkommen gesucht, massenweise wollten nun die eingefangenen Soldaten ihre Freiheit wiedergewinnen. Dadurch verschärfte sich der typische Zwangscharakter der Heere, was die Gefahr der Fahnenflucht noch erhöhte und ihre Verhütung zur Hauptsorge machte.

---

15 H. Bleckwenn: Die Ökonomie-Reglements des altpreußischen Heeres in der Reihe Das altpr. Heer Erscheinungsbild und Wesen 1713–1807, T. 1, Bd. 2, Osnabrück 1973.

16 Noch zu napoleonischer Zeit kämpfte man mit Steinschloßflinte und glattem Vorderladergeschütz; fielen die Kanonen im Kriege nicht dem Feind in die Hände, so lagerten sie unbegrenzt in den Zeughäusern, desgleichen die Vorräte an Feuer- und Blankwaffen.

Aus mancherlei Gründen wurden aber auch noch andere Methoden der Heeresergänzung üblich. In Deutschland, wo die Fürsten vor und nach 1600 im Einvernehmen mit ihren Ständen durch Auswahl waffentauglicher Landeskinder und deren kurzfristige Ausbildung die »Defensionswerke« geschaffen hatten, griff man auf diese Einrichtung zurück. Hauptsächlich für den Festungs- und Garnisondienst vorgesehen, entstanden daraus straffer organisierte Miliz-Formationen. Die Aushebung der Untertanen sollte die Feldarmee entlasten, doch diente sie zugleich ihrer Verstärkung, indem Teile der Miliz-Mannschaft die Lücken der stehenden Regimenter auffüllten oder ganze Einheiten hinzutraten. In Frankreich zur Zeit Ludwigs XIV. vermehrte die Miliz das Kriegsheer in einem erheblichen Maße.

Wenn die Wehrpflicht des Volkes schon im Mittelalter nicht mehr in den Gesetzen zur Heeresaufbringung stand, weil das Qualitätskriegertum allein zu Felde zog, so war sie doch de facto niemals ganz aufgehoben. Vom Standpunkt des unumschränkt regierenden Landesherrn aus behielt der wichtige Grundsatz der Verpflichtung zum Landesschutz seine Gültigkeit. Mit aller Schärfe hat sich der Soldatenkönig Friedrich Wilhelm I. in Preußen darauf berufen, als er seine reguläre Armee anfangs nur aus einheimischen Bauernsöhnen rekrutierte, ihren Heeresdienst allerdings durch ein großzügiges Beurlaubungssystem erleichterte. Sein Verfahren, das nicht aus dem Söldnertum stammende Milizwesen für das stehende Heer nutzbar zu machen, empfahl zur Nachahmung.

Dies alles besagt, daß sich das Heer des Absolutismus nicht in ein logisches Begriffsschema einfügen läßt, da es zur verbindlichen Definition keine vollständig anwendbaren Merkmale aufweist[17]. Entwicklungsgeschichtlich steht es auf einer Zwischenstufe als maßgebliche Institution des kontinental-europäischen Staates. Der national gemischte Soldatenstand blieb von der zivilen Gesellschaft getrennt und besaß schon dadurch keinen rechten Zugang zur Eingliederung in den Volkskörper[18].

Am kompliziertesten lagen die militärischen Verhältnisse im deutschen Reich. Angesichts der seit Ludwig XIV. drohenden Expansionsgefahr wurde zwar eine straffe Kriegsverfassung beschlossen, die ein ständig einsatzbereites Reichsheer zum Ziel hatte, doch die Durchführung beschränkte sich auf die Gebiete der Kleinstaaterei. Die Fürsten der größeren Territorien nützten ihre im Westfälischen Frieden verbürgte Souveränität zur Begründung eigener Militärmacht. In den zersplitterten Kreisbereichen der vielen kleinen Reichsstände hatte man dann umso größere Schwierigkeiten, die mühsam zusammengebrachten Truppen im Kriegseinsatz auf den Beinen zu halten. Zur Vollständigkeit fehlte ihnen ebenso viel wie zur Einheit und Einheitlichkeit.

---

17 Siehe G. Papke: Von der Miliz zum Stehenden Heer. Wehrwesen im Absolutismus (Handbuch zur deutschen Militärgeschichte 1648–1919, Bd. 1, Abschn. I, Ausg. München 1983), S. 154 ff.

18 O. Hintze: Staatsverfassung und Heeresverfassung. Gesammelte Abhandlungen, S. 70.

Mit dieser Unterscheidung in »Armierte« und »Nichtarmierte«[19] war das Kriegswesen im Reich endgültig dezentralisiert.

Im Zeitalter des Rationalismus kam auch die Kriegswissenschaft zur vollen Entwicklung. Sie profitierte von seinen Erkenntnissen, Auffassungen und methodischen Grundsätzen, was sich auf die Theorie wie auf die praktische Anwendung bezog. Wurden die Kriege des Mittelalters vorwiegend nach der Erfahrung geführt, so kam in der Neuzeit immer reichhaltiger das systematisch gesammelte, erforschte und in die rationale Planung umgesetzte Wissen hinzu. Die Staats- und Kriegsräson gebot seinen Gebrauch zum Zweck gesteigerter Leistung, und die daraus sich ergebenden Anforderungen mußten den Ausbildungsstand insbesondere der Offiziere erhöhen. Während in ständig unruhig-kriegerischer Zeit das Interesse an den aktuellen militärischen Problemen zunahm, förderte das entsprechende Anwachsen der literarischen Erzeugnisse die Neigung, sich mit ihnen auseinanderzusetzen. Davon unmittelbar betroffen, entstand in der Führerschaft der Heere der neue Typus des »gebildeten Kriegers«, des »gelehrten Offiziers«. Er war am Aufkommen zahlreicher Fachzeitschriften gegen Ende des 18. Jahrhunderts maßgeblich beteiligt und hat sich um den Eintritt in die Geschichte des militärischen Erziehungs- und Bildungswesens besonders verdient gemacht[20].

Durch die Beschaffenheit ihrer Staats- und Heeresverfassung waren die Großmächte zur Zeit des Absolutismus erstmals in der Lage, eine planmäßige Rüstungspolitik zu betreiben und die bereitgestellten Kriegsmittel zum gegebenen Zeitpunkt einzusetzen. Die militärische Leistungskraft reichte aber trotz aller Steigerung noch nicht aus, den Gegner niederzuwerfen. Um Schlachterfolge rücksichtslos ausnützen zu können, hätte es entsprechender Beweglichkeit bedurft, und hierzu war die Organisation der Heere taktisch wie logistisch[21] viel zu starr. Außerdem mußten Staatsmann und Feldherr auf möglichste Schonung der Armee bedacht sein; denn die erst nach langer Zeit vollständig einexerzierten, obendrein schwer ersetzbaren Soldaten bedeuteten ein kostbares Gut. Die vielberedete Vorstellung vom »Kanonenfutter« trifft erst auf das kurzausgebildete Massenheer in der Konsequenz der Französischen Revolution zu. Deshalb beherrschte jeden Feldzug weitgehend der Gedanke an die Erhaltung der Heereskraft, den die Überzeugung vom Vorteil des indirekten Manövrierens gegen die lebenswichtigen rückwärtigen Verbindungen des Feindes noch

---

19 Die Verhältnisse im Reich am Beispiel eines Kreises umfassend und gründlich behandelt bei B. Sicken: Das Wehrwesen des fränkischen Reichskreises, Aufbau und Struktur (1681–1714), 2 Bde., Nürnberg 1967.
20 M. Jähns: Geschichte der Kriegswissenschaften, Bd. II und III, Ausg. Hildesheim 1966, bis heute der unentbehrliche Wegweiser geblieben.
21 Der hier zugrundegelegte Begriff Logistik für das die gesamte materielle Heeresversorgung umfassende Fachgebiet spezifischer Führungs- und Verwaltungsaufgaben war damals noch nicht gebräuchlich.

bestärkte. Zumindest bot diese Methode eine willkommenere Möglichkeit, das Operationsziel zu erreichen, als das hohe Risiko einer blutigen Schlacht.

Die leitende Aktionszentrale der Kriegführung befand sich im Kabinett des Monarchen, wo der Selbstherrscher persönlich mit seinen engsten Beratern über alles entschied. Nichts konnte geschehen, was hier nicht vorausdisponiert und bis ins Detail zur Durchführung angeordnet war. Das Kabinett bestimmte die militärischen Ziele, sein Beschluß gab auch den Ausschlag für die Annahme einer Schlacht, nicht das Urteil des Generals an Ort und Stelle. Ein Dualismus zwischen politischer und militärischer Führung schien ganz undenkbar. Zog der Kronfeldherr selbst an der Spitze seiner Armee ins Feld wie König Karl XII. von Schweden und Friedrich der Große, so besaß er freilich eine Monopolstellung, die ihm von vornherein Überlegenheit zusicherte.

Nach neuer absolutistischer Staatsräson war der Krieg gegen den ebenfalls gerüsteten und kampfentschlossenen Rivalen im Dauerzustand des Streites um die Machtausweitung die ultima ratio. Außer Zweifel stand, daß der Souverän den Kriegseinsatz seines Heeres eigenmächtig entschied. Die Frage nach dem gerechten oder ungerechten Zweck spielte im Hinblick auf den angestrebten ruhmvollen Sieg und den materiellen Gewinn eine untergeordnete Rolle. Ein Unrecht war der Krieg nur dann, wenn sich das gesteckte Ziel auch unter Vermeidung einer Gewaltaktion erreichen ließ[22]. Es lag aber im Interesse der Kabinettspolitik, ihn möglichst schnell wieder zu beenden und sich mit dem eroberten Teilstück des umstrittenen Territoriums zu begnügen. Da die Arrondierung des Machtbesitzes schrittweise vor sich ging und militärisch gar nicht anders möglich war, aber auch um seine Behauptung gekämpft werden mußte, fing der Krieg bald von neuem an. Meistens handelte es sich um Erbfolgestreitigkeiten, die ein wesentliches Kapitel in den auswärtigen Beziehungen der europäischen Staaten betrafen, hervorgerufen durch das mit der Staatsräson übereinstimmende Bestreben der Dynastien. Im Falle des Zusammenschlusses großer Koalitionen steigerte sich die gewaltsame Auseinandersetzung zur gigantischen Machtprobe in einer Reihe hegemonialer Kämpfe. Der Siebenjährige Krieg gegen Preußen war der mißlungene Versuch einer »destruction totale«[23].

Als auch der Krieg »verstaatlicht« wurde, lagen die Zeiten des Fehderechtes schon weit zurück. Es hatte große Mühe gekostet, die Kriegführung aus dem privaten Bereich zu drängen, bis sie als ausschließliches Privileg des Staates galt. Im Sinne des Absolutismus hieß das: Planung und Lenkung durch das Kabinett nach rationalistischen Gesichtspunkten, und wenn alles regelmäßig ablief, sollte der Privatmann kaum

---

22 So hat Ludwig XIV. den Rechtsanspruch auf die Vorrangstellung Frankreichs in Europa als Inbegriff seiner »gloire« selbst erläutert, siehe C. Hinrichs: Zur Selbstauffassung Ludwigs-XIV. Gesammelte Abhandlungen, S. 309.
23 Nach dem Versailler Bündnis-Traktat von 1756; siehe J. Kunisch: Das Mirakel des Hauses Brandenburg. Studien zum Verhältnis von Kabinettspolitik und Kriegführung im Zeitalter des Siebenjährigen Krieges, München/Wien 1978, S. 17 ff.

etwas davon merken. So hatte sich selbst noch Friedrich der Große die Sache vorge-stellt[24]. Die Könige dachten nicht daran, sich gegenseitig vom Thron zu stoßen. Der Krieg richtete sich nicht gegen die Volkskraft, sondern gegen die Ordnung der Kampfinstrumente. Traumatisches Freund- und Feinddenken war dem Soldaten fremd. Er sah seinen Gegner als einen vom gleichen Schicksal Betroffenen an, der auf gleiche Weise seine Pflicht zu erfüllen hatte. Das frühe europäische Soldatentum entstammte gemeinsamer Wurzel. Dennoch haben auch die kriegerischen Staatsaktionen jener Zeit größtes Elend verursacht, je länger sie dauerten. Anfangs beschränkte sich die Gewaltanwendung im Feindesland durchaus noch nicht auf die gegnerische Armee. Um den Krieg abzukürzen und die Kabinettsregierung der anderen Seite zur Friedenskonferenz zu zwingen, wurde ein geradezu radikaler Druck auf sie ausgeübt, der sich durch Landverwüstungen bis zum praktizierten System der »verbrannten Erde« steigern konnte. Wenn im Bewegungsraum der Staatsräson immer das Spiel der Diplomatie die Oberhand behielt, so bestand es in der hohen Kunst der Verwirrung, der Täuschung und der Lüge, selbst gegenüber dem Koalitionspartner.

Trotzdem ist das posthume Bild der »gezähmten Bellona«[25] keine Übertreibung. Nach dem letzten Hegemonialkampf um die Spanische Erbfolge setzte sich die Ratio auch gegen die Absicht des gezielten Abnützungskrieges durch. Die strenge militärische Disziplin, die bewußte Ausschaltung nationaler Leidenschaften, die allgemeine Sorge um das Wirtschaftsleben, die chevevereske Internationalität des Militäradels, der Grundsatz der Heereserhaltung, das schnelle Auswechseln der Gefangenen, die Neutralisierung der Nichtkombattanten und die humanitären Tendenzen der Aufklärung, das alles hat zusammengewirkt, die kriegerischen Kräfte zu bändigen. Aus gutem Grund ist für die Epoche des Absolutismus die Bezeichnung »Zeitalter der Kabinettskriege« in Gebrauch gekommen. Insofern erscheinen auch die beiden Daten 1648 und 1789 als sinnvolle Markierungen.

Der Ausgangspunkt der eigenständigen Heeresentwicklung schon im »werdenden Absolutismus« lag örtlich und zeitlich verschieden, aber mit erreichter innerer Konsolidierung von Staat und Militär lief sie international in der Gleichheit ihrer Grundelemente weiter. Unterhalb der vom absolutistischen Zeitalter bestimmten Klassifikation bieten die Heere dem Betrachter ein buntes Bild mannigfacher Erscheinungsformen. Ergänzungswesen, Militärverwaltung, Offizierkorps, Truppendisziplin und Ausbildungsdienst, ja selbst die Waffengattungen weichen im einzelnen voneinander

---

24 Die betreffende Stelle im Schrifttum des Königs: »Wenn wir nicht ganz Europa zu bekämpfen haben, können wir die Grenzen so schützen, daß der friedliche Bürger ruhig und ohne in seiner Häuslichkeit gestört zu werden, nicht wissen würde, daß die Nation sich schlägt, wenn er es nicht aus den Kriegsberichten erführe.« Zit. nach Jany: Geschichte der Preuß. Armee, Bd. III, S. 2; vgl. Mil. Testament von 1768, Friedrich d. Große, Militärische Schriften, erläutert durch v. Taysen, Berlin 1882, S. 215.
25 Siehe G. Ritter: Staatskunst und Kriegshandwerk, Bd. 1, München 1959.

ab. Das zeigen die Unterschiede zwischen der französischen, österreichischen und preußischen Armee sehr deutlich. Sie treffen überhaupt auf den gesamten deutschen Bereich zu, weil das Reich keine politische Einheit darstellte, sondern die Einzelstaaten seine innere Entwicklung gestalteten. Von den jeweiligen Umständen hing es z. B. ab, wie hoch der Anteil der Ausländer und der Einheimischen war, wie lange die Dienstzeit des Soldaten dauerte, wie die Versorgung geregelt wurde, wie sich das Offizierkorps sozial zusammensetzte und dann die Karriere verlief und wie stark das gesamte kriegerische Aufgebot im Verhältnis von Bevölkerungszahl und Wirtschaftskraft sein konnte.

II. Das Musterbeispiel des stehenden Heeres in Frankreich zur Anfangszeit des Absolutismus

Als König Ludwig XIV. nach Antritt seiner Selbstregierung mit den persönlichen »Memoires« wesentliche Instruktionen für den Thronerben verfaßte, stellte er sich ganz allein in den Mittelpunkt der Betrachtung, ohne die lange Entwicklungsbahn zur absoluten Monarchie in Frankreich auch nur mit dem Namen eines einzigen Wegbereiters zu erwähnen[1]. Was jedoch bis zu diesem Zeitpunkt an gefährlichen Krisen durch außerordentliche schöpferische Leistungen bereits überwunden war, das muß als alleiniges Verdienst den Kardinälen Richelieu (1585–1642) und Mazarin (1602–1661) angerechnet werden.

Der erste große Erfolg ist am 28. Oktober 1628 mit der Einnahme der Hugenottenfeste La Rochelle errungen worden, die nach hartnäckiger Belagerung, am Ende aller Kräfte und von den Engländern im Stich gelassen, kapitulieren mußte. Dadurch besiegelte Richelieu im Dienst des Nationalgedankens die französische Einheit. Ebenso wie um die Seeblockade, hatte er sich um das Belagerungskorps persönlich aufs sorgsamste gekümmert. Unter seiner Leitung war hier eine 20 000 Mann starke Streitmacht zusammengehalten, die alle acht Tage pünktlich ihren Sold ausbezahlt und ihr Brot umsonst erhielt, die aber auch mittels regelmäßiger Revuen einer scharfen Kontrolle unterlag. Die unmittelbaren Befehlshaber bekamen nur noch das persönliche Traktament in die Hand – der Infanteriehauptmann 300, der Lieutenant 100, der Fähnrich 60 und der Sergeant 30 Livres für jeweils 40 Tage –, doch keine Pauschalsumme mehr für die Mannschaft. Sie sollte sich nicht länger auf dem Weg in unerlaubte Taschen vermindern. Solche Maßregeln hielten die Truppen in Ordnung, Plündern war strengstens verboten; auch darüber wachte der Kardinal, daß die Kapuziner die Seelsorge versahen und die Soldaten die Messe besuchten. Als sie in die eroberte Stadt einmarschierten, geschah keine einzige Gewalttat[2].

Mehr als eine örtlich wie zeitlich begrenzte Errungenschaft ist das denkwürdige Ereignis von La Rochelle freilich nicht gewesen. Es bedurfte noch schwerer Kämpfe, um den entscheidenden Wandel im französischen Heereswesen zu erzwingen. Hierzu bediente sich Richelieu eines unentbehrlichen Disziplinierungsmittels. Er fand es in

---

1 C. Hinrichs: Zur Selbstauffassung Ludwig XIV. Gesammelte Abhandlungen, S. 306.
2 C. J. Burckhardt: Die Belagerung von La Rochelle. Bilder aus der Vergangenheit, Hamburg 1956, S. 89 ff. u. S. 125 ff.; die zu hoch gegriffene Stärke von 30 000 Mann quellenmäßig genau belegt bei B. Kroener: Die Entwicklung der Truppenstärken in der frz. Armee zwischen 1635 und 1661, Forschungen und Quellen zur Geschichte des 30jähr. Krieges, Münster 1982, S. 167.

den Funktionen der schon seit den Kriegen König Heinrichs IV. (1589–1600) zum Unterhalt der Armee eingesetzten Intendanten. Diese zivilen kommissarischen Amtsträger, meistens bürgerlicher Herkunft, wurden mit der Vollmacht ausgestattet, den als freie Unternehmer des Kriegsgewerbes kommandierenden Offizieren die unumschränkte Selbstverwaltung zu entziehen, den Inhabern der Regimenter und Kompanien, Obristen und Kapitänen. Die königlichen Beamten sollten den Sold in regelmäßigen Zeitabständen auszahlen, die Truppenstärken kontrollieren, alle mit der Heereswirtschaft zusammenhängenden Angelegenheiten regulieren, die korrekte Ausführung der gegebenen Befehle überwachen und über ihre Tätigkeit genau berichten. Richelieu leitete persönlich die von ihm geschaffene Zentralstelle des zivilen Secrétaire d'État de la guerre, womit er sich die gesamte Militärbürokratie seiner Verfügungsgewalt unterstellt und dabei den Willen zur Inkorporation der bewaffneten Macht in den Staat bekundet hatte[3]. Da die Intendanten zugleich beauftragt waren, das nötige Geld auf dem Wege der Steuereintreibung herbeizuschaffen, blieb der heftige Widerstand nicht nur auf die Truppenführung beschränkt. Auch die Provinzgouverneure des Hochadels samt ihrem Anhang, die Kirche und die Städte opponierten. Keinesfalls wollte man es dulden, daß die wichtigste Kompetenz der Kriegsfinanzierung oben konzentriert und unten delegiert in einer Hand lag. Demgegenüber war die praktisch unerfahrene, anfangs schwerfällig ohne festes Konzept arbeitende Heeresverwaltung noch nicht in der Lage, eine wirksame Kontrolle auszuüben[4]. Es sollte noch Jahrzehnte dauern, bis erträgliche Zustände herrschten. Das belegen die hohen Verlustzahlen im Zeitraum von 1635 bis 1659: rund 500 000 Soldaten, die wenigsten durch blutige Ausfälle, die weit überwiegende Masse durch Mangelkrankheiten und verheerende Seuchen[5].

Als auf dem Höhepunkt des 30jährigen Krieges die spanisch-habsburgische Umklammerung Frankreich abermals bedrohte, waren weder die Verhältnisse im Inneren so gefestigt, noch die Armee so beschaffen, um sich in einen offenen Kampf einzulassen. Fast hätte die Invasion im Hochsommer 1636, von den Niederlanden aus bis zur Oise eindringend, dem Land zum Verhängnis werden können. Inzwischen stand Herzog Bernhard von Weimar mit seiner Söldnerschar in Richelieus Sold, den er nach der schweren Niederlage des schwedisch-protestantischen Heeres bei Nördlingen (6. September 1634) zum Weiterexistieren dringend benötigte. Ein gefügiges Werkzeug hatte sich der Geldgeber allerdings nicht eingehandelt; denn der Partner zielte

---

3 Zur Entwicklung des Intendantenwesens in Frankreich siehe O. Hintze: Der Commissarius und seine Bedeutung in der allgemeinen Verwaltungsgeschichte. Gesammelte Abhandlungen, S. 247 ff. und B. Kroener: Les Routes et les Etapes. Die Versorgung der frz. Armee in Nordostfrankreich 1635–1661. Schriftenreihe der Vereinigung zur Erforschung der neueren Geschichte, Bd. 11, Münster 1980, S. 6 ff., auch W. Gembruch: Zur Kritik an der Heeresreform und Wehrpolitik von Le Tellier u. Louvois, Militärgeschichtliche Mitteilungen, H. 12, Jg. 1972, S. 7 ff.

4 B. Kroener: Les Routes et les Etapes, S. 171.

5 B. Kroener: Soldat oder Sodateska, S. 110.

mit seinen Erfolgen im österreichischen Elsaß, die in der Einnahme der Schlüsselposition von Breisach gipfelten (19. Dezember 1638), auf den Gewinn eines eigenen Wettiner Fürstentums ab. Da änderte sein plötzlicher Tod am Seuchenfieber ein halbes Jahr später die Situation. Frankreich nahm die gesamte Hinterlassenschaft in Beschlag; das eroberte Gebiet und die auf 25 000 Mann angewachsene Streitmacht. Die Weimarschen Truppen wurden der eigenen Armee einverleibt. Das fremde Element ersetzte, was ihr schon immer an nationaler Stärke gefehlt hatte, doch kennzeichnete das Kriegswesen überall in der neu sich gestaltenden Staatenwelt auch weiterhin der Charakterzug eines europäischen Internationalismus.

Auf dem Papier zählte das französische Heer beim Tode Richelieus 1642 rund 100 000 Mann. Es schien jetzt stark genug, um den Machtkampf gegen Habsburg auch auf deutschem Boden offensiv auszufechten. Es entlastete den schwedischen Bundesgenossen. Zu einem entscheidenden Sieg reichte aber seine Schlagkraft noch nicht hin, obgleich ab 1644 der alle Feldherren hoch überragende Marschall Turenne (1611–1675) das Kommando führte[6]. Es bedurfte noch fünf wechselvoller, strapazierender Feldzüge in enger Kooperation mit den Schweden, bis das letzte kaiserlich-bayerische Heer in Süddeutschland zertrümmert war und der 30jährige Krieg in allseitiger Erschöpfung endete. Der Westfälische Friede von 1648 bedeutete den erfolgreichen Abschluß eines 150 Jahre langen Widerstandes gegen die spanisch-habsburgische Universalmonarchie. Die Macht des Kaisers schien gebrochen, seine Vorherrschaft im Reich war lahmgelegt. Im Hinblick auf den entkräfteten deutschen Nachbarn garantierte Frankreich zusammen mit Schweden die staatsrechtlichen Ergebnisse des Friedensschlusses, die wesentlich in der »Libertät« seiner Fürsten gegenüber der kaiserlichen Zentralgewalt bestanden, und es besaß dadurch die Handhabe, sich zu ihrem Schutz jederzeit in die inneren Angelegenheiten des Reiches einzumischen. Als entschädigter Besitzer deutscher Gebiete[6a] hatte Frankreich seine Ostgrenze rheinwärts vorgeschoben und eine günstige Basis für den schon ins Auge gefaßten Übergang von der defensiven zur expansiven Außenpolitik gewonnen.

Diesen Weg konnte Richelieus Nachfolger, der Kardinal-Premier Jules Mazarin, vorerst nicht beschreiten. Zwischen dem Pariser Parlament als höchstem Gerichtshof des Landes und dem ersten Minister des noch unmündigen Königs war der offene Konflikt ausgebrochen, der die Spanier ermutigte, den Krieg fortzusetzen. Die innere Kraftprobe weitete sich zum Aufstand der sogenannten »Fronde« aus. Ihn trug eine

---

6 Über Turennes Persönlichkeit und seine Feldzüge siehe Fürst N. S. Galitzin: Allg. Kriegsgeschichte der Neuzeit, deutsche Ausg. Kassel 1874, Bd. 1, S. 205 ff. und Bd. 2, S. 123 ff., und L. M. Weygand: Turenne, deutsche Ausg. München 1937.

6a Frankreich erhielt nicht nur die bereits 1552 in Besitz genommenen drei Bistümer Metz, Toul und Verdun bestätigt, ihm wurden auch erhebliche Teile des Elsaß zugestanden: die Landgrafschaft des Ober- und Unterelsaß, den Sundgau und die Landvogtei über die zehn elsässischen Reichsstädte, verbunden mit der Verwaltung von über 40 bei Hagenau und Kaisersberg liegenden Reichsdörfern.

mächtige Oppositionsbewegung der feudalistischen Hocharistokratie gegen den Absolutismus der Regierung. Er lähmte ihre Aktionskraft – Mazarin mußte sogar zeitweilig ins Exil – und untergrub die Stellung des Königtums. Was die Bedrängnis so gefährlich machte, war der Übertritt der beiden achtunggebietenden Feldherrn Turenne und Condé auf die Seite der Frondeure[7]. Da dem ruhmreichen Marschall nur eine geringe Anzahl französischer Offiziere und Soldaten folgte, warb er mit dem Geld König Philipps IV. neue Truppen und schloß sich der spanischen Armee an. Sein nicht selbständig geführter Feldzug von 1650 gegen das eigene Vaterland scheiterte zuletzt. Da sich aber die Lage in Paris durch die Emigration Mazarins und die Freilassung der gefangenen Prinzen entspannt hatte, kam es zur schnellen Aussöhnung mit dem Hof, während Condé im Bund mit der radikalen Partei den Kampf nicht aufgab. Jetzt erhielt Turenne den Auftrag, gegen ihn zu operieren, was er mit überlegenem Geschick tat. Am Jahresende 1652 waren die feindlichen Armeen aus dem Lande gewiesen, schon am 26. Oktober hatte der junge König Ludwig XIV. in die Hauptstadt einziehen können, und dem zurückgekehrten Kardinal-Premier gelang es in den folgenden Monaten, die Staatskrise zu überwinden. Unter seinen diplomatischen Winkelzügen löste sich die in widersprüchlich-egoistische Interessen gespaltene Fronde auf. Mazarin zwang das Pariser Parlament, seine Opposition aufzugeben und damit auch die Intendanten wieder zuzulassen. Der Weg zur absoluten, bürokratisch zentralisierten Monarchie ließ sich nicht länger blockieren. Mit dem Oberbefehl zur Fortsetzung des Krieges gegen die Spanier betraute der König den von ihm hochgeschätzten Marschall Turenne. Trotz geringer Effektivstärken der Feldarmee bewies er wiederum hohe Meisterschaft, wenngleich erst im Winter 1657 nach geschlossenem Bündnis mit England Aussicht auf einen baldigen Enderfolg bestand. 6000 Mann Hilfstruppen wurden gegen das Versprechen geliefert, Dünkirchen zu erobern, um das spanische Bollwerk dann dem Lordprotektor Oliver Cromwell zu überlassen[8]. Mit dem vollständigen Sieg über Condé in offener Feldschlacht und der Einnahme der Festung elf Tage später (25. Juni 1658) vollbrachte Turenne seine bisher größte Waffentat. Der Pyrenäenfrieden (7. November 1659) bestätigte dokumentarisch das definitive Ende der Suprematie Spaniens in Europa. Nun fiel dem meistbevölkerten, reichsten und mächtigsten Staat Ludwigs XIV. das Übergewicht auf dem Kontinent zu.

Als nach dem Tod Mazarins 1661 das »gouvernement personel«, die Ära des »Sonnenkönigs« begann, stand die weitere Stärkung und Modernisierung der Armee

---

7 Streng protestantisch erzogen, tat Turenne diesen Schritt im Dienst seiner Familie. Als Enkel Wilhelms I. von Oranien und Neffe des Prinzen Moritz hatte er im niederländ. Truppenlager das Waffenhandwerk erlernt. Durch die Blutverwandtschaft mit dem Hause Nassau-Oranien kam die militär. Begabung auch in der Hohenzollern-Dynastie zum Vorschein, ebenso in den Fürsten von Anhalt-Dessau, so daß sich die moderne militärgeschichtliche Entwicklung »gewissermaßen innerhalb einer Familie »vollzog.C. Hinrichs: Das Ahnenerbe Friedrich Wilhelms I. Ges. Abhandlungen, S. 79.
8 L. XIV. kaufte Dünkirchen 1662 von den Engländern zurück.

im vollen Einklang mit dem Gebot alleinherrscherlicher Souveränität. Das schlimme Erlebnis des Fronde-Aufstandes drängte um so energischer zur Beseitigung aller dagegenstehenden Hemmnisse. Die bewaffnete Macht des Staates durfte keine andere Funktion mehr haben als die eines absolut zuverlässigen, uneingeschränkt einsatzbereiten militärischen Instrumentes, ohne eigenständiges Interesse in der Hand des Königs ausschließlich und jederzeit zu seiner freien Verwendung. Frankreichs stehendes Heer hatte der Machterweiterung nach außen zu dienen; nach innen gerichtet sollte es die monarchische Gewalt beschirmen und dadurch die Einheit des Landes sichern.

Zur Durchsetzung des Reformwerkes standen dem König zwei hervorragend geeignete Männer zur Seite: Michel le Tellier (1603–1685), der schon zu Richelieus Zeit die Tätigkeit eines Armeeintendanten verrichtet und unter Mazarin das Amt eines Staatssekretärs für die Kriegsangelegenheiten bekleidet hatte; dazu dessen Sohn François Michel Marquis de Louvois (1641–1691), der dem Vater anfangs als Gehilfe diente, bis er 1666 dessen Posten selbst übernahm, zwei Jahre darauf Minister wurde und auch weiterhin mit dem zum Kanzler aufgestiegenen Vorgänger vertraulich zusammenarbeitete[9]. Aus gutem Grund umgab sich König Ludwig nicht mit Ratgebern von hoher Geburt, sondern erwählte dazu Fachleute des gebildeten Bürgertums, die er allerdings als Minister adelte und somit seine oberste Staatsverwaltung in treue Hände legte. Unter ihrer Regie setzte sich der von den Wirrnissen der Fronde aufgehaltene Übergang der Heereswirtschaft in die feste Organisation einer zentral gelenkten Militärbürokratie fort, bis Intendanten und Kommissare schließlich die beherrschende Stellung einnahmen. Zuvor war mancher von ihnen selbst noch unredlich gewesen und hatte zusammen mit ebensolchen Offizieren üble Soldmanipulationen betrieben oder schmutzige Geschäfte mit privaten Heereslieferanten getätigt[10]. Jetzt lief ihr Tun und Lassen in streng geordneter Bahn ab. Sie trafen alle administrativen und versorgungstechnischen Maßnahmen der Truppenführung im Frieden wie im Krieg. Nur die Kompetenz der Ausbildung, der taktischen Befehle und der Operationsentscheidungen blieben von ihrer Weisungsbefugnis ausgenommen. In völliger Abhängigkeit vom Kriegsminister, der ab 1673 allein noch unmittelbaren Zugang zum Monarchen hatte, mußte sie jeder Offizier als Repräsentanten der Krone respektieren, als »Garanten der Unterordnung der militärischen unter die politische Gewalt«[11]. Die Intendanten erhoben die Steuern, was früher die Gouverneure in ihren Provinzen getan und davon Garnisonen und Festungen unterhalten hatten. Es war auch nicht mehr nötig, daß ein Turenne und ein Condé – letzterer inzwischen wieder

---

9 L. André: Michel le Tellier et Louvois, Paris 1942; das noch gültige Standardwerk über die unter beiden Männern eingeleitete Enwicklung.

10 B. Kroener: Soldat oder Soldateska, S. 108 und ders.: Les Routes et les Etapes, S. 77 ff. und S. 123 ff.

11 W. Gembruch: Zur Kritik der Heeresreform und Wehrpolitik, S. 10.

Abb. 3a. Michel Le Tellier, zeitgenössischer Kupferstich.

Abb. 3b. Marquis de Louvois, nach einem Gemälde von Le Febure.

in Gnaden aufgenommen – eigenes Vermögen hergaben, um in höchster Not ihre Soldaten wenigstens vor dem Hunger zu bewahren[12].

Damit hatten Tellier und Louvois das Unternehmerheer endgültig ins Staatsheer umgewandelt, das absolutistische Regime verfügte über die flüssigen Geldmittel zu rascher Aufstellung stehender Soldtruppen, und die Verwaltung war darauf eingerichtet. Wenn aus der Institution der vorgeformten freien Söldnerzeit die selbständige Kompaniewirtschaft mit bestimmten Eigentumsrechten der Chefstelleninhaber weiterbestand, so gehörte doch der private Status ihrer geschäftstüchtigen Vorgänger der Vergangenheit an. Heer und Verwaltung bildeten die tragenden Pfeiler absoluter Staatsgewalt. Die Stellung des Soldaten vom höchsten Rang bis hinunter zum gemeinen Mann gründete sich auf das Untertanenverhältnis zum königlichen Kriegsherrn, durch den Fahneneid mit Leib und Leben an seine Person gebunden, in Frieden und Krieg zu Treue und Gehorsam verpflichtet.

Das Heer gliederte sich in die drei herkömmlichen Waffengattungen der Neuzeit, und das Regiment der Fußtruppen wie der Reiter blieb der größte geschlossene organisatorisch-administrative Verband, während für die Schlachtordnung Formatio-

12 H. Delbrück: Geschichte der Kriegskunst, Bd. IV, S. 264.

Abb. 4. Retablissement der militärischen Disziplin; Ludwig XIV. prüft die Richtung der in Linie angetretenen Soldaten; Bronze-Relief von Arnoult und Le Nêgre aus der Zeit.

nen nach taktischen Gesichtspunkten gebildet wurden, die sich zu einem unteilbaren, aus dem Ganzen der Armee bestehenden Gefechtskörper zusammensetzten. Diese an sich nicht neuartige Organisation, die aber im Frieden fortbestand, erhielt durch den reglementarischen Ausbau der militärischen Führungshierarchie ihre innere Festigung. Sie zwang alle Generale, alle Ober- und davon jetzt abgesondert die Unteroffiziere nach der Rangfolge abgestufter Chargen (Dienstgrade) gemäß ihrer Funktion als Truppenbefehlshaber oder ihrer Zuständigkeit für den Garnison-, Wacht- und Lagerdienst ins Joch allgemeiner Über- und Unterordnung. Am Begriff der Hierarchie wird der Wandel der Heeresverfassung besonders deutlich, vor allem im Hinblick auf die eingeschränkten Rechte und Befugnisse der Regimentsinhaber, die jahrhundertelang den Typus des Söldnerführers als Kriegsunternehmer mit eigenem Kapital und Risiko bestimmt hatten. Der privatrechtliche Charakter seiner Kapitulation (Dienstvertrag) mit dem Kriegsherrn, auch nach unten mit den von ihm selbst angeworbenen Offizieren, konnte gegenüber dem absolutistischen Herrscher keine Geltung mehr besitzen.

Zum geordneten Unterhalt der Truppen, den die Militärverwaltung regelte und finanzierte, gehörte die Organisation des gesamten Nachschubs an Kriegsmitteln. Daß dabei Armee und Land bestehen konnten, ist stets die Hauptsorge gewesen. Schon zu Beginn des 17. Jahrhunderts hatten erste Versuche darauf abgezielt, die Märsche, Einquartierungen, Lager, Kriegsfuhren und die Verwendung der erhobenen Kontributionen nach geographischen Gegebenheiten einzurichten. So entstand längs der benützten Heerstraßen in Anlehnung an die schiffbaren Flußläufe mit ihren Handels- und Stapelplätzen an den Übergangsstellen das militärische Etappenwesen[13]. Man trug den Nahrungsbedarf an Orten zusammen, die auf Wegstrecken zwischen 20 und 30 Kilometern verteilt lagen, um hier die vorüberziehenden Truppen kontrolliert zu versorgen. Lieferung und Transport lagen in den Händen privater Unternehmer. Daß die wichtigen Versorgungsdienste damals von Soldaten hätten geleistet werden können, war ganz undenkbar. Auch das stehende Heer bedingte allein schon infolge ständiger Vermehrung das billigere Zivilpersonal. Der Aufwand an Pferden, Fahrzeugen, Fuhrknechten und Bäckern für die vorrangige Brotbeschaffung war beträchtlich, obwohl er in keinem Vergleich zum wild anwachsenden Riesentroß der früheren Söldnerscharen stand.

Sobald im Inneren des Landes Ruhe herrschte und nach dem Pyrenäenfrieden auch Einfälle äußerer Feinde nicht mehr drohten, wurden die materiellen Mängel und die daraus resultierenden sozialen Übel im französischen Heerwesen schnell behoben. Louvois baute die Grenzregionen des großen geschlossenen Staatsgebietes in defensiver wie in offensiver Absicht zu einer gesicherten Versorgungsbasis aus und verband sie mit dem reichen Hinterland. Er komplettierte das Netz der Magazinplätze zwecks Anhäufung massenhafter Mehl- und Futtervorräte. Ihre Ausgabe hatte nach genau berechnetem Bedarf für die jeweils korrekt gemeldete Truppenstärke zu erfolgen[14]. Die Hauptmagazine befanden sich in den Festungen, wo sie vor feindlichem Angriff am besten geschützt waren. Da dort auch das gesamte Heeresmaterial in Zeughäusern und Arsenalen lagerte, bildeten diese Bollwerke die starken Zentren der Kriegführung.

In allen Feldzügen, die Frankreich angriffsweise, doch meistens durch den Kampf um Festungen auf Grenzräume beschränkt gegen seine Nachbarn führte, wurde das Verfahren der Magazinalverpflegung angewendet. Es konnte die Heeresdisziplin nicht besser stärken und erhalten, wenn die Regimenter alles zugeführt erhielten, was der Soldat zum Leben brauchte, zumindest das Existenzminimum. Gewalttätigkeiten und Desertionen waren häufig nur verzweifelte Auswege aus physischer Not gewesen, weil verantwortliche Kommando- und Verwaltungsstellen ihre Fürsorge sträflich vernachlässigt oder sich gar selbst auf Kosten der Truppe bereichert hatten. Außerdem beugte ein funktionierendes Ordnungssystem dem alten Frevel vor, daß die wilde »Soldateska« beim Aufstöbern von Nahrung so viel mutwillig verdarb. Die gegenteilige Methode hemmungsloser Requisition hatte sich verheerend auf die wirtschaftliche Blüte der Kriegsschauplätze ausgewirkt, so daß solcher Barbarei ein Ende bereitet werden sollte. Trotzdem ist Louvois von der eigenen Doktrin wieder abgewichen,

---

13 B. Kroener: Les Routes et les Etapes, S. 57 ff.
14 Nach den logistischen Grundsätzen des 18. Jh. wurden als Tagesration für den Mann berechnet: 750 g Brot, 60 g Trockengemüse, 250 g Fleisch, 7 g Branntwein; für das Pferd: 1 kg Hafer, 6 kg Heu, 3 kg Stroh; an Munition für den ganzen Feldzug 300 Patronen pro Gewehr und 500–600 Geschosse je Geschütz, siehe H. de Nanteuil: Logistische Probleme der napoleonischen Kriegführung, Napoleon I. und das Militärwesen seiner Zeit, Freiburg i. Br. 1968, S. 65.

als er planmäßige Zerstörungsaktionen befahl und sie im 1688 beginnenden Pfälzischen Krieg sogar noch bis zur Anlage breiter Wüstungsgürtel im Vorfeld der befestigten Rheinlinie steigerte, um einen strategischen Vorteil zu gewinnen und das gesetzte machtpolitische Ziel um jeden Preis zu erreichen. Dadurch hat er nicht nur sich selbst einen schrecklichen Namen gemacht, sondern auch die mit den »Devastationen« beauftragten Truppen demoralisiert.

Ebenso dringlich wie die gesicherte Verpflegung war die wenigstens im Rahmen des damals Möglichen zu verbessernde Lazarettorganisation. Hierzu gab der große Turenne den treibenden Impuls. Tief erschüttert von den katastrophalen Zuständen in den Hospitälern, hatte er seinen 1665 geschriebenen Memoiren eine besondere Abhandlung über das Sanitätswesen hinzugefügt[15]. Das entsprach der kameradschaftlichen Fürsorge, die er den ihm anvertrauten Kriegsleuten stets entgegenbrachte; im eifrigen Bemühen, ihre Strapazen zu mindern und selbst unter mißlichsten Umständen Brot für sie herbeizuschaffen wie beim Abtransport von Verwundeten und Kranken. Kein anderer Feldherr jener Zeit wurde von seinen Soldaten grenzenloser verehrt. Als er 1675 vor Sasbach fiel, trauerte nicht nur die gesamte Armee, sondern das ganze Land längs des Weges, den der Leichenzug vom Rhein bis Paris nahm.

Eine nicht mindere soziale Pflicht des Staates bestand jetzt auch in der Invalidenversorgung. Der Landsknecht hatte sein Berufsrisiko allein tragen müssen, das in körperlicher Kriegsuntauglichkeit nach Ablauf der Dienstzeit bestand, wenn er keinen Gewinn mit heimbringen konnte. Ein Recht auf Beute besaß der Soldat des stehenden Heeres nicht mehr, es sei denn, daß man sie ihm bei Gelegenheit zur Entschädigung für erlittene Unbill überließ[16]. Mit der Gründung des »Hôtel des Invalides« im Jahre 1674 hat Ludwig XIV. die größte Wohlfahrtsanstalt seiner Zeit geschaffen. Bis 1691 nahm sie rund 9000 Veteranen auf[17]. In der Stiftungsurkunde kam der Gedanke der Belohnung und der Dankbarkeit für treu geleistete Kriegsdienste klar zum Ausdruck. In seinem Testament empfahl der König mit gleicher Begründung das Invalidenhaus dem Nachfolger und bezeichnete es als den nützlichsten Bau, der unter seiner Herrschaft errichtet worden sei. Dennoch konnte das bei dem enormen Menschenverschleiß, den die fortlaufenden Eroberungskriege verursachten, nur einen bescheidenen Anfang bedeuten. Es gab auch noch keine praktische Lösung für diejenigen armseligen Geschöpfe, die aus moralischen oder disziplinären Gründen nicht in den Kreis der Würdigen aufgenommen wurden[18].

15 Siehe M. Jähns: Kriegswissenschaften, Bd. II, S. 1155 und 1280, vgl. Galitzin: Allg. Kriegsgeschichte der Neuzeit, S. 138 f. und 144, außerdem B. v. Baumann: Studien über die Verpflegung der Kriegsheere im Feld, 1. und 2. Abt. Leipzig/Heidelberg 1867, S. 162 ff.
16 Im 18. Jh. war das Beutemachen überall das Privileg der leichten Truppen.
17 B. Kroener: Soldat oder Soldateska?, S. 119.
18 Einzelheiten und Dokumentation bei O. Pelser: Das Invalidenhaus als Beitrag zur Entwicklung der Kriegsopferversorgung, Freiburg i. Br. 1976, S. 32 ff., 98 f., 110 ff., 204 ff. und 345 ff.

Abb. 5. Speisesaal im Pariser Hôtel Royal des Invalides, Kupferstich aus der Zeit. In den Jahren zwischen 1670 und 1691 wurden dort rund 9000 Veteranen aufgenommen.

Mit der Entwicklung des modernen französischen Heerwesens entstand die gleichmäßige Soldatenbekleidung. Als äußeres Zeichen der Verstaatlichung lag sie auch im hohen wirtschaftlichen Interesse. Hatte der Landsknecht seine Ausrüstung noch selbst auf den Werbeplatz mitbringen müssen, um dort nach ihrer Güte gemustert und eingestuft zu werden, so waren die unternehmerischen Söldnerführer im 17. Jahrhundert schon zum billigeren Engros-Einkauf übergegangen, bezahlt durch einbehaltenen Soldanteil.

Aus der Massenbeschaffung der Tuche ergaben sich von selbst gleichartige Farben und aus deren Anfertigung ein ebensolcher Schnitt. Grundmuster hatte bereits Richelieu herstellen lassen, wonach einzelne Kapitäne ihre Kompanien kleideten, aber die Unterscheidungsmerkmale nach eigenem Geschmack bestimmten. Als die Regimenter planmäßig »stehend« wurden und die normale Tragezeit der Monturen überdauerten, kam es zwangsläufig zu allgemeiner Uniformierung. Frankreich als erster Zentralstaat begann damit um 1670 am frühesten, zunächst noch ohne näheres Reglement. Ihm standen die Inhaberrechte der Regiments- und Kompaniechefs entgegen, die sich auf den üblichen käuflichen Erwerb ihrer Stellen bezogen. So beschränkte sich der König darauf, mit seinen Haustruppen das Beispiel der Vereinheitlichung zu geben. Ihnen blieben die dominierenden Farben blau, rot und grau vorbehalten[19].

Die Uniform bestand anfangs aus einfarbigem, weitem, langschößigem Rock ohne jedes Chargenabzeichen, Weste, enganliegender Hose, Strümpfen, Schnallenschuhen, Hut und dazugehöriger Leibwäsche. Sie unterschied sich kaum von der zivilen Tracht und war deshalb auch weniger dem Bedürfnis der Truppe angepaßt, die weitere Entwicklung schon vorausbestimmend. Der französische Militäradel hat sich nur widerwillig dem Gleichmaß des bunten Rockes untergeordnet. Er betonte seine Individualität auch dem König gegenüber und trug zunächst wie bisher die vornehme Kleidung nach der neuen Pariser Kavaliersmode. Erst 1747, als auch die Montur etatisiert wurde, galten uneingeschränkt die Richtlinien der entsprechenden Ordonnanzen. Von da ab trugen alle nationalen Infanterieregimenter einheitlich weiße Röcke, nur noch durch die Aufschläge nach der Wappenfarbe ihrer Chefs differenziert. Als führende Militärmacht Europas hat Frankreich bis ins 18. Jahrhundert hinein den Uniformstil der anderen Heere maßgebend beeinflußt.

Die Einführung der Uniformen gab dem äußeren Erscheinungsbild des Heeres das neue Aussehen bunter Vielfalt in der Einheit. Weithin erkennbar, boten marschierende oder zur Schlacht formierte Truppenverbände der Gefechtsaufklärung besseren Einblick als zuvor. Solcher praktischer Nutzen war im Verlauf des Kampfes zwischen Pulverdampf und den Staubwolken der Reitermassen besonders wichtig zur Unterscheidung von Freund und Feind. Die einheitliche Soldatentracht diente aber noch anderen Zwecken. Sie erleichterte die Handhabung der Disziplin, förderte den Korpsgeist und sollte außerdem ein Lockmittel bei der Werbung sein. Schließlich war beste Gelegenheit zur Repräsentation und Machtdemonstration gegeben, bei jeder Revue und bei jedem Wachtaufzug. Ludwig XIV. legte darauf allergrößten Wert; unter seiner Herrschaft entstand das farbenprächtige Schauspiel der Parade.

Die aus dem Chaos in die Ordnung gebrachte Armee des »roi soleil« rekrutierte sich nach wie vor durch Freiwilligenwerbung. Nach dem Garnison-Reglement für die Infanterie von 1661 durften nur Unverheiratete angenommen werden[20], damit das stets zahlreich gewesene Gefolge an Frauen und Kindern nicht wieder mit anwuchs. Der Ausbau des Magazinsystems machte dessen Hilfe weitgehend entbehrlich. Die herkömmliche Prozedur auf den Werbeplätzen, wo alles Kriegsvolk zusammengelaufen war, gehörte der Vergangenheit an. Statt dessen schickten die Regimenter ihre

---

19 Zur Uniformierung der frz. Armee siehe L. Mention: L'ármée de L'áncien régime, Paris 1900, S. 257 ff.
20 B. Kroener: Die Entwicklung der Heeresstärken, S. 165.

Abb. 6. Revue Ludwigs XV. über die französischen und Schweizergarden auf dem Felde von Sablons; linke Hälfte des Stiches von Malleste nach dem Originalgemälde von J. M. Moreau d. J. (1741–1814).

Abb. 7. Enrollierung der Rekruten; rechts schriftliche Verpflichtung, links erster Soldempfang, Kupferstich aus der Zeit.

Werbekommandos in bestimmte Distrikte aus, die dort unter Führung eines Offiziers, mit Geld versehen, den Personalersatz heranriefen. Sie suchten vorwiegend ausländische Märkte auf, wegen stärkeren Zulaufes nach dem 30jährigen Krieg besonders auf der deutschen Rheinseite. Was infolge starker Abneigung gegen den Soldatenstand, aber auch aus Gründen der merkantilistischen Interessenlage im Inland als Rekrutenreservoir in Frage kam, gehörte nach sozialer Herkunft wie nach der Motivation für eine Dientverpflichtung auf zirka acht Jahre zur ärmsten Volksschicht. Als steigender Ersatzbedarf hier immer weniger Auswahl ließ, nahm man jeden Vagabunden, sogar flüchtige Kriminelle[21]. Bald bedienten sich die Werbeoffiziere aller Mittel, um das vorgeschriebene Soll aufzutreiben und zugleich die nach der Kopfzahl festgesetzten Tantiemen einzukassieren. Da diese Mittel ungestraft angewendet werden konnten, galten sie auch als erlaubt: Betrug, Hinterlist und Gewalttätigkeit. So war schon durch das junge stehende Heer ein neues Grundübel verursacht, das sich überall ausbreitete. Der Anteil der Ausländer hatte im 30jährigen Krieg über die Hälfte der Armee betragen. Er blieb in der folgenden Zeit auf dem Stand eines reichlichen Drittels. Sie

21 L. Mention: L'armée de L'ancien régime, S. 10 ff., vgl. M. Jähns: Kriegswissenschaften, Bd. 2, S. 2334.

35

steckten aber nicht durchgehend verteilt in den Reihen der französischen Truppenteile, sondern bildeten in ihrer Masse Fremdenregimenter eigener Nationalität: Schweizer, Deutsche, Iren, Italiener und Wallonen. Es ist die besonders markante Erscheinung dieses stehenden Heeres, schon von seinen Anfängen her, daß »les étrangers« als geschlossen nationale Formationen verwendet wurden[22].

Die nach dem Pyrenäenfrieden auf rund 30 000 Mann reduzierten Streitkräfte bildeten Regiments-Stämme für neuen Zuwachs. Bei Ausbruch des Holländischen Krieges 1672 stieg der mobile Truppenbestand auf rund 120 000 Mann an, bis zum Beginn des Pfälzischen Erbfolgekrieges 1688 auf die schwindelerregende Höhe von über 400 000 Mann[23]. Ein ganz erstaunlicher Beweis für die finanzielle Leistungsfähigkeit des Staates aufgrund seines inneren Wachstums, das erneut nach außen gelenkt die Kraft zur Erreichung des hegemonialen Zieles geben sollte. Doch ballte sich jetzt eine mächtige Feindkoalition gegen Frankreich zusammen, die ihm auch fast alle ergiebigen Werbemärkte versperrte. In dieser Lage entschloß sich der Kriegsminister, die längst in Verfall geratene Organisation des Landesaufgebotes mittelalterlicher Herkunft zu reaktivieren. Er stellte noch 30 Milizregimenter in einer Gesamtstärke von reichlich 25 000 Mann auf, die als Hilfstruppen für die Festungen, die Garnisonen und für den Küstenschutz die reguläre Armee entlasten mußten. Mit despotischer Willkür hob man sie in den ländlichen Bezirken aus, wovon aber nur die untere Bauernschaft betroffen war, ledige Leute zwischen 20 und 40 Jahren. Das verstieß im Hinblick auf eine allgemeine Pflicht zur Landesverteidigung gegen den Grundsatz der Gleichheit, aber die absolutistische Staatsdoktrin hatte das unbedingte Verfügungsrecht über jeden Untertanen nach eigenem Ermessen der Krone zuerkannt. Noch schlimmer war, daß Louvois unter dem Druck hoher Kriegsverluste die Milizionäre auch in die Feldregimenter stecken ließ. Das »recrutement forcé«, ab 1691 durch das Los bestimmt, dauerte bis zum Frieden von Rijswijk 1697 fort. In allen folgenden Kriegen des 18. Jahrhunderts wurden die Milizen erneut aufgeboten. Noch am Vorabend der Revolution wollte man 47 neue Provinzialregimenter ins Leben rufen, um dem bisherigen Kriegsreservoir einen festeren militärischen Rahmen zu geben. Im Streit mit den Landständen blieb die ganze Einrichtung jedoch nur auf dem Papier – eine »Organisation toute platonique[24].

Bereits gegen Ende des 17. Jahrhunderts begann in Frankreich der Kasernenbau, zuerst in den größeren Festungsgarnisonen. Dazu zwang allein schon die ständig wachsende Heeresstärke, die den Bürgern andernfalls eine kaum noch tragbare Quartierlast aufgebürdet hätte. Eine neue Last eigener Art beschwerte jedoch das Leben der Soldaten. Auf engem Raum eingezwängt, verbrachten sie dann einen

---

22 M. Jähns: Das franz. Heer von der großen Revolution bis zur Gegenwart, Leipzig 1873, S. 6 ff.
23 W. Gembruch: Zur Kritik an der Heeresreform und Wehrpolitik, S. 13.
24 L. Mention: L'armée de L'ancien régime, S. 38, vgl. M. Jähns: Kriegswissenschaften, II, S. 2334 f.

Abb. 8. Militärstrafen in der französischen Armee, aus »Les Exercises de Mars«, deutscher Nachdruck Nürnberg 1700.

großen Teil ihres Daseins im langweiligen Müßiggang. Dies obendrein unter dauernder Obhut von Vorgesetzten, die nebenan weit bequemer logierten und jede Gelegenheit nützten, die strenge Einhaltung der reglementarischen Vorschriften zu kontrollieren. Außer dem »pflichtgemäßen« Nichtstun – das auch im Kriege »der Grundzustand der Heere ist und das Handeln die Ausnahme[25]« – bestand die Friedensbeschäftigung im monotonen Exerzieren und eine vergleichsweise längere Zeit im nahezu regungslosen Wacheinsatz. Ein solcher Tagesablauf mußte sich drückend auf die psychische Verfassung des gemeinen Mannes auswirken.

Davon abgesehen griffen rigorose Zuchtmittel scharf ins Garnison- und Lagerleben ein, um die unabdingbare strikte Heeresdisziplin durchzusetzen. Eine lange Reihe abgestufter Strafen richtete sich gegen die vielen althergebrachten, aber nun nicht mehr erlaubten Gewohnheiten des Spielens, Saufens und Hurens, gegen alle Exzesse, Vergehen und Verbrechen: Arrest, Soldentzug, stundenlanges Reiten auf dem Holzpferd oder Pfahlstehen auf spitzem Stock, Peitschen- und Rutenschläge, die rohe Prozedur kräftiger, oft am nächsten Tag fortgesetzter Hiebe mit dem Gewehrriemen

25 Clausewitz: Vom Kriege (16. Aufl. 1952), III. Buch, 16. Kap., S. 305; über die Zustände in den ersten franz. Kasernen siehe Mention: L'armée de L'ancien régime, S. 271 ff.

Abb. 9. Militärstrafen in der französischen Armee, aus »Les Exercises de Mars«, deutscher Nachdruck Nürnberg 1700.

im Quartier nach dem Zapfenstreich, und im Falle unehrenhafter Verstöße gegen die Kameradschaft das Gassenlaufen durch die Schlagstöcke. Tätliche Widersetzlichkeiten, Meuterei, Feigheit vor dem Feind und alle schweren Kriminaldelikte waren mit dem Tode bedroht. Dazu gehörte auch die Desertion, die trotz schärfster Bewachungsmaßnahmen nie zu verhindern war und immer wieder schon infolge der Zwangswerbung im größeren Ausmaß einriß, bei der Kavallerie freilich weit weniger als bei der Infanterie. Im eigenen Land wurde auf jeden einzelnen Flüchtling eine regelrechte, polizeilich gelenkte Menschenjagd veranstaltet; allerdings mit meist geringem Erfolg, weil mitleidige Bauern dem Deserteur zum Durchschlupf verhalfen[26]. Im Kriege zwang die Häufigkeit der Fahnenflucht zu Milderungen, indem man den Rückkehrwilligen General-Pardon ankündigte und die eingefangenen Todeskandidaten die Chance erhielten, ihr verwirktes Leben durch das Los wiederzugewinnen.

Als in der zweiten Hälfte des 18. Jahrhunderts unter dem Einfluß der Aufklärungsideen mehrere Generale für einen humaneren Strafvollzug plädierten, ist eine Reform dennoch nicht erfolgt. »Les coups de bâton« blieben im Gebrauch, reglementiert und frei ausgeteilt durch die Offiziere. 1776 verordnete der Kriegsminister

26 L. Mention: L'armée de L'ancien régime, S. 56.

Der auf dem Spitz ſtock ſtehende Reuter.

Eine Schwadron võ 4. Compagnien, nimt einen Platz võ ohngefähr 60. Schritt ein. ü. wird nach ihren Baraquen ü. Zelten gleich eingetheilet. Zu oberst für denẽ erstẽ Compagnien, bewachet ein Reuter mit blosem degen in der hand, die Standartz ü. Heerpauckẽ: bey welchen, der, so etwas verschẽ, mit einẽ Bein, wovõ der Stiffel abgezogẽ, auf eine Spitz ſtock zur Straffe ſtehẽ mus, die Standart rechter ſeits der Armee hat allezeit die rechte, ü. die lincker ſeits, ihre lincke häd bis auf die Mitte frey. die Gaßen zwischẽ denẽ Pferd Stellen ſind bequemlichkeit halber 15. bis 20. Schritt breit: die Pferde ſtehẽ mit denen köpffen gegẽ die baraquen, doch 2. Schritt entfernet; damit man frey in die Gezelt gehen könẽ, welche mit denẽ offenen Enden gegẽ die Pferde ſtehẽ, ausgẽnomen die oberste ü. unterste, dem Brigadier ü. Quartier meister zu, gehörig, deren erste nach dem Samel Platz, die andere nach dem Officier ü. Marquetenter Zelt ſihet. Jedes Reuter Zelt iſt 10. Schue lang, ü. 8. breit, ü. logieren 5. oder 6. Mann darinen . Joẽ Frid: Leopold excudit. 18.

Abb. 10. Militärstrafen in der französischen Armee, aus »Les Exercises de Mars«, deutscher Nachdruck Nürnberg 1700.

St. Germain die »preußische Disziplin«, wenn auch gegen heftigsten Widerspruch. Er brauchte jedoch das Vorbild nicht zu kopieren; denn es unterschied sich kaum von der historischen Praxis in der französischen Armee. An Stelle der Gerten und Stöcke sollten schließlich die Hiebe mit der flachen Säbelklinge angewendet werden, und erst ganz zuletzt schaffte das ancien régime die körperliche Züchtigung generell ab: mit einer Ordonnanz vom 14. Juli 1789, am Tage des Sturmes auf die Bastille[27]!

Im Offizierkorps dominierte der Adel. Nach der überkommenen Struktur des Kriegswesens besaß er auf die bisher als Geschäft betriebene Führung der Armee das ausschließliche Vorrecht[28]. Auch jetzt waren es die Häupter und Söhne der begüterten aristokratischen Familien, die alle höheren Kommandoposten für sich beanspruchten. Mit beendetem Konflikt zwischen Adel und Krone bezahlte der König

27 L. Mention: L'armée de L'ancien régime, S. 68, über die körperliche Züchtigung, S. 62 ff.; was die »preußische Disziplin« betrifft, so war zu diesem Zeitpunkt die innere Kraft des Qualitätsheeres infolge Verschlechterung des Personalersatzes ab Mitte des 7jähr. Krieges und in den Jahren danach weitgehend verbraucht, was automatisch eine Verschärfung der Zuchtmittel bedingte.
28 P. Gaxotte: Ludwig XIV. 1978, S. 79 ff.

bereitwillig den Preis eines inneren Kompromisses und entschädigte die Angehörigen der bezwungenen Feudalkaste für den Verlust ihrer politischen Selbständigkeit mit dem Waffenprivileg. Wer sich in den vorangegangenen Feldzügen seine Kriegsmannenfreiheit zu bewahren gewußt hatte, sogar als Frondeur, der konnte nun dem Thron eine feste Stütze sein, wenn er durch das Bewußtsein erhoben wurde, daß der Monarch den militärischen Führungsämtern den besonderen Rang treuen Staatsdienertums verlieh. Von der Qualität des traditionellen Kriegerstandes hing der Schlachterfolg in einem hohen Grade ab. Dem verarmten Provinzadel, auf den die Hocharistokratie in Frankreich mit Verachtung herabsah, standen die Subalternoffiziersstellen offen. Er mußte sich jedoch mühsam und langwierig bis zum Kapitän empordienen, was mit einem eigentümlichen Relikt aus vorabsolutistischer Zeit zusammenhing.

Nach wie vor wurden die Regimenter und Kompanien an kapitalkräftige Bewerber verkauft, die mit Bezahlung der verlangten Summe einen willkommenen Beitrag zum Truppenunterhalt leisteten. Bis 1660 waren sogar Frauen am Ämterkauf beteiligt[29]. Der pekuniär Bevorzugte konnte schon in jungen Jahren eine ergiebige, mit recht profitabler Rendite verbundene und daher stets begehrte Stelle erlangen, auch wenn er noch nie gedient hatte. In einem zeitgenössischen satyrischen Gedicht heißt es treffend:

>»So mancher, leider, bringt die Fahne mit zur Welt,
>Wird, in den Windeln noch, als Hauptmann eingestellt,
>Und kriegt eh' er verdient im Schilderhaus zu steh'n,
>Den Feind zum ersten Mal als Oberst zu seh'n[30].«

Wer sich von den Älteren zur Ruhe setzen wollte, veräußerte seine Stelle und genoß neben der Pension zusätzlichen Gewinn. Dem Offizier aus niederem Adel gelang es erst nach langjähriger Dienstzeit, sich so viel Kapital zu ersparen, daß es zum Erwerb einer Kompanie reichte. Trotz aller Kritik am Mißstand einer »Armee als Geschäft«, unvereinbar mit dem Souveränitätsprinzip der absoluten Monarchie, kam das Kriegsministerium nicht in die Lage, die entsprechenden Truppen-Etats durch Rückkauf in die eigene Regie zu bringen. Die Staatsschuld lag zu hoch, und sie stieg nach vorübergehender Balance von Einnahmen und Ausgaben infolge andauernder Kriege weiter an. Erst als sich reichlich 60 Jahre später der Haushalt stabilisierte, wurde der Ämterkauf eingeschränkt, ohne ihn ganz aufheben zu können, wie in der Zivilverwaltung und in der Justiz[31].

Daß die Käuflichkeit dem erstrebten Ziel hoher Heeresschlagkraft entgegenstand, bedarf keiner Erklärung. Sie hatte aber einen Vorteil insofern, als auch dem wohlhabenden Bürgertum die Möglichkeit des Aufstiegs in der Militärhierarchie gegeben

---

29 W. Gembruch: Zur Kritik an der Heeresreform und Wehrpolitik, S. 11.
30 Zit. nach Militärische Briefe eines Verstorbenen an seine noch lebenden Freunde . . . für Eingeweihte und Laien im Kriegswesen, 3. Smmlg., Adorf 1844, S. 196.
31 W. Gembruch: Zur Kritik an der Heeresverfassung und Wehrpolitik, S. 11 f.

war, der die Nobilitierung nach sich zog. Offiziere bürgerlicher Herkunft bewegte kein angestammter Feudalitätssinn; sie besaßen keinerlei Neigung zum Frondieren, aber um so mehr Ehrgeiz, ihrer Karriere nicht im Wege zu stehen. Jeder einzelne stärkte als gehorsamer Staatsdiener die Souveränität des Königs und förderte die Verstaatlichung der Regimenter. Selbst tüchtige Unteroffiziere ließ man nach Bewährung auf einer Sonderlaufbahn als »Officier de fortune« bis zum Hauptmannsrang hochdienen. Dennoch hat der französische Geburtsadel im Verlauf des 18. Jahrhunderts seine Domäne in der Armeeführerschaft immer stärker behauptet. Er betrachtete das Vorrecht auf die oberen Offizierstellen als unantastbares Erbe und schloß sich zunehmend gegen das Eindringen standesfremder Elemente nach außen ab.

Für die Einstellung und Ausbildung des jungen Offiziersersatzes waren zunächst noch die Regiments-Chefs zuständig. Um ihn im Sinne des absolutistischen Staatsregimes unter Aufsicht der Heeresleitung heranzubilden, gründete der Kriegsminister Louvois 1682 die Kadettenkompanien. Die Auswahl betraf vorwiegend die unversorgten Söhne des niederen Landadels; jene Sprößlinge, die als »die Jüngeren« cadets genannt wurden. Mit dem väterlichen Vademecum eines spitzen Degens und kaum mehr als 15 Livres versehen, zogen sie im Land herum und suchten ihr Glück, weil jeder selbst zusehen mußte, wie er durchs Leben kam. Alexander Dumas hat ihnen mit seinem Romanhelden d'Artagnan ein literarisches Denkmal gesetzt.

Das Kadettenkorps bestand anfangs aus zwei Kompanien in Metz und Tournai; sieben weitere folgten wegen starken Zulaufs, ebenfalls in den Grenzstädten von Cambrai bis Besancon disloziert. Die unruhige Kriegszeit konnte aber dem Ausbau einer elitären Erziehungs- und Bildungsschule nicht förderlich sein. Nach dem Tode von Louvois fehlte überhaupt die straffe, ordnende Hand, um den bald wieder verwilderten jungen Edelleuten solide Fachkenntnisse zu vermitteln und jene höheren Pflichten aufzuerlegen, die der militärwissenschaftliche Fortschritt erforderte. Bis zum Jahre 1728 hatten sich die Kadettenkompanien auf zwei vermindert, 1732 ging auch die letzte in Metz ein. Obwohl die Idee ihrer Entstehung französischen Ursprungs war, verschwand sie aus dem Lande. Sie nahm ihren Weg durch alle Militärstaaten Europas und kehrte erst in der Mitte des 18. Jahrhunderts zurück. 1752 kam es zur Neugründung der »Ecole royale Militaire« für 500 adlige Zöglinge in Paris nach dem Vorbild des preußischen Kadettenkorps[32].

Zur Zeit Ludwigs XIV. war der Hofadel an einer solchen Institution nicht interessiert. Er diente in den Reihen der »Maison du Roi«, der königlichen Haustruppen, die der Alleinherrscher ab 1661 hatte errichten lassen, um den Aufbau seines stehenden Heeres mit einem festen Kern zu beginnen. Es lag in der Absicht des Königs, auch die Offiziere der hohen Aristokratie ins kostspielige Hofleben einzubinden und sie von seinen Gunsterweisungen mittels Geldgeschenken abhängig zu machen. Auf

---

32 W. Gembruch: ebenda, zu den Kadettenkompanien siehe L. Mention: L'armée de L'ancien régime, S. 69 ff. und M. Jähns: Kriegswissenschaften, Bd. II, 1251 f. und 1649, auch Bd. III, S. 2489.

diese Weise korrumpiert und zur Ader gelassen, »konnte ihr Wille zu feudaler Eigenständigkeit . . . schließlich gebrochen werden«.

Eine gesetzliche Disziplinierungsmaßnahme betraf die Auswüchse des Duellierens, die im gesamten Offizierkorps grassierten. Trotz höchster Todesraten an gegenseitig umgebrachten Edelleuten – von 1589 bis 1607 über 4000[32a] – hatte Heinrich IV. den Zweikampf noch als Ansporn zu militärischer Kampfbereitschaft angesehen. Die Rechtsordnung des absolutistischen Staates verbot das maßlose emotionale Austragen privater Ehrenhändel und Ludwig XIV. schritt dagegen mit wiederholten, immer schärferen Edikten ein. Für den »satisfaktionsfähigen« Offizier blieb freilich das Problem bestehen, die beleidigte Ehre mit der Waffe verteidigen zu müssen bzw. für eine Beleidigung Genugtuung zu geben, um nicht in den Verdacht der Feigheit zu geraten. Alle Kriegsherren, die fast gleichlautende Duelldelikte mit Androhung der Todesstrafe erließen, befanden sich dadurch in einem tiefen Zwiespalt. Andernfalls hätten sie selbst am Platz des vereinbarten Zweikampfes erscheinen und gleich den Henker mitbringen müssen, wie es der Schwedenkönig Gustav Adolf einmal getan haben soll. Wenn die Duellmanie unter den Wirkungen drakonischer Gesetze überall aufhörte, so mag in Frankreich auch die von Ludwig XIV. gegründete »Liga des öffentlichen Wohles« dazu beigetragen haben, deren adlige Mitglieder sich freiwillig verschworen, keine Herausforderer mehr zu respektieren.

Wohl als wichtigster Schritt zur Entfeudalisierung des Heeres nach der endgültig durchgesetzten Militäradministration ist das allerhöchste Ernennungs- und Beförderungsrecht zu beurteilen, das ausschließlich der König ausübte. 1675 hatte Louvois die »Ordre du Tableau« erlassen, wonach der oberste Befehlsrang des Generalleutnants festgelegt und jeder bisher nur zeitweilig für einen Feldzug bestimmte Inhaber entsprechender Kommandogewalt gemäß dem Datum seines Patentes in die Reihenfolgeliste eingetragen wurde. In dieser Liste lag die Anciennität[33] begründet, die für alle Offiziere maßgeblich werden sollte: das Aufrücken in eine freie Stelle nach dem Rangdienstalter, unabhängig vom Adelsprädikat. Demgegenüber trat die Beförderung aufgrund erbrachter Leistung zurück. Sie wollte der König nur als Ausnahme und Zeichen persönlicher Gnade gewähren. Da im vorherrschend adligen Offizierkorps jeder Angehörige als gleichwertig und gleichberechtigt galt, dessen Dienst- und Standespflichten ein korporativer Ehrenkodex vorschrieb[34], wurde keiner bevorzugt. Undenkbar, daß ein Offizier hinter dem Kameraden rangieren sollte, weil er keine Gelegenheit bekommen hatte, sich in einer Schlacht oder sonstwo auszuzeichnen.

32a Nach F. Zimmermann: Der Zweikampf in der Geschichte der westeuropäischen Völker, Historisches Taschenbuch, V, 9. Jg. 1879, S. 304.

33 Zu Ordre de Tableau siehe Mention: L'armée de L'ancien régime, S. 106 ff.; über das Wesen der Anciennität und die Beförderungsgrundsätze informiert eingehend Bd. 4 der Beiträge der Militärgeschichte, hrsg. v. MGFA: Untersuchungen zur Geschichte des Offizierkorps, Stuttgart 1962.

34 Für Frankreich nach der »Conduite de Mars« Hag 1685, erläutert bei M. Jähns: Kriegswissenschaften, Bd. II, S. 1254 ff.; dies im Gegensatz zu den früheren Ämterbüchern.

Das Anciennitätsprinzip bot gleiche Aufstiegschancen und förderte aus diesem Grunde die Bereitwilligkeit zur Einordnung. Andererseits erleichterte es dem Monarchen die autoritäre Personalführung. Beides verdeutlicht, wie sich mit dem Übergang vom Söldnerheer des 17. Jahrhunderts zum stehenden Staatsheer des Absolutismus ein geschlossener Offizierstand herausbildete, zugleich aber auch die somit vollzogene Trennung von den Unteroffizieren, die nicht automatisch, sondern allein nach besonderer Bewährung befördert wurden. Die Anciennität schien auch durch den immer weiter entwickelten Mechanismus der Kampfweise in den linearaktischen Gefechtsformen gerechtfertigt zu sein, dessen sichere Handhabung langjährige Routine mit viel praktischer Erfahrung verlangte.

Hier lag aber ein Problem ganz anderer Art. Der Offizier sah als Edelmann seine eigentliche Aufgabe im agonalen Kampf, der ihm Ruhm und Ehre einbringen sollte. Die friedensmäßige Truppenausbildung hingegen war für den noblen Kavalier etwas ganz Unstandesgemäßes, das er den Drillmeistern unter den Unteroffizieren überließ, den inneren Dienst den »Officiers de fortune«, dem Oberst-Lieutenant und dem Major. Selbst großzügigst gewährter Urlaub von sechs Monaten und noch länger wurde eigenmächtig unter allerlei Vorwänden überschritten[35]. Einen Begriff vom Friedensdienst gab es damals überhaupt noch nicht, und so verfuhr auch jeder Chef nach eigenem Gutdünken, kommandierte wie er es für richtig hielt oder wie er es in einer fremden Armee gelernt hatte.

Es liegt auf der Hand, daß die Neuschöpfer Le Tellier und sein Sohn Louvois anderer Stützen beim Heeresaufbau bedurften. So drückten jene langgedienten, kriegserfahrenen Spezialisten des Truppenwesens in die Spitzenposition der Ausbildung, die bisher als »maréchal de bataille« bzw. »sergeant-major« die Aufstellung der taktischen Verbände zur Schlacht geleitet, die Ordnung der Armee auf dem Marsch überwacht und den Sicherungsdienst um das Lager geregelt hatten[36]. Ihre Befehlsbefugnis wurde konsequent auf das Inspektionsrecht ausgedehnt. Unter diesen treuen Staatsdienern ragte Jean de Martinet hervor, der eine ähnliche Bedeutung für die hohe Qualität des Heeres erlangte wie später Fürst Leopold von Anhalt-Dessau in Preußen. 1648 zum »sergeant de bataille« ernannt, beauftragte ihn Ludwig XIV. Anfang 1663 trotz seiner bürgerlichen Herkunft mit der Führung des neu errichteten Königs-Regimentes, das als Lehr- und Mustertruppe für die gesamte Infanterie diente. Er erhielt den neuen Dienstgrad eines Oberst-Lieutenants, wodurch zum Ausdruck kam, daß die Verantwortlichkeit für die Ausbildung in seinen Händen an Stelle des abwesenden hochwohlgeborenen Chefs lag, wie anderswo auch. Später mußte er darüber hinaus die Garnisonen inspizieren und dem König berichten, inwieweit dort die oben getroffenen Anordnungen gehorsam ausgeführt wurden. Der

---

35 L. Mention: L'armée de L'ancien régime, S. 108 f.
36 Diese Dienstgrade sind bereits in der frz. Armee des 16. Jh. anzutreffen, als Funktionsträger von den Kp-Inhabern unterschieden, siehe K. D. Kaiser: Zur Rolle des »sergeant de bataille« in der frz. Armee des 17. Jh. Zeitschrift f. Heereskunde, Nr. 317, Jg. 1985, S. 7 ff.

Abb. 11. Marsch der Rekruten zu ihrem Regiment, nach einem Gemälde von L. J. Watteau (1731–1798).

Inspektor war dazu ermächtigt, auf der Stelle scharf durchzugreifen und jeden Widerstand renitenter Offiziere zu brechen. Sicherlich war dazu eine Autorität geboten, wie sie Martinet besaß. Wesentliche Impulse zur Armeereform sind von ihm ausgegangen: die Gliederung im Feldbataillone als taktischer Grundeinheit, die Ausrüstung mit dem neuen Fusil und dem Bajonett (1671), die das allmähliche Zurückdrängen der Piken einleitete, die ersten Versuche mit Grenadieren (1667) und deren Zusammenfassung in einer Kompanie seines Musterregimentes (1670), der Beginn des regelmäßigen Kampierens in Lagerzelten (1667) und die Erfindung der Pontons; vor allem aber auch die Entwürfe von Dienstvorschriften zum Zweck der Vereinheitlichung, worauf die Subordination der Offiziere primär beruhte. Martinet wurde 1670 Oberst und Kommandeur des Königs-Regimentes und am 15. April 1672 zum »Maréchal de camp« ernannt. Noch im gleichen Jahr fiel er während des holländischen Feldzuges bei der Belagerung von Doesburg[37].

Den mächtigen Aufschwung des französischen Heeres- und Kriegswesens trugen aber nicht allein originäre Ideen. Im Hinblick auf die Taktik und die Truppenordnung wurden die fortschrittlichen Errungenschaften der Niederländer übernommen; in der

37 Über sein Leben und Wirken berichtet unter Nennung wichtiger Quellen K. D. Kaiser, Jean de Martinet: Ein frz. Heeresreformer zur Zeit L. XIV. Zeitschrift für Heereskunde, Nr. 280, Jg. 1978, S. 138 ff.; Verf. weist darauf hin, daß der bedeutsame Soldat in Vergessenheit geriet, obwohl ihn Voltaire im »Siècle L. XIV:« gewürdigt hat.

Fortifikationskunst, in der Kriegstheorie wie im gesamten militärwissenschaftlichen Denken wirkte der italienische Einfluß vom Zeitalter der Renaissance her immer noch befruchtend nach. Festungsbau und Belagerungskrieg erlangten hohe Bedeutung durch das gigantische Wirken eines der tüchtigsten und klügsten Kriegsmänner im Zeitalter des Sonnenkönigs: Sebastian le Prestre Marquis de Vauban (1633–1707), Ingenieur des Königs, Commissaire général des fortifications, Generalleutnant und zuletzt Marschall von Frankreich. Mit außergewöhnlicher Energie betrieb er den Ausbau eines Festungsgürtels, der das ganze Staatsgebiet vom Ärmelkanal bis zur Mittelmeerküste umschirmte. Er sollte vor fremden Invasionen schützen, aber auch als gesicherte Basis für eigene Angriffe in benachbarte, strategisch beherrschende Räume dienen. Vauban erbaute 30 neue Bollwerke und verbesserte eine mehrfache Zahl alter Waffenplätze. An allen Feldzügen von 1651 bis 1704 beteiligt, im ganzen achtmal verwundet, belagerte er 40 Festungen und eroberte 39, während ihm nur eine, aber erfolgreiche Verteidigung – von Oudenarde 1674 – zu Buche schlug. Seine originelle Leistung bestand weniger in den eigenen Bauten als in der fortifikatorischen Angriffsmethodik durch das System der Parallelen und eines wirksameren Artillerieinsatzes[38].

Vaubans Lebenswerk muß auch in seinem Bezug zur Kulturgeschichte gesehen werden. Mit der Kriegskunst des ausgehenden 17. Jahrhunderts ist zugleich die Entwicklung der modernen Technik eng verbunden. Die Ingenieure als Nachfolger der Handwerksmeister und jetzt praktizierende Mathematiker machten ihre umfassenden Kenntnisse dem Gebäude-, Straßen-, Kanal- und Brückenbau nutzbar, was ebenso hohe wirtschaftliche Förderung wie militärische Stärkung bedeutete. Es war der Ingenieur-Offizier, der sich in dem konstruktiv-erfinderischen Wirkungsbereich vorherrschend betätigte, weil es am zivilen Fachpersonal noch fehlte. Er hat wie Vauban, dem ein wichtiger Teil des nordfranzösischen Kanalsystems zu verdanken ist, als universaler Soldat den Typus des homo faber am reinsten verkörpert[39].

Die Waffenerfolge des französischen Großmachtheeres in den Jahren fortgesetzter Angriffskriege haben in aller Welt die Überzeugung von seiner Unschlagbarkeit bestärkt. Sie war das Ergebnis einer enormen Kraftentfaltung, die der Ausbau aller innerstaatlichen Machtmittel bewirkte, basiert auf eine effektive Wirtschaftspolitik und feste Steuereinnahmen mit Hilfe der straff geordneten Finanzbürokratie. Dieses kunstvolle System hatte Ludwig XIV. seinem besten Minister Colbert (1619–1683) zu verdanken, der Frankreich zu kulturellem Reichtum emporzubringen gedachte

---

38 M. Jähns: Kriegswissenschaften, II, S. 1403 ff., auch W. Gembruch, Vauban, in: Klassiker der Kriegskunst, hrsg. v. W. Hahlweg, Darmstadt 1960, S. 150 ff. und ders.: Zwei Denkschriften Vaubans zur Kolonial- und Außenpolitik aus den Jahren 1699 und 1700, in: Historische Zeitschrift 195 (1962) S. 302 ff., auch: Zur Kritik an der Heeresreform und Wehrpolitik, S. 24 ff.

39 Berühmte Ing.-Offiziere standen im Dienst der Fürsten und führten großartige Projekte aus, z. B. Balthasar Neumann, der Meister des Barock in Würzburg.

und dessen Quelle in der Erschließung eines blühenden Handels- und Kolonialreiches mit starker Seemacht sah. Die weit ausgreifende kontinentale Kriegspolitik ließ ihn aber nur bis zur Hälfte des Weges vorankommen. Colbert bemühte sich, den Einsatz der Landstreitkräfte zum Kampf um die Hegemonie in Europa auf das wirtschaftlich Vertretbare zu beschränken, doch im Kabinett stand Louvois gegen ihn als särkster Rivale. Seine Ratschläge zur Mäßigung und Vorsicht wollte niemand hören, am wenigsten der Alleinherrscher, der die längste Zeit seiner Regierung nicht nur des Staates wegen, sondern auch um seiner Selbsterhöhung willen Kriege führte. Auch dessen verschwenderische Prachtentfaltung vermochte der Finanzminister nicht einzudämmen. Nach Colberts Tod steigerte sich die ganz unrechnerische Haushaltsführung zur uferlosen Ausgabewirtschaft. Der bedenkenlose Geldbedarf wie die gewaltigen Kriegslasten mußten zu riesiger Staatsverschuldung, zur Überspannung aller ökonomischen und menschlichen Kräfte im Lande führen, an deren Folgen Frankreich noch Jahrzehnte litt. Obendrein hatte die 1685 eingesetzte Verfolgung der Hugenotten die Volkssubstanz um 300 000 Menschen geschwächt. Unter den Glaubensflüchtlingen, die ihr Leben ins Ausland retteten, befanden sich 3000 Offiziere sowie 18 000 Unteroffiziere und Mannschaften der Armee[40].

Als nach einer Zeit einzigartiger Aufwärtsentwicklung erste militärische Rückschläge im Land- und Seekrieg die Eroberungspolitik Ludwigs XIV. in Frage stellten, als mit der Geldkalamität die Steuerschraube angezogen wurde, die wirtschaftlichen Erträge zurückgingen, sogar eine Hungersnot plagte und der Zorn über die Zwangsrekrutierungen aufwallte, meldete sich eine prominente Opposition zu Wort[41]. Zu den Kritikern gehörte Vauban, der unermüdlich für die Sicherheit des Staates und seiner »natürlichen« Grenzen arbeitete, aber den hybriden, kräftevergeudenden Raub- und Expansionskrieg verurteilte. Er wünschte die Stärkung Frankreichs, auch als Kolonialmacht, und zog die Autorität der Krone nicht in Zweifel, doch das Prunkzeremoniell des höfischen Lebens achtete er gering. Mit seinen Vorschlägen zur materiellen Verbesserung der gedrückten Lage von Unteroffizieren und Mannschaften, für ihren Eintritt in die Offizierlaufbahn, für ausgedehnte Invalidenhilfe und eine gerechtere Steuergesetzgebung bewies er als als Ökonom und Sozialreformer beachtliches Format. In die Tat umgesetzt, hätten sie die Gesellschaftsstruktur des ludovazianischen Absolutismus verändern müssen. Dazu fand sich der König nicht bereit, weil Adel und Geistlichkeit auf ihren finanziellen Privilegien beharrten. Als Vaubans Denkschrift »La Dîme royal« (Der königliche Zehnte) 1707 im Druck erschien, fiel ihr Verfasser in Ungnade. Wenige Tage darauf starb der aufrechte Freund des Volkes, tief erschüttert über das Elend der armen Leute, am gebrochenen Herzen.

Zu diesem Zeitpunkt hatte die französische Armee bereits den Nimbus ihrer Unbesiegbarkeit verloren. Nach der entscheidenden Niederlage in Süddeutschland bei

---

40 Nach Chambeau: Der Anteil der Hugenotten in der preußischen Wehrmacht, Zeitschrift für Heereskunde, H. 107, Jg. 1939, S. 16.
41 W. Gembruch: Zur Kritik an der Heeresreform und Wehrpolitik, S. 14 ff.

Höchstädt (13. August 1704) war sie bei Ramillies (23. Mai 1706) erneut geschlagen und auf die Festungslinie an der Nordgrenze zurückgeworfen. Vor einem weiteren Vordringen in das Herz Frankreichs schützte Vaubans Verteidigungsgürtel. Als jedoch das stärkste Bollwerk Lille fiel (11. Dezember 1708), bot der in seinem Herrscherstolz jäh getroffene König gegen die Überlassung des spanischen Erbes an die Habsburger und die Rückgabe des eroberten Elsaß an das Reich den Frieden an. Noch tiefer ließ er sich durch den Übermut der Sieger nicht demütigen. Ihre Bedingung, seinen Enkel Philipp V. in Madrid mit ihnen gemeinsam vom Thron herunterzuholen, war unerfüllbar. Sie verstieß gegen die Ehre eines Monarchen, der sich im Zeichen der über die ganze Welt leuchtenden Sonne an der Spitze aller Könige stehen sah. So nahm er den Kampf wieder auf und die erschöpfte Nation folgte dem Appell zu letzter Hilfeleistung. Ihre Lebenskraft bestätigte jene stolze Devise, die Louvois schon 20 Jahre zuvor gegenüber der antifranzösischen Frontenbildung unter Englands Führung konstatiert hatte: »seul contre tous.«[42] Tatsächlich kehrte das Kriegsglück zurück, die große Feindkoalition brach auseinander und mit den Friedensschlüssen von Utrecht und Rastatt (1713 und 1714) brauchte sich Frankreich nur einzugestehen, daß lediglich seine äußere Macht ihre Grenzen hatte, nicht die Macht seines Geistes und seiner Kultur.

Trotz nahezu fortlaufend geführter Kriege, die dem Land gar zu viel Blut, Kraft und Geld gekostet hatten, blieb der Stolz der Nation ungebrochen. Nach dem Urteil Voltaires lebte der Franzose als »Sklave seines Königs«, aber er glaubte, am Ruhme dieses Herrschers und Halbgottes teilzuhaben. Auch die außerhalb der feudalen Rangordnung Stehenden hatten sich in ihr Untertanenverhältnis relativ leicht eingefügt, weil das verständliche Verlangen nach bürgerlicher Sekurität und nationaler Freiheit größer war als das Bedürfnis nach politischen Rechten. Noch gab das Regime selbst keine Ursache zu einer Revolution, weil die umstürzlerischen Ideen erst viel später durch die Literaten und Agitatoren ins Bewußtsein der Menschen getragen wurden.

Dem entsprach die Einstellung des Volkes zur Armee. Obwohl es wenig Neigung verspürte, als Soldat zu dienen und dessen Subordination als lästig empfand, so ist doch »der kriegerische Geist der alten Gallier das Erbe ihrer Nachkommen geblieben[43]«. Die öffentliche Meinung hat es voll akzeptiert, daß die Machtpolitik und das Merkantilsystem damit aufs engste zusammenhängen mußten. Das beanspruchte Maximum an militärisch-finanzieller Kraftleistung bedingte die Ausbildung zur Militärmonarchie, wenn auch nicht in der durchgreifenden Militarisierung des gesamten Soziallebens wie in Preußen[44]. Allgemein wurde den nachhaltigen Forderungen zum

---

42 C. Hinrichs: Zur Selbstauffassung Ludwigs XIV., S. 315.
43 Blindel: Sur les devoirs militaires, zit. nach Jähns: Das französische Heer von der großen Revolution bis zur Gegenwart, Leipzig 1873, S. 4.
44 Siehe A. Corvisier: Ministère de la défence . . . les Francais et l'armée sous Louis XIV. 1697–1698, Vincennes 1975; die Ansicht d. Verf. stimmt mit der Auffassung O. Hintzes über den Militarismus überein.

Unterhalt des starken stehenden Heeres Verständnis entgegengebracht, im unbedrohten Landesinneren mitunter weniger als in den Grenzgebieten, wo Handel, Gewerbe und Landwirtschaft aus der Truppenstationierung eigenen Nutzen zogen. Vor allem aber hat die Armee Ludwigs XIV. die Einheit des Staates wesentlich gefördert und das Nationalbewußtsein ebenso gefestigt.

Die innere Verfassung des Staates war so eingerichtet, daß die bewaffnete Macht dem äußeren Schutz bzw. der militärischen Expansion diente, wie sie die Gewalt der Obrigkeit stabilisierte. Aus eigener Vollmacht hätte sie keine Fähigkeit zur Aktion besessen und genausowenig irgendwelchen Druck nach innen ausüben können. Das Offizierkorps beschränkte sich auf den eigenen militärtechnischen Bereich, die Fragen zum Verhältnis von Politik und Kriegführung lagen außerhalb seiner Kompetenzen und wurden im Kabinett des Königs entschieden. Demgegenüber blieb man im exklusiven Kreis der Opposition mit seinen Wünschen und Hoffnungen ohnmächtig und auch die vielen Reibungen mit den Intendanten spielten kaum eine Rolle. Mit der eminent nationalen Aufgabe, die das stehende Heer zu erfüllen hatte, war es gleichsam zum Rückgrat des zentralisierten Macht- und Einheitsstaates geworden.

Seine Errichtung hatte sich nicht im revolutionären Bruch mit der Vergangenheit vollzogen. Die eigene Vorgeschichte ist lang; denn in Frankreich begann sie bereits im 15. Jahrhundert. Die Ordonnanzkompanien Karls VII. waren nach ihrer Fechtweise im Kern noch eine mittelalterliche Ritterformation mit Soldkriegern zur Unterstützung, »aber vom Standpunkte der politischen Verfassung aus . . . etwas Neues: die erste stehende Armee in Europa auf Grund der ausschließlichen Kriegshoheit des Königs[45]«. Doch erst in der zweiten Hälfte des 17. Jahrhunderts konnten die Voraussetzungen geschaffen werden, um eine Heeresmacht in bisher unmöglicher Stärke dauernd kriegsbereit unter Waffen zu halten.

Das französische Militärwesen hat auch im 18. Jahrhundert den hohen Rang eines Großmachtheeres behauptet. Zu Beginn des Österreichischen Erbfolgekrieges (1741–1748) schien es schon vom inneren Verfall gezeichnet zu sein. Unter dem Kommando des Marschalls Moritz von Sachsen (1696–1750), der die Regimenter reorganisierte und ihren Geist neu belebte, errang die Armee in den Niederlanden überraschende Feldzugserfolge und bedeutsame Schlachtensiege. Der Prinz ist als typischer und wohl auch vornehmster, genialster Vertreter des bald vergehenden Internationalismus in der militärischen Welt Europas in die Geschichte Frankreichs eingegangen. Wie andere französische Kriegstheoretiker hat auch er wesentlich geistige Impulse für den Übergang in eine neue Epoche der Heeresführung und der Wehrpolitik gegeben[46]. Die Mißerfolge der Armee und ihre Niederlagen während des

---

45 O. Hintze: Staatsverfassung und Heeresverfassung, S. 65.
46 Siehe seine »Träumereien«, Maurice Comte de Saxe, Mes Rêveries, 2 Bde., Amsterdam und Leipzig 1757; vgl. Gembruch: Zur diskussion um Heeresverfassung und Kriegführung in der Zeit vor der Frz. Revolution, in: Napoleon I. und das Militärwesen seiner Zeit, S. 9 ff., auch Jähns: Kriegswissenschaften, III, S. 2593 ff.

Abb. 12. Das Grabmal des Marschalls Moritz von Sachsen in der St. Thomaskirche zu Straßburg von J. B. Pigalle (1714–1785). Leopard, Löwe und Adler zur Rechten des Feldherrn symbolisieren die von ihm besiegten Nationen: Holland, England und Deutschland. Zur Linken die Fahnen Frankreichs; unter ihm öffnet der Tod den Grabdeckel und kündigt mit der Sanduhr die letzte Stunde an. Moritz steigt stolz herab, betrauert von der Gestalt Frankreichs und des Herkules. Als Protestant konnte er nur im Elsaß bestattet werden, wo die französischen Religionsgesetze nicht galten.

Siebenjährigen Krieges gegenüber Herzog Ferdinand von Braunschweig in Westdeutschland sind primär einer Disziplinkrise im Oberkommando zuzuschreiben, die sich unvermeidlich nach unten übertrug. Der Coup des Preußenkönigs von Roßbach mag aus dem natürlichen Rahmen fallen. Die Spätzeit ließ auch im Befehlsapparat der Armee immer deutlicher erkennen, daß der absolutistische Machtstaat in Frankreich nie ganz gelungen ist[47]. Am Anfang hatte das Regime Luxwigs XIV. mit dem etablierten »miles perpetuus« das wegweisende Beispiel gegeben, und für alle anderen Staaten war es eine Pflicht der Selbstbehauptung, diesem Beispiel zu folgen.

47 Vgl. Barudio: Das Zeitalter des Absolutismus, S. 157.

III. Das stehende Heer Alt-Österreichs[1]

Ausschließlich auf seinem Heerwesen beruhte der Aufstieg Österreichs zur europäischen Großmacht. Sein »kaiserlicher« Charakterzug trat dabei in dem Maße zurück, wie sich die Merkmale eigenständiger Staatlichkeit ausprägten. Die Kaiserkrone hingegen verlor ihren Glanz nicht, obwohl sie seit 1648 ihrer realen Macht beraubt war. In der Türkengefahr des 17. Jahrhunderts entfaltete sie eine starke Werbekraft, die von überall her bedeutende Männer anzog und sogar eine Wiederbelebung des Reichsgedankens bewirkte. Die hohe Schlagkraft und innere Stärke des österreichischen Heeres ist um so mehr zu bewundern, als es in engster Abhängigkeit von den geschichtlich bedingten innenpolitischen Schwierigkeiten der Habsburger Monarchie stand. Die Verfassungsentwicklung unter der Tendenz der Zentralisation ist auch hier wie in Frankreich und vor allem bald in Preußen vorangekommen, aber langsamer und weniger durchgreifend. Das vom einzigen Band der Dynastie zusammengehaltene Länderkonglomerat – die vorwiegend deutschen Erblande, die Länder der Wenzelskrone (Böhmen, Mähren und Schlesien), Ungarn und Siebenbürgen, die Außenglieder der Niederlande und in Italien – konnten niemals zu einer wirklichen Staatseinheit verschmolzen werden. Die Steuerverwaltung ist in ständischer Hand geblieben und damit auch das Recht der Rekrutenbewilligung für das neue stehende Heer[2]. Die schweren Belastungen der fortlaufenden Kriege konnten unter solchen Verhältnissen der Festigung absoluter oberster Herrschergewalt nicht förderlich sein. Immer wieder zwang die chronische Geldnot dazu, die erforderlichen Machtmittel durch politische Zugeständnisse zu erkaufen.

Man kann nicht sagen, daß der Westfälische Friedensschluß von 1648 der militärischen Evolution in Österreich sogleich einen definitiven Neuanfang beschert hätte. Zwar schwiegen die Waffen, aber die neue Ordnung im deutschen Reich mußte erst mühsam durchgesetzt werden. Die Schweden machten keine Anstalten, die böhmischen Erbländer zu räumen, weil sie auf die zugesagten Kontributionssummen zwecks Abdanken ihrer Truppen warteten. Weitere Streitpunkte ergaben sich während des Nürnberger Kongresses zur Friedens-Execution (Mai 1649 – Juli 1651), insbesondere gegenüber der komplizierten Frage, wie der weltliche Besitzstand von 1618 und der Konfessionsstand von 1624 wiederhergestellt werden sollte. In dieser unsicheren,

---

1 Die Benennung »Österreich« und »österreichisch« für die gesamten habsburgischen Erbkönigreiche und Länder bezieht sich nicht auf den staatsrechtlichen Zusammenhang eines Gesamt-Territoriums, den es nicht gab, sondern auf den Begriff der Monarchie, deren dynastisches Band die gleichberechtigt nebeneinandergestellten Teile umschloß.
2 O. Hintze: Der österreichische und der preußische Beamtenstaat im 17. und 18. Jh. Gesammelte Abhandlungen, S. 321 ff.

von beiderseitigem Mißtrauen bestimmten Lage – die Nachrichten über den Fronde-Krieg in Frankreich erhöhten die Spannung – zögerte man mit der Abrüstung. Die in die Erbländer zurückgeholte kaiserliche Hauptarmee zählte 37 Regimenter zu Pferd und 30 Regimenter zu Fuß, rund 30 000 Mann. Bei den Truppen im Reich gab es sofort Schwierigkeiten, als dort die vollständige Abdankung begann. Verpflegungs-rückstände mußten ausgeglichen und obendrein noch Schulden bezahlt werden, obwohl das Geld nicht vorhanden war. Als die Nürnberger Verhandlungen zum Abschluß kamen, verlangte die Friedenspartei am kaiserlichen Hof, die teure Armee endlich abzuschaffen. Dieser radikalen Sparpolitik trat der Generalkommissar Ernst v. Traun als Wortführer der weiterblickenden Berater mit dem Projekt entgegen, ein staatlich besoldetes Heer wenigstens im Rahmen des finanziell Möglichen auch im Frieden fortbestehen zu lassen[3]. Demzufolge wurden die Streitkräfte in den Erbländern auf einen Bestand von 14 500 Infanteristen zu neun Regimentern und rund 10 000 Reitern reduziert. Wer in Wien auf den Frieden baute, hätte diese Zahlen am liebsten weiter herabgedrückt, doch es zeigte sich, daß der lockere Boden seiner Ordnung schon die Keime zu neuen Kämpfen trug. Der 30jährige Krieg hatte auf einem toten Punkt geendet, den die erschöpften Parteien weder mit militärischer Gewalt, noch durch einen vollen Ausgleich ihrer widerstrebenden Machtinteressen beseitigen konnten. Es bestand Grund genug, sich in Abwehrbereitschaft zu halten, weshalb zu den Truppenkernen weitere Offiziere und vor allem technisches Personal für Artillerie und Fortifikation traten.

Bereits wenige Jahre später mußte sich Österreich zur Aktion entschließen, als die Ausweitung des Schwedisch-Polnischen Krieges (1655–1660) Schlesien bedrohte, andererseits auch der Reichsfriede wegen der bevorstehenden Kaiserwahl gewahrt bleiben mußte[4]. Die Campagne des über 20 000 Mann starken Hilfskorps für die Polen, zusammen mit dem ersten stehenden Heer des Kurfürsten von Brandenburg, stand unter dem Gebot größtmöglicher Truppenschonung. Sie bedingte allein schon die arge Finanznot, noch verschärft durch organisatorische Mängel in der Heeresverwaltung und anfangs sogar durch schlechte Fürsorge der kommandierenden Offiziere[5]. Zu ungestörter friedlicher Reformarbeit blieb auch nach beendetem Kriegszug keine Zeit mehr; denn jetzt wurden die Türken im Westteil ihres Riesenreiches nach über fünfzigjähriger relativer Ruhezeit wieder gefährlich. Der unmittelbare Anlaß zum Krieg lag in Habsburgs militärischer Unterstützung der Unabhängigkeitsbestre-

---

3 Demnach war Traun der eigentliche Schöpfer des stehenden Heeres Alt-Österreichs; siehe Ph. Hoyos: Die Kaiserliche Armee 1648–1650, in: Der Dreißigjährige Krieg (Schriften des Heeresgeschichtlichen Museums in Wien, Bd. 7), Wien 1976, S. 207.
4 Der älteste Sohn Kaiser Ferdinands III. (1637–1657) war 1654 plötzlich gestorben; nur mit Mühe gelang es, den zum König von Böhmen und Ungarn gewählten Bruder Leopold gegen die Bestrebungen Ludwigs XIV. als Nachfolger auf dem deutschen Kaiserthron durchzusetzen.
5 E. Opitz: Österreich und Brandenburg im Schwedisch-Polnischen Krieg 1655–1660 (Militärgeschichtliche Studien, Bd. 10), Boppard a. Rh. 1969, S. 14 f.

Abb. 13. Graf Raimondo Montecuccoli, anonymer Kupferstich aus der Zeit, und Großwesir Ahmed Köprülü, der Besiegte in der Schlacht bei St. Gotthard-Mogersdorf 1664, Kupferstich von G. Bouttats 1664.

bungen im siebenbürgener Vasallenfürstentum des Sultans. Nachdem die schon rissige Staatsmacht unter der Selbstherrschaft der Großwesirfamilie Köprülü seit 1656 wieder mehr innere Stabilität erlangt hatte, fiel das Osmanenheer – schätzungsweise 100 000 Mann – im Sommer 1663 in Oberungarn ein. Es drang aber zum Glück über die eroberte, vor Wien als Barriere liegende Festung Neuhäusel mit regulären Truppen nicht weiter vor, sondern zog sich bald in die Winterquartiere zurück. So reichte die Zeit bis zum nächsten Feldzugsbeginn gerade aus, die kaiserliche Armee auf 51 000 Mann zu verstärken. In letzter Minute waren auch die Hilfskräfte herangekommen: die Reichskontingente und ein deutsches, dazu ein französisches Auxiliarkorps. Mit der Hauptmacht zwang Feldmarschall Graf Montecuccoli das Heer des Großwesirs am 1. August bei St. Gotthard-Mogersdorf zum Angriff auf seine geschickt gewählte Stellung hinter der Raab und trieb die vorgedrungenen Teile zurück in den Fluß[6]. Diese schwere Niederlage, auch die vorangegangenen Schläge der kaiserlichen Nordarmee gegen die zweite osmanische Kriegsschar im Raum Neuhäusel, ließen weitere Angriffsversuche als unratsam erscheinen, weswegen beide Seiten aus Gründen der Kräfteschonung überraschend schnell einen Frieden für 20 Jahre schlossen. Auch der Kaiser, dessen Stellung allein auf der habsburgischen Macht beruhte,

6 K. Peball: Die Schlacht bei St. Gotthard-Mogersdorf 1664 (Militärhistorische Schriftenreihe, hrsg. v. Heeresgeschichtlichen Museum Wien H 1), Wien 1964.

benötigte eine Atempause. Künftige Gefahren drohten ihm nicht nur im Südosten, sondern auch im Westen. Die Waffenhilfe der 6000 Franzosen bei St. Gotthard resultierte aus der Zugehörigkeit zur rheinischen Allianz west- und norddeutscher Fürsten, die ihre im Westfälischen Frieden verbürgte »Libertät« geschützt haben wollten, aber bisher kaum gemerkt hatten, daß Ludwig XIV. für sie eine stärkere Bedrohung bedeutete als die gefürchtete selbständige Kriegspolitik des Kaisers im Zusammenhang mit der spanischen Erbfolge. Fiel der Rheinbund schnell auseinander, als Frankreich den ersten Raubkrieg gegen die spanischen Niederlande unternahm (1667–1668), so weitete sich schon der zweite gegen Holland (1672–1679) auch zum Kampf gegen Kaiser und Reich aus. Von diesem Zeitpunkt ab blieb Österreich jahrzehntelang mit der doppelten Aufgabe belastet, Krieg im Osten gegen die Türken und im Westen gegen die überlegenen Armeen der französischen Expansion zu führen. Durch die Gegensätzlichkeit aller Verhältnisse auf beiden Schauplätzen bedingt, mußten die Feldzüge verschiedenartig strategisch geplant und operativ wie taktisch bewerkstelligt werden. Da Ludwig XIV. im Kaiser den Hauptgegner sah und dessen Machtsteigerung mit allen Mitteln zu verhindern suchte, galten ihm die Türken als natürliche Bundesgenossen, obgleich es zu einer umfassenden Koordination der Kriegführung schon wegen des hemmenden christlichen Gemeinschaftsgefühls und zu weiter räumlicher Distanz nie gekommen ist[6a]. Die seit Franz I. bestehenden Interessen berührten sich jetzt aber so eng miteinander, daß sie auf die militärischen Kraftanstrengungen des deutschen Reiches schwächend zurückwirkten. So lange die zweite Front im Osten noch nicht bestand, waren die mitgeschürten Aufstände in Ungarn von großem Nutzen für die endgültige Annexion des Elsaß, deren Abschluß der Raub Straßburgs (30. September 1681) mitten im Frieden bildete.

Sobald alarmierende Rüstungen die Absicht des Sultans zu erkennen gaben, Habsburg noch vor Ablauf der zwanzigjährigen Friedensfrist wieder anzugreifen, entschloß sich der Kaiser als Landesherr von Österreich zur Hinwendung nach der unmittelbar bedrohten Seite in der Abkehr vom Westen. Die Heeresverwaltung kam mit dem Aufstellen neuer Regimenter aus Geldmangel nicht so schnell voran wie die Diplomaten der Wiener Hofburg mit dem Schmieden eines Abwehrbündnisses, das der Papst durch mehrere hunderttausend Dukaten Subsidien und den Aufruf zum Kreuzzug gegen die Heiden unterstützte. Zur kaiserlichen Armee zogen die Hilfskontingente der Kurfürsten von Bayern und Sachsen, des schwäbischen und fränkischen Reichskreises sowie die Truppen des Königs Johann Sobieski von Polen, der unter der Türkengefahr mit seiner Außenpolitik zuletzt noch eine Kehrtwendung vollzogen hatte. Der sehr langsame und schwerfällige Anmarsch des osmanischen Heeres ab Ende März 1683 vom Sammelplatz Adrianopel aus über Belgrad Richtung Wien – etwa 90 000 Kombattanten ohne die 20 000 Tataren und die ungarischen Rebellen –

6a J. Bérenger; Ludwig XIV. und Frankreichs Streben nach der Vormachtstellung in Europa, in: Die Türken vor Wien. Europa und die Entscheidung an der Donau 1683, hrgs. vom Historischen Museum der Stadt Wien, Salzburg/Wien 1982, S. 37 ff.

Abb. 14. Laufgräben, Geschützstellungen und Angriffsvorbereitungen der Türken vor Wien, Radierung von Romeyn de Hooghe (1645–1706).

erscheint noch heute hinsichtlich des Kriegszieles rätselhaft. Das Abendland konnte der oberkommandierende Großwesir Kara Mustapha ebensowenig erobern wie die Macht Habsburgs niederwerfen. Vermutlich wollte er die Kaiserstadt zum beherrschenden Eckpfeiler an der abgerundeten Westgrenze des Osmanenreiches umwandeln, vielleicht auch aus dem persönlichen Grund eigener Machtsicherung gegenüber dem Sultan[7]. Jedenfalls ging er mit seinem ehrgeizig veranlaßten Feldzug ein hohes Risiko ein; denn vor Wien traf ihn die Katastrophe. Vom 14. Juli an fest eingeschlossen, wehrten die tapferen Verteidiger der Festung unter Rüdiger von Starhemberg (10000 kaiserliche Soldaten und 2000 Mann Bürgermiliz) alle Einbruchsversuche ab, bis sie das Entsatzheer (65000, davon 21000 Polen) am 13. September in der siegreichen Angriffsschlacht am Kahlenberg buchstäblich in letzter Minute vor dem

7 W. Leitsch: Warum wollte Kara Mustapha Wien erobern? in: Jahrbücher für die Geschichte Osteuropas, NF 29 (1981), S. 494 ff.; auch J. Chr. Allmeyer-Beck: Bedrohung und Befreiung Wiens 1683, eine weltgeschichtliche Einführung, in: Bedrohung und Befreiung Wiens 1683, Materialien zum Vortragszyklus 1983 der Gesellschaft für österreichische Heereskunde.

Abb. 15. Ruhmesblatt für Ernst Rüdiger Graf Starhemberg, den Verteidiger Wiens, Kupferstich 1683.

Abb. 16. Spottblatt auf Kara Mustapha, Radierung um 1683.

schrecklichen Ende rettete[8]. Unter dem überwältigenden Eindruck dieses Erfolges setze der Kaiser den Türkenkrieg fort; denn er bot beste Aussicht auf die Rückgewinnung Ungarns. Das bedeutete den vorläufigen Verzicht auf Straßburg und das Elsaß, doch das Hemd mußte Habsburg nun einmal näher sein als der Rock. Die weiteren, freilich nur schrittweise und viel schwerer als erhofft errungenen Siege – erst 1686 die Erstürmung Ofens, 1687 die Schlacht am Berge Harsan, 1688 die Rückeroberung Belgrads, das dann wieder verlorenging, 1691 Slankamen, 1697 Zenta – bahnten Österreich den Weg zum Aufstieg als Großmacht. Sie haben die Stellung des Kaisers im Reich in dem Maße gehoben, wie der erfolgreiche Türkenkrieg als nationale Sache und die Feldherren samt ihren Kampfgenossen als volkstümliche Helden empfunden wurden. Das bot einen Ersatz für die Enttäuschung über die weniger rühmlichen, zum Teil deprimierenden Ereignisse im Westen, wo die französischen Armeen nicht zu schlagen waren und ihre ungehinderten Verwüstungen am Oberrhein Gegenangriffe erschwerten[9]. Ludwig XIV. hatte jedoch den Bogen seiner Expansionspolitik überspannt. Allein einer Koalition ganz Mittel- und Westeuropas gegenüber konnte er nicht mehr als Sieger triumphieren, wenngleich ihm der allgemeine Friede von Rijswijk (20. September 1697 mit der Koalition und 30. Oktober mit dem Kaiser) das Elsaß beließ. Um Straßburg zurückzuholen, reichten die deutschen Kräfte nicht aus. Auch im Osten waren Rückschläge erfolgt, weil die notwendige Waffenhilfe im Westen, der trostlose Zustand des kaiserlichen Heeres und das Versagen seiner Führung die Wirkung aller bisherigen Siege aufgehoben hatten. Nach beendetem Krieg gegen Frankreich glückte schließlich dem neuen Oberkommmandierenden Prinz Eugen der entscheidende Vernichtungsschlag im letzten Feldzug des kampferfüllten 17. Jahrhunderts.

Daß sich der österreichische Kaiserstaat unter dem Zweifrontendruck stärker als erwartet behauptete, war seine besondere, durch unvergleichliche Schwierigkeiten gekennzeichnete Leistung. Die eigentümliche Struktur seiner Länder begrenzte und behinderte die militärischen Möglichkeiten auf vielfältige Weise. Neben den Eigen- und Sonderinteressen aller landständischen Gremien hemmten auch die divergierenden Ansichten und Maßnahmen der Zentralstellen, die selbst lange Zeit einer strafferen Organisation entbehrten, die Entwicklung des stehenden Heeres zum organischen Ganzen. Die starre Verwaltung des Bestehenden, die Macht alter Überlieferungen und Gewohnheiten und mangelnde Initiative bewirkten, daß sie sich nicht in großen

8 G. Gerhartl: Belagerung und Entsatz von Wien 1683, Militärhistorische Schriftenreihe d. Heeresgeschichtlichen Museums, H. 46, Wien 1982; dazu die Materialien zum Vortragszyklus 1983 und Die Türken vor Wien, Anm. 6a.

9 Die politischen und militärischen Ereignisse im großen Zusammenhang der Deutschlandpolitik Ludwigs XIV. eingehend behandelt bei B. Wunder: Frankreich, Württemberg und der Schwäbische Kreis während der Auseinandersetzungen über die Reunionen (1679–97), Veröffentlichungen der Kommission für geschichtliche Landeskunde in Baden-Württemberg, Bd. 64, Stuttgart 1971; vgl. K. v. Raumer: Die Zerstörung der Pfalz von 1689, Nachdruck der 1. Aufl. 1930, Bad Neustadt a. d. Saale, 1982.

Zügen vollzog. In Ungarn und seinen Nebenländern hat man den miles perpetuus erst gar nicht aufkommen lassen wollen, weil er für unnötig gehalten wurde. Noch 1741 bestanden erst drei regulierte Infanterie- und acht Husarenregimenter[10].

Da an eine Kopie des zentralisierten französischen Systems nicht zu denken war, erwiesen sich auch die immer höheren Forderungen an den Militärhaushalt infolge des dauernden Kriegszustandes als kaum erfüllbar. Ohne Anleihen, ohne fremde Subsidien und ohne Eigenbeteiligung einzelner Reichsstände wäre nicht einmal das Allernötigste aufgebracht worden. Reiche Regimentsinhaber halfen wie bisher mit ihrem Vermögen aus, was die beibehaltene Institution des Stellenkaufes hinreichend erklärt. Bis in die theresianische Zeit hinein und auch wieder am Ende des Siebenjährigen Krieges bedeutete die schlimme Finanzmisere das gravierendste Hindernis für das Wachstum wie für den Erhalt der Armee. Der Ausspruch Montecuccolis, daß zum Kriegführen drei Dinge gehören: »Geld, Geld und Geld[11]«, bezieht sich auf diese ewige Sorge. Der schwerfällige Geschäftsgang in der Administration verzögerte obendrein die Verteilung der mühsam beschafften Unterhaltsmittel an die Truppen. In Geldangelegenheiten war die Heeresleitung von der Hofkammer abhängig, die äußerste Sparsamkeit verlangte. Für die Heeresaufbringung, Ausrüstung und Verpflegung hatte der Hofkriegsrat als Zentralbehörde und zugleich als Militärkabinett des Kaisers zu sorgen. Was er dann anordnete, blieb wiederum an die Zustimmung der eigenmächtigen Landstände gebunden[12].

Die Rekrutierung der neugebildeten und alten Regimenter erfolgte sowohl durch direkte truppeneigene Werbung in den Erbländern wie im Reich im Auftrage der Obristen als auch auf dem Wege der Zuweisung selbst geworbener Freiwilliger durch die erbländischen Stände. Das zweite Verfahren behinderte das erste, war der Kosten wegen mit zeitraubenden Verhandlungen verbunden und erbrachte häufig nicht die gewünschte Qualität des Mannschaftsersatzes. Abgesehen davon fehlte in den Provinzen überhaupt die regulierende Behörde. In den Reichsstädten besaß der Kaiser das uneingeschränkte Werberecht; in den deutschen Territorien der Fürsten konnten den Werbeoffizieren die entsprechenden Patente erst nach landesherrlicher Zustimmung ausgestellt werden. Die allgemeine Finanznot hielt ebenso die Werbegelder in knappstem Rahmen, so daß Mißbräuche bei der Verrechnung einrissen. Von der Gesamtsumme mußte der ausgesandte Offizier nicht nur den Aufwand für den Rekruten – pro Infanterist etwa 30 Taler einschließlich Montur, Seitenwaffe und Reise-

---

10 H. Bleckwenn: Der Kaiserin Hayduken, Husaren und Grenzer – Bild und Wesen 1740–1769, in: Jahrbuch für österreichische Kulturgeschichte X, 1984, S. 114; im übrigen hatte es seit der Dreiteilung des Landes 1541 in eine türkische Provinz (Mitte), in ein türkisches Protektorat (Siebenbürgen) und in das an Habsburg gefallene »Königreich Ungarn« (Westen und Nordwesten) ein reguläres Heer nicht mehr gegeben, sondern nur Aufgebote leichter Truppen.

11 Zit. nach M. Jähns: Kriegswissenschaften, Bd. II, S. 1173.

12 J. Zimmermann: Militärverwaltung und Heeresaufbringung in Österreich bis 1806, Deutsche Militärgeschichte 1648–1939, Bd. 1, Abschn. III, Ausg. München 1983, S. 53 ff.

Abb. 17. Der mit seinem kaiserlichen Soldaten geduldige Bauer, Kupferstich von E. Bück.

kosten –, sondern auch den Unterhalt für sein gesamtes Kommando mitbestreiten. Da sich die Gebühren nicht erhöhen ließen, sollte die ständische Werbung bevorzugt angewendet werden, die aber infolge ihrer Mängel keinen Ausgleich zu schaffen vermochte[13].

In der Anfangszeit des stehenden Heeres brauchte man noch nicht mit List und Gewalt zu werben; denn als Hinterlassenschaft des 30jährigen Krieges gab es noch genug Leute, die beim Militär ihr Unterkommen suchten, auch manche leichtfertige Burschen, von Abenteuerlust getrieben, oder deprimierte Bauernknechte und Tagelöhner. Es wäre ungerecht, dem damaligen Soldatenvolk gleich eine Mehrzahl von Taugenichtsen anzulasten. Die praktisch unbegrenzte Dienstzeitverpflichtung bis zum Eintritt der Invalidität mußte aber auf die Dauer die Bereitschaft zur Freiwilligkeit beeinträchtigen. Der straff reglementierte Tagesablauf bei der Truppe im Wechsel von Krieg und Frieden unterschied sich wesentlich vom ungebundenen Leben in Wallensteins Lager. Auch die materiellen Ansprüche, die der Soldat mitunter recht überzogen an seinen Wirt gestellt hatte, waren schrittweise auf ein bescheidenes Maß beschränkt worden.

Schon aus dem 30jährigen Krieg datiert eine Verpflegungsordonnanz des Kaisers (1. Januar 1639), die ihren Zweck mit der notwendigen Verhütung aller Unordnung

13 Die Armee des Kaisers zu Ende d. 17. Jh. und zu Beginn des 18. Jh. dargestellt im Werk d. K. K. Kriegsarchivs: Feldzüge des Prinzen Eugen von Savoyen, 1. Serie, 1. Bd., Wien 1876, S. 181 ff.

in den Winterquartieren und Garnisonen begründete. Die Truppe sollte sich mit dem zufriedengeben, was ihr von oben her an Lebensunterhalt zugebilligt wurde. Das stehende Heer setzte nun voraus, daß seine Versorgung auf einem geordneten Etat beruhte. Nach einer wilden Zeit kriegerischer Nomadenzüge kam darin auch der Wille der staatlichen Obrigkeit zum Ausdruck, den »Wehrstand« und den »Nährstand« wieder einander näher zu bringen. Den verschärften Bestimmungen der Verpflegungs-Ordonnanz von 1699 zufolge erhielt jeder Infanterist eine Brotportion, Feuerung und Licht vom Quartierträger und eine tägliche Löhnung von sechs ⅔ Kreuzern; wenn er im Sommer mit der Armee im Felde stand, eine tägliche Brotportion von zwei Pfund aus dem Magazin und eine Löhnung von fünf ¼ Kreuzern. Für den Kürassier und den Dragoner betrug die Löhnung neun bzw. sechs Kreuzer. Von den Tagesgebührnissen in barem Geld wurden dem Gemeinen im Sommer zwei ⅔, im Winter ein ⅓ Kreuzer für die Montur abgezogen[14]. Sehr bald hatte sich ein System der Vorsorge und Regulierung herausgebildet, das sämtliche Gebiete des Heerwesens mit einer langen Reihe alles und jedes vorschreibender Reglements umfaßte.

Jeder Verwilderung beugte eine mit starker Hand erzwungene Disziplin vor. Schon geringe Vergehen – Unaufmerksamkeit beim Exerzieren, mangelhafter Ordnungssinn und Unreinlichkeit – bedrohte körperliche Züchtigung. Alle Mannschaften und Unteroffiziere standen unter dem Stock ihrer Vorgesetzten. Der Vorliebe für den Reiterdienst wurde hier insofern Rechnung getragen, als die Mannschaften Hiebe mit der flachen Degenklinge trafen, sonst aber keine als entehrend geltenden Mißhandlungen. Als »gemeine Strafen« konnte jeder Offizier mit selbständigem Kommando ohne Rechtsspruch verhängen: Reiten auf dem hölzernen Pferd, Stehen am Pfahl wie in Frankreich und den Arrest mit »Eisen und Banden bei Wasser und Commisbrod«. Als »peinliche« Strafen wurden das Prügeln und der Gassenlauf angesehen, der in der Nachfolge des Spießrechtes der Landsknechte stand, aber nun keine Hinrichtung mehr bedeutete. Im frühen 18. Jahrhundert verdrängte er die Prügelstrafe, weil der Soldat allzu häufig durch die erlittenen Schläge »zu Herrendiensten untauglich gemacht wurde[15]«. Das Strafmaß bestimmte die Länge der Gasse, die 100 bis 300 Mann bildeten, und wie oft sie der Delinquent zu durchlaufen hatte. Vom kommandierenden Offizier angetrieben, mußten die Kameraden kräftig mit ihren Ruten auf den entblößten Oberkörper des armen Sünders schlagen. Bei der Kavallerie wurde diese Strafe mit dem Steigbügelriemen vollstreckt. Um vor Desertion und Plünderei abzuschrecken, schnitt man den davon betroffenen Soldaten Nasen und Ohren ab. Im Kriege verschärften sich auch die auf dem Disziplinarwege verhängten Strafen bis zum Tod durch Erschießen oder Aufhängen am nächsten Baum. Jeder Offizier und Unteroffizier durfte auf der Stelle niedermachen, wer den Gehorsam verweigerte, vor dem Feind floh oder einen Vorgesetzten tätlich angriff.

14 Siehe Feldzüge des Prinzen Eugen, Bd. 1, S. 282.
15 Feldzüge des Prinzen Eugen, Bd. 1, S. 340.

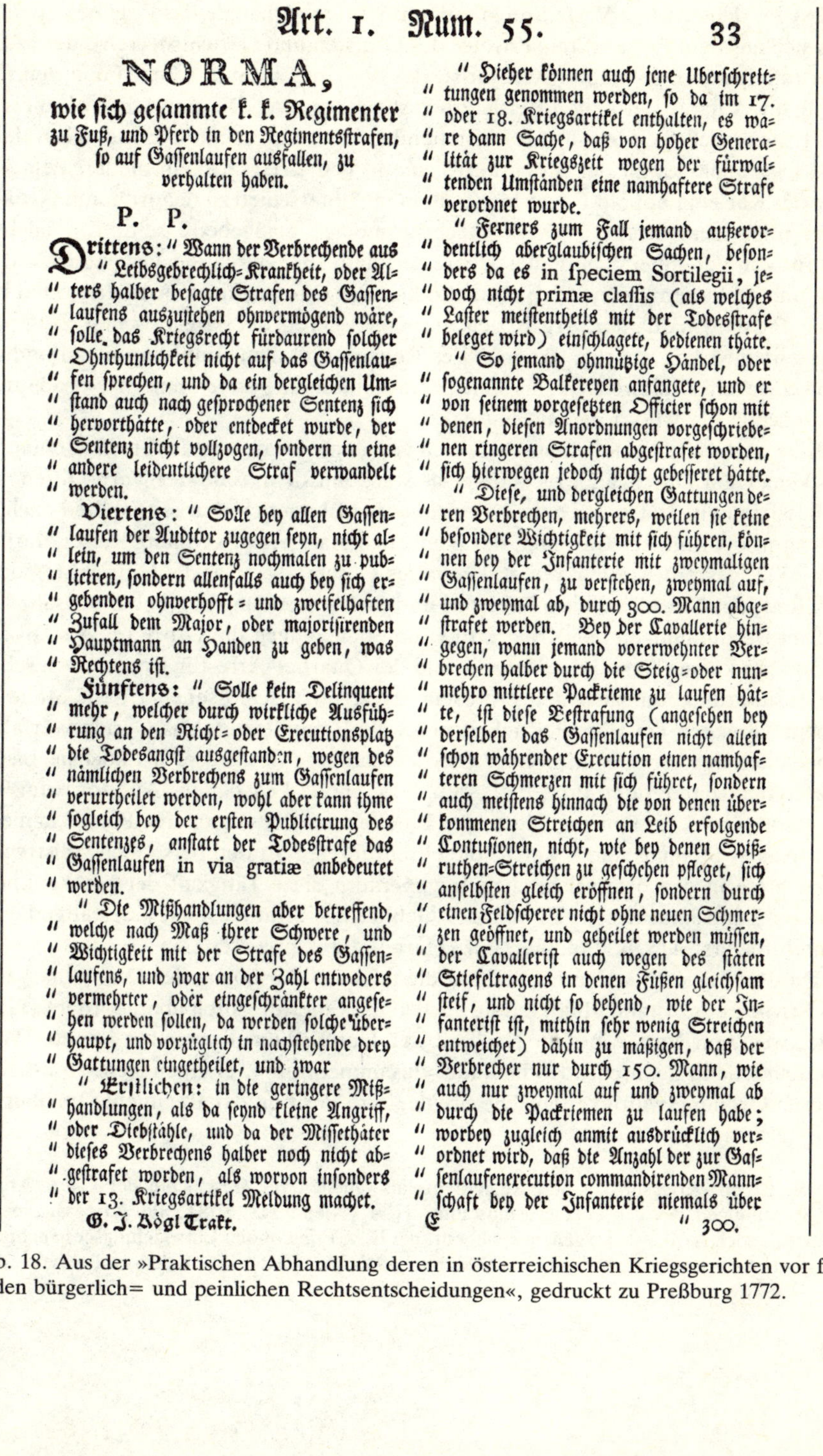

Art. 1. Num. 55. 33

NORMA,

wie sich gesammte k. k. Regimenter zu Fuß, und Pferd in den Regimentsstrafen, so auf Gassenlaufen ausfallen, zu verhalten haben.

P. P.

Drittens: "Wann der Verbrechende aus Leibsgebrechlich=Krankheit, oder Alters halber besagte Strafen des Gassenlaufens auszustehen ohnvermögend wäre, solle das Kriegsrecht fürdaurend solcher Ohnthunlichkeit nicht auf das Gassenlaufen sprechen, und da ein dergleichen Umstand auch nach gesprochener Sentenz sich hervorthätte, oder entdecket wurde, der Sentenz nicht vollzogen, sondern in eine andere leidentlichere Straf verwandelt werden.

Viertens: "Solle bey allen Gassenlaufen der Auditor zugegen seyn, nicht allein, um den Sentenz nochmalen zu publiciren, sondern allenfalls auch bey sich ergebenden ohnverhofft= und zweifelhaften Zufall dem Major, oder majorisirenden Hauptmann an Handen zu geben, was Rechtens ist.

Fünftens: "Solle kein Delinquent mehr, welcher durch wirkliche Ausführung an den Richt= oder Executionsplatz die Todesangst ausgestanden, wegen des nämlichen Verbrechens zum Gassenlaufen verurtheilet werden, wohl aber kann ihme sogleich bey der ersten Publicirung des Sentenzes, anstatt der Todesstrafe das Gassenlaufen in via gratiæ anbedeutet werden.

"Die Mißhandlungen aber betreffend, welche nach Maß ihrer Schwere, und Wichtigkeit mit der Strafe des Gassenlaufens, und zwar an der Zahl entweders vermehrter, oder eingeschränkter angesehen werden sollen, da werden solche überhaupt, und vorzüglich in nachstehende drey Gattungen eingetheilet, und zwar

"Erstlichen: in die geringere Mißhandlungen, als da seynd kleine Angriff, oder Diebstähle, und da der Missethäter dieses Verbrechens halber noch nicht abgestrafet worden, als worvon insonders der 13. Kriegsartikel Meldung machet.

G. J. Rögl Trakt.

"Hieher können auch jene Uberschreittungen genommen werden, so da im 17. oder 18. Kriegsartikel enthalten, es wäre dann Sache, daß von hoher Generalität zur Kriegszeit wegen der fürwaltenden Umständen eine namhaftere Strafe verordnet wurde.

"Ferners zum Fall jemand außerordentlich abergläubischen Sachen, besonders da es in speciem Sortilegii, jedoch nicht primæ classis (als welches Laster meistentheils mit der Todesstrafe beleget wird) einschlagete, bedienen thäte.

"So jemand ohnnützige Händel, oder sogenannte Balkereyen anfangete, und er von seinem vorgesetzten Officier schon mit denen, diesen Anordnungen vorgeschriebenen ringeren Strafen abgestrafet worden, sich hierwegen jedoch nicht gebesseret hätte.

"Diese, und dergleichen Gattungen deren Verbrechen, mehrers, weilen sie keine besondere Wichtigkeit mit sich führen, können bey der Infanterie mit zweymaligen Gassenlaufen, zu verstehen, zweymal auf, und zweymal ab, durch 300. Mann abgestrafet werden. Bey der Cavallerie hingegen, wann jemand vorerwehnter Verbrechen halber durch die Steig= oder nunmehro mittlere Packrieme zu laufen hätte, ist diese Bestrafung (angesehen bey derselben das Gassenlaufen nicht allein schon während der Execution einen namhafteren Schmerzen mit sich führet, sondern auch meistens hinnach die von denen überkommenen Streichen an Leib erfolgende Contusionen, nicht, wie bey denen Spißruthen-Streichen zu geschehen pfleget, sich anselbsten gleich eröffnen, sondern durch einen Feldscherer nicht ohne neuen Schmerzen geöffnet, und geheilet werden müssen, der Cavallerist auch wegen des stäten Stiefeltragens in denen Füßen gleichsam steif, und nicht so behend, wie der Infanterist ist, mithin sehr wenig Streichen entweicher) dähin zu mäßigen, daß der Verbrecher nur durch 150. Mann, wie auch nur zweymal auf und zweymal ab durch die Packriemen zu laufen habe; wobey zugleich anmit ausdrücklich verordnet wird, daß die Anzahl der zur Gassenlaufenexecution commandirenden Mannschaft bey der Infanterie niemals über 300.

E

"300.

Abb. 18. Aus der »Praktischen Abhandlung deren in österreichischen Kriegsgerichten vor fallenden bürgerlich= und peinlichen Rechtsentscheidungen«, gedruckt zu Preßburg 1772.

Die im richterlichen Verfahren erkannten Strafen verhängte das Regimentsgericht, das sich aus dem Präses (Stellvertreter des Obristen und Gerichtsherren), dem Auditeur (akademisch gebildeter Fachjurist, der die Untersuchung leitete) und den nach Rang und Charge berufenen Beisitzern zusammensetzte. Die Formalien erinnern an die Landsknechtszeit, doch galt im stehenden Heer nur noch die einseitige Befehls- und Disziplinargewalt des Kriegsherrn, die in den Kriegsartikeln niedergelegt war. Die des Kaisers Leopold I. von 1668 sollten im Unterschied zu den früheren Artikelsbriefen als gemeinsame formale Rechtsgrundlage maßgebend sein. Ein nächster Schritt zur Vereinheitlichung des Heeres erfolgte 1673 durch die Verbindlichkeit für alle unmittelbaren kaiserlichen Kriegsvölker, ausgenommen die Artillerie. Daß bald neue Fassungen folgten, ergab sich aus den Lehren der kriegerischen Zeit, dem Zusammenwirken mit den Truppen des Reiches und dem Einbezug niederländisch-schwedischen Kriegsrechts, das den protestantischen Fürstentümern Norddeutschlands schon als Muster gedient hatte[15].

Eine nach kriegsrechtlichem Verfahren verhängte Strafe war der Spießrutenlauf bis zu 36maligem Durchgang; er endete meistens mit dem Tode des Verurteilten. Die »Malefizthaten« (Fälle der hohen Gerichts- und Blutgerichtsbarkeit) sollten nach der Constitutio Criminalis Carolina, der peinlichen Halsgerichtsordnung Kaiser Karls V. von 1532, gestraft werden; ein grauenhaftes Gesetz, das u. a. die Hinrichtung durch das Rad, das Vierteilen, den Feuertod und die Anwendung der Folter vorsah.

Den Bestimmungen der Kriegsartikel unterlagen auch die Offiziere. Als Disziplinarstrafen kamen für sie der Verweis und der Quartier-Arrest in Frage, nach schwerer Insubordination auch der Profosen-Arrest im geschlossenen Eisen. Stand bei einem Vergehen die Ehrenhaftigkeit in Zweifel, mußte stets das Gerichtsverfahren eingeleitet werden. Gegen höhere Offiziere ordnete der Kaiser als höchste Instanz der Gerichtsbarkeit den Prozeß an, den der General-Feld-Kriegs-Auditor beim Hofkriegsrat führte. Im Unterschied zu den Preußen, wo der sogenannte Profoß in niedriger sozialer Stellung stand, weil er die ehrenrührigen Strafen persönlich vollstreckte, verrichtete in den österreichischen Regimentern diese Tätigkeit der Steckenknecht wie zur Landsknechtszeit. Er war der Gehilfe des Strafmeisters, eines altgedienten Unteroffiziers, den die Soldaten mit »Herr Vater« anredeten.

Da den Regiments-Kommandanten die alleinige Ausübung der Disziplinargewalt als Privilegium zustand, duldeten sie auch keine Eingriffe durch übergeordnete Generale, was zum Vor- wie zum Nachteil der Untergebenen ausfallen konnte. Wenn vorübergehend gemischte Kommandos zusammentraten, ergaben sich daraus mancherlei Ordnungswidrigkeiten. Die privilegierte Position der Regiments-Inhaber bil-

---

15a W. Erben: Kriegsartikel und Reglements als Quellen zur Geschichte der k. u. k. Armee, Mitteilungen des k. u. k. Heeresmuseums, H. 1, Wien 1902, S. 8 f.; die Kriegsartikel von 1668, noch Artikelsbrief genannt, abgedr. bei E. v. Frauenholz: Entwicklungsgeschichte des deutschen Heerwesens, Bd. 4, München 1940, S. 363 ff.; die Kriegsartikel von 1682, S. 380 ff.

dete bis ins 18. Jahrhundert hinein ein wesentliches Charakteristikum des alt-österreichischen Heeres. Sie beschafften weiterhin die Waffen, die Ausrüstung und die Monturen, regelten die Ausbildung wie den gesamten inneren Dienst nach den vorgegebenen Normen in eigener Zuständigkeit und bestimmten die differenzierenden Farbelemente der Uniformen, die sonst überall schon in gleichmäßiger Qualität geliefert wurden, nach eigenem Geschmack und Gutdünken. Auch das Recht, die Offiziere zu ernennen und zu befördern, stand ihnen zunächst noch uneingeschränkt zu. Als im Zuge der taktischen Entwicklung mit dem Ausbau der Befehlshierarchie aus den Führungsfunktionen feste Dienstränge entstanden und die Regimentsinhaber zu kommandierenden Generalen untergliederter Armeeteile aufstiegen, gewann der Kaiser zunehmend Einfluß. Er beauftragte Oberstleutnante mit dem Regiments-Kommando, um das sich die Eigentümer im Felde nicht mehr kümmern konnten, und besetzte auch die freigewordenen Befehlshaberstellen. Es wurde bald zur Regel, daß Leopold I. »Obrist-Regiments-Kommandanten« ernannte, denen dann der zum General beförderte »Oberst-Inhaber« die nötigen Teilrechte übertrug, jedoch nach freiem Ermessen[16]. Das höchste militärische Amt Österreichs bekleidete der Generalleutnant als Stellvertreter des Kaisers. In der Rangabstufung nach unten folgten der General-Feldmarschall, der General d. Kavallerie, der General-Feldmarschall-Leutnant und der General-Wachtmeister.

Die Spitzenstellung im frühen kaiserlichen Heer nahmen Persönlichkeiten ein, die ihre Führungsqualitäten nicht allein durch völliges Beherrschen des Kriegshandwerks auswiesen, sondern ebenso durch universale Bildung im engsten Zusammenhang mit der hohen Politik. Solche exzellenten Vorzüge beschränkten sich damals auf nur wenige Angehörige des Hochadels und der Prinzen von Geblüt, denen somit die militärische Karriere vorgezeichnet schien. Krieg wie Diplomatie waren das Metier hochgeborener Herren, die ökonomische und soziale Sorgenfreiheit dazu besonders befähigte, freilich auch begünstigte.

Den Anfang der glänzenden Feldherrnreihe bildete Raimund Graf Montecuccoli (1609–1680). Sein Sieg im Abwehrkrieg gegen die Türken bei St. Gotthard-Mogersdorf nach langem hinhaltenden Kampf hat die Soldaten Alt-Österreichs vom Gefühl der Unterlegenheit befreit und das traditionelle Waffenprestige des Osmanenheeres spürbar angeschlagen. Die Ernennung zum Generalleutnant war dafür der Lohn. In den Westfeldzügen 1672/73 und 1675 operierte er gegen Turenne und demonstrierte, wie sich zwei große Meister der Manövrierkunst – auch der Franzose bewußt kein Hannibal, aber der Kaiserliche sich auf das Vorbild des Fabius Maximus berufend – einander die Waage hielten. Gleich hohe Verdienste hat sich Montecuccoli um den

---

16 Bisher galt das Wort General noch synonym mit dem des Obristen; jetzt bezeichnete es einen Dienstrang im Bereich der höchsten Befehlshaber über dem Obristen, der zum Regiments-Kommandanten wurde; siehe K. Peball: Das Generalsreglement der k. k. österreichischen Armee v. 1. Sept. 1769, in: Maria Theresia, Schriften des Heeresgeschichtlichen Museums in Wien, Bd. 3, Graz/Wien/Köln 1967, S. 111.

Heeresaufbau erworben. Von der Notwendigkeit des miles perpetuus fest überzeugt, trat er sogar mit dem außergewöhnlichen Gedanken hervor, einheimische junge Nachwuchsmannschaften aus dem Reservoir der dürftigen Armenfürsorge zu gewinnen[17]; doch das blieb ein frommer Wunsch. Schon 1668 zum Präsidenten des Hofkriegsrates ernannt, bemühte er sich vergeblich, den hemmenden Kompetenzstreit mit der Hofkammer und die daraus resultierende zweigleisige Unterordnung der Generalkriegskommissariate zu überwinden. Um so erfolgreicher war die taktische Durchbildung des Heeres zum standhaften Kriegsinstrument gegenüber den Türken: verstärkte Feuerkraft der Infanterie und Feldartillerie, die Pikeniere aber noch als Rückhalt gebrauchend; langsames Vorrücken der fest geschlossenen Fußregimenter, undurchdringlich einer Mauer gleich; und wuchtige Gegenattacke der Kavallerie. Montecuccolis kriegstheoretische Schriften fanden hohe Beachtung in allen Armeen Europas. Das dreibändige Hauptwerk, die »Memorie della guerra«, gab noch viel später dem Heeresreformer Scharnhorst wesentliche Eindrücke bei seinem militärwissenschaftlichen Studium als »das rationale Elementarbuch des Krieges schlechthin«[18]. Ganz sicher gewann er auch volle Klarheit darüber, wie weitgehend die Maximen des Feldherrn im Frührationalismus über die Manövrierkunst von der Kriegstheorie inzwischen verabsolutiert wurden und nach dem revolutionären Umschwung 1792/93 zu Unrecht in Verruf gerieten. Für die österreichische Militärgeschichte ist es von tiefer Bedeutung, daß der Generalleutnant in der dem Westfälischen Frieden folgenden Zeit am eifrigsten die Idee von Kaiser und Reich verfochten und das persönliche Wirken mit Leidenschaft seiner Armee verschrieben hat.

Montecuccolis Nachfolger traten in seine Bahn; zunächst Prinz Karl von Lothringen (1643–1690), dann der Markgraf Ludwig Wilhelm von Baden (1655–1706). Sobald aber der siegreiche »Türkenlouis« auf dem vernachlässigten Kriegsschauplatz am Oberrhein kommandierte, wo der Feind auch seine eigene Heimat verwüstete, stand ihm die Erhaltung des Reiches höher als Habsburgs Hausmachtinteresse. Indem er jetzt die Kriegführung zu seiner persönlichen Sache machte, eigenmächtige Politik betrieb und dabei das Haupt der Fürstenfronde wurde, hatte der kaiserliche Generalleutnant nur noch eine tragische Rolle zu spielen vermocht, kurz vor seinem Tod am 4. Januar 1706 des Kommandos ungnädig enthoben[19].

17 Die betreffende Stelle im 3. Buch d. »Memoria della guerra«, zit. b. Jähns: Kriegswissenschaften, Bd. II, S. 1170; einen ähnlichen Gedanken vertrat Leibniz in seinem »Entwurf der Teutschen Kriegsverfassung« von 1670, hier auf die Ausschußtruppen der Miliz in einer »Akademie der gemeinen Knechte« bezogen, zit. b. Jähns: Kriegswissenschaften, Bd. II, S. 1183.

18 R. Stadelmann: Scharnhorst Schicksal und geistige Welt, Wiesbaden 1952, S. 94; Montecuccolis Schrifttum siehe A. Veltzé: Ausgewählte Schriften des Raimund Fürsten Montecuccoli, GenLt und Feldmarschall, 4 Bde., Wien/Leipzig 1899; weitere Literaturangaben über Montecuccoli bei Peball: Die Schlacht bei St. Gotthard-Mogersdorf 1664.

19 A. Schulte: Markgraf Ludwig Wilhelm von Baden und der Reichskrieg gegen Frankreich 1693–1697, 2 Bde., Karlsruhe 1892, dazu H. Eckert: Der Feldherr und Reichsfürst, in: Der Türkenlouis, Katalog zur Ausstellung zum 300. Geburtstag des Markgrafen, Karlsruhe 1955, S. 39 ff.

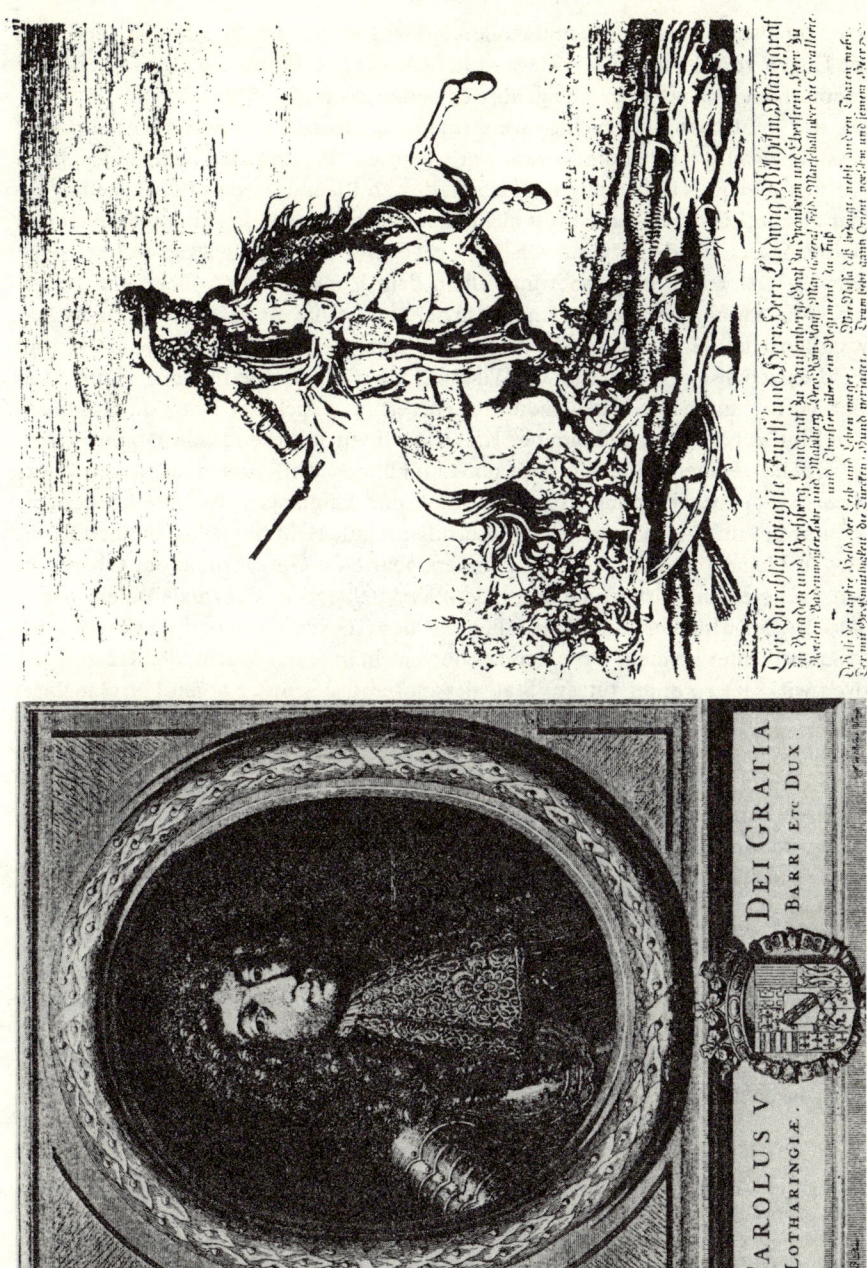

Der Durchleuchtigste Fürst und Herr, Herr Ludwig Wilhelm, Marggraf zu Baaden und Hochberg, Landgraf zu Sausenberg, Graf zu Spanheim und Eberstein, Herr zu Rötelen Badenweiler, Lahr und Mahlberg, Rom. Kayl. May. würckl. Feld-Marschall, über die Cavallerie und Obrister über ein Regiment zu Fuß.

Weil der tapfre Held, der Leib und Leben waget, Ihr Stahl sich leget, nebst andren Tugend mehr,
Der mit Großmütigkeit die Fürsten Ehr vermaget. Drum liebt gantz Orient weitin und seinen Mars...

Abb. 20. Markgraf Ludwig Wilhelm von Baden, Kupferstich nach 1689.

CAROLUS V   DEI GRATIA
LOTHARINGIAE.   BARRI Etc DUX .

Abb. 19. Herzog Karl V. von Lothringen, Kupferstich von A. de Blois.

Einen um so festeren und ruhmvolleren Platz in der Feldherrnreihe fand sein Vetter Eugen von Savoyen. Vorwiegend italienischer Herkunft, französisch erzogen und deutschem Volkstum fremd, gehört er dennoch zu den großen mythischen Gestalten der deutschen Geschichte, wenn man sie nicht in den Rahmen nationaler Auffassung zwängt. Der »edle Ritter« war weder der Retter des Abendlandes, noch der Vorkämpfer für ein vereinigtes Europa, dessen Idee unter den Lebensbedingungen der absolutistischen Staatenwelt nicht einmal geboren werden konnte. Seinem im Aufnahmegesuch an den Kaiser von 1683 gegebene Versprechen getreu hat er die Großmacht Österreich begründet und allein dem Erzhause mit voller Hingabe gedient[20]. Am Anfang der militärischen Karriere stand die Protektion der badischen Verwandten, des Hofkriegsrats-Präsidenten Markgraf Hermann (1628–1691) und des Feldmarschall-Leutnants Ludwig Wilhelm. Sie trug schnelle Früchte; denn schon bei der Verfolgung der geschlagenen Türken zeichnete sich der Prinz durch mitreißenden Mut so hoch aus, daß ihm der Kaiser noch vor Jahresende ein Dragonerregiment verlieh. Der weitere Aufstieg beruhte auf kühnen Waffentaten als Reiterführer, der sich in eigener Truppenpraxis das schnell und kampfstark funktionierende Instrumentarium für die späteren Feldzugserfolge schuf. Bald mit selbständigen Kommandos in Ungarn und auf dem ganz anders gearteten Gefechtsfeld am Oberrhein betraut, weiteten sich Erfahrung und Überblick. 1690 lernte Eugen als Befehlshaber des kaiserlichen Hilfskorps in Oberitalien mit den Tücken des Koalitionskrieges das dritte Schautheater kennen. Dort stand es noch nicht in seiner Macht, den Herzog von Savoyen wirksam zu unterstützen. Statt dessen bewies er unter argen Unzulänglichkeiten der Truppenverfassung sein souveränes inneres Führertum gegenüber den hungernden Soldaten, die ihm gehorsam und vertrauensvoll durch schlimmste Not folgten[21]. Wenn der Hofkriegsrats-Präsident Rüdiger v. Starhemberg im März 1697 den Prinzen zur Übernahme des Oberbefehls gegen die Türken empfahl, so lautete seine Begründung: Er wisse niemand, der mehr Verstand, Erfahrung, Fleiß und Eifer für den Dienst des Kaisers besitzt, der mehr Großmut und Uneigennützigkeit bezeigt und mehr von den Soldaten geliebt wird. In der unglaublich kurzen Zeit von Anfang Juli bis zum 11. September hatte Eugen die Armee reorganisiert, konzentriert und nach wagehalsigen, doch sicher geleiteten Bewegungsmanövern die Streitmacht des Sultans bei Zenta a. d. Theiß vernichtend geschlagen. Dieser Sieg sicherte dem Kaiser die Herrschaft über Ungarn und beendete die Türkengefahr.

Die langen Jahre des hartnäckigen Kampfes um die spanische Erbfolge waren für den jetzt in höchster Verantwortung stehenden Feldherrn mit doppelter Arbeitslast

---

20 Nach gegenwärtigem Forschungsstand gilt als Standardwerk die Biographie von M. Braubach: Prinz Eugen, 5 Bde., München 1963–65.
21 Die nach 1708 für Eugens Winterpalais hergestellte Tapisserie-Serie über die Kriegskunst enthält einen Behang, betitelt »Pillage« (Plünderung), die wahrscheinlich auf jene Vorgänge Bezug nimmt; siehe W. Schott, Identifizierung der Erstauflage der Feldzugsfolge von J. de Vos nach J. v. Huchtenburgh anhand des Behanges »Pillage«, (Man.) Stuttgart 1981, S. 23.

angefüllt, seitdem er auch das Amt des Hofkriegsrats-Präsidenten bekleidete. Um die Kriegsmittelbeschaffung voranzubringen, vordringlich Sold, Brot und Bekleidung, hatte er bei leeren Kassen ständig gegen den schwerfälligen Instanzenweg und heimliche Widerstände anzukämpfen. Wenigstens gelang es, in der von ihm selbst kommandierten Armee halbwegs erträgliche Verhältnisse zu schaffen, so daß sich ihre Zuversicht neu belebte, wenn er im Truppenlager eintraf. Eugens organisatorische Tätigkeit leitete die absolute Überzeugung, daß nur wirkliches Verständnis für die Härte des Soldatenlebens neben einem Höchstmaß an Fürsorge die Manneszucht handhaben und die Desertion geringhalten konnten, daß ein pflichtbewußtes Offizierkorps aus gleichmäßig und gerecht behandelten Männern von Verdienst, nicht von höfischer Protektion bestehen müsse. Deshalb schritt er auch energisch gegen den Stellenkauf ein, was ihm einflußreiche Widersacher übel vermerkten, doch die Führerschaft der Truppe mit treuer Anhänglichkeit dankte[21a]. Man kann sagen, daß Charakter und Seele des kaiserlichen Heeres im Spanischen Erbfolgekriege durch den Prinzen Eugen geprägt wurden.

Die militärische Gesamtleitung lag in seinen Händen, seitdem er von der abgezehrten Armee in Oberitalien verbittert und aufs höchste besorgt nach Wien zurückgekehrt war. Dort hatte Eugen im Mai 1701 den Krieg mit kühnen erfindungsreichen Überraschungs- und Täuschungsoperationen gegen die weit überlegene französische Armee eingeleitet, an ganz unerwarteter Stelle über die Tridentiner Alpen hinweg Richtung Mailand zielend. Ohne ausreichende Kräftezufuhr gelassen, mußte sich der Feldzug festfahren, aber sein Anfangserfolg besaß im Hinblick auf die bald geschlossene Allianz zwischen dem Kaiser und den Seemächten (7. September 1701) politisches Gewicht. Erst 1704, als der Hofkriegsrat-Präsident nach schwierigster Reformarbeit wieder das Feldherrnamt übernehmen konnte, folgte die Reihe weiterer Siege in großen Feldschlachten. Er plante und lenkte die gemeinsamen Operationen mit den Engländern und Holländern unter dem kongenialen Herzog von Marlbourough zum vernichtenden Schlag gegen das vereinigte bayerisch-französische Heer bei Höchstädt (13. August). 1706 wurden die Franzosen von Eugen bei Turin besiegt (7. September) und zur Aufgabe Oberitaliens gezwungen. Die Schlachterfolge von Oudenarde (11. September 1708) und Malplaquet (11. September 1709) an der schon bedrohten Grenze Frankreichs hatten sich wiederum aus dem auch politisch vorbildlichen Zusammenwirken mit Marlborough entwickelt. Dazwischen lag die Eroberung der wichtigsten Festung Lille (8. Dezember 1712), die den Rückgewinn der spanischen Niederlande sicherte. Am Abend der letzten und blutigsten Schlacht dieses Krieges war das nur taktisch geschlagene Heer geordnet abgezogen, so daß der am schwersten errungene Pyrrhussieg zu nichts weiterem mehr beitrug als zum Umschwung der englischen Außenpolitik. Die Londoner Friedenspartei hielt die endgül-

---

21a Eindrucksvolle Quellenbelege bei Frauenholz: Prinz Eugen und die kaiserliche Armee, in: Münchener Historische Abhandlungen, 2. Reihe Kriegs- und Heeresgeschichte, H. 1, München 1932, S. 3 ff.

tige Herstellung des Gleichgewichtes in Europa für gesichert, weswegen sie an einer Begünstigung der habsburgischen Ansprüche auf das spanische Gesamterbe auch kein Interesse zeigte. Eugens Freund Marlborough, der Schmied der großen Koalition, wurde gestürzt und die Seemächte schieden aus, auch Savoyen, Portugal und Preußen. So mußte Österreichs Feldherr gegen seinen Ratschlag den nutzlosen Kampf am Oberrhein allein mit den noch übrigen deutschen Truppen fortsetzen. Am bitteren Ende vollbrachte er eine hohe staatsmännische Leistung, als es ihm nach geschickten und überaus zähen Verhandlungen in Rastatt gelang, für seinen Kaiser einen vorteilhaften Frieden zustande zu bringen (7. März 1714). Das Reich ging leer aus; doch das war primär die Folge seiner politischen Zerrissenheit, wohl auch die Schuld seiner Fürsten. Sie hatten es an den nötigen militärischen Kräften fehlen lassen, um den Krieg vom Rhein aus auf französischen Boden zu tragen und die zuvor verlorenen Gebiete fest im Besitz zu halten.

Als die Türken Venedig angriffen und es galt, ihre wieder anwachsende Macht in Schranken zu halten, krönte Prinz Eugen seine kriegerische Laufbahn durch die beiden stürmisch-wagemutigen Siege von Peterwardein (5. August 1716) und Belgrad (16. August 1717). Sie trugen ihn auf den Höhepunkt der Popularität. Das zum Gemeingut deutscher Heere gewordene Volkslied des unbekannten bayerischen Reiters vom »edlen Ritter« hält die Erinnerung daran bis zum heutigen Tage wach. Es war die Tragik seines Lebens, daß er im polnischen Thronfolgekrieg (1733/35), 70jährig schon vom körperlichen und geistigen Verfall gezeichnet, noch einmal das Kommando am Oberrhein zu führen hatte. Weil er sich nicht für stark genug hielt, eroberten die Franzosen vor seinen Augen die Festung Philippsburg (18. Juli 1734). Auch danach beließ der Prinz das keineswegs schwache alliierte Heer in deckender Stellung vom Neckar bis zum Main, ohne das Wagnis einer Feldschlacht einzugehen. Nachdem der schleichende Kabinettskrieg sang- und klanglos im Sande verlaufen war, überwand der Tod den müde heimgekehrten, auch nicht mehr am Friedensgeschäft beteiligten Feldherrn ein halbes Jahr später im Schlaf (21. April 1736).

Das vielberedete »Geheimnis« der ununterbrochenen Kette erstaunlichster Siege liegt im Grunde genommen darin, daß Prinz Eugen immer nach höherer Einsicht in die Wirklichkeit des Krieges verfuhr: Es gibt keine starren Regeln und keine Grundsätze, die unbedingt gelten, sondern nur relative Bedeutung haben. Er erfaßte mit sicherem Überblick die Situation, erkannte rasch den richtigen Moment zum Entschluß, setzte ihn blitzschnell in die Tat um und traf zielgerichtet die schwache Stelle des Feindes, der dann nicht mehr wendig genug reagieren konnte. Stets auf die Erhaltung der Operationsfähigkeit bedacht, führte er im Rahmen der gebundenen Manövrierkunst seiner Zeit offensiven Bewegungskrieg mit zusammengefaßter Macht. Er gehörte zu den wenigen damaligen Feldherrn, die sich nicht mit dem siegreichen Besitz des Schlachtfeldes begnügten, sondern auch noch weitere Früchte in der Verfolgung zu ernten suchten. Kritiker und Neider haben ihm rücksichtslosen Menschenverbrauch vorgeworfen und das positive Resultat als unverdientes Glück eines Hasardeurs bezeichnet. Tatsächlich ging der Prinz, immer an der Spitze seiner

Abb. 21. Prinz Eugen von Savoyen, Kupferstich von G. Fr. Schmidt (1712–1775).

stürmenden Soldaten und wohl ein Dutzendmal verwundet, mit einer Kühnheit des Wagens voran, ohne die keine unvermeidbare Schlachtentscheidung erzwungen werden kann. Sorgfältig und überlegen die Operationen planend, beherrschte er das Unberechenbare im »Schachspiel« des Krieges durch die Kräfte des Willens und des Gemütes. Dieses irrationale Element der Strategie berührt den Kern seines soldatischen Führertums. Es beruhte auf der absoluten Kenntnis der Erfolgsgrundlage, die in der Kampfmoral der Armee besteht. Der abgeforderten Höchstleistung brachte

69

Abb. 22. Kaiserliche Truppen um 1730, Kupferstich von J. M. Probst.

Eugen von Savoyen die »innere Führung« entgegen, die das genaue Abwägen von Risiko und Siegesaussicht mit einschließt und sich nicht leichtfertig auf die immer schwankende Fortuna verläßt.

Der nächste Türkenkrieg, den Österreich im Bündnis mit Rußland führte (1737–1739), machte beispielhaft deutlich, wie minderbegabte Generale nicht mehr imstande waren, die osmanischen Reiterscharen nach den Methoden des Prinzen Eugen in die Flucht zu schlagen. Nach vereinzelt erlittenen Schlappen und übereilten Rückzügen drang man in Wien fast panikartig auf einen schnellen Friedensschluß unter Verzicht auf Serbien und die kleine Walachei einschließlich Belgrads, das die Türken zwar belagerten, aber noch nicht erobert hatten (18. September 1739). Dieser unrühmliche Rückschlag enthüllt zugleich den bedenklichen Kräfteschwund des kaiserlichen Heeres wie schon zuvor im polnischen Thronfolgekrieg, verursacht durch wieder eingerissene Mißstände in seinem gesamten Organismus. Sie standen im engen Zusammenhang mit der Schwäche der Staatsgewalt, mit der mangelhaften Verwaltungskonzentration, dem engherzigen Gegeneinander der ständisch verfaßten Länder und der daraus sich ergebenden Finanzkalamität. In der Dynastie die feste Grundlage seiner Macht sehend, suchte Kaiser Karl VI. (1711–1740) mit aufwendigen diplomatischen Mitteln durch das komplizierte Vertragswerk der »Pragmatischen Sanktion« die Erbfolge seiner Tochter zu sichern, anstatt für eine wohlgerüstete Armee zu sorgen. Innenpolitische Rücksichtnahmen hinderten ihn »zu mobilisieren . . . was er besaß[22]«. Beim Tode Kaiser Leopolds I. im Jahr 1705 hatte die Stärke des Heeres 113 000 Mann betragen. Am Ende der Regierungszeit Karls VI. war die stehende Friedensmacht zwar auf 52 Infanterie-, 18 Kürassier-, 14 Dragoner- und acht Husarenregimenter angewachsen, doch der Ist-Bestand lag nicht höher als bei knapp 108 000 Mann gegenüber einem Soll von 157 000.

Der innere Zustand der Armee zeigte Symptome der Zerrüttung, besonders bei der Infanterie. Als Hauptübel drückte die vollkommene Erschöpfung der Geldmittel mit den daraus sich ergebenden Soldrückständen, die vielen Offizieren und Mannschaften ein klägliches Leben bescherten. Das verursachte oben unredliches Verhalten in der Kompaniewirtschaft und unten anwachsende Desertion. Unter solchen Verhältnissen gedieh »der beständige Handel und Wandel der Chargen bei den Regimentern«, d. h. der Offizierstellenkauf und -verkauf. Damit im Zusammenhang stand eine sträflich vernachlässigte Dienstaufsicht, indem »die meisten Offiziere mehr ihr Glück in Wien als durch ihren Fleiß und Application bei denen Regimentern zu machen suchen« so daß »die tüchtigen Offiziere verdrießlich werden, diesen jungen Subjecten hingegen . . . die Visitierung der Compagnien, des Spitals, des Nachsehens aufs Kochen, Kameradschaft und Mondirung nicht anstehn[23]«.

22 H. Bleckwenn: Die Regimenter der Kaiserin, in: Maria Theresia, Schriften des Heeresgeschichtl. Museums, Bd. 3, S. 27.
23 Kommissions-Gutachten an den Kaiser von 1738, zit. nach Jähns: Kriegswissenschaften, Bd. III, S. 2289; siehe auch Österreichischer Erbfolgekrieg, Bd. 1, Wien 1896, S. 299 ff.

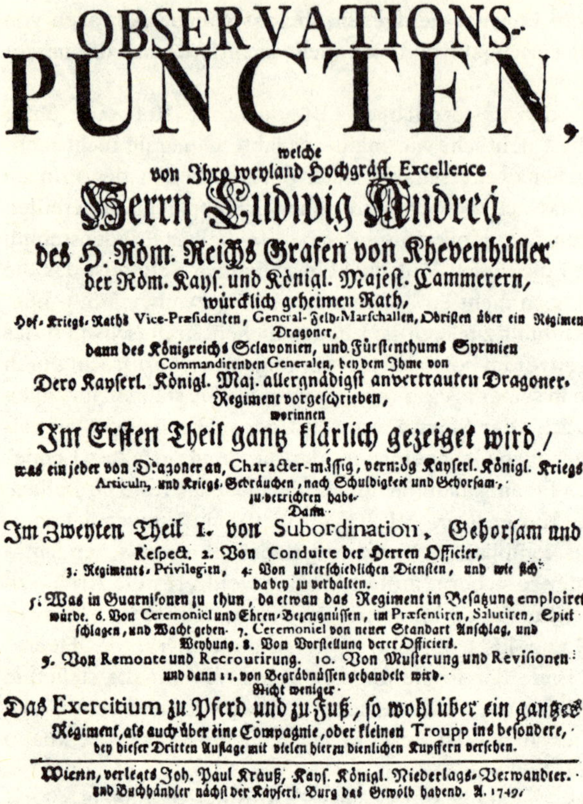

OBSERVATIONS-
PUNCTEN,

welche
von Ihro weyland Hochgräfl. Excellence

Herrn Ludwig Andreä

des H. Röm. Reichs Grafen von Khevenhüller
der Röm. Kayf. und Königl. Majest. Cammerern,
würcklich geheimen Rath,
Hof- Kriegs- Raths Vice-Præsidenten, General- Feld-Marschallen, Obristen über ein Regiment
Dragoner,
dann des Königreichs Sclavonien, und Fürstenthums Syrmien
Commandirenden Generalen, bey dem Ihme von
Dero Kayserl. Königl. Maj. allergnädigst anvertrauten Dragoner-
Regiment vorgeschrieben,
worinnen

Im Ersten Theil gantz klärlich gezeiget wird,

was ein jeder von Dragoner an, Character-mässig, vernög Kayserl. Königl. Kriegs-
Articuln, und Kriegs-Gebräuchen, nach Schuldigkeit und Gehorsam,
zu verrichten habe.
Dann

Im Zweyten Theil I. von Subordination, Gehorsam und

Respect. 2. Von Conduite der Herren Officier,
3. Regiments-Privilegien, 4. Von unterschiedlichen Diensten, und wie sich
darbey zu verhalten.
5. Was in Guarnisonen zu thun, da etwan das Regiment in Besatzung employret
würde. 6. Von Ceremoniel und Ehren-Bezeugnüssen, im Præsentiren, Salutiren, Spiel-
schlagen, und Wacht geben. 7. Ceremoniel von neuer Standart Anschlag, und
Werbung. 8. Von Vorstellung derer Officiers.
9. Von Remonte und Recrourirung. 10. Von Musterung und Revisionen
und dann 11. von Begräbnüssen gehandelt wird.
Nicht weniger

Das Exercitium zu Pferd und zu Fuß, so wohl über ein gantzes

Regiment, als auch über eine Compagnie, oder kleinen Troupp ins besondere,
bey dieser Dritten Auflage mit vielen hierzu dienlichen Kupffern versehen.

Wienn, verlegts Joh. Paul Kraus, Kays. Königl. Niederlags-Verwandter.
und Buchhändler nächst der Kayserl. Burg das Gewölb habend. A. 1749.

Abb. 23. Titelblatt der Reglements des Grafen Khevenhüller, Erstauflage 1726. Ursprünglich ist das »Exercitium
zu Pferd und zu Fuß« für das
Dragonerregiment des Feldmarschalls hiervon getrennt
erschienen, entstanden zwischen 1717 und 1723. Das älteste kaiserliche Ex. Reglement stammt aus dem Jahr
1690, verfaßt vom Komman-
danten des Regimentes Markgraf Ludwig Wilhelm von Baden G. B. Frhr. v. Ogilvy.

Immer noch gab es kein einheitlich ausgebildetes Führerkorps. Der Exerzierdrill
hatte sich überall durchgesetzt, nicht hingegen die Handhabung nach allgemeiner
verbindlicher Vorschrift. Wie bisher besaßen die Regimentsinhaber das Recht und die
Freiheit eigenen Schaltens und Waltens. Wenigstens bildeten selbstverfaßte, gleichsam private Reglements, die zu jener Zeit mannigfach entstanden, hierbei eine erste
Grundlage[24]. Nicht zuletzt fehlten bewährte Generale, wie überhaupt Mangel an
tüchtigen Truppenkommandanten herrschte.

So war die Lage, als die junge Erzherzogin Maria Theresia im Oktober 1740 das
schwere Herrscheramt übernahm und sogleich um den Bestand ihres Reiches kämpfen mußte. Der neue Preußenkönig Friedrich II. wollte deren Erbrecht nur gegen
eigenen Vorteil anerkennen; er marschierte mit seiner schlagkräftigen Armee in
Schlesien ein und löste dadurch den Österreichischen Erbfolgekrieg (1740–1748)

24 Siehe W. Erben: Die Kriegsartikel und Reglements, S. 16 ff. (Anm. 15a)

aus. Dennoch hat die vom unerschütterlichen Glauben an ihr Recht gefestigte Regentin, deren Krone nur infolge papierner Verträge gesichert schien, auch auf dem militärischen Gebiet der Staatsführung erstaunliche Tatkraft entfaltet. Die erste Probe davon legte sie im Moment äußerster Bedrohung vor den Ständen Ungarns ab, auch wenn deren Loyalität trotz spontaner spektakulärer Begeisterung für die mutige Herrscherin mit politischen Zugeständnissen erkauft werden mußte und die bewilligte Waffenhilfe nur langsam und auch nur zum Teil ins Feld rückte. Aufgrund der Preßburger Beschlüsse vom November 1741 wurden sechs neue stehende Infanterieregimenter zu je vier Bataillonen errichtet, wovon 15 Bataillone zur Hauptarmee in Böhmen-Mähren und zum rettenden Eingreifkorps gegen Bayern gelangten; abzüglich der Deserteure etwa 9000 Mann. Vom feudalen freiwilligen Aufgebot der Magnaten und der verfassungsmäßigen Insurrektion kamen nicht mehr als 10 000 Reiter zusammen, nicht eingerechnet die Insurgenten für den Grenzschutz. Auch als König Friedrich 1744 erneut angriff, hat der insurrektionspflichtige, doch weitgehend privilegierte ungarische Adel die zugesagte Unterstützung von 25 000 Mann nicht einmal zur Hälfte nach Schlesien geschickt[25]. Von da ab begann der Aufstieg der ungarischen Nation zur eigenständig-dualistischen Kraft im Habsburgerstaat.

Von Anfang an erkannte Maria Theresia den wahren Grund für das Unvermögen, die natürlichen Reichtümer aller Landesteile zu erschließen. Zu ihrem Kummer bot aber der Krieg keine Möglichkeit, die schwierige Staatsreform ins Werk zu setzen. Immerhin gelang es, den Behördenapparat des Heerwesens straffer zu ordnen und vor allem tüchtigen Fachkräften anzuvertrauen. Die herausragende Stelle nahm Fürst Joseph Wenzel von Liechtenstein ein, der zum Obrist-, Land- und Hauszeugmeister ernannt wurde. Daß in Österreich sogar ein Repräsentant des Hochadels hinter dem beachtlichen militärtechnischen Fortschritt stand, mag die stereotype Vorstellung vom »bürgerlichen Element« insoweit korrigieren. Auch an der Spitze, im Getriebe des Hofkriegsrates, konnten die ärgsten Hemmnisse beseitigt werden. Das Präsidium erhielt erweiterte Vollmachten, und die wichtigsten Entscheidungen traf die Herrscherin selbst[26].

Um die verstärkte Armee zu unterhalten, auf »daß der Soldat zufriedengestellt werde und nichts entbehre[27]«, hatte Maria Theresia ihre Erbländer nicht geschont. Dennoch waren alle Anstrengungen vergeblich; die Kriegsmacht des Preußenkönigs erwies sich als unbezwingbar, Schlesien blieb in seiner Hand und nur die Krone des Heiligen Römischen Reiches gelangte wieder an das Haus Habsburg. Zwei Monate nach der Wahl des Großherzogs Franz Stephan zum deutschen Kaiser am 13. September 1745 hieß das österreichische Heer »kaiserlich-königlich« (k. k.). Der zweite Teil dieses Titels wies deutlich auf die österreichisch-habsburgische Eigenständigkeit hin.

---

25 Zimmermann: Militärverwaltung und Heeresaufbringung, S. 98 ff. (Anm. 10)
26 Zimmermann, a. a. O. S. 69 ff.
27 Briefe der Kaiserin Maria Theresia, hrsg. v. A. v. Arneth, Bd. 4, S. 141.

Nach dem Frieden von Aachen (18. Oktober 1748), der auch den Erbfolgekrieg in Flandern und Italien gegen die französischen und spanischen Bourbonen beendet hatte, war endlich die Ruhezeit für ausgedehnte Reformarbeiten gekommen[28]. Ungarn, sowie die Außenbezirke in Italien und den Niederlanden mußten davon ausgenommen bleiben, aber die Erbländer galt es jetzt zu einem leistungsfähigen, absolutistisch regierten Organismus umzugestalten. Sie konnten nicht länger so locker wie bisher einer relativ schwachen Zentralgewalt untergeordnet bleiben. Mit den alten, noch vom Vater übernommenen Ratgebern, die mehr das regionale Feudalwesen verkörpert, als sie der Machterhöhung der Krone gedient hatten, wäre die Kaiserin dazu nicht in der Lage gewesen. Nun aber standen ihr neue Männer zur Seite; unter ihnen war Graf Haugwitz der Hauptvertreter des Einheitsstaates, der im Innern die große Finanz- und Verwaltungsreform durchführte. Ohne den guten Willen der Stände hätte sie allerdings kaum vorankommen können; denn deren Mitsprache ließ sich wohl einschränken, doch nicht beseitigen. Wie überall, wo sich der moderne Staat schon etabliert hatte, mußte das Zivile mit dem Militärischen Hand in Hand gehen. Der regelmäßige Eingang der Steuern bedingte den Wandel der gesamten Administration. Davon hingen wiederum Heeresergänzung und Militärökonomie ab.

Obwohl in der Gesamtstruktur der Monarchie der wesentliche Unterschied zum preußischen Militärstaat begründet lag, liefen die Reformen darauf hinaus, den großen Vorsprung dieses Staates soweit wie möglich aufzuholen, d. h. aus seinem Sieg die Lehren zu ziehen – »nach dem preußischen Exempel, so ohnehin pro norma dieser Ganzen Einrichtung dienen mußte[29]«. Es wurde freilich nicht stupide nachgeahmt, sondern den österreichischen Gegebenheiten angepaßt. Größte Pein bereiteten Maria Theresia die Einkünfte, die König Friedrich aus Schlesien zog, wenn sie den Vergleich zum vorherigen Ertrag aus der kaiserlichen Zeit anstellte. Um so schwerer wog der Verlust dieser Provinz, der die Aussicht auf Rückgewinnung aus eigener Kraft als geradezu verzweifelt erscheinen ließ. Aber bald verfügte auch die Kaiserin über einen straffen Behördenaufbau, hinter dem ihre ganze hohe Autorität stand.

Unter dem gleichen Gesichtspunkt der Orientierung am preußischen Muster erfolgte die Militärreform. Ihre Notwendigkeit ist durch die bekannte Klage Maria Theresias eindrucksvoll belegt:

> »Wer würde glauben, daß nicht das mindeste eingeführt war in Regul bei meinen Trouppen, ein jeder machte ein anderes manoevre in Marsche, in Exercitio und in allen, einer schüssete geschwind, der andere langsam; die nemliche Wort und Befehle wurden bei einem also, bei dem anderen wiederumb anderst ausgedeutet, und ist wahrhaftig kein Wunder, wann zehn Jahre vor meiner Regierung

---

28 F. Walter: Die Theresianische Staatsreform von 1749, Wien 1958, auch Zimmermann, a. a. O. S. 72 ff. u. O. Hintze: Der österreichische und der preußische Beamtenstaat, Gesammelte Abhandlungen, S. 342 ff.

29 Tagebücher des Fürsten Khevenhüller-Metsch 1742–1773, Bd. 2, Eintrag v. 2. 5. 1749.

der Kayser allezeit geschlagen worden, und wie nachgehendst das Militär gefunden, nicht zu beschreiben ist[30].«

Diesen Mißstand beseitigte endlich das 1749 eingeführte Exerzier-Reglement für die gesamte Infanterie. Der Entwurf stammte vom General Graf Leopold Daun (1705–1766), dem späteren Feldherrn des Siebenjährigen Krieges, der schon im Jahr 1733 eine solche Vorschrift für das von ihm kommandierte Regiment verfaßt hatte. Wenn auch das neue Einheitsreglement mit noch viel umständlichen, kriegsfernen Exerzierformalitäten befrachtet war und den Fortschritt der taktischen Entwicklung zu wenig berücksichtigte – Grundsätze für das Manövrieren im größeren Verband fehlten überhaupt – so bildete es doch ein brauchbares Fundament für die Vereinheitlichung des Dienstbetriebes und vor allem für die praktische Feldausbildung der Regimenter im großen Truppenlager. Dort sollten sie jährlich zwei Monate lang zusammengezogen bleiben, um das Exerzitium gründlich einzuüben. Oft erschien dann auch die Kaiserin, weil sie sich persönlich vom Leistungsstand ihrer Armee überzeugen wollte. Sie tat das nicht allein aus psychologischen Gründen, sondern weil sie über das Bekunden innerer Verbundenheit hinaus auch ein ganz außergewöhnliches Interesse an den militärischen Dingen zeigte und nach eigenem Eingeständnis im Umgang mit dem Heerwesen ein bevorzugtes Regierungsgeschäft sah.

Eine besondere Eigenart dieses Reglements erklärt sich aus der allgemein großen Verständigungsschwierigkeit im habsburgischen Vielvölkerstaat. Um einheitlich kommandieren zu können, galt die am meisten verbreitete deutsche Sprache. Nun waren aber die detaillierten schriftlichen Ausführungsbestimmungen in das zeitübliche barockartig hochgeschraubte Vokabular gefaßt, was im Hinblick auf die vielen Analphabeten unter den Soldaten zu Fehlern und Irrtümern beim Anleiten und Unterweisen Anlaß geben mußte. Deshalb ergänzte die schwierigen Texte eine überreichliche Anzahl bildlicher Darstellungen[31]. Ab 1749 folgten die Reglements für Kürassiere und Dragoner, dasjenige für die Husaren vom ungarischen Generalmajor Fürst Esterhàzy war schon 1747 vorausgegangen. Im übrigen unterlagen alle Vorschriften wie in Preußen strengster Geheimhaltung. Wer sie verlor oder Unbefugten zur Kenntnis gab, wurde streng bestraft; schied ein Besitzer aus dem Dienst, mußte er das Exemplar zurückgeben, ebenso generell bei Ausgabe eines neuen Reglements. Überaus hohe Verdienste erwarb sich Fürst Liechtenstein als Reorganisator der Artillerie. Sie erstreckte sich nicht allein auf den technischen Bereich des neu geschaffenen und erprobten Materials (erhöhte Beweglichkeit und Schußsicherheit, vereinheitlichte

---

30 Zit. nach Joh. Chr. v. Allmeyer-Beck: Wandlungen im Heerwesen zur Zeit Maria Theresias, in: Maria Theresia, Schriften des Heeresgeschichtl. Museums, Bd. 3, S. 12.
31 Regulament und Ordnung des gesamten Kaiserlich-Königlichen Fuß-Volcks von 1749, mit Einleitung von G. Ortenburg, Faksimiledruck der Originalausgabe Osnabrück 1969; vgl. H. Bleckwenn: Zwei Infanterie-Reglements, Zeitschrift für Heereskunde, Jg. 1957, S. 33 ff. und M. Jähns: Kriegswissenschaften, Bd. III, S. 2560 ff. u. 2640.

Produktionsverfahren usw.), wofür die Fachleute zuständig waren – unter ihnen der später berühmt gewordene Franzose Gribeauval. Der Fürst hat das österreichische Geschützwesen zur eigenständigen Waffengattung erhoben und sie zur Überlegenheit im künftigen Kriegseinsatz gebracht. Durch Liechtenstein, der zur Entlastung der Staatskasse aus eigenem Vermögen mitfinanzierte, wurde die Artillerie zur stärksten Unterstützungswaffe. Diese Fähigkeit sollte schon wenige Jahre später in der Defensive gegenüber dem zu vorsätzlichem Angriff herangebildeten Kampfinstrument Friedrichs des Großen die Hauptrolle spielen. Das »Reglement für das k. k. österreichische gesamte Feld-Artillerie-Corps« datierte vom 5. März 1757, als der Siebenjährige Krieg bereits im Gange war[32].

Mit besonderer Sorge mühte sich die Kaiserin um die innere Kräftigung des Offizierkorps. Der unter dem Prinzen Eugen vollzogene Wandel vom Söldnerführer zum treuen Staatsdiener im militärischen Amt hatte sich schon in seinen letzten Lebensjahren durch die trostlosen Verhältnisse im gesamten Kriegswesen zu einem bedenklichen Schwund an moralischer Haltung abgeschwächt. Erschwerend kam hinzu, daß die Ruhe und Frieden liebende Herrscherin als Frau einen solchen überaus kritischen Zustand aufs schnellste beseitigen mußte. Sie konnte ihren Offizieren nicht in der engen persönlichen Beziehung gegenübertreten wie der Militärkönig in Preußen. Um so erstaunlicher, wenn sie schon kurz nach der Thronbesteigung deren Herzen im Sturm gewann. Jahre später nahm der neue preußische Gesandte Graf Podewils in seinem umfassenden Bericht über die Persönlichkeiten des Wiener Hofes vom 18. Januar 1747 darauf Bezug, als er u. a. schrieb:

> ». . . die Offiziere dienten mit Freuden zum halben Solde, da sie sie überzeugte, es sei nicht ihre Schuld, daß sie ihnen jetzt nicht mehr gebe. Jeder stand ihr voll Eifer bei und beeilte sich, sich für die beste aller Fürstinnen aufzuopfern. Man vergötterte sie . . .[33]«

Maria Theresia besaß das Charisma, als Kriegsherrin vor ihre Truppen zu treten und die damit verbundenen schwierigen Aufgaben mit ebenso viel Verständnis wie Dankbarkeit zu erfüllen.

Die bunte Zusammensetzung der Armeeführerschaft aus Vertretern vieler »nichtösterreichischer« Nationen – Italiener, Spanier, Wallonen, vor allem die von den Fahnen des Kaisers angezogenen Fürsten- und Grafensöhne aus dem deutschen Reich – war eher ein Vorteil, schon im Hinblick auf die Internationalität im damaligen militärischen Berufsstand. Vordringlich kam es darauf an, das aus Adel und Bürgertum bestehende Offizierkorps aufs engste an das Herrscherhaus zu binden,

---

32 Zur Artilleriereform des Fürsten Liechtenstein siehe M. Jähns: Kriegswissenschaften, Bd. III, S. 2680 ff. und A. Dolleczek, Geschichte der österreichischen Artillerie von der frühesten Zeit bis zur Gegenwart, Wien 1887, S. 289 ff., auch R. H. Riedmatten: Das K. K. Feld-Artillerie-Corps 1757, Zeitschrift »Die Zinnfigur«, Sonderheft 3.
33 Friedrich d. Große und Maria Theresia. Diplomatische Berichte von O. Chr. Graf v. Podewils, hrsg. v. C. Hinrichs, Berlin 1937, S. 42.

Abb. 24. Maria Theresia, Kupferstich von Ph. A. Kilian nach dem Gemälde von M. Meytens.

was der Kaiserin auch ohne eigenes soldatisches Ingenium gelungen ist. Da seine Angehörigen nur zum geringen Teil mit Grundbesitz begütert waren, mußte ihnen der Weg zum Aufstieg geöffnet und ihr sozialer Rang deutlich angehoben werden. Aus diesem Grund ließ Maria Theresia jeden Offizier für hoffähig erklären, womit er stets in seiner Uniform vor ihr zu erscheinen hatte. Der Ausbau der Invalidenhäuser, die in Österreich auf zahlreichen Stiftungen beruhten und nun, ausdrücklich als Staatsverpflichtung bestimmt, unter dem Dach eines »Allgemeinen Invalidenfonds« vereinigt wurden, linderten auch die materielle Not der Verabschiedeten bis hinauf zu den Generälen[34].

Die Beförderung sollte im allgemeinen gleichberechtigt nach Verdienst und Rang in der Ordnung der Anciennität vor sich gehen. Die erstrebte Ausgewogenheit kam jedoch in der Praxis nicht zustande, weil die Regimentsinhaber noch ihre Befugnisse besaßen, der Brauch des Stellenkaufes fortbestand und auch höfische Einflüsse sich geltend machten. Erst nach dem Siebenjährigen Krieg wurden Stabsoffiziere durch den Hofkriegsrat befördert. Tapferkeitstaten folgten häufig bevorzugte Belohnungen. Angesichts der 1756 erneut angebrochenen schweren Zeit der Prüfung und Bewährung reifte der Gedanke heran, einen militärischen Verdienstorden für besonders hervorragende Waffenerfolge und Führerleistungen zu stiften. Offiziere aller Grade sollten ihn vollkommen ebenbürtig erhalten, sofern sie den Anforderungen der Ordens-Statuten entsprachen. Als ordenswürdige Tat galt das freiwillig übernommene und mit Glück ausgeführte Wagnis, das auch ohne Gefahr der Verantwortung hätte unterlassen werden können[35]. Nach dem Willen der Stifterin wurde für das Kleinod der Name »Militärischer Maria-Theresia-Orden« bestimmt und als Stiftungstag der 18. Juni 1757 auserkoren: das Datum des Sieges von Kolin in seiner Bedeutung als denkwürdigstes Ereignis in der Kriegsgeschichte Österreichs; Maria Theresia nannte dieses Ereignis den »Geburtstag der Monarchie«. Für die bürgerlichen Offiziere war die Verleihung mit der Erhebung in den Ritterstand und dementsprechend weiterem Aufstieg verbunden. Nichtadlige Offiziere konnten ebenfalls, allerdings erst nach langjähriger, vorwurfsfreier Dienstzeit nobilitiert werden. Tüchtigen, im Kriege bewährten Unteroffizieren stand die Laufbahn bis zum Hauptmann offen, besonders bei den technischen Truppen, die im Zuge der Waffenentwicklung zunehmendes Gewicht erlangten.

Der 1752 auf Kosten der Kaiserin gegründeten Militärakademie in Wiener-Neustadt lag die Absicht zugrunde, den jungen Führernachwuchs der Armee zu fachkundigen Offizieren heranzubilden und zu »rechtschaffenen Männern« zu erziehen. Demnach stand die herkömmliche kavaliersmäßige Pflege höfisch-ritterlicher Künste

---

34 Einzelheiten im Zusammenhang mit der Gesamtproblematik im Zeitalter der stehenden Heere bei O. Pelser; Das Invalidenhaus als Beitrag zur Entwicklung der Kriegsopferversorgung, (Diss.) Freiburg i. Br. 1976.

35 Die später aufgekommene Anschauung des Handelns auf eigenes Risiko oder gar gegen den Befehl ist aus der Satzung nicht zu begründen.

nicht mehr im Vordergrund, sondern die moderne Leistungsschule. Zum Leidwesen Maria Theresias wollte jedoch vom hohen Adel »niemand von dieser Gnade profitieren«, weil man den zivilen Hof- und Staatsdienst bevorzugte. So ließ sie die Zöglinge unter den Söhnen verarmter Adels- und verdienter Offizierfamilien auswählen. Die Eingliederung des neu entstehenden niederen Schwertadels in die alteingesessene Feudal-Aristokratie gelang nicht, weil ihm zum standesgemäßen Leben die Geldmittel fehlten. Andererseits war im Reich der Habsburger eine so kraß erzwungene Verbindung von Adel und Offizierkorps wie in Preußen gar nicht denkbar[36].

Große Schwierigkeiten entstanden bei der Heeresvermehrung. Nach dem System des Grafen Haugwitz war der Unterhalt einer Friedensarmee von 110 000 Mann geplant. Der Etat betraf die Truppen der deutschen und ungarischen Erbländer, nicht die in Italien und in den Niederlanden, was im Endeffekt einen Gesamtbestand von rund 160 000 Mann ohne die Grenzkräfte ergab. Die ursprüngliche Absicht, alle bisherigen Truppenteile fortbestehen zu lassen, mußte aus Gründen finanzieller Kräfteschonung aufgegeben werden, weshalb sechs ½ Infanterie-, zwei Dragoner- und ein Husarenregiment der Auflösung verfielen.

Die Grundlage für den Heeresunterhalt bildete die vom ständischen Bewilligungsrecht befreite Steuerverwaltung mit rein landesherrlichen Unter-, Mittel- und Zentralbehörden. Graf Haugwitz waren jene Rezesse gelungen, wonach sich die deutschen Kronländer verpflichteten, jährlich die Summe von 14 Millionen Gulden für die Dauer eines Dezenniums zu zahlen. Der ungarische Landtag erhöhte 1751 die jährliche Kontribution um 700 000 auf über drei Millionen Gulden. Trotz dieser erheblich gestiegenen Steuerlast gab das Land im Ergebnis weniger her als zuvor und die kaiserliche Hofkasse nahm sieben Millionen Gulden mehr ein; denn abgesehen vom »leeren Obdach« wurden keinerlei Naturallieferungen geleistet. Auch den Mannschaftsersatz mußte sich jedes Regiment selbst auf dem Weg der Freiwilligen-Werbung beschaffen[37].

Als aber im Sommer 1749 von den 20 000 Reichs-Rekruten über die Hälfte davonlief, sah sich die Kaiserin schweren Herzens gezwungen, entgegen ihrer vorher gegebenen Zusage die ständische Lieferung »in natura« wieder zu gestatten; dies natürlich unter Abzug der Kontribution von 12–20 Gulden für jeden Mann. Schon die Voraussicht auf den Kriegsfall ließ es gewiß erscheinen, daß sich dann die Regimenter nicht mehr selbst würden ergänzen können. Die Stände durften auch inländische Vagabunden schicken, sogar Kriminelle bis auf die ehrlosen Verbrecher. 1750 mußte Maria

---

36 Über das Offizierkorps der Kaiserin siehe J. Chr. v. Allmeyer-Beck: Wandlungen im Heerwesen zur Zeit Maria Theresias, S. 11 ff. und Zimmermann: Militärverwaltung und Heeresaufbringung, S. 128 ff.

37 Der preußische Gesandte hat in seinem Bericht nach Potsdam v. 28. Juli 1748 das Haugwitz'sche System ziemlich zutreffend geschildert, siehe C. Hinrichs: Friedrich d. Große und Maria Theresia, S. 132 ff.

Theresia wegen hoher Desertionen den böhmischen Landtag um weitere 3000 Rekruten bitten, was bereitwillig geschah und die Truppe mit der Ersatzmannschaft auch zufrieden war. Weitere Forderungen erfüllte man in Böhmen dann aber nicht mehr in voller Höhe. Da der mährische Landtag ebenfalls Schwierigkeiten machte und erklärte, die Rekruten-Gestellung sei nicht Sache der Stände, beschloß die Kaiserin die Rückkehr zur Freiwilligen-Werbung. Sie wollte ohnehin nicht, daß beim anderen Verfahren die ständische Instanz die Last des Militärdienstes nur dem armen Mann aufbürdete.

Mit besorgtem Blick auf Preußen, das infolge seines Kantonsystems solche Probleme nicht kannte, wurde 1753 versucht, eine Komplettierungs-Mannschaft von 24 000 Leuten auszuheben, die in zeitlich auf die landwirtschaftsextensiven Monate verteilter Kurzausbildung an Sonn- und Feiertagen zur Verwendung als Reserve vorbereitet werden sollten. Auch dieses Projekt brachte die Opposition der Stände zu Fall. Ab Mitte 1755 setzte im Hinblick auf den ins Auge gefaßten Krieg gegen Preußen eine forciertere Rüstung ein. Als Friedrich der Große den Krieg ein Jahr später begann, stand die österreichische Infanterie noch 10 000 Mann unter dem Soll; die Kavallerieregimenter waren nahezu komplett[38].

Einen bedeutenden Kraftzuwachs erhielt das theresianische Heer durch die Reorganisation der Militärgrenze. Im frühen 16. Jahrhundert war sie in den der Steiermark, Kärnten und Krain benachbarten Gebieten Kroatiens entstanden, um den Südosten des Reiches gegen die Türken zu sichern. Der Tod des Ungarnkönigs in der Schlacht bei Mohacz 1526 hatte dann ihren verstärkten Ausbau zur Folge. Sein Nachfolger und Schwager, der Regent Innerösterreichs, Erzherzog Ferdinand, mußte auch die Verpflichtung übernehmen, die zu Ungarn gehörenden Kroaten wirksamer zu beschützen. Die deutschen Söldnerabteilungen in den befestigten Grenzstützpunkten, die nur fallweise mit Hilfe rechnen konnten, reichten allein nicht aus. »Eigentlichen Frieden hat es an dieser Grenze jahrhundertelang nicht gegeben; Einfälle bis zu 4000 Mann und ohne Kanonen wurden als alltägliche Vorkommnisse nicht einmal einer diplomatischen Demarche für wert gehalten[39]«. Die fortdauernden Raubzüge der osmanischen Reiterscharen richteten in dieser ewigen Kampfzone zwischen Europa und Asien Verheerungen an, für die es schließlich nur noch die lakonisch-triste Bezeichnung »Wüste Nr. 1 bis 4« gab. Als die dezimierten kroatischen Grenzbewohner willkommenen Zuzug durch serbisch-bosnische Flüchtlinge erhielten, bestand als einzige Möglichkeit zum existenzfähigen Seßhaftwerden nur die Militarisierung des

---

38 Über die österreichische Heeresrüstung in den Jahren 1748–1756 siehe M. Lehmann: Friedrich d. Große und der Ursprung des Siebenjährigen Krieges, Leipzig 1894, S. 8 ff.; die daraus vom Verfasser gezogenen militärpolitischen Schlüsse sind nicht überzeugend; vgl. Zimmermann: Militärverwaltung und Heeresaufbringung, S. 103 f. und Die Kriege Friedrichs d. Großen, T. 3, Bd. 1, Berlin 1901, S. 130 ff.

39 H. Bleckwenn: Die Regimenter der Kaiserin, in: Maria Theresia, Schriften des Heeresgeschichtl. Mueums, S. 40.

gesamten Soziallebens: Bauernland zur eigenen Nutznießung als Lehen des Kaisers in Wien mit den Privilegien der Religionsfreiheit und kommunalen Selbstverwaltung gegen dauernde Kriegsdienstpflicht vom 18. Lebensjahr bis zur Invalidität im regionalen Grenzbezirk mit selbstgewählter Führung, aber unter österreichischem Oberkommando. Die im aktiven Dienst stehenden Grenzer besetzten die Blockhäuser, die an jedem zweiten Kilometer der Schutzlinie als feste Posten angelegt waren, und versahen ständigen Patrouillendienst im Zwischengelände. Die sogenannte »reguläre Grenzmiliz« bildete die Ergänzungsmannschaft und hatte sich im Alarmfalle in voller Stärke (etwa 7000 Mann) mit allen Waffen innerhalb von zwei bis drei Stunden an den vorherbestimmten Sammelplätzen einzufinden. Berufsfremde Leute wurden im Grenzgebiet nicht zugelassen, Gewerbe durften nur betrieben werden, soweit es der hauswirtschaftliche Bedarf erforderte, und jeglicher Handel blieb untersagt. Erbtöchter mußten waffenfähige Männer heiraten, und Witwen konnten das Militärlehen nur an Wehrbauern ihrer Verwandtschaft vererben. Solche strengen Bestimmungen erhielten die Gleichmäßigkeit und Geschlossenheit der Organisation. Die Stände des innerösterreichischen Hinterlandes hatten regelmäßig finanzielle Beiträge zu leisten.

Soweit es im zweiten großen Türkenkrieg ab 1683 gelang, den Eroberer wieder zurückzudrängen, dehnte sich die militärische Pufferzone auch auf die slawonische Grenze am nördlichen Ufer der Save und die Theiß-Maros-Grenze aus, während die alten kroatischen Marken bis zur Una wiedergewonnen werden konnten. Nach dem Frieden von Passarowitsch 1718 wurde die »Banater Grenze« errichtet, zuletzt um die Mitte des 18. Jahrhunderts die »Siebenbürger Grenze«, die sich im Bogen an den Karpathen entlang nach Norden bis in den Raum der Bistritz zog. Nachdem die Türkenkriege vorüber waren, trat das regionale System der Vorfeldverteidigung in seiner militärischen Bedeutung gegenüber den Aufgaben der Kolonisation zurück, wobei die Abwehr der Pestgefahr auch weiterhin ernst zu nehmen war[40].

Ab 1737 erhielt die Militärgrenze ihre endgültige Ordnung durch reglementiertes Zusammenfassen der Milizen in Regimentsverbänden mit entsprechender Untergliederung. Herzog Johann Friedrich von Hildburghausen hatte damit begonnen und zugleich eine Reform eingeleitet, die nach schon einmal vergeblich gewesenem Versuch des Prinzen Eugen Maria Theresia trotz Verzögerungen der ständischen Behörden Innerösterreichs ans Ziel brachte. Zweck der schärfer militarisierten Institution war die Angleichung der Grenztruppen an das stehende Heer, um sie nun auch zu seiner Verstärkung heranziehen zu können, d. h. zum Einsatz auf entfernten Kriegsschauplätzen innerhalb und außerhalb der Monarchie.

Darin lag ein kritischer Punkt; denn den Grenzern mußte zugestanden werden, nur zu einem Drittel auszumarschieren und nur für die Dauer eines Jahres Kriegsdienst zu leisten. Wurde dieses Versprechen nicht eingehalten, brachen leicht Meutereien aus.

---

40 Über die Entwicklung der Militärgrenze siehe Zimmermann: Militärverwaltung und Heeresaufbringung, S. 28 ff., Literaturangaben S. 150, dazu N. v. Preradovich: Des Kaisers Grenzer, Zürich 1970.

Auch andere Gründe verursachten rebellische Widersetzlichkeiten: die mit der Gleichstellung der Regulartruppen verschärfte Disziplin, die deutsche Amts- und Kommandosprache der deutschen Offiziere, die Artikelsbriefe, der Korporalstock und die neuen Uniformen, der von den stehenden Regimentern der Linienarmee behauptete Vorrang, die Streitereien mit kaiserlichen Grenz-Generalen und bornierte Katholisierungsmaßnahmen[41].

Ein unbezahlbarer Vorzug war jedoch, daß diese Grenz-Soldaten nicht desertierten. Auch wenn sie wegen Zuchtlosigkeit oft lästig wurden, konnte man sie ihrer Natur und Gewohnheit nach bedenkenlos selbst in schwachen Abteilungen zu weiten Streifzügen im kleinen Detachementskrieg verwenden, was den Österreichern stets ein klares Übergewicht an leichten Truppen sicherte. »Nie ist es einer anderen europäischen Macht vor der Französischen Revolution geglückt, auch nur Ähnliches an wahren Soldaten auf die Beine zu bringen[42]«.

---

41 Näheres bei J. Matasovic: Die Briefe des Grafen Sermage aus dem Siebenjährigen Krieg, Zagreb 1923. Verf. nannte die Grenz-Organisation aus jugoslawischer Sicht »eine regelrechte österreichische Soldaten-Fabrik«, auch im Hinblick auf die »germanisatorische Zentralgewalt«, S. 34 und 49.
42 H. Bleckwenn: Die Regimenter der Kaiserin, S. 41.

Abb. 26 a. Panduren
und Kroaten mit ihren
Frauen.
Abb. 26 b. »Der Pan-
duren Übung im
Springen«.
Zwei Kupferstiche aus
der Zeit.

Abb. 27. Überfall preußischer Infanterie durch österreichische Grenzer im 2. Schlesischen Krieg.
Vignette von A. Menzel zu Friedrichs des Großen »Geschichte meiner Zeit« (Kap. X). Im Vordergrund ein Mönch im Dienst der kaiserlich-katholischen Idee als Nachrichtenüberbringer, von Menzel zusätzlich ins bewegte Kampfbild komponiert.

Zu Beginn des Erbfolgekrieges 1740 besaß die Grenz-Miliz eine Gesamtstärke von 39 000 Mann zu Fuß und 6000 Reitern, die mit erheblichen Teilen in Schlesien, Bayern, Böhmen, Südwestdeutschland, in Italien und in den Niederlanden kämpften. Eine Truppe eigener Art bildete das Pandurenkorps, das der etwas zwielichtige Franz Frhr. v. d. Trenck auf eigene Kosten angeworben und der Kaiserin zur Verfügung gestellt hatte, weil seine vom Vater ererbten Gutsherrschaften im ungarischen Slawonien aufgrund der Preßburger Zugeständnisse von 1741 wieder der Zivilverwaltung des Landes anheimzufallen drohten. Zuerst unter amnestierten Straßenräubern zusammengebracht, kam der Ersatz aus dem Dienstvolk der heimischen Besitzungen, so daß die Formation zunehmend in militärische Ordnung gebracht wurde. Trencks Bravourstücke als Führer bei der Avant-Garde der Armee und seine Beutegewinne haben Gerüchtemacher der zeitgenössischen Presse ebenso übertrieben wie die Greueltaten seiner rohen Naturburschen. Die vielen Feinde am Kaiserhof erreichten durch gemeine Intrigen 1746 seinen Sturz. Nach einem höchst anfechtbaren Prozeß zu lebenslanger Kerkerhaft in der Zitadelle des Brünner Spielbergs verurteilt, starb er dort drei Jahre später[43].

Bereits 1748 entstand aus dem Trenck'schen Freikorps ein sogenanntes slavonisches Bataillon, das 1753 als vorletztes zu den elf Regimentern (seit 1756) der ungarischen Infanterie gehörte. Bemerkenswert ist, daß der volkstümlichste Feldherr der Kaiserin, Ernst Gideon v. Laudon (1717–1790), zuerst Meister des Kleinkrieges, dann Heerführer im großen regulären Krieg, seinen österreichischen Militärdienst in Trencks Pandurenschar begonnen hat.

Im Zusammenhang mit der theresianischen Heeresreform wurden die Grenzregimenter 1747 endgültig in kaiserliche Regulartruppen umgewandelt. Sie besaßen ein gleichgestelltes Offizierkorps, doch selbstverständlich nur Regiments-Kommandanten und keine Inhaber. Jedes Regiment bezog seine Rekruten aus dem eigenen regionalen Ergänzungsbezirk, wo man den jungen Nachwuchs schon bei der Geburt in Musterrollen eintrug. Mit der Auflösung des 1578 geschaffenen innerösterreichischen Hofkriegsrates in Graz, dessen Mitglieder den Ständen angehörten, viel gehemmt und manches verzögert hatten, unterstand die Militärgrenze direkt der Wiener Zentralbehörde und ihren nachgeordneten Generalkommandos. Von dort aus wurden dem Heer unerschöpfliche Kräfte zugeführt; jene immer kriegsbereiten Truppen, die sich nicht um den Ersatz zu sorgen brauchten. 1756 betrug das Ausmarsch-Drittel der Grenzinfanterie 15 600 Mann, dazu ein Drittel der Grenzhusaren von 1000 Mann. Das ergab einen Friedenssollstand der Armee von insgesamt 177 444 Mann[44].

Der Preußenkönig mußte es schon in der ersten Schlacht des Siebenjährigen Krieges bei Lobositz (1. Oktober 1756) erfahren, daß er nicht mehr »die alten Österreicher« vor sich hatte. Die zweite bei Prag (6. Mai 1757) kostete ihm furchtbare Opfer, und die dritte bei Kolin (18. Juni 1757) verlor er genauso blutig gegen Feldmarschall Daun, den Reorganisator der theresianischen Infanterie. Aber schon die erste Verleihung des gerade gestifteten Verdienstordens bereitete der Kaiserin einige Verlegen-

---

43 Panduren waren nach dem Sprachgebrauch des slawonischen Grenzlandes »Soldaten«, die den »Haiduken« als ehemaligen Freiheitskämpfern gegen die Türken und später auch uniformierten Leibdienern großer adliger Herren entstammten. Zu Trenck siehe A. Kosean-Mokrau, Die gefälschten Memoiren des Pandurenobristen Frz. v. d. Trenck, in: Jahrbuch des Instituts für deutsche Geschichte, Bd. 4, Tel Aviv 1975, S. 13–51 u. ders.: Der Streit um das Erbe des Pandurenobristen Frz. v. d. T. in: ebd. Bd. 6, 1977, S. 13–39. Art. 17 der Preßburger Beschlüsse von 1741 betraf die Taxenpflicht der ausländischen Besitzer. Der preußische Vetter Friedrich v. d. T. hatte 1744 ohne Zweifel zu den Österreichern desertieren wollen und nach gelungener Flucht aus der Festung Glatz eine bittere Enttäuschung erlebt.
44 Die Kriege Friedrichs d. Großen, T. 3, Bd. 1, S. 133 f.

Abb. 28. Feldmarschall Leopold Graf v. Daun (1705–1766), Kupferstich von J. Fr. Bolt (1769–1836), gemalt von Ph. A. Kilian (1714–1759).

heit[45]; denn sie fand am 7. März 1758 statt, nach der ganz unerwarteten Katastrophe von Leuthen (5. Dezember 57). Die ersten Träger des Großkreuzes waren die Verlierer: Maria Theresias Schwager, Herzog Karl von Lothringen, inzwischen als Oberkommandierender demissioniert, und sein Nachfolger Daun, der an dem bisher noch nie erlebten Desaster der Heereszertrümmerung und des großen Verlustes an Kriegsmaterial freilich nicht die Schuld trug.

Dennoch überwand die Kaiserin erstaunlich rasch ihre Mutlosigkeit und gewann die alte Entschlußfreude zurück. Mit der vereinten Kraft der Bundesgenossen würde es gelingen müssen, den Sieg über die Macht des eingekreisten »Ungeheuers« schließlich doch zu erringen. Allgemein war man in Wien der Überzeugung, daß der König von Preußen trotz aller Vorteile in der Kriegführung die schon weitgehend erschöpften Hilfsmittel seines armen Landes nicht mehr lange zum Unterhalt einer viel schwächeren Armee verbrauchen könne.

In dieser Zuversicht wurde die eigene Rüstung aufs äußerste betrieben. Die Regeneration der dezimierten Feldarmee erfolgte im Zuge fortgesetzter militärischer Reformarbeit. Das Hauptquartier, das die neu zufließenden Kräfte zu ordnen hatte, erhielt ein festeres organisatorisches Fundament durch die erweiterten Führungsfunktionen des General-Quartiermeisterstabes. An seine Spitze trat der Feldmarschall-Leutnant Moritz Graf v. Lacy (1725–1801), neben Daun der zweite Paladin Maria Theresias in schwerster Zeit, aber bald überschattet vom Gegensatz zum dritten, General Laudon[46].

45 Tagebücher des Fürsten Khevenhüller-Metsch 1758/59, S. 18.
46 E. Kotasek: Feldmarschall Graf Lacy. Ein Leben für Österreichs Heer, Horn 1956.

Ein operativer Generalstabsdienst im modernen Sinne konnte sich, abgesehen von allgemeinen militärischen Grundüberzeugungen der Epoche, unter den hemmenden Kompetenzen des Hofkriegsrates nicht entfalten. Graf Lacy hat es aber gegen alle Widerstände zuwege gebracht, daß der gesamte schwerfällige Bewegungsapparat der Heeres-Truppen, der technischen Dienste, Troßkolonnen und Etappenstationen nach Reglement und zentraler Befehlsführung besser funktionierte als zuvor. Als Kommandant eines separaten Truppenkorps machte er später, im Herbst 1760, mit seinem Gewaltmarsch von Schweidnitz durch die Lausitz bis Berlin innerhalb von zehn Tagen eine außergewöhnliche Probe aufs Exempel[47].

Fürst Liechtensteins modernisierte Artillerie wurde in jeder weiteren Schlacht den friderizianischen Infanteriebataillonen zur furchtbaren Waffe. Auch die Grenzregimenter erfüllten unter hohen Verlusten die ihnen gestellten Aufgaben. Die zahlreichen leichten Truppen vergrößerten die operativen Möglichkeiten eines mit möglichst geringem Risiko geführten Manöver- und Detachementskrieges; sie konnten sogar in einzelnen Aktionen, geschlossen angreifend oder an gefährdeter Stelle der Schlachtordnung eingesetzt, zur taktischen Unterstützung dienen.

Wenn es auch der zahlenmäßig hoch überlegenen großen Koalition nicht möglich war, das weit gesteckte Ziel der Vernichtung Preußens als Kriegsmacht ohne Beispiel zu erreichen, so lagen die wesentlichen Gründe neben persönlichem Versagen der Feldherrn in den strukturell bedingten Grenzen, die den Heeren des 18. Jahrhunderts bei der Vorbereitung und Durchführung gezogen waren, wie in den Mängeln der militärischen und politischen Organisation[48].

Auch in Österreich zeigte es sich, daß die leitenden Stellen die besonderen Schwierigkeiten nicht meistern konnten, einen so langdauernd kräftezehrenden Krieg zu führen. Die finanzwirtschaftlichen Resultate der Staatsreform hatten noch nicht ausgereicht, die lebenswichtige Heeresversorgung materiell sicherzustellen. Allem Bemühen um bessere Zusammenarbeit der Zentralbehörden unter dem 1760 geschaffenen Staatsrat, in dem Feldmarschall Daun ein Ministeramt bekleidete, bis er 1762 Präsident des Hofkriegsrates wurde, blieb der erstrebte Erfolg versagt[49]. Im entscheidenden Moment, da es dem am Abgrund stehenden Feind den letzten Schlag zu versetzen galt, mußte die Armee Ende 1761 um 20 000 Mann vermindert werden, weil man selbst an den Rand des finanziellen Zusammenbruchs geraten war. König Friedrich hingegen, der seine Abwehroperationen im geographisch günstigen Raum ohne überlange Verbindungslinien führte und die Einrichtungen seiner scharf zentralisierten Militärmonarchie im festen Griff hatte, streckte seine schon sehr einge-

---

47 Clausewitz: Vom Kriege, 16. Aufl. S. 458.
48 Diese Bewertung des Kriegsendes gibt J. Kunisch: Das Mirakel des Hauses Brandenburg, Studien zum Verhältnis von Kabinettspolitik und Kriegführung im Zeitalter des Siebenjährigen Krieges, München/Wien 1978.
49 Kunisch, a. a. O. S. 83 ff., siehe auch E. Kotasek: Feldmarschall Graf Lacy, S. 60 ff. u. 73 f.; vgl. Zimmermann: Militärverwaltung und Heeresaufbringung, S. 78 ff.

schränkten Kriegsmittel kraft verzweifelter Methoden und hielt sich über Wasser. Letztlich war der Gewinn Schlesiens für ihn ein ebenso gewichtiger Zuwachs an wirtschaftlichem Potential mit 1,2 Millionen fleißiger Menschen, wie er für die Kaiserin einen unersetzlichen, im Hinblick auf die Kriegführung wohl auch ausschlaggebenden Verlust bedeutete.

In den folgenden Friedensjahren wurde dem österreichischen Heer eine zweite große Reform an Haupt und Gliedern beschert, die aus den Ergebnissen des Siebenjährigen Krieges die Schlußfolgerungen zog. Sie leitete der 1766 als Nachfolger Dauns zum Hofkriegsrats-Präsidenten ernannte Feldmarschall Lacy[50]. Endlich entstand die Zentralverwaltung der Armee, die nun in den Händen militärischer Fachleute lag und von der Spitze nach unten über die Generalkommandos in den Ländern bis zu den Regimentern bzw. anderweitigen Dienststellen einen übersichtlichen, nicht mehr von verwickelten Kompetenzen und sich überschneidenden Zuständigkeiten beeinträchtigten Geschäftsgang ermöglichte. Lacy verfaßte selbst das unerläßlich gewordene Generalsreglement vom 1. September 1769. Es enthielt umfassende Bestimmungen für alle verschiedenartigen Kommandoposten oberhalb der Regimenter, d. h. für die gesamte Generalität hinsichtlich rangmäßiger Stellung, Aufgaben, Besoldung und Tätigkeiten im einzelnen. Rechtsgültig verankert waren auch die davon unterschiedenen Funktionen des General-Quartiermeisterdienstes als im Frieden beibehaltener Führergehilfen-Institution. Ein zum operativen Generalstabsdienst umgestaltetes System ließ sich aber ohne »sehr radikale Eingriffe in das gesamte österreichische Wehrwesen[51]« nicht zuwege bringen, und dazu bedurfte es erst der Niederlagen in den Kriegen gegen die französischen Revolutionsarmeen.

Die neuen, nun ganz an der Kriegspraxis orientierten Dienst- und Exerzierreglements für die Kavallerie (1765) und Infanterie (1769) sind ebenfalls unter Lacys Anleitung erarbeitet worden, womit eine lange, durch vielerlei Überflüssiges und Ungleichmäßiges gekennzeichnete Entwicklung zum Abschluß kam. Die den gesamten Truppendienstbetrieb reglementierenden Vorschriften folgten dem preußischen Muster. Jetzt waren die traditionellen Rechte der Regimentsinhaber auf das Minimum beschränkt, was besonders aus dem Generalsreglement zu ersehen ist. Die kommandierenden Generale bestimmten allein die Einteilung der Regimenter für die »Ordre de Bataille«, die zur Zeit der Lineartaktik das Grundgesetz der Heeresgliederung und -führung im Feldeinsatz bildete. Daß sie außerdem die Befugnis besaßen, Offiziere der unteren Ränge nach eigenem Ermessen an Ort und Stelle zu ernennen, erleichterte ihre Kommandoführung. Im übrigen wurden die Regimenter nicht mehr nach den Inhabern, sondern nach durchlaufenden Nummern bezeichnet, die bis zum Ende der Monarchie 1918 bestanden. Ihre Abzeichenfarbe befahl der Hofkriegsrat. Nach beendeter Reform im Jahre 1769 zählte das österreichische Heer 59 Infanterie-

---

50 E. Kotasek: Feldmarschall Graf Lacy, S. 70 ff.
51 K. Peball: Das Generalsreglement von 1769, S. 125 (Anm. 22).

Abb. 29. Grenadier-Kaserne und Kaiserlicher Marstall zu Wien, Kupferstich von J. Ziegler.

und 17 Grenzregimenter, 15 Kürassier-, zwei Carabinier-, 11 Dragoner-, zwei Chevauxlegers- und 15 Husarenregimenter (einschließlich fünf Grenzkav.Rgtr.), dazu drei Artilleriebrigaden und die technischen Sonderformationen[52]. Im Vergleich zum Stand von 1756 ist eine Bevorzugung der leichten Reiterei deutlich erkennbar.

Ab 1772 rekrutierte sich die Armee neben der freien Werbung und der Lieferung durch die Stände auch auf dem Wege der regionalen Konskription[53]. Wie im preußischen Kantonsystem blieb sie jedoch auf die unteren Schichten der bäuerlichen und kleingewerblichen Bevölkerung eingegrenzt und wurde durch großzügige Beurlaubungen nach abgeleistetem Grundwehrdienst gemildert. Graf Lacy ist auch hierbei die treibende Kraft gegen alle Widerstände gewesen. Er sah die besser geregelte Heeresaufbringung im Zusammenhang mit dem Ganzen des Reformwerkes und besaß darin das volle Vertrauen Kaiser Josephs II. (1765–1790). Dieses Verfahren war aber nur in den deutschen Ländern durchführbar. In Ungarn mußte der Kaiser angesichts eines drohenden Aufstandes gegen die Ausweitung absolutistischer Zentralgewalt die Konskription wieder aufheben. Man nennt es seinen Hauptfehler, daß er sich mit seiner guten Absicht, die Staatsreform zu vollenden, nicht auf den Teil der Monarchie beschränkte, wo Kaiserin Maria Theresia weniger durch einen genial erleuchteten Kopf als ein großes Herz und reiches Gemüt ihre Erfolge errungen hat.

Feldmarschall Lacy erhielt mit einem persönlichen Schreiben aus dem Jahre 1770 den besonderen Dank der Herrscherin für seine Leistung: »Wer hätte sich je einbilden können, daß wir uns jenem kriegerischen König gleichstellen, ja ihn vielleicht etwas übertreffen, daß wir sogar wünschen würden, vor seinen Augen zu erscheinen und daß wir Eindruck auf ihn hervorbringen könnten!? Dies danke ich Ihrer Sorgfalt[54]«. Tatsächlich hat Friedrich der Große mit seinem Armee-Retablissement nach 1763 den hohen Leistungsstand der Friedensjahre vor 1756 nicht mehr erreicht. Die kulturelle Konsolidierungsarbeit mußte den Vorrang haben und die übermäßige militärische Kraftanspannung einmal nachlassen. Der Bayerische Erbfolgekrieg (1778/79), in dem sich Österreich und Preußen noch einmal wohlgerüstet gegenübertraten, bestätigte das Urteil der Kaiserin. Wenn beide Heere während der Feldzüge in Böhmen und Mährisch-Schlesien aus guten Gründen keine Gelegenheit boten, ihre Stärke in der Schlacht zu messen, so hatte Lacys Verteidigungskunst die Preußen von einer energischen Offensive abgehalten und schließlich unverrichteter Sache zum Rückzug veranlaßt.

Im letzten Krieg der Epoche gegen die Türken an der Seite Rußlands (1788/89) war mit seinem Kordonsystem der Deckung lang ausgedehnter Grenzlinien über-

---

52 J. Chr. v. Allmeyer-Beck: Wandlungen im Heerwesen zur Zeit Maria Theresias, S. 24 (Anm. 22).
53 Unter Konskription verstand man im theresianisch-josephinischen Österreich »im weiteren Sinn eine statistische Aufnahme der gesamten Bevölkerung«, im engeren Sinn »eine Einreihung bestimmter Teile der Bevölkerung unter die militärdienstpflichtigen Personen«, Zimmermann, S. 106.
54 zit. nach M. Jähns: Kriegswissenschaften, Bd. III, S. 2039.

haupt kein Erfolg zu erzielen. Auch politisch ist dieser Krieg ein Fehlgriff des Kaisers gewesen. Er erforderte einen hohen Kräfteeinsatz nach außen, während die übereilten Reformen im Inneren mit dem Ziel, den Föderativstaat zu einem zentralistischen Einheitsstaat umzubilden, Unruhen in Ungarn und Galizien und in den Niederlanden zum Abfall führenden offenen Aufstand provozierten. Obwohl nach empfindlichen Rückschlägen Schlachtensiege errungen wurden und Feldmarschall Laudon Belgrad eroberte (8. Oktober 1789), endete der Krieg mit einem Frieden ohne Gebietsabtretungen; durch Preußen vermittelt, das zur Intervention gerüstet im Rücken stehend die Kriegsführung behindert und gelähmt hatte[55]. Ein geschichtliches Problem auch der österreichischen Heeresentwicklung ist darin zu sehen, daß der den Normen des auslaufenden Jahrhunderts noch eng angepaßte militärische Gesamtorganismus – das »System Lacy« – keine dauerhafte Tragfähigkeit mehr besaß. »Der Feind von morgen waren die Ideen der Französischen Revolution und die von ihnen beflügelten Heere Bonapartes. Und für deren Überwindung waren ganz andere Mittel notwendig, als sie der Staat des aufgeklärten Absolutismus bereitstellen konnte[56].«

---

55 Zu beiden letzten Kriegen siehe O. Christe: Kriege unter Kaiser Joseph II., kriegsgeschichtl. Abt. des k. u. k. Kriegsarchivs Wien, 1904.
56 Joh. Chr. v. Allmeyer-Beck: Wandlungen im Heerwesen zur Zeit Maria Theresias, S. 24 (Anm. 22).

IV. Der altpreußische Militärstaat –
Genesis und Apologie

Jahrhundertelang war der Strom der Geschichte träge und von der Welt kaum beachtet durch die öden, sandigen Gefilde der Mark Brandenburg geflossen. Der 30jährige Krieg schreckte nun auch des »Reiches Streusandbüchse« in der Mitte Europas aus ihrem anspruchslosen Stilleben auf. Der armselige, schlecht regierte Hohenzollernstaat war eigentlich schon damals auf eine kraftvolle Machtentfaltung angewiesen; denn in der Reihenfolge der deutschen Fürstentümer umfaßte er das ausgedehnteste Territorium hinter dem Besitzstand des Hauses Habsburg. Er erstreckte sich als weit verstreutes Länderbündel vom Herzogtum Preußen im Osten bis hin zu den Gebieten von Kleve, Mark und Ravensberg im Westen. Beide Außenpositionen waren ihm durch zähe Familien- und Heiratspolitik zu Beginn des 17. Jahrhunderts zugefallen. Ostpreußen lag im Spannungsfeld des schwedisch-polnischen Gegensatzes und die Verbindung mit dem jülich-klevischen Herzoghaus ließ den Kurfürsten in die Interessenkollision zwischen Frankreich, den Niederlanden, Österreich und Spanien hineingeraten, ähnlich schicksalhaft wie einst die Burgundische Heirat des Erzherzogs Maximilian[1].

Wie überall in vorabsolutistischer Zeit war auch unter der Regierung Georg Wilhelms (1619–1640) die staatliche Hoheit zwischen Landesherrn und Landständen geteilt, Finanz- und Verfassungsfrage bedingten einander, vom Steueraufkommen hing wiederum der kostspielige Truppenunterhalt ab und die hierzu erforderliche Verwaltung mußte erst noch etabliert werden. Als der Kriegsbrand nach Norddeutschland übergriff, begannen auch in Brandenburg die Söldnerwerbungen; doch bewilligten die Stände viel zu geringe Mittel. Wallensteins Regimenter durchzogen ungehindert das Land und schleppten das Hundertfache einer Summe mit fort, die zu eigener wirksamer Rüstung nötig gewesen wäre. Das war nur der Anfang einer Kette folgenschwerster Ereignisse: die viel zu zaghaft geschlossene Militär-Allianz mit dem Schwedenkönig Gustav-Adolf, nach dessen Tod der Frontwechsel auf die Seite des Kaisers und schließlich der kläglich gescheiterte Versuch, mit Hilfe von Subsidien eine alle Kräfte und Fähigkeiten übersteigende größere Armee zusammenzubringen. Die Schwäche des Kurfürsten, die Renitenz des Landadels, die Unordnung in den Finanzen, die Veruntreuung der Werbe- und Verpflegungsgelder durch Beamte und unredliche Offiziere; schließlich die Unmöglichkeit, massierte Truppen in schon seit Jahren verwüsteten, entvölkerten Gebieten zu ernähren, und die zuchtlosen Söldner-

---

1 C. Hinrichs: Der Große Kurfürst. Gesammelte Abhandlungen, S. 227 f.

scharen selbst, von denen keiner mehr dem anderen etwas zum Stehlen übriglassen wollte, das alles hinterließ ein fürchterliches Chaos[2].

1640, noch mitten in den Wirren und Nöten des Krieges, trat der kaum 20jährige Kurfürst Friedrich Wilhelm die Regierung über ein total ruiniertes Land und über einen fast vernichteten Staat an. In seiner Person kam nun auch durch das blutsmäßige Ahnenerbe der Mutter aus pfälzisch-oranischem Hause erstmals das militärische Element zum Vorschein, das den vorangegangenen Hohenzollern völlig gefehlt hatte und das sich in erneuter gleicher Eheverbindung weiter verstärkt auf die nachfolgenden Generationen übertrug[3]. Mit ebensolcher Tatkraft wie Besonnenheit steuerte der junge »Kleinfürst an der Spree« das erste Ziel an: er wollte Herr im eigenen Lande werden. Anders waren die verschiedenen, von lokal begrenztem Sondergeist beherrschten Provinzen des Kurfürstentums nicht zu einem einheitlichen Gesamtstaat zusammenzufügen. Das gelang erst durch den Sieg im Kampf mit den Landständen um die dauernde Unterhaltung einer starken bewaffneten Macht. Söldnerwerbung nur zu Defensivzwecken und erst bei dringendem Notstand war eine von vornherein zum Scheitern verurteilte Rüstungspolitik; das hatten die zurückliegenden Jahrzehnte bewiesen.

Friedrich Wilhelm begann damit, daß er die unzuverlässigen Soldtruppen entließ und zunächst nur durch kleine neue Kader ersetzte. Die zu weiteren Feldzügen aufgefüllten Regimenter wurden hinterher niemals wieder ganz abgedankt. Auf diese Weise entstand der miles perpetuus auch in Brandenburg und somit lag in der Zeit nach 1640 der Anfang altpreußischer Heeresentwicklung. Ihre Grundprinzipien waren bereits vorgezeichnet: »Verbindung des Werbesystems mit der Dienstpflicht einheimischer Bauernsöhne, Rekrutierung der Offiziere aus dem eingesessenen Adel, der jetzt massenweise in fremden Heeren diente, Finanzierung des Heeres durch die kurfürstlichen Domäneneinkünfte, durch die Geldablösung adliger, obsolet gewordener Lehnspflichten und durch besondere Städtesteuern[4]«.

Letztere hatte man während des Krieges unter dem Namen »Kontribution« entrichtet und mußte sie schließlich als dauernd fixierte Leistung anerkennen. Die sozialen Privilegien des Landadels im Rechts- und Wirtschaftsleben hingegen konnten nicht angegriffen werden, ja der Kurfürst sah sich veranlaßt, das militärische Machtinstrument durch weitgehende Zugeständnisse gleichsam abzukaufen. Der Rezeß des letzten allgemeinen Landtages von 1653 sicherte den Gutsherren neben der Steuerfreiheit nicht nur die herkömmliche Erbuntertänigkeit seiner Bauern endgültig zu, er bot ihnen auch die Möglichkeit zur Besitzerweiterung, wenn der freie Landmann seinen Grund und Boden nicht urkundlich belegen konnte. Nachdem der lange Krieg

2 M. Philippson: Der Große Kurfürst Fr. Wilh. von Brandenburg, Berlin 1897, S. 26; vgl. Jany: Urkundl. Beiträge und Forschungen zur Geschichte des Preuß. Heeres, Berlin 1903, H. 1, S. 75 f.
3 Siehe C. Hinrichs: Das Ahnenerbe Friedrich Wilhelms I., Gesammelte Abhdlg., S. 78 f.
4 C. Hinrichs: Der Große Kurfürst, S. 234.

Abb. 30. Friedrich Wilhelm, der Große Kurfürst, Kupferstich von A. Masson (1636–1700).

die Mark Brandenburg schrecklich verwüstet, streckenweise fast entvölkert und völlig durcheinandergeratene, zerrüttete Bewirtschaftungsverhältnisse hinterlassen hatte, war das für den Starken eine ziemliche leichte Sache, für den Schwachen ein nahezu aussichtsloser Rechtsstreit. Auch in der folgenden Zeit bis zum Zusammenbruch von 1806 sollte es sich zeigen, daß die alte Gesellschaftsordnung ebensowenig vom brandenburgisch-preußischen Machtstaat beseitigt, sondern nur an die Regierungsmaximen seiner Herrscher gebunden werden konnte. Die inneren Verfassungskämpfe gegen die zwar hartnäckige, doch zum äußersten Widerstand nicht entschlossene ständische Opposition mußte der Kurfürst im Zusammenhang mit der auswärtigen Selbstbehauptungspolitik austragen, gestützt auf das neu errichtete stehende Heer.

Im Schwedisch-Polnischen Krieg (1655–1660) erreichte es bereits eine Gesamtstärke von rund 25 000 Mann einschließlich Garnisontruppen und Artillerie. Vom Kurfürst persönlich angeführt, bestanden 8 500 Brandenburger an der Seite von 9 000 Schweden gegen 40 000 Polen in der dreitägigen Schlacht bei Warschau (28.–30. Juli 1656) die erste Waffenprobe. Da Friedrich Wilhelm mitten im Umkreis gefährlichster Auseinandersetzungen schon ein hohes Risiko eingegangen war und um die Existenz seines Landes ringen mußte, wechselte er die Front und setzte den Krieg im Bunde mit Dänemark, Österreich, Polen und Holland fort. Der Friede von Oliva sicherte ihm die Souveränität über Ostpreußen, nun endgültig befreit von der polnischen Lehnshoheit. Den territorialen Gewinn Schwedisch-Pommerns hatte Frankreich verhindert, das schon in leitender Vormachtstellung als Schiedsrichter Europas auftrat.

Aber das ideelle Resultat besaß auch ohne diesen Zuwachs politisches Gewicht: Brandenburg war zum stärksten norddeutschen Staat aufgestiegen; sein Kurfürst herrschte vollkommen unabhängig über ein deutsches Gebiet außerhalb des Reiches, das der kaiserlichen Zentralgewalt nicht unterstand und dadurch die Voraussetzung zum späteren Erwerb der Königskrone abgab[5].

In den folgenden Friedensjahren brach Friedrich Wilhelm, nicht anders als jeder absolutistische Herrscher, auch mit Gewalt die »libertäre« Macht der Stände, die sonst die Monarchie über den lockeren Bund von halbselbständigen Neben- und Provinzialregierungen nicht hätten hinausgelangen lassen. Stehendes Heer und landständische Rechte liefen einander entgegen und waren doch eng aufeinander angewiesen; denn ohne Sicherheit und ohne den Schutz von Leben und Eigentum konnte sich keine Landeswohlfahrt entwickeln. Sie beruhte auf guten geworbenen Truppen und starken Festungen. Innere Festigung und wachsende Wehrkraft standen im Wechselverhältnis. Unter der gesamtstaatlichen, nur vom Landesherrn abhängigen Behördenorganisation entstand die zentralisierte Finanzverwaltung. Mit der neuen Einrichtung der Kriegskommissarien war die oberste Instanz für die Einheit von Militär- und Steuerwesen geschaffen[6].

Der landesherrliche Kommissar erinnert an die Ursprünge der modernen französischen Staatsverwaltung in der Heeresorganisation, der hier jedoch die viel strengere Lebensform der Zukunft schon ankündigt. Nach 1660 wurden verstärkt Soldaten als Kolonisten angesiedelt und zur Ergänzung der Regimenter bereitgehalten. Ein Verfahren, das zugleich der Invalidenversorgung diente, weshalb es die späteren Militärkönige fortsetzten[7].

Bald hineingezogen in den europäischen Rivalitätskampf gegen Frankreich, er-

---

5 Hierzu Näheres bei E. Opitz: Österreich und Brandenburg im Schwedisch-Polnischen Krieg 1655–1660, Militärgeschichtl. Studien, H. 10, Boppard a. Rh. 1969. Neben dieser ausführlichen Untersuchung vom gleichen Verf. die Dokumentation Stefan Czarniecki und die »polnische Furie« in Schleswig-Holstein und Jütland 1658–1659, Militärgeschichtliche Mitteilungen, Bd. 24, 1978, S. 77 ff., insbesondere der Hinweis auf die Anfangsschwierigkeiten des Heeres und die noch unsichere Führung durch den Kurfürsten.

6 Anfangs waren die finanziellen Mittel zum Heeresunterhalt nur auf 6 Jahre bewilligt worden, wofür der Adel obendrein noch die fast uneingeschränkte Gewalt über seine Bauern abgetrotzt hatte. Gegen die vom Reichstagsbeschluß (17. 5. 1654) bestätigte Wehrpflicht der Untertanen zur Landesverteidigung konnte er nicht mehr protestieren.

7 G. A. Mülverstedt: Die brandenburg. Kriegsmacht unter dem Gr. Kurfürsten, Magdeburg 1888, S. 565, auch H. O. Pelser: Das Invalidenhaus als Beitrag zur KOV, S. 66.

Abb. 31. »Rekrutentransport nach dem Rhein« und »Im Winterquartier«, zwei Federzeichnungen von R. Knötel (1857–1913).

schien Brandenburg 1672 zum ersten Mal als souveräner Reichsstand mit eigenen Interessen und Zielen. Die Teilnahme am Reichskrieg, der die Armee Mitte Oktober 1674 ins Elsaß führte, brachte dem Kurfürsten als Oberbefehlshaber gegenüber dem überlegen operierenden Marschall Turenne keinen Ruhm. Immerhin nahm ihn Ludwig XIV. ernst genug, um den schwedischen Bundesgenossen zwecks Entlastung zum Einfall in die Mark zu ermuntern. Gezwungenermaßen zog Friedrich Wilhelm im Sommer 1675 an der Spitze seiner Truppen aus den Winterquartieren am Main nach Norden. Die Operation hatte er auch diplomatisch sorgsam vorbereitet; denn er wollte mit den Allianzmächten gemeinsam dem Feind die Länderbeute des 30jährigen Krieges entreißen und dabei für sich selbst Schwedisch-Pommern erobern. Die brandenburgische Kriegsmacht trat aber zugleich mit einer strategisch-taktischen Planung und Vorbereitung hervor, »wie sie für diesen Staat des steten materiellen Mangels typisch bleiben sollte[8]«. Dann aber rasch zustoßend, lief eine unerhörte Blitzaktion ab, die nach geglücktem Überfall auf Rathenow (25. Juni) im ersten selbständigen Sieg bei Fehrbellin (28. Juni) gipfelte und in der Verfolgung des geschlagenen Feindes bis zur Landesgrenze ihren Abschluß fand. Wäre die ruhmreiche Schlacht bloß nach dem numerischen Maßstab zu beurteilen – der Kurfürst mit 5600 Reitern und Dragonern gegen 8000 Schweden – so käme ihr lediglich der Rang eines Treffens zu. Doch das Erfolgsrezept schlechthin, die Art und Weise, wie es mit unerwarteter Schnellkraft angewendet wurde, rückte es vom Rand der Erscheinungen weg und gab ihm eine zentrale kriegsgeschichtliche Bedeutung.

Es folgten die Feldzüge im Bunde mit den Dänen, Braunschweigern und Münsterländern, unterstützt von der niederländischen Flotte (1675–1678), die nach hartnäckigem Festungskrieg den Kurfürsten die Odermündung als lang erstrebtes Ziel erreichen ließen. Zuletzt mußte er auch noch nach Ostpreußen eilen, wo die Schweden von Livland aus eingedrungen waren. Der von Frankreich erneut veranlaßten »Diversion« bereitete ein ganz unorthodox geführter Winterfeldzug (1678/79) ein rasches Ende; mit den frappierenden Schlittenpartien über das Frische- und Kurische Haff und anschließendem Dragoner-Raid bis acht Meilen vor Riga. Dort entkam der Rest des Feindes, kaum mehr als 3000 Mann, seinen Verfolgern.

In diesen Tagen brachte der Friede von Nymwegen (5. Februar 1679) Brandenburg um alle Früchte seiner heroischen Kraftanspannung. Von den Bundesgenossen isoliert, mußte der Kurfürst unter dem militärischen Druck Frankreichs das eroberte Land an Schweden zurückgeben. Aufs tiefste erbittert, schob der die Hauptschuld dem Kaiser zu, von dem er sich im Stich gelassen fühlte. Leopold I. war nicht bereit gewesen, das Wagnis einer Fortsetzung des Krieges im Westen einzugehen und dadurch zur weiteren Stärkung der aufsteigenden Macht Brandenburgs beizutragen. Er hatte auch die schlesischen Herzogtümer ohne Rücksicht auf Friedrich Wilhelms Ansprüche als erledigte Lehen der Krone Böhmens eingezogen.

Daraufhin suchte der Kurfürst im Bunde mit Frankreich zu gewinnen, was er als dessen Gegner nicht erhalten konnte, auch wenn diese Politik auf Kosten des Reichsinteresses ging. Ludwig XIV. hatte seine diplomatische Aktivität den kleinen Reichsfürsten gegenüber aufgegeben und suchte die Auseinandersetzungen über die Reunionen[8a] im Bündnis mit den deutschen Mittelstaaten zu beenden. Er garantierte dem Kurfürsten von Brandenburg seinen Besitzstand und zahlte ihm jährlich 100 000 Livres Subsidien. Wenn auch mit falscher Hoffnung, so nahm Friedrich Wilhelm dieses Geld, weil er es zum Erhalt einer relativ großen Armee benötigte. Die dem Militär zugewendeten Zweidrittel der Einkünfte reichten allein nicht aus. In dem

---

8 H. Bleckwenn: Unter dem Preußenadler, München 1978, S. 28.
8a Die unter Ludwig XIV. seit Ende 1679 bis zum Raub Straßburgs 1681 gewaltsam vorgenommenen Gebietsaneignungen in Lothringen, im Elsaß und der Franche-Comté.

Abb. 32. Holländisches Flugblatt auf die Vertreibung der Schweden aus Brandenburg, die Schlacht von Fehrbellin darstellend, von Romeyn de Hooghe.

engen, unlösbaren Zusammenhang zwischen finanzieller Leistungsfähigkeit des Staates und dem Heeresaufbau zur Selbstbehauptung seiner Macht, stets ringsum bedroht, lag der Schlüssel zum Verständnis für die windige Außenpolitik des Kurfürsten. Obwohl er mit ihr »von der stolzen Höhe des Schwedensiegers zum Pensionär Frankreichs herabgesunken«[9] war und dadurch auch dem Ziel Schwedisch-Pommern nicht näherkam, leitete ihn allein das Prinzip der Staatsgründung als religiös erfaßte Berufsaufgabe.

9 C. Hinrichs: Der Große Kurfürst, S. 249; vgl. O. Hintze: Die Hohenzollern und ihr Werk, Berlin 1915, S. 239.

Die Umwandlung der Söldnertruppen in den miles perpetuus hatte auch in Brandenburg eine längere Zeit gedauert. Das hing allein schon mit dem langsamen Entstehungsprozeß auf allen Gebieten der Heeresverwaltung zusammen, der vom innenpolitischen Kampf um den Zentralstaat abhängig war. Die ständischen Organe hatten versagt und das an ihre Stelle tretende fürstliche Beamtenpersonal mußte selbst erst in das System einheitlicher Regelung hineinwachsen. War die Einquartierung der Soldaten zur Winterzeit schon im 30jährigen Krieg zur Gewohnheit geworden, so stellte der Staat jetzt die noch schärfere Anforderung an den Bürger, sie auch im Frieden dauernd in ihren Häusern aufzunehmen. Nur in den Festungsorten Magdeburg und Kolberg lagen die Mannschaften in Baracken. An der Reihe neuer Verpflegungsordonnanzen und Marschtraktaten von 1654–1684 ist die Arbeit der wachsenden Militäradministration deutlich zu erkennen. Aber erst mit den steigenden Einnahmen aus der städtischen Verbrauchssteuer, der Akzise, und den hohen Subsidiengeldern konnte die meist zum üblen Raubsystem entartete Quartierverpflegung eingeschränkt und durch Barzahlung ersetzt werden[10].

Der gemeine Fußsoldat erhielt nach Abzug für Brot und Montierung einen Taler acht Groschen im Monat; das Quartier einschließlich Heizung, Licht sowie »Sauer und Süß« hatte der Wirt zu liefern. Das war ein recht karges Traktament, aber der Kommissar fragte bei der Musterung jeden einzelnen, ob er auch alles richtig bekommen hatte. Er sorgte ebenso dafür, daß auch die Soldatenfrauen mitberücksichtigt wurden. Die Verpflegungsordonnanz von 1684 zeigt die landesherrliche Fürsorge dem Soldaten wie dem Bürger gegenüber. Sie stärkte die militärische Disziplin, und die Wirte wußten, daß sie Mehrforderungen nicht länger hinzunehmen brauchten[11].

Mit der Regeneration des großen Teils korrumpierten, vom Ehrenstandpunkt noch weit entfernten und bei den Bürgern verhaßten Offizierstandes kam der Kurfürst schwerer vorwärts. Da er anfangs Schuldner seiner Obristen war, konnte er ihre Autonomie auch nicht beschränken. Noch im Schwedisch-Polnischen Krieg mußten sie Vorschüsse zahlen. Unterschlagungen wurden allerdings nicht länger geduldet. Bei den Musterungen übten die Kommissare um so schärfere Kontrolle aus, als ihnen die Obrigkeit den nötigen Schutz gewährte. Später freigewordene Regimenter verlieh der Landesherr schließlich nach eigener Wahl, doch nicht ohne Kapitulationen mit den althergebrachten verbrieften Vorrechten, die sich nur schrittweise beschneiden ließen: so die freie Besetzung aller Offizierstellen und die autonome Gerichtsgewalt. Wie in allen anderen Armeen stand die Rangordnung nicht von vornherein fest, sondern bildete sich allmählich aus, analog der Beseitigung des Regimentsverbandes

---

10 Sie hatte früher darin bestanden, daß die Gemeinden Quartier, Lebensmittel und Sold aufbringen und den Soldaten direkt aushändigen mußten.

11 siehe Fr. Frhr. v. Schroetter: Die brandenburgisch-preußische Heeresverfassung unter dem Großen Kurfürsten, Staats- u. sozialwissenschaftl. Forschungen Bd. 11, Leipzig 1892, S. 34 ff. und 52 ff.; die Verpflegungs-Ordonnanz von 1659, abgedr. bei Frauenholz: Entwicklungsgeschichte, Bd. 4, S. 129 ff.

Abb. 33. Der Große Kurfürst und die Offiziere der französischen Refugiés, Radierung von D. Chodowiecki, Illustration zum 1782 in Berlin erschienenen Buch »Memoires pour Servir à l'histoire des refugiés français dans les états du Roi«.
Vor dem Kurfürsten mit ausgestrecktem Arm der Maréchal de France Fr. A. Graf von Schomberg, der am 27. 4. 1687 zum »General en chef« der kurbrandenburgischen Armee ernannt wurde.

als abgeschlossene privatrechtliche Genossenschaft. Erst Friedrich Wilhelms Nachfolger, Kurfürst Friedrich III., hat nach dem Regierungswechsel 1688 mit den erneuerten Kapitulationen das volle Ernennungsrecht in seine Hand nehmen können. Für die Beförderung innerhalb der Regimenter ist das Dienstalter schon länger maßgeblich gewesen, aber der arme Offizier kam niemals auf einen grünen Zweig, so lange ihm zur Übernahme und Bewirtschaftung einer Kompanie die Geldmittel fehlten. Überhaupt führte der Weg zum Offizier im allgemeinen durch die Truppe und aller Aufstieg war ein mühseliges Empordienen »von der Pike auf«[12].

Den Anfangsschwierigkeiten beim Heeresaufbau entsprach ein erster Schritt zur schulmäßigen Erziehung des jungen Offiziernachwuchses an der 1653 für max. 30 Zöglinge eingerichteten Ritterakademie zu Kolberg. Bei der Wahl des Ortes in der erst kürzlich von den Schweden geräumten Provinz Hinterpommern schien ein eminent staatspolitischer Grund ausschlaggebend gewesen zu sein. Damit hat der Kurfürst den Versuch jener Kriegsschulgründung des Grafen Johann VII. von Nassau in

12 Schroetter, a. a. O. S. 109 ff.; vgl. Jany: Geschichte der Preußischen Armee, Nachdruck d. Aufl. 1928, Osnabrück 1967, Bd. I, S. 309 ff.

Siegen aus dem Jahr 1617, der im 30jährigen Krieg schnell wieder versandete, als erster erneuert. Ihm blieb insofern ein dauernder Erfolg beschieden, als die Anstalt ab 1701 zu Berlin in veränderter Organisation fortbestand[13]. Da fremde Offiziere nur unter hohen Kosten zu bekommen waren, mußte der einheimische Adel das Hauptreservoir bilden, weswegen ihn mehrfache Verbote trafen, in ausländische Dienste zu treten. Das galt freilich nur bei hohem Bedarf; denn wer nach zwischenzeitlicher Armeereduktion auf Wartegeld gesetzt wurde, durfte mit Erlaubnis anderswo sein Fortkommen suchen. Außerdem bot die damalige Internationalität unter den Offizieren aller Staaten Europas jungen Edelleuten die ausgezeichnete Möglichkeit, Kriegserfahrungen, Fachkenntnisse und weltmännische Bildung außerhalb Brandenburgs zu erwerben, besonders durch einen allgemein als »hohe Schule« angesehenen Aufenthalt in Frankreich. Von dort erhielt die Armee einen wertvollen Zuwachs durch die hochwillkommene Aufnahme der hugenottischen Flüchtlinge.

1686 gehörten zu den rund 1000 brandenburgischen Offizieren 300 Franzosen. Insgesamt wurden aus den emigrierten Soldaten ein Regiment zu Pferd, drei Bataillone zu Fuß und zwei Kompanien Grands Mousquetaires, letztere nach dem Muster der Maison du Roi, formiert. Die mitgeflüchteten Kadetten, fast 200, fanden in eigenen, den hugenottischen Infanterieeinheiten angegliederten Kompanien ihren neuen Platz. Diese Einrichtung für den Offizierersatz hat in der vom Kriegsminister Louvois geschaffenen truppendienstlichen Form nur noch ein reichliches Jahrzehnt lang bestanden, doch der calvinistische Geist der Charakterbildung lebte im bald umgestalteten preußischen Kadettenkorps fort[14].

Die großen internationalen Rückwirkungen der Hugenottenflucht auf alle protestantischen Staaten Europas haben auch den Kurfürsten zur Änderung seiner schon zuvor erwogenen Außenpolitik veranlaßt. Von Ludwig XIV. überspielt, schloß er ein Defensivbündnis mit Wilhelm III. von Oranien (August 1685) und kurz darauf auch mit dem Kaiser (22. März 1686). Mit dieser Verbindung entstand schon die Basis zur Bildung der großen antifranzösischen Koalition. Zugleich enthielt die Allianz zwischen Wien und Berlin einen speziellen Vertrag über die Entsendung eines 8000 Mann starken Hilfskorps zum Kampf gegen die Türken, wofür jetzt der Kaiser die unerläßlichen Subsidien zahlte[15].

---

13 Jähns: Kriegswissenschaften, Bd. II, S. 1247 ff.; auch Schroetter, a. a. O. S. 139 f.

14 Chambeau: Der Anteil der Hugenotten an der preußischen Wehrmacht, Zeitschrift für Heereskunde, Jg. 1939, S. 15 ff. Von den in Brandenburg aufgenommenen 600 Offizieren und 2–3000 Uffze und Mannschaften sind 500 Offiziere sowie 1500 Uffze und Mannschaften in den Jahren 1685–1713 in die Armee eingestellt worden; siehe auch Jany: Geschichte der Preuß. Armee, Bd. I, S. 296 ff. und 312.

15 A. Pribam: Österreich und Brandenburg 1685–1686, Innsbruck 1884. Am Türkenkrieg hatten die Brandenburger bereits 1663/64 mit einem kleinen Hilfskontingent teilgenommen. 1683 waren 1000 Mann zu Fuß und 200 Dragoner dem polnischen Heer zugewiesen, die aber erst nach der Befreiung Wiens in Preßburg eintrafen. 1686 verstärkten 8000 Mann das Belagerungsheer vor der Festung Ofen, die am 2. 9. unter schweren Verlusten die Pallisaden am Graner Tor erstürmten, Jany, Bd. I, S. 201 ff. u. 285 ff.

*Friedrich I König von Preußen setzt sich
am 18 Januar 1701 die Königskrone selbst auf*

Abb. 34. Die Königskrönung Friedrichs I. in Königsberg am 18. 1. 1701, Radierung von
D. Chodowiecki, aus dem »Historisch-Genealogischen Kalender« hrsg. von der Kgl. Akademie
der Wissenschaften, Berlin 1793.
Beginn der Zeremonie im Audienzsaal vor der Begegnung mit der Königin und der anschließenden Salbung in der lutherischen Schloßkirche nach dem Vorbild der Krönung in England.

Beim Tode Friedrich Wilhelms (9. Mai 1688), zählte das stehende Heer Brandenburgs fast 31000 Mann. Der Anteil der Landeskinder überwog bei weitem den der
Ausländer. Als das Regiment der Kurfürstin 1681 gemustert wurde, standen unter
den 1105 Gemeinen 83 Schweden, 36 Dänen, 47 Polen, 15 Böhmen und acht Ungarn; alle anderen kamen aus den heimatlichen Provinzen. Die Anfänge des zur
Sicherung selbständiger staatlicher Existenz errichteten Machtinstrumentes bezeichnen noch deutlicher als in den anderen Monarchien die innenpolitische Umwandlung
unter dem Regime eines Staatsschöpfers, der als Großer Kurfürst in die Geschichte
eingegangen ist.
In der Regierungszeit des Nachfolgers (1688–1713) hat Brandenburg-Preußen inmitten gewaltiger militärischer Kämpfe und politischer Neubildungen in Europa seinen Besitzstand zwar nur ganz gering vermehren können, aber seine Stellung in der
Rangfolge des Reiches zwischen den wetteifernden nord- und mitteldeutschen Territorialstaaten Hannover und Sachsen durch den Erwerb der Königskrone zu stärken

vermocht[16]. Der Preis für diese Standeserhöhung war die Teilnahme am Spanischen Erbfolgekrieg, wiederum mit neuen schweren Opfern belastet. Der 1697 beendete Krieg der ersten großen Koalition gegen Frankreich hatte den Kurstaat finanziell schon erheblich geschwächt und zur Reduktion der Armee auf 20 000 Mann gezwungen. Nun wiederholte sich die Misere des Truppenunterhaltes auf unzureichender physischer Grundlage in noch stärkerem Maße. Dem Krontraktat zufolge mußten 8000 Mann »Kaiserliche Auxiliartruppen« gestellt werden. Die Bezahlung eines 5129 Mann starken Korps übernahmen die Seemächte Holland und England je zur Hälfte. Hinzu kam nach der Erklärung des Reichskrieges gegen Frankreich (16. November 1702) noch ein Kontingent von 10 000 Mann, zu dem König Friedrich I. als Reichsstand verpflichtet war[17]. Er konnte es aber nicht erreichen, daß seine Regimenter wenigstens geschlossen zum Einsatz kamen. In Süddeutschland, in Italien und den Niederlanden trugen sie zu glänzenden, doch ebenso blutigen, verlustreichen Siegen bei und wogen politisch in den Augen der Verbündeten dennoch nicht mehr als die Teile einer Hilfsmacht, die keine Berechtigung besaß, Entschädigungsansprüche beim späteren Friedensschluß durchzusetzen. Die Schwierigkeiten des jungen Königreiches wuchsen gefährlich an, als gleichzeitig der Nordische Krieg zwischen Schweden und Rußland auf einem zweiten Schauplatz in Nordosteuropa entstanden war und Preußen mit seinen Interessen in beide Kampfgebiete hineinragte. Der Herzog von Marlborough als militärischer und politischer Führer der großen Allianz brauchte allerdings nur mit den Subsidien zu winken, um den König von jeder selbständigen Politik abzuhalten und dessen Armee um so stärker im Westen festzulegen. Seine Bereitschaft wirkte geradezu peinlich, jedes Jahr aufs neue die geforderten Truppen herauszurücken; denn dahinter stand die Notwendigkeit, möglichst viel Geld zu bekommen. Die Aufwendungen für die künstlerisch-geistige Repräsentation des Königtums verschlangen Riesensummen. Der Große Kurfürst hatte die schwersten Schäden des 30jährigen Krieges behoben und die krassen materiellen Mängel seiner kargen Provinzen schon spürbar gemildert; jetzt war der Sohn am Zuge, um alles mühsam Errungene wieder zu ruinieren. Da Friedrich I. obendrein als milder König herrschen wollte, ließ er die vom Vorgänger begonnenen segensreichen, obrigkeitlichen Reformen unterbrechen und den unheilvollen ständischen Regierungskurs wieder aufnehmen. Die unkontrollierte Verwaltung geriet schnell in einen Zustand der Desorganisation, der Disziplinlosigkeit und der Korruption. Mit noch weniger Skrupel als zuvor betrieben die Minister in Berlin vor leeren Kassen den Truppenhandel. Er diente ihnen als Handhabe zusätzlicher Gewinne für die prunkvolle Hofhaltung. Am schlimmsten waren die kleinen Leute auf dem platten Land von der Aussaugung durch die uferlose Ausgabewirtschaft betroffen. Das Ende mußte die Katastrophe

---

16 C. Hinrichs: König Friedrich I. von Preußen, Gesammelte Abhandlungen, S. 253.
17 Die Truppenstärken in den einzelnen Jahren des Erbfolgekrieges bei Jany: Preußische Armee, Bd. I, S. 434 ff.

sein[18]. In Ostpreußen nahm sie ihren Ausgang, wo im Gefolge des Nordischen Krieges seit dem kalten Winter 1709 die verheerende Pestseuche hereinbrach. Bis zur Weichsel starben die Menschen zu Zehntausenden dahin. Mißwuchs und Hungersnot kamen hinterher, aller Wohlstand wurde vernichtet und die Staatseinkünfte fielen ganz aus.

In solcher Lage ist es von allergrößter Bedeutung gewesen, daß sich bereits im Kopf des jungen Kronprinzen Friedrich Wilhelm die grundlegende Idee des späteren Staatsumbaues fest ausbildete. Der 1688 geborene Thronfolger erschien seiner Umgebung als ein ungemein schwieriger Charakter. Von Kindesbeinen an bedurfte er stets eines Schutzmantels gegen die Unruhe seines Herzens und den Aufruhr seiner Leidenschaften. Unverstellt und heftig reagierte er auf alles ihm Fremde und Widerwärtige: auf Schulweisheit, Galanterie und die gesamte höfische Barockkultur des Vaters. Wenn er für den ihm vorbestimmten Beruf praktisch lernen und arbeiten konnte, befand er sich in seinem Element; ein puritanisch-bürgerlicher Unternehmertyp in Fürstengestalt, der alles genau auf Profit durchrechnete und geniale administrative Fähigkeiten entwickelte. Vor allem aber besaß Friedrich Wilhelm eine grenzenlose Vorliebe für die Welt des Militärs, die jedoch den diametral entgegengesetzt auf weltmännische Erziehung Wert legenden König ganz unnötig fürchten ließ, daß eben dieses Soldatische im Wesensgrund des Sohnes auch das Kriegerische sei[19]. Mit seiner zutiefst religiös verankerten Pflichtgesinnung schien er prädestiniert, das für Preußen grundlegende Problem der Erhebung zu einer starken Macht in Europa zu lösen. In der Errichtung eines entsprechend großen Heeres aus eigenen Mitteln ohne fremde Subsidien und zwar so, daß der dazu erforderliche enorme Militär-Etat »nicht auf fiskalischer Ausbeutung des Landes«, sondern ganz im Gegenteil »auf bewußter Pflege seiner menschlichen und ökonomischen Kräfte[20]« beruhte – darin lag der Kern dieses Problems.

Die Militärangelegenheiten waren das einzige Betätigungsfeld, auf dem der Kronprinz seine speziellen Fähigkeiten als Organisator frei und selbständig entfalten durfte. Um so zielstrebiger sah er das persönliche Wirken als eine in die Zukunft gerichtete Aufgabe an. In den Jahren fortwährender Staatskrise sollte das bis auf 40 000 Mann angewachsene preußische Heer entgegen jeder ernsthaft erwogenen Absicht zu einschneidender Reduktion unbedingt erhalten werden. Unvermindert intakt und noch verbessert wollte es der Kronprinz über die Zeit des Wartens bis zum Thronwechsel hinwegbringen[21]. Mit ganzer Hingabe arbeitete er an seiner Entwick-

---

18 C. Hinrichs: Friedrich Wilhelm I. Eine Biographie, Hamburg 1941; über das Fortschreiten der Finanzkrise, die Desorganisation der Verwaltung und den Zusammenbruch siehe S. 332 ff., 356 ff. u. 437 ff.

19 C. Hinrichs: Friedrich Wilhelm I. Biographie, 1. Buch S. 7 ff.

20 C. Hinrichs: Preußen als historisches Problem, Ges. Abhandlungen, S. 26.

21 C. Hinrichs: Friedrich Wilhelm I. Biographie, S. 361 u. 619. Erstes Dokument hierfür ist das Protokoll einer Sitzung des Geheimen Rates vom Jahr 1707 mit den Bemerkungen des Kronprinzen, siehe Militärwochenblatt, Jg. 1871, Sp. 731 ff. und Jg. 1891, Nr. 47.

Abb. 35. Fürst Leopold I. von Anhalt-Dessau vor der Festung Aire
1710 (von preußischen Truppen
erstürmt), nach einem Gemälde
des Hofmalers A. Pesne.

lung. Sie bezog sich auf ein Reformprogramm, dessen Teile innerlich eng miteinander
zusammenhingen.

Gründliche Vorarbeit hatte schon Fürst Leopold von Anhalt-Dessau (1676–1747)
geleistet, der für das aufstrebende Haus Hohenzollern eine ähnliche militärische
Rolle spielte wie Prinz Eugen für das Haus Habsburg. Er war jedoch nicht als mitrei-
ßender Reiterführer zum Idol seiner Soldaten geworden, sondern fühlte sich aus
eigenem Antrieb geradezu leidenschaftlich dem Fußvolk verbunden, als ob er allen
Prinzen Europas zeigen wollte, daß jede kavalleristische Lust nur eine überholte
Ambition mittelalterlichen Kriegertums sei. Die Infanterie bildete den Kernbestand
der neuen Heere im Zeitalter der Lineartaktik. Sie repräsentierte gleichsam den Sieg
des Pulvers über den blanken Degen, auch wenn es vielen denkenden Militärs längst
nicht so erschien. Alle taktischen Überlegungen des Fürsten Leopold gipfelten in der
Idee absoluter Feuerüberlegenheit. Auf dem Wege bester Ausnützung der im neuen
Steinschloßgewehr liegenden technischen Möglichkeiten, durch höchste Präzision
und Schnelligkeit des Ladevorganges mußte sie erreicht werden. Zugleich erkannte
der Dessauer im streng geregelten Exerzierschritt nach Takt und Tempo das wirksamste Hilfsmittel, Feuer und Bewegung so miteinander zu verbinden, daß die gesamte

schmale Infanterielinie denkbar stärkste Festigkeit erlangte. Eine psychologisch bedingte Form des Waffendrills, die damals noch unmittelbaren Gefechtswert besaß[22].

Die enge Freundschaft zwischen dem Kronprinzen und dem Fürsten Leopold, die beide durch das gemeinsame oranische Ahnenerbe auch blutsmäßig verbunden waren, entstand schon im Jahr 1705, als Friedrich Wilhelm seine autoritäre Stellung in der Armee zu begründen begann. Als er 1709 die Feldtruppen auf dem Kriegsschauplatz in Brabant zum zweiten Male besuchte, hat er die Infanterieregimenter zum Erstaunen der zuschauenden alliierten Generale nach der Dessauischen Methode vorexerzieren lassen. Bereits zu jenem Zeitpunkt ist der entscheidende »Durchbruch des preußischen Drills[23]« erfolgt, der die Infanterie im Wettstreit mit den anderen Armeen einen großen Vorsprung gewinnen ließ.

Es war aber nicht nur die typische Exerzierschule, die vor dem gesteckten Ziel in Erscheinung trat. Umfassender wirkte die nun begonnene militärische Kleinarbeit auf allen Gebieten des Heereslebens unter dem Gesichtspunkt der Vereinheitlichung. Wenn sie sich im gesamten europäischen Militärwesen damals noch nicht in voller Breite entfalten konnte, weil die Selbstherrlichkeit der Regimentsinhaber, auch die allgemeine Laxheit der Dienstauffassung im adligen Offizierkorps außerhalb der Schlacht dagegenstanden, so verlangte der Kronprinz unerbittlich Disziplin und Unterordnung. Jedes Schalten und Walten nach Willkür, jedes Kommandieren nach eigenem Gutdünken mußte ein Ende haben. Alles wurde jetzt bis ins kleinste von oben vorgeschrieben: die Bekleidung, die Ausrüstung, überhaupt der gesamte Ausbildungs- und Feldbetrieb, das Meldewesen, die Lagerordnung bis zum Aufstellen der Latrinen und die Waffenpflege. Für die Einhaltung der gegebenen Ordres wurde der Offizier verantwortlich gemacht[24]. Durch solche einheitliche Reformarbeit im Detail wollte Friedrich Wilhelm die ihm an die Hand gegebenen Truppen zu einem absolut willfährigen, gleichförmig funktionierenden Instrument für den zukünftigen König formen, und er hatte damit Erfolg. Alles zusammengenommen diente dem hohen militärischen Zweck, Disziplin und taktische Fähigkeiten des preußischen Heeres so zu steigern, daß es überlegene Schlagkraft erlangte. Numerische Unterlegenheit war generell durch Qualität auszugleichen.

Kurze Zeit nach dem äußerst blutigen Sieg von Malplaquet (11. September 1709), als man im alliierten Kriegsrat die schwierige Ersatzlage besprach und ein holländi-

---

22 Literatur zum Dessauer: K. Linnebach, Fr. Wilh. I. und Fürst Leopold zu Anhalt-Dessau, Berlin 1907; v. Witzleben: Des Fürsten von Anhalt-Dessaus Jugend- und Lehrjahre, Beihefte z. Mil. Wochenblatt, Jg. 1881 und Jg. 1889; monographische Aufsätze in den Jahrbüchern für die deutsche Armee und Marine, Bd. 3 (1872), Bd. 6 (1873), Bd. 8 (1873) und Bd. 15 (1875); Fr. v. Oppeln-Bronikowski: Der Alte Dessauer. Studie seines Lebens und Wirkens, Potsdam 1936.

23 C. Hinrichs: Friedrich Wilhelm I. Biographie, S. 378.

24 Erstmals umfassend das »Reglement für das Corps d. Kgl. Preuß. Truppen, so Ihr Kgl. Majestät dem General Graffen v. Lottum als Commandant en chef gegeben im Lager zu Mons, 1. Okt. 1709«, siehe Hinrichs, S. 410 ff.

scher Felddeputierter die finanzielle Solidität des preußischen Heeresetats von 30 000 Mann ohne Subsidien bestritt, hat der gereizte Thronfolger allen Anwesenden dargelegt, daß es gelingen werde, sogar 50 000 Mann – es sollten noch viel mehr sein! – auf eigene Kosten dauernd unter Waffen zu halten[25]. »Der preußische Kronprinz legte sich auch in dieser denkwürdigen Stunde gewissermaßen im Angesicht Europas auf das Programm einer preußischen Politik der Ebenbürtigkeit mit den Großmächten fest, und zwar einer Ebenbürtigkeit, die nicht, wie bisher, in dem Aufwand des Königtums, sondern in der tatsächlichen Macht bestehen sollte[26]«.

Bevor der »Potsdamer Soldatenkönig in spe« seine Lehrzeit beendete, kam noch eine bitterste Prüfung auf ihn zu: in den turbulenten Monaten des Jahres 1711, als er an Stelle des nach Holland gereisten Vaters daheim die Statthalterschaft führen mußte und der Nordische Krieg von der Oder her bis Vorpommern drang. Dort stand nach der Katastrophe von Poltawa die Reservearmee der Schweden. Ihre verbündeten Gegner Rußland und Sachsen-Polen erzwangen den ungehinderten Marsch ihrer Truppenkorps durch neutrales, von der Pest bedrohtes preußisches Gebiet[27]. Während die Masse der Armee im Westen für fremde Interessen kämpfte, hatte der Kronprinz nur zwei Kavallerieregimenter zur freien Verfügung. Damit konnte er nichts anderes tun als weisungsgemäß stillzusitzen, pro forma zu protestieren und alles zu erdulden. Zu aktiver Parteinahme zwecks gleichberechtigter Verständigung, um endlich zu gewinnen, was dem Großen Kurfürsten nicht gelungen ist – die Odermündung – fehlte jede Machtgrundlage. »Wir sind in gutem Stand«, so schrieb Friedrich Wilhelm an Freund Leopold, »keine Regimenter, kein Geld, aber fremde Truppen im Land, und das Schlimmste ist, daß man sie traktieren muß wie rohe Eier«[28]. Wenn auch die Gefahr des schwedischen Widerstandes, vielleicht sogar einer Schlacht in der Nähe Berlins, vorüberzog und der Truppendurchmarsch halbwegs geordnet vonstatten ging, so benützte der Zar auch weiterhin preußisches Territorium als Nachschubkorridor für seine Armee in Vorpommern ohne jede vorherige Anfrage um Erlaubnis. Der Kronprinz empfand es als allertiefste Schmach, daß der desolate innere und äußere Staatszustand aller Welt vor Augen trat. Später wird er bei jeder Gelegenheit mit Stolz auf seine prächtigen Regimenter hinweisen und dabei den Ausspruch tun: »Nun brauche ich mich nicht mehr schikanieren zu lassen. Niemand wagt es, mir auf die Füße zu treten«. Die zuletzt gemachte außenpolitische Erfahrung verschärfte noch das ohnehin wache Bewußtsein schlimmer Jugenderlebnisse unter dem doppelten Druck des Spanischen Erbfolge- und des Nordischen Krieges, und sie konnte ihn in seinem Willen zur Wehrhaftmachung Preußens nur bestärken.

---

25 Bekanntgeworden aus der Erinnerung an das Tabakskollegium Fr. Wilh. I. durch General v. Pfau, siehe J. Haeckel: Die Potsdamer Riesengarde, Potsdam 1913, Anlage 2, S. 93 f.

26 C. Hinrichs: Friedrich Wilhelm I. S. 408 f.

27 C. Hinrichs: Friedrich Wilh. I. Der Kronprinz und der russisch-polnische Durchmarsch durch die Mark, S. 529 ff.

28 Brief zit. nach C. Hinrichs, S. 540 f.

Friedrich Wilhelm I. trat am Tage seiner Thronbesteigung (23. Februar 1713) ein trauriges Erbe an, nur vergleichbar der Hinterlassenschaft einer bankrotten Firma. Die Ausgangsstellung erscheint einzigartig durch ihre Armseligkeit. In dem sogenannten Königreich ohne zusammenhängendes Staatsgebiet fehlte es an Menschen, an ertragreicher Bauernerde und an Bodenschätzen. Die geschichtlich verschieden gewachsenen Länderteile mit ihren gegensätzlichen örtlichen Verhältnissen bildeten weder eine völkisch-soziale, noch eine Rechtseinheit[29]. Im Hinblick auf die äußere Sicherheit konnte kein Staat seinem denkbar ungünstigsten Grenzverlauf zufolge für einen Angreifer bequemer liegen; denn jede Stadt einschließlich der Residenz war in einem Tagesmarsch zu erreichen. Ein solches Gebilde, das durch seine geopolitische Lage nach zwei Seiten hin ins konkurrierende Staatensystem Europas verwickelt blieb, mußte eine übermäßig starke Armee besitzen, wenn es sich behaupten und nicht wieder in die Bedeutungslosigkeit zurücksinken wollte. So begann schon mit dem ersten Tag der 27jährigen Herrschaft Friedrich Wilhelms I. eine »der größten Veränderungen des staatlichen Lebens, die sich auf deutschem Boden vollzogen haben[30]«. Preußen wurde etwas ganz Neues nach seiner Wesensart, es organisierte sich zum reinen Militärstaat.

Seine Errichtung ging von der Armee selbst aus. Sie besaß der König als einziges tragfähiges Bauelement. Auf die Landstände hätte er sich nicht stützen können; abgesehen davon, daß ihnen der Geldbeutel nicht wieder in die Hand gegeben werden durfte. Der Adel zeigte sich renitent, die Beamtenschaft war vom pflichtbewußten Diensteifer noch weit entfernt, das indolente Bürgertum wartete passiv auf das Ende der chronischen Staatskrise, ohne die Notwendigkeit eines straff reglementierten Wirtschaftslebens zu erkennen, und die Bauern waren stille Objekte der Verelendung. Überhaupt mußte das gesamte Staatsvolk zum mühsamen Erschließen aller Wohlstandsquellen durch fleißige, planmäßige Arbeit in erforderlicher Zucht und Ordnung erst erzogen werden.

In diesem Zusammenhang war es eine merkwürdige Fügung des Schicksals, daß der Thronwechsel mit dem Ende des Spanischen Erbfolgekrieges zusammenfiel. Andernfalls wäre eine erhebliche Truppenreduktion die Folge gewesen, weil nun keine Subsidien mehr zuflossen. Der neue König behielt nicht nur seine Heeresmacht in der Stärke von 40 000 Mann bei, er vermehrte sie sogleich um sieben weitere Regimenter. Tatsächlich standen ihm die nötigen Geldmittel hierfür zur Verfügung: dadurch, daß er das ganze Prunkgebäude des Vorgängers mit einem Federstrich zum Einsturz

---

29 Diese Einheit hat selbst Friedrich der Große noch nicht vollenden können, siehe R. Kossellek: Preußen zwischen Reform und Revolution. Allg. Landrecht, Verwaltung und soziale Bewegung von 1791–1848, Stuttgart 1967; ein weiteres Beispiel für die den Absolutismus begrenzenden Kräfte.
30 C. Hinrichs: Preußen als historisches Problem, Ges. Abhandlungen S. 40; nach O. Hintzes Beschreibung der absolutistischen Militärstaaten in Europa »das klassische Beispiel des Militarismus«, Staatsverfassung und Heeresverfassung. Ges. Abhandlungen, S. 71.

Abb. 36. Medaille von König Friedrich Wilhelm I., Berlin 1733.
Das Revers zeigt die in zwei Treffen aufgestellte Armee, die Infanterie im Zentrum, die Kavallerie auf beiden Flügeln, dazwischen aufgefahrene Geschütze.

109

brachte[31]. Die Ersparnisse aus der rigoros gekürzten Hofhaltung waren beträchtlich, vom abgedankten, zum Teil in die Soldatenmontur gesteckten Personal über die herabgesetzten Gehälter, den nicht mehr benötigten, allzu üppigen Bedarf an Pferdefutter, die vermieteten Lustschlösser bis zum abgeschafften Weinkeller. Der reichlich angesammelte Silber-, Gold- und Juwelenhort, die großen Summen der Privatschatulle wurden zum Staatsschatz umgewandelt. Alle künftigen finanziellen Überschüsse kamen hinzu, so daß der wachsende Reichtum zwar ohne Glanz und ohne jeden repräsentativen Sinn im Kellergewölbe lag, aber dort um so wirksamer Preußens Unabhängigkeit und Stärke garantierte. Indem der König seinen Privatbesitz verstaatlichte, enteignete er sich selbst. Kein Sozialist des 19. Jahrhunderts hätte ihn in dieser Entschlossenheit überbieten können.

Der Tresor sorgte für stets flüssige Geldreserven. Seit 1713 wurde der Haushalt aufgrund einmalig solider Finanzverwaltung, die alle Ausgaben nach den Einnahmen bestimmte, grundsätzlich ohne Schulden geführt. Die altpreußische Militärmonarchie »hat niemals den Staatskredit in Anspruch genommen, d. h. die Zukunft zugunsten der Gegenwart belastet«[32]. Wohl lag der Steuerdruck schwer auf der Bevölkerung, aber wenigstens drehte sich nun die Schraube nicht mehr weiter, weil der König die steigenden Heeresbedürfnisse mit der wachsenden Ertragsleistung aus der Arbeit von Stadt und Land im Einklang hielt und die Untertanen nach Maßgabe ihres Fleißes mitprofitieren ließ.

Die große Sorge des ewigen Plusmachers in Potsdam blieb die ganze Regierungszeit über, daß die innere Stabilität von außen her ins Wanken gebracht werden könnte. Wenn nämlich die Armee den Befehl erhielt, ins Feld zu ziehen, mußte sich auch die Substanz des Tresors rasch verbrauchen. Neben seiner tiefen religiösen Überzeugung von der Verwerflichkeit des Angriffskrieges machte ihn diese Sorge zu einem »der friedfertigsten Fürsten[33]«, wie der Engländer Thomas Macauley verwundert feststellte.

Von der Gesamtsumme der Einnahmen und Ausgaben des preußischen Staatshaushaltes – beim Tode Friedrich Wilhelms I. rund sieben Millionen Taler – wurden fünf Millionen für die Armee verbraucht, aus dem Rest die Kosten für die überaus spärliche Hofhaltung und die Verwaltung bestritten, dazu aber noch Ersparnisse zurückgelegt, die 1740 acht Millionen Taler betrugen. Der auffallend hohe Wehretat bedarf zum Verständnis einer Relativierung; denn der damalige Staatshaushalt läßt sich mit dem des 19. und 20. Jahrhunderts nicht vergleichen. Er umfaßte nur einen Teilbereich, primär die Aufwendungen für die Sicherheit des Landes. Das gesamte

---

31 C. Hinrichs: Der Regierungsantritt Friedrich Wilhelms I. Ges. Abhandlungen S. 91 ff., das 1. Kapitel des nicht fortgesetzten 2. Bandes seiner Biographie.

32 C. Hinrichs: Preußen als historisches Problem. Ges. Abhandlungen, S. 25, vgl. O. Hintze: Die Hohenzollern und ihr Werk, S. 298 f.

33 Th. Macaulay: Frederic the Great, Edinburgh Review 1842, dtsch. Ausg. Berlin 1971, S. 30; die vom Verf. geäußerte Ansicht, Friedrich Wilhelms Abneigung gegen den Krieg sei »eine von seinen tausend Launen« gewesen, greift völlig fehl.

Sozialwesen, Kultur und Wissenschaft oblagen der Kirche und wohltätigen Stiftungen mit eigenem Vermögen. Ähnliches gilt für die untere Verwaltung und die niedere Gerichtsbarkeit. Somit entsprechen die Zweidrittel des Finanzaufkommens für die Armee ungefähr der auch heute üblichen Größenordnung[34]. Außerdem lagen im Wehretat des 18. Jahrhunderts selbst andere Verhältnisse vor. Während die kaum veraltende Bewaffnung, einmal angeschafft, keinen weiteren Kostenfaktor bedeutete, fielen die Bekleidung und Verpflegung der Truppen finanziell um so schwerer ins Gewicht. Schon aus diesem Grund erklärt der Zusammenhang mit der Staatsreform des Soldatenkönigs Preußens überdimensionale Heeresstärke nicht allein etatistisch, sondern auch wirtschaftlich.

Der Schwerpunkt der Landesökonomie wurde vom Luxus der Hofhaltung mit seinen sich davon nährenden Produktionszweigen und dem einzigen billigen Exportartikel der Schafwolle auf die Rüstung verlagert. Wie anderswo auch bewegte sich die Wirtschaftspolitik systematisch in den Bahnen des zeitgemäßen Merkantilismus. Ein wesentlicher Unterschied bestand jedoch darin, daß die Armee durch ihre wachsenden Massenbedürfnisse als wichtigster Arbeitgeber auftrat. Ihre Verbrauchsgüter waren auf die Rohstoffbasis des armen Landes abgestimmt, das nur Korn und Wolle als simple Grundprodukte hergab. Demgemäß förderten diese Erzeugnisse in erster Linie die Landwirtschaft und jene Handwerks- bzw. Manufakturbetriebe, die sie verarbeiteten: Korn zu Brot, Gerste zu Bier, Wolle zu Tuch und Tuch wiederum zu Uniformen. Das genau festgelegte Fertigungsprinzip der Militärmonturen zeigte bereits Merkmale künftiger Bekleidungsindustrie, obwohl es im 18. Jahrhundert noch die Schneidermeister mit ihren Gesellen praktizierten[35].

Die herabgesetzte Stoffmenge verbilligte die Herstellung. Sie war aber noch nicht wie nach dem Siebenjährigen Krieg durch notgedrungene Sparsamkeit verursacht, sondern diente dem praktischen Zweck besserer Tragbarkeit im Truppendienst und ist wohl auch von der Abneigung des Königs gegen die französische Mode her zu deuten. Eine andere Erklärung hätte wenig Sinn, weil man in Preußen den Überschuß an produzierter Wolle ab 1724 jedes Jahr zur Neumontierung der Armee verwendete; wiederum einmalig in Europa. Die alte, noch wenig abgenützte Uniform durfte der Soldat verkaufen oder von Familienangehörigen auftragen lassen. Auf diese Weise wurde der blaue Militärrock in den Kernprovinzen zur Volkstracht unter den ärmeren Schichten der Bevölkerung[36]. Das Berliner Lagerhaus entwickelte sich zur Manufaktur für Qualitätstuche, die später den Export nach Rußland betrieb. Hierbei

---

34 Hierzu Näheres bei H. Bleckwenn: Die Ökonomie-Reglements, Teil I/Bd. 2 der Reihe »Das Altpreuß. Heer, Erscheinungsbild und Wesen . . .«, Osnabrück 1973, S. 11 ff.; vgl. D. Stutzer: Das preußische Heer und seine Finanzierung in zeitgenössischer Darstellung 1740–1790, Militärgeschichtl. Mitteilungen, Bd. 24, Jg. 2/78, S. 38 ff.
35 G. Krause: Altpreußische Militärbekleidungswirtschaft. Materialien und Formen, Planung und Fertigung, Wirtschaft und Verwaltung. Das Altpr. Heer. Erscheinungsbild und Wesen 1713–1807, Teil VII, Bd. 1, Osnabrück 1983.
36 H. Bleckwenn: Die friderizianischen Uniformen, Taschenbuch-Kassette, Bd. I, S. 32 ff.

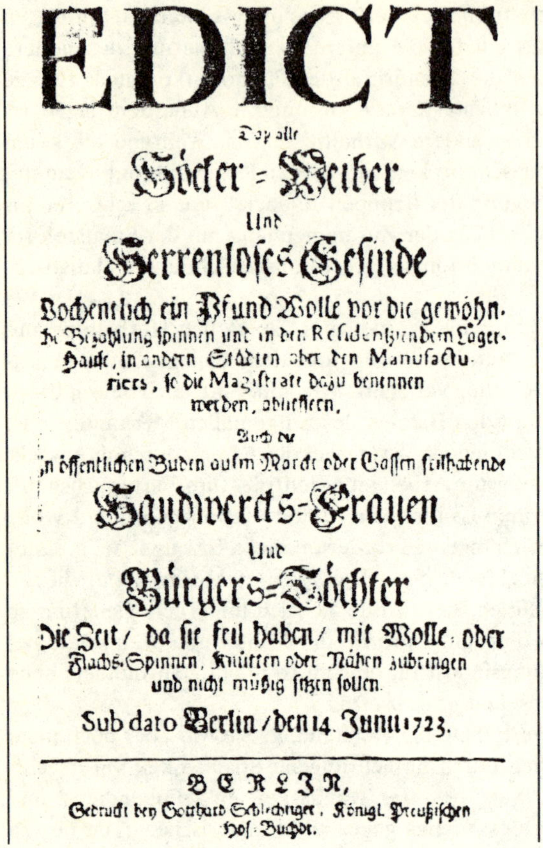

EDICT

Daß alle

Höcker = Weiber

Und

Herrenloses Gesinde

Wochentlich ein Pfund Wolle vor die gewöhn-
liche Bezahlung spinnen und in den Residentzen abem Lager-
Hause, in andern Städten oder den Manufacturiers, so die Magistrate dazu benennen
werden, abliefferen.

Auch die

in öffentlichen Buden aufm Marckt oder der Gassen feilhabende

Handwercks-Frauen

Und

Bürgers-Töchter

Die Zeit, da sie feil haben, mit Wolle oder
Flachs-Spinnen, Knütten oder Nähen zubringen
und nicht müßig sitzen sollen.

Sub dato Berlin, den 14. Junii 1723.

BERLIN,
Gedruckt bey Gotthard Schlechtiger, Königl. Preußischen
Hof-Buchdr.

Abb. 37. Verschärfter Arbeits-
druck zur Hebung des Sozialpro-
duktes im Militärstaat Friedrich
Wilhelms I.

hatte bereits der erhöhte, vom Tresor ausgegangene und scharfe Verwaltungskontrol-
len passierende Geldumlauf seine nützlichen Dienste geleistet. Die Gründung der
Spandauer Gewehrfabrik im Jahr 1722 bewirkte schließlich auch die Unabhängigkeit
vom ausländischen Waffenimport. Die dazu erlassene Resolution des Königs bildete
»für lange Zeit die Grundlage für das Verhältnis zwischen Unternehmer und Staat[37]«.
Was sie an Bestimmungen im einzelnen enthält, verrät ebenso seinen rechenhaften
Geschäftssinn wie seinen eigentümlichen Wohlfahrtsdrang: Unentgeltliche Lieferung
von Gebäuden und Großgerät, von Pulver zum Beschuß und Bauholz für Instandset-
zungen; Überlassung des staatlichen Monopols, auch zum zollfreien Export; Bezug
ausländischer Rohmaterialien zwecks Verarbeitung bester Werkstoffe; Versteuerung
dieser Materialien, aber die angefertigten Gewehre abgabefrei; Barbezahlung bei

37 A. Wirtgen: Die preußischen Handfeuerwaffen 1700–1806, Teil IV, Bd. 8 der großen Reihe
»Das Altpreußische Heer . . .«. Osnabrück 1976, S. 26.

Lieferung von 300 Stück zum Preis von sechs Talern 12 Groschen pro Infanterieflinte mit Bajonett; volle Umzugsentschädigung für die angeworbenen fremden Meister und Gesellen einschließlich ihrer Familien und freie Religionsausübung; besondere Vergünstigungen für die Arbeiter »immediate unter dem Königlichen Hofgerichte«, gestatteter Branntweinausschank im Gegensatz zu den Soldaten der Garnison, Schutz vor gewaltsamer Werbung und unentgeltliches Bürger- und Meisterrecht bei Seßhaftmachung; Ausbildung geeigneter Lehrlinge aus Waisenhäusern in Potsdam und Berlin.

Auch der Konsum in den Garnisonen hatte als Schwungrad die Wirtschaft mitzubetreiben. Lagen schon seit 1684 die Infanterieregimenter in den Städten, so verlegte der König ab 1718 noch die Kavallerie dorthin, nicht allein zur Entlastung des Landvolkes. Wie wichtig er den Zusammenhang von Steuerertrag und Verzehr der Soldaten nahm, belegen seine Worte: »Wann die Armee marschiert, verliert die Akzise Zweidrittel«[38]. Dann war nämlich der wirtschaftliche Kreislauf gestört, und zu allem Unglück mußte die Armee vom Kriegsschatz erhalten werden. Ein typisches Zeugnis anderer Art ist Friedrich Wilhelms erstes Reglement für die Infanterie von 1714. Es bezog schon die Truppenwirtschaft mit ein, faßte die Beschaffung wie den Verbrauch der Ausrüstung in genaue Vorschriften und engte damit auch den Machtbereich der Regiments-Chefs weiter ein. Daraus entstanden zehn Jahre später die Ökonomie-Reglements für jedes einzelne Infanterie- und Kavallerieregiment[39].

Das System des Soldatenkönigs ist ein frühes Beispiel gelenkter Planwirtschaft, die im Unterschied zu den späteren Modellen tatsächlich funktionierte.[40] Das Rezept bestand in der Solidität bürgerlicher Haushaltsführung, verbunden mit einer sehr pragmatischen Staatsphilosophie: Alle Hände müssen sich immer rascher und rationeller regen; die hohen Einkünfte für den Unterhalt des großen Heeres können nur von Leuten aufgebracht werden, die entsprechend verdienen, um die Steuern zu bezahlen. Der unermüdlich zu fördernde Wohlstand läßt sich in Preußen aber nur durch eine unerhörte Intensivierung und Disziplinierung der Arbeit heben. Mit dem vergrößerten Bodenanbau und mit dem Aufblühen von Handel und Gewerbe sollte vor allem auch die geringe Bevölkerungszahl ansteigen. »Menschen halte ich für den größten Reichtum«, schrieb der König 1722 seinem Nachfolger ins Testament. In das Land gerufene Menschen bedeuteten ebenso eine Lebensfrage für den Staat wie für seine Qualitätsarmee. Unter den vielen, die kamen, befanden sich 20 000 Siedler.

Der vom Hallischen Pietismus erweckte Wohlfahrtsdrang Friedrich Wilhelms I. bewirkte den Antrieb zum Aufbau des frühen Sozialstaates, der allerdings von vornherein der Maxime politischer Machtentfaltung unterlag. Nach dem momentanen persönlichen »Glück des Untertanen« wurde nicht gefragt, ja es konnte in vielen Einzelfällen sogar brutal zerstört werden. Trotzdem ertrugen Stadt und Land die

---

38 Zit. nach O. Hintze: Die Hohenzollern und ihr Werk, S. 286.
39 H. Bleckwenn: Die Ökonomie-Reglements, S. 13 und 16 ff.
40 H. Bleckwenn: 1713 – Preußen – 1740 Herausforderung und Antwort; in: Damals, Zeitschrift für geschichtliches Wissen, 13. Jg., Juli 1981, S. 600.

schwere Militärlast ohne negative Rückwirkungen. Das kontinuierlich wachsende Sozialprodukt ist am Steueraufkommen abzulesen, das von 2,4 Millionen Talern im Jahr 1713 auf 3,6 Millionen 1740 anstieg. Diese Zunahme von 50 Prozent, die um etwa 500 000 auf 2 240 000 Menschen vermehrte Einwohnerschaft freilich eingerechnet, »darf . . . als ein Beweis materieller Verbesserung auch in der Lebensführung des einzelnen gelten«. Die Steuersätze blieben fixiert, die Brotpreise durch vorsorgliche Getreidemagazinierung ziemlich stabil und die Mieten der armen Leute niedrig durch den unerbittlichen Bauzwang des Königs gegen die Reichen, der »so manches rasch erworbene Vermögen wieder auf ein angemessenes Maß«[41] beschränkte.

Die Vergrößerung des Heeres erfolgte schrittweise, immer von planmäßiger Pflege der Steuerträger begleitet. 1719 zählte es bereits 54 000, 1729 reichlich 70 000, 1739 über 80 000 Mann. Preußen steckte als Zwerg in der Rüstung eines Riesen. In der Rangfolge der europäischen Staaten an 13. Stelle stehend, besaß es die drittstärkste Militärmacht. Was zur Ebenbürtigkeit mit den Großmachtheeren noch fehlte, wurde durch die Qualität der Ausbildung wettgemacht. Nach diesem Prinzip hatten schon die Oranier ihr Heer für den niederländischen Befreiungskampf geschaffen. Als Lehr- und Mustertruppe diente das berüchtigte Königs-Regiment der Langen Kerls in Potsdam, wo die Offiziere der Armee alle reglementarischen Neuerungen in der Schule der Taktik wie des gesamten Dienstbetriebes gleichsam an der Quelle der militärischen Weisheit studieren mußten. Die Körpergröße der Grenadiere stand im Zeichen taktischer Höchstleistung, weil von der Länge des Gewehrlaufes die Schußweite abhing und das rasche Laden entsprechende Armspannweite erforderte. Es machte einen erheblichen Unterschied aus, wenn die linear avancierenden Bataillone das Feuer schon auf 200 statt auf 150 m Distanz eröffneten und ihre Salven bis zu drei Mal in der Minute in die dichten Glieder des Gegners schlugen. Der König hat diesen Zusammenhang in der Vorbereitung auf den Infanteriekampf absichtsvoll und sorgsam als Geheimnis gehütet, weshalb man seine Jagd nach den Enaksöhnen Europas überall selbst in der Fachwelt für eine krankhafte Wahnvorstellung hielt. Eine Marotte war es lediglich, daß er für die »verwöhnte Prätorianergarde« so verschwenderisch viel Geld ausgab – auch um sie bei guter Laune zu halten[42].

Mit der Idee des Qualitätsheeres war der Begriff des miles perpetuus unlösbar verknüpft. Die frühen Versuche mit dem Landesdefensionswerk und die Milizeinrichtungen unter dem ersten König hatten sich auch in Brandenburg-Preußen nicht bewährt. Hinsichtlich militärischer Tüchtigkeit und Würde seiner Truppen wie des darauf beruhenden Machtprestiges wollte der Soldatenkönig im Grunde genommen nur Landeskinder in den Regimentern haben. Nach herkömmlicher Staatsanschauung, die das Aufgebotsrecht des Landesherrn unangetastet gelassen hatte, erinnerte das Edikt vom 9. Mai 1714 die Untertanen mit Nachdruck daran, daß die »junge Mann-

---

41 H. Bleckwenn: Ökonomie-Reglements, S. 14 f., Verf. legt die Bewertungskriterien überzeugend dar.
42 J. Haeckel: Die Potsdamer Riesengarde, S. 64 ff.

schaft, sowohl von Städten als plattem Lande, nach ihrer natürlichen Geburt und höchsten Gottes ewiger Ordnung und Befehl mit Guth und Blut zu dienen schuldig und verpflichtet« sei[43]. Die Tauglichkeit bestimmte allerdings die Meßlatte. Leute »ohne Wachstum«, d. h. unter dem Mindestmaß von fünf Fuß sechs Zoll (1,72 m) sollten nach Möglichkeit nicht genommen werden. Nicht nur wegen der langläufigen Gewehre, auch sonst waren die physischen Belastungen des Infanteristen sehr hoch; denn er hatte über 40 Pfund an Ausrüstung und Gepäck mitzuschleppen[44].

Die Aufrüstungsrekrutierung ist nicht nach sorgsam vorgefaßtem Plan begonnen worden. Sie brach wie ein wildes Unwetter über das Land herein. Obwohl der König in seinen Edikten nur von »Werbung« sprach – hinter diesem Wort verbarg sich der tiefere Sinn einer »Seelengewinnung« für das gewaltige Aufbauwerk –, wurde der benötigte Mannschaftsersatz durch rigorosen Zwang einfach ausgehoben, entweder durch die Kreis- und städtischen Behörden oder durch die Truppe selbst. Die unvermeidliche Folge mußte sofort einreißende Desertion sein, die verschärfte Ordres zu iher Verhütung nach sich zog. Sie betrafen fast die gleichen Polizeimaßnahmen[45] wie in Frankreich im Zusammenhang von »recrutement forcé« zwecks Ersatz hoher Kriegsverluste und Fahnenflucht. Auch manche aus dem Spanischen Erbfolgekrieg zurückgekehrte Veteranen rissen aus, da ihnen der König die Einhaltung ihrer Kapitulationen verweigerte und dazu noch der friedensmäßige Exerzierdrill seine abschreckende Wirkung tat. Friedrich Wilhelm I. bestand auf einer Dienstzeit bis zur Invalidität bzw. auf einer Entlassung, die er selbst nach Gesichtspunkten seiner Militärpolitik gewähren wollte.

Wie schon zur Regierungszeit des ersten Königs lieferten die Ämter und Gemeinden zwar einen Teil der Rekruten, aber mit Masse wohl doch von »schlechter Qualität«. Deshalb nahmen die Kompanie-Chefs, unter dem Druck von allerhöchster Stelle stehend, ihre Einheiten mit ausgesuchtem Personal zu komplettieren, die Zwangswerbung selbst in die Hand. Kurz und bündig nahmen sie jeden gut gewachsenen Burschen von der Straße weg, ohne nach Herkunft und Beruf zu fragen. Die wohl brutalsten Methoden wendeten Werbekommandos des Regimentes der 2000 »langen Kerle« an, die sie in aller Welt zusammensuchten und dabei peinliche politische Affären mit ausländischen Regierungen heraufbeschworen[46].

43 Frauenholz: Entwicklungsgeschichte, Bd. 4, Anlage XXXII, S. 225.

44 Die ohnehin schwebenden Körpermaße waren in den Regimentern verschieden; generell standen die größten Leute im ersten, die kleinsten im dritten Glied. Für die ab 1723 errichteten 3 Füsilierregimenter lag dic Mindestanforderung bei 5 Fuß 4 Zoll, die Riesengarde bildete eine Ausnahme bei der Werbung; siehe Jany; Geschichte der Preuß. Armee, Bd. I, S. 708 f.

45 Strenge Paßkontrolle und ggfs. Arretierung, Steckbriefe, Läuten der Alarmglocken, Jagd-Kommandos gegen Entgelt durch den Kp-Chef; siehe Jähns: Kriegswissenschaften, Bd. II, S. 1639 f.

46 Im einzelnen nachzulesen bei Haeckel: Riesengarde; Verf. weist aber auch nach, daß der allergrößte Teil der Leute den Werbern wegen günstigster Bedingungen – hohes Handgeld, doppeltes Traktament und sonstige »Beneficien« freiwillig gefolgt ist. Vgl. J. Klepper: Der Vater, Rowohlt Taschenbuch, S. 593 f.

Neben der Desertion löste das rücksichtslose Verhalten des Militärs in den preußischen Provinzen auch noch eine alarmierende Landflucht aus; scharenweise, wo die Grenze am nächsten lag. Dort fürchtete man schon, daß die Äcker unbebaut bleiben würden, weshalb sich Gutsherren und Bauern an einigen Orten gewaltsam zur Wehr setzten. Das war nun das Allerschlimmste, was dem um sein Lebenswerk besorgten König passieren konnte. Die Rekrutenwerbung sollte ja der friedlichen Konsolidierung des Landes dienen. Es mußte ein Gleichgewicht zwischen den Erfordernissen der zivilen Arbeit und des Wehrdienstes hergestellt werden.

Eine ganze Reihe von Verordnungen, die sich aber widersprachen, brachte zunächst nichts zuwege. Offene Gewalt durften die Werber nicht mehr anwenden, doch List war ihnen erlaubt. Dann wieder hatten die Regimenter mit den Behörden gemeinsam für die unumgängliche Rekrutierung zu sorgen, worauf bald die Ermahnung an die Zivilinstanzen folgte, keine übertriebene Klage zu führen. Später kam der Befehl, ohne zuvor erhaltene königliche Erlaubnis keinen Zwang anzuwenden, und schließlich sollten nur noch Freiwillige angenommen werden. Wirkliche Entlastung für die Landeskultur brachten dagegen bestimmte Werbeverbote, die ganze soziale Gruppen der Bevölkerung betrafen: schon 1714 alle mit Haus und Hof angesessenen Bürger, Bauern und Kossäten, von 1717 bis 1726 die Wollarbeiter, die Kolonisten, »Manufacturiers« nebst Lehrburschen, die Handwerker verschiedener Mangelberufe, zuletzt auch die Bürgersöhne, deren Eltern ein Vermögen ab 10 000 Taler besaßen und die Söhne der Seelsorger, sofern sie Theologie studierten[47].

Eine erhebliche Härtemilderung für die einheimischen Soldaten selbst bedeutete das bereits 1714 eingeführte Beurlaubungssystem, wonach die ungefähr 18 Monate lang ausgebildete Mannschaft nach der jährlichen Exerzierzeit wieder nach Hause geschickt wurde, um dort zu aller Nutzen produktive Arbeit zu leisten. Nicht minder wichtig war der finanziell-etatistische Aspekt. Der dadurch eingesparte Sold konnte jetzt zur Fremdwerbung verwendet werden, und mit dem ansteigenden Ausländerquantum wuchs auch die Zahl der Beurlaubten wie die Zeit der Beurlaubung. 1726 fiel die Beschränkung auf drei Monate fort; ab 1732 sollte jedes Regiment nur noch die Exerzierzeit über vollen Diensttuerstand, die übrigen neun, später zehn Monate jedoch »voll seine Verurlaubten haben«. Die geworbenen Ausländer, deren Anteil 1740 ein Drittel der Heeresstärke betrug, versahen als Wach- und Ausbildungskader durchgehend den Dienst in der Garnison. Dazu gehörten auch die einheimischen Freiwilligen und die ohnehin im Regiment aufwachsenden Soldatensöhne. Bei der Kavallerie, die sich wie in allen Heeren vorwiegend aus Freiwilligen rekrutierte, erreichte die Zahl der Urlauber höchstens 22 Prozent[48].

47 Über die sogenannten Exemtionen (Befreiung vom Wehrdienst) siehe Jany: Geschichte der Preuß. Armee, Bd. I, S. 684, 693 u. 696, auch H. Händel: Der Gedanke der allg. Wehrpflicht in der Wehrverfassung des Königreichs Preußen bis 1819, Beiheft 19 der Wehrwissenschaftlichen Rundschau 1962, S. 18 ff.

48 Jany: Geschichte der Preuß. Armee, Bd. I, S. 682 ff., vgl. M. Lehmann: Werbung, Wehrpflicht und Beurlaubung im Heere Friedrich Wilhelms I. Historische Aufsätze u. Reden, Leipzig 1911, S. 135 ff. u. S. 361 ff.

Inzwischen hatten einzelne auf Vollzähligkeit bedachte Kompanie-Chefs begonnen, schon im Vorgriff zusätzliche Leute auszubilden und als Reserve bereitzuhalten, um bei der nächsten überaus gefürchteten Königs-Revue sofort den Ersatz für die Desertions- und Krankheitsausfälle verfügbar zu haben. Friedrich Wilhelm I. sanktionierte diese Methode und befahl, daß jede Kompanie fünf »Überkomplette« besitzen sollte. Das verschärfte wiederum die Zwangsrekrutierung nach gewohnter Manier, wobei noch die Regimenter miteinander in Streit gerieten, einzelne Kapitäne obendrein ein übles Menschenhandelsgeschäft zu betreiben suchten und neue Massenflucht die Folge war. Nach Jahren der Willkür kam aber die seit 1717 auch nicht mehr kriegsbedingte Heeresergänzung allmählich in geordnete Bahnen. Da an der grundsätzlichen Wehrpflicht des Untertanen kein Zweifel bestand, ließen die Kompanie-Chefs in der Garnison und deren Umgebung alle Knaben registrieren, um sie dem Regiment »obligat« zu machen, wie es damals offiziell hieß. Jeder bekam die rote Halsbinde, später den Hutpuschel in der Regimentsfarbe, der ihn als künftigen Soldaten kennzeichnete. Nach der Konfirmation als eidesfähig erklärt, wurde die Jungmannschaft »enrolliert«, d. h. in die Stammlisten eingetragen, wie sie für die Miliz des ersten Königs schon bestanden hatte. Wenn dann der Kapitän Ersatz benötigte, zog er so viele Enrollierte ein, wie er brauchte, selbstverständlich nach Maßgabe des Wachstums. War die Grundausbildung vorüber, kehrte der Soldat mit dem Urlaubspaß versehen in den Heimatort zurück. Mit den Kabinetts-Ordres von 1733 – für die westlichen Streugebiete 1735 – fand das Gesamtverfahren seinen gesetzlichen Abschluß[49]. Nach genau erfaßter Anzahl aller »Feuerstellen« war jedem Regiment ein »Enrollierungskanton« zugewiesen, dieser wieder unterteilt in Kompaniebezirke, um davon »die besten Leute zu nehmen . . . sich complet zu halten und Zuwachs zu haben«. Es konnte nun nicht mehr passieren, daß sich die Kompanien einander ins Gehege kamen. Die Artillerie, die nur aus zuverlässigen protestantischen Inländern bestehen sollte, erhielt ihre Kantone in den Städten. Alle Regimenter mußten im Mobilmachungsfall auch die Pack- und Wagenknechte aus kleinen Leuten ihrer Bezirke zusammenbringen, die Kavallerie, die Knechte für den Artillerietrain und das Proviantfuhrwesen. Die Zivilbehörden wirkten weder bei der Enrollierung noch bei der Aushebung mit.

Nach der jährlichen Besichtigung durch den Regimentskommandeur mußten die für zu klein befundenen und die älteren Enrollierten ausrangiert werden. Ständig mahnte der allerhöchste Wille, das »Maß der Regimenter« laufend zu verbessern. Die wieder Heimgeschickten blieben aber Soldaten des Königs. Als Reservisten bildeten sie den beträchtlich wachsenden Bestand an »Überkompletten« in ihren Kantonen und wurden bald zu gelegentlichen kurzfristigen Übungen bei den neuen Landbataillonen mit herangezogen.

---

49 Frauenholz: Entwicklungsgeschichte, Bd. 4, S. 19 ff., die Kab. Ordres in den Beilagen, dazu Jany, Bd. I, S. 679 ff.

Nachdem Vorzeiger dieses *[handwritten: Enrollirter]* von dem Königl. Preußischen Sydowschen Regiment, unter *[handwritten]* Compagnie, Nahmens *[handwritten: Friederich Schlobach]* *[handwritten]* Statur *[handwritten]* Haare, tragend einen blauen Rock mit rothen Aufschlägen, Paille Camisol und Hohsen, anhabend, von hier nach der Gegend, von *[handwritten: Waltersdorff]* *[handwritten: nach Mitten Walde]* worden.

Als werden alle und jede so wol von der Soldatesque, von Adel, Bürger oder Bauren ersucht, denselben auf Vorzeigung dieses Passes sicher und ungehindert paß- und repaßiren zu laßen, doch soll dieser Paß nicht weiter, als nach besagte Städte und Dörfer, und zwar auf *[handwritten: weitern ordre]* gelten. Im Qvartier zu *[handwritten: Berlin]* den *[handwritten]* Octobr. An. 173 *[handwritten: 5]*

Seiner Königl. Majestät in Preußen bey dem Sydowschen Regiment bestallter *[handwritten: Major]*

Abb. 38. Urlaubspaß eines Kantonisten vom Berliner Regiment des Generalmajors v. Sydow (1729–1743), No. 23.
Die Angabe »kleine Statur« und die Geltung »auf weitere Ordre« lassen darauf schließen, daß es sich um einen Ausrangierten handelte, der nach der Regimentsbesichtigung heimgeschickt und zur Kriegsreserve bestimmt wurde.

Die Kantonverfassung Friedrich Wilhelms I. war in staatspolitischer wie sozialer Hinsicht von einzigartig festigender Kraft[50]. Der Enrollierte besaß auf Lebenszeit den Status eines Soldaten in des »Königs Rock«. Damit waren die Bauernsöhne der Erbuntertänigkeit weitgehend entzogen, auch wenn sie als Beurlaubte für den größten Teil des Jahres wieder ins häusliche Dasein zurücktraten. Sie unterstanden jetzt ihrem Regimentsgericht, nicht mehr der Patrimonialgerichtsbarkeit des Gutsherren, der als Kläger, Richter und Vollstrecker dem Hörigen das Leben beliebig hatte erschweren können. Auch wenn er Grund zu haben glaubte, sich über eine Widerspenstigkeit oder gar über offenen Ungehorsam zu beschweren, was oft vorgekommen sein soll, mußte er es geschehen lassen, daß der Kantonist zunächst erst zur Vernehmung in der Garnison abgeholt wurde. Für alle Personalangelegenheiten war der Kompanie-Chef zuständig, der auch die Heiratserlaubnis erteilte. Aus gutem Grund mußten die Beurlaubten daheim auch bei der Arbeit stets ein militärisches Kleidungsstück tragen, vermutlich die Stiefeletten. Damit waren sie äußerlich gekennzeichnet, und weder der Leutevogt noch der Gutsherr selbst hätte sie mit dem Prügelstock traktieren dürfen. Dazu besaß allein der militärische Vorgesetzte in vorgeschriebenen Grenzen die Erlaubnis. Wenn der Enrollierte sonntags zum Kirchgang in voller tadellos sauberer Uniform mit dem Seitengewehr zu erscheinen hatte, ebenfalls zum Besuch einer Stadt, in der Truppe garnisonierte, so beugte das nicht allein der »Wiederverbauerung« vor, sondern sollte den königlichen Soldaten angesichts der zivilen Umwelt auch in seinem Stolz bestärken.

Sicherlich wird die ganze Landbevölkerung das Ende der wilden Werbe- und Enrollierungszeit als große Erleichterung empfunden haben. Jeder männliche Untertan wußte nun schon von früher Jugend an, ob, wann und wie lange er dienen mußte, welchen Nachteil es mit sich brachte, sehr bald aber auch den gewichtigen Vorteil der Befreiung aus drückenden Verhältnissen. Die Wehrpflichtigen aus der größten sozialen Gruppe der »kleinen Leute« traten erstmals in eine unmittelbare Beziehung zu König und Staat. Darüber hinaus erfuhren sie eine feste innere Bindung an ihr Heimatregiment. Bauern ganzer Dörfer standen in der gleichen Formation einer Kompanie.

Durch das Kantonsystem ist der miles perpetuus Preußens in eine milizartige Truppe umgewandelt worden. Im Unterschied zur früheren Landmiliz, die als ständisches Aufgebot existierte, galten jedoch durchweg und fundamental die strengen soldatischen Dienstgesetze des stehenden Heeres. Eben deshalb hat der Soldatenkönig sogar schon den Gebrauch des Wortes Miliz unter Androhung einer Geldstrafe von 100 Talern verboten. Um jeden Preis wollte er die Qualitätsarmee haben. So duldete er auch keinerlei Spekulationen seiner Zivilbehörden auf die wenig brauchbaren Land-

---

50 Hierzu der quellenmäßig gut belegte Aufsatz v. H. Bleckwenn: Bauernfreiheit durch Wehrpflicht – ein neues Bild der altpreußischen Armee? in: Bewaffnung und Ausrüstung der Armee Friedrichs d. Großen. Ausstellungskatalog des Wehrgeschichtlichen Museums und der Wehrtechnischen Studiensammlung, Koblenz 1986, außerdem Jany, Bd. I, S. 697 f.

regimenter vergangener Zeiten, deren Zugehörigkeit vor allem von jeglicher Werbung befreit hatte[51]. Das stehende Heer des altpreußischen Militärstaates auf der Grundlage seiner Regimentskantone bedeutete keine allgemeine Wehrpflicht nach dem Prinzip staatsbürgerlicher Gleichheit. Dennoch kann man sein Ersatzwesen, das durch schon erhebliches Ausschöpfen der im Lande liegenden Wehrkraft alle Regimenter regelmäßig regenerierte und sozusagen unsterblich machte, als einen ersten weiten Schritt zum späteren neupreußischen Volksheer bezeichnen.

Es ist dem Soldatenkönig gelungen, eine ursprünglich reine Zwangsinstitution zur elitären bewaffneten Macht des Potsdamer Staates umzuformen. Das gesetzte Ziel hatte er nicht allein durch verschärfte Disziplin und gründliche Ausbildung erreicht. Von Natur aus charakterisiert es diesen Staat, daß die Armee eine beherrschende Sonderstellung einnahm – politisch, sozial und moralisch. Vom ersten Tag seiner Regierung an war Friedrich Wilhelm I. darauf bedacht, dem in allen Ländern tief verachteten Soldatenstand einen ihm angemessenen Respekt in der bürgerlichen Gesellschaft buchstäblich zu ertrotzen. Deshalb mußte jedes Regiment zunächst selbst ein Muster an militärischer Zucht sein und jeder Angehörige auch ein inneres Wertbewußtsein besitzen. Letzteres war ein fast unmöglich scheinendes Verlangen für jene unglücklichen Kerle, die man in die blaue Montur zwängte und in eine außergewöhnlich scharfe Ordnung hineinpreßte. Aber im Gegensatz zu den gewaltsam Geworbenen, die als Menschenmaterial zum Verbrauch dienten, insbesondere die Matrosen und Kolonialarbeiter der Seemächte, sollte der preußische Soldat in seinem erhobenen Stand fest verwurzelt und mit der Person des Königs eng verbunden werden. Er sollte seinen Dienst als ehrenvolle Berufsaufgabe verrichten, als Schutzwehr dessen, was im Lande wuchs und sich stärkte. Der Soldat sollte stolz darauf sein, einer Armee anzugehören, an deren Spitze der Monarch selber stand, den gleichen Dienst als Kommandeur seines Leibregimentes tat wie sie und hierzu das persönliche Vorbild gab. Mit naiver Fürsorge umhegte Friedrich Wilhelm die »junge tüchtige Mannschaft« und nannte sie »meine lieben blauen Kinder«.

Während der König den staatlichen Umgestaltungsprozeß mit rigorosen Sparmaßnahmen einleitete und die Gehälter samt üppigen Zulagen von Offizieren und Beamten kürzte, erhöhte er das Monatstraktament des gemeinen Mannes um 12 Groschen auf drei Taler[52]. Das 1722 gegründete Potsdamer Militär-Waisenhaus gehört zu den größten sozialen Taten des Jahrhunderts, wobei der Nützlichkeitsgedanke einer geradezu idealen Pflanzstätte für das Unteroffizierkorps die Staatskonzeption nur unter-

---

51 Vgl. R. Frhr. v. Schrötter: Die Ergänzung des preußischen Heeres unter dem ersten König, Forschungen zur Brandbg. Preuß. Geschichte, Bd. XXIII, S. 145. Seine kritische Bemerkung, Friedrich Wilhelm I. hat die »aussichtsreichen Anfänge« seines Vorgängers nicht weiterentwickelt, läßt die grundlegende Idee des Qualitätsheeres außer Betracht.
52 C. Hinrichs: Der Regierungsantritt Friedrich Wilhelms I. Ges. Abhdl. S. 128, die Soldsätze im einzelnen bei Jany, Bd. I, S. 755 ff.

strich. Das gleiche galt für das Invalidenwesen, das weniger durch eine Geld- als eine forcierte Zivilversorgung den tüchtigen Soldaten im unteren Bereich der Administration mit Aufstiegsmöglichkeiten in den mittleren zweckdienliche Arbeit bot[53]. Das Kantonsystem diente auch dem Bauernschutz und lief auf eine soziale Aufwertung des vierten Standes hinaus.

Daß die preußischen Soldaten am häufigsten und brutalsten mit dem allgegenwärtigen Stock geprügelt worden sein sollen, ist nicht wahr. Zunächst galt die strenge Vorschrift, jedem Rekruten gelinde und mit Geduld zu begegnen, »damit er nicht gleich im Anfang verdrießlich und furchtsam gemacht werde, sondern Lust und Liebe zum Dienst bekommen möge . . .«. Obenauf lag die Allerhöchste Ordre, wonach »ein Regiment zwar in Subordination, Disziplin und Ordnung sein muß, die Leute aber nicht bestialisch traktiert werden sollen«. Der Soldat sei ein Mensch mit allen Fehlern, er habe aber auch Ehre im Leibe. Fürst Leopold dachte nicht anders über die Menschenführung in der Armee, der vom wahren Christentum beseelte General wie der wirkliche Edelmann im Offizierskreise ebenso[54].

Hurtig und scharf ging es beim Chargieren, dem eigentlichen Gefechtsexerzieren zu. »Nun vertrat der Stock das Prinzip staatlich geforderter Höchstleistung[55]«. Dann kontrollierten Offiziere mit der Uhr in der Hand die Salvenfolge, die Unteroffiziere achteten auf jeden Fehler und weckten den Schläfrigen »mit dem bey sich habenden Weckern wieder auf.« Hierfür spricht die gleiche bezeichnende Mitteilung eines Sachkenners: »Wer bey den Preußen der letzte ist, hat allemal seine richtige Schläg[56].« Wohlgemerkt: erlaubte und sicher häufige Schläge, denen aber damals noch nichts Ehrenrühriges anhaftete. In der Ausbildung waren Stockhiebe nur gegen störrische Leute in engen Grenzen zugelassen, und wer einen Mann blutig schlug, wurde bestraft.

Zu den drakonischen Körperstrafen hingegen zählte der Spießrutenlauf, der in den neuen Kriegsartikeln von 1713 mehrmals angedroht stand. Er scheint an die Stelle anderweitiger körperlicher Züchtigungen getreten zu sein, in Fällen extrem möglichen Durchlaufes – bis zu 30mal – gar der Todesstrafe[57]. In der Hauptsache betraf solche grausame Härte die vorsätzlich und mutwillig handelnden Renitenten, die

53 Näheres bei O. Pelser: Das Invalidenwesen als Beitrag zur KOV.
54 Inf. Reglement von 1726, S. 222 f.; Kab. Ordre an den Kdr des InfRgt No. 12 in Prenzlau v. 14. 12. 1738, zit. nach Jany: Geschichte der Preuß. Armee, Bd. I, S. 717, dort weitere Belege. Die Instruktion des Fürsten Leopold für den Kronprinz von 1730, abgedruckt bei F. Fhr. v. Ledebur, Geschichte des Deutschen Unteroffizierskorps, Berlin 1939, S. 57 ff.
55 H. Bleckwenn: Preußisches Reglement von 1726, S. XXV.
56 Joh. Müller: Der Wohlexerzierte preuß. Soldat oder vollständiges preuß. Manuale . . . Schaffhausen 1759, S. 13 u. 36.
57 Die Kriegsartikel vom 12. 7. 1713 bei Frauenholz: Entwicklungsgeschichte Bd. 4, Anlagen S. 217 ff.; schon in der Muster-Ordnung des Großen Kurfürsten von 1672 war für den Fall des Waffenverkaufes und Musterungsbetruges (Art. 57 u. 75) das Gassenlaufen angedroht, siehe J. Chr. Lünig: Corpus Iuris Militaris, Faksimiledruck der Ausg. 1723, Osnabrück 1968.

Abb. 39. Das ehrliche Gassenlaufen und die unehrliche Stäupung, Kupferstich von D. Chodowiecki. Die Bezeichnung nimmt Bezug auf die unterschiedliche Strafvollstreckung zur Landknechtszeit: durch die Kameraden und durch den Henker.

kriminell Veranlagten und Asozialen. Sie bildeten den relativ geringen Abschaum meistens unter den Ausländern. Durch sie ist die dunkle Seite des Heereslebens publik geworden, weil die Bürger in den Garnisonstädten stets Zeuge ihrer Bändigung waren und auch darüber schrieben. Die Bauern in den Kantonen hinterließen kaum etwas Schriftliches über ihre Erlebnisse anderer Art[58]. Überhaupt kann man sagen, daß nur ein sehr geringer Teil der Infanterie die harten und rauhen Züge im literarischen Bild des altpreußischen Friedensheeres bis 1806 bestimmt haben. Die berittenen Truppen standen durch ihren Freiwilligenzulauf und durch nicht so enge Dienstverhältnisse bei der Bevölkerung in einem besseren sozialen Ansehen.

Wie es »unsichere Kantonisten« gab, die ganzjährig bei der Truppe blieben, so in weit größerer Anzahl ordentliche Burschen unter den auswärts Angeworbenen. Es bestand ein Interesse, daß sie heirateten und somit seßhaft wurden, falls die beweibten Soldaten das für zulässig erachtete Drittel pro Kompanie nicht überschritten. Schon als Kronprinz hatte Friedrich Wilhelm die Domestizierung seiner langen Grenadiere betrieben und sich mit Vorliebe zum Trauzeugen bzw. Taufpaten auserkoren – die Kronprinzessin bei der Geburt von Töchtern[59]. Da einzelne Kompanien viele

58 H. Bleckwenn: Preußisches Reglement von 1726, S. XIII.
59 C. Hinrichs: Friedrich Wilhelm I. Biographie, S. 423 f.

Ausländer besaßen, griff das System der Beurlaubungen auch auf sie über, um Sold einzusparen. Es handelte sich um die sogenannten »Freiwächter«, die bereits zur Zeit des Großen Kurfürsten in den Festungsorten nachweisbar sind. Vorausgesetzt, daß die Diensttuer nach ihrer Wache zwei freie Nächte behielten, worauf sie Anspruch hatten, konnte außerhalb der Exerziermonate ein Teil der in den Garnisonen verbleibenden Soldaten während der Freizeit ungestört einem Erwerb nachgehen. Zu diesem Zweck legte man diejenigen »mit Profession« gleich zu den Handwerksmeistern ins Quartier; die Ungelernten sollten bei den Tuchmachern als Wollspinner oder als Handlanger im Baugewerbe beschäftigt werden. Gerade aus dieser Einrichtung der Stadtbeurlaubten ist zu ersehen, inwieweit der preußische Militärdienst im Frieden gegenüber aller Strenge auch eine ziemlich leichte Seite hatte. Im übrigen mußten die unverheirateten Soldaten kameradschaftsweise miteinander ihren Haushalt führen. Der Lebensmitteleinkauf und die Zubereitung der Mahlzeiten geschah ohne ärgerliche Bevormundung durch die Unteroffiziere[60].

Mit der robusten Kraft seiner Persönlichkeit hat Friedrich Wilhelm I. ebenso auf das Volk eingewirkt, um es zur Militärfreundlichkeit zu bekehren. Er verlangte vom Bürger, daß er um seines eigenen Schutzes willen dem Soldaten mit Respekt begegnete, der um so schärfer zu peinlicher Sauberkeit und korrektem Benehmen gegen jedermann angehalten war. Die große Aufgabe, den Ausgleich zwischen der Landeskultur und den Bedürfnissen des Heeres auch innerlich zu fördern, hatten vor allem die Pfarrer zu erfüllen, die als regelrechte Propagandisten des Königs über die Güte des Soldatenstandes zu predigen begannen und schließlich noch die Vorschriften der Kantonverfassung von den Kanzeln verkünden mußten. Als Landesvater und Oberster Bischof, der unablässig für den Gottesfrieden aller Bekenntnisse wirkte, hat sich der Monarch zu denjenigen Männern am stärksten hingezogen gefühlt, die ihm das Land verbessern halfen und seinen Menschen den Weg zum tätigen Christentum wiesen. Dem entsprach die Seelsorge der Feldprediger in den Regimentern. Ihr erzieherischer Einfluß auf Geist und Haltung der Armee war beachtlich, segensreich auch im Hinblick auf die Soldatenfamilien, insbesondere den Unterricht der Kinder[61].

Zusammenfassend ist zu sagen: Der Potsdamer Soldatenkönig hat als erster Hohenzollernherrscher die während des vergangenen Krieges verstärkt angeworbenen Truppen im Frieden nicht nur beibehalten, sondern noch beträchtlich vermehrt. Dieses enorme Resultat erzielte er durch einen revolutionären Staatsumbau, dem das Heer als massive Sicherung wie als Basis starker innerer Kraftentfaltung diente. Es bildete den Hauptantrieb des ökonomischen Wachstums hinsichtlich Massenkonsum

---

60 Lehmann: Werbung, Wehrpflicht und Beurlaubungen im Heer Friedrich Wilhelms I., S. 150 ff. u. 361 ff., auch Jany: Geschichte der Preuß. Armee, Bd. I, S. 709 u. 712.

61 Zum religiösen Weltbild des Soldatenkönigs siehe J. Klepper: Der König und die Stillen im Lande, Witten/Berlin 1956, dazu C. Hinrichs: Der Hallische Pietismus als politisch-soziale Reformbewegung des 18. Jh., Ges. Abhandlungen, S. 171 ff.; über die Rolle der Feldprediger siehe E. Schild: Der preußische Feldprediger, Halle 1890 und Jany, Bd. I, S. 712 f.

und des Einsatzes seiner Soldaten samt ihrer Familien im Arbeitsprozeß. Damit hingen Enrollierung der Wehrpflichtigen, festgesetztes Maximum der Beurlaubten und die Anordnung von Exemtionen eng zusammen, was wiederum den Rückgriff auf die Auslandswerbung ermöglichte. Die Erschaffung und Erhaltung eines numerisch das normale Maß weit übersteigenden Qualitätsheeres aus eigenen Mitteln war der eigentliche Staatszweck. Die innere Festigung des gesamten Wehrsystems spiegelt sich ebenso wie die materielle in der Statistik wider: Die Desertionszahlen lagen im Jahr 1714 am höchsten, bei der Infanterie insgesamt 3540 Mann (bei der Kavallerie nur 70); im Jahr 1740 liefen nur noch 174 Mann davon (bei der Kavallerie 54). Die Verminderung von rund 8 Prozent auf 0,4 Prozent der damaligen Heeresstärken kennzeichnet das Militärwesen Friedrich Wilhelms I. im Stadium hoher Friedensreife. Dem entspricht die Konsolidierung der bäuerlichen Verhältnisse: War einst auch preußisches Landvolk massenweise aus der Heimat geflohen, so entliefen nun umgekehrt sächsische Gutsuntertanen ihren Herren über die Grenze der Niederlausitz nach Brandenburg[62].

Wenn sich die Sonderstellung der preußischen Armee aus der geopolitischen Lage des Landes, der historischen Situation und der originellen Schöpferkraft des Staatsgründers ergab, so gipfelte sie im Einklang mit der Rehabilitierung des Soldatenstandes im hohen Sozialprestige des adligen Offizierkorps. Indem der König das frondierende, die partikularistischen Kräfte stützende und treibende Junkertum allmählich zu loyaler Staatsdienerschaft erzog und zum vornehmsten ersten Stand erhob, vollbrachte er seine größte Leistung. Ohne sie hätte die unumgängliche Verschmelzung der bunt zusammengesetzten Territorien zum Staatsganzen, verkörpert in der Armee als Rückhalt und verbindende Klammer der Einheit, kaum gelingen können. Immer wieder gilt es, sich klarzumachen, daß der Erfolg der gesamten Staatsreform größtmögliche Zentralisation voraussetzte und die volle Freiheit des Handelns von allen hemmenden gesellschaftlichen Einflüssen, besonders von adliger Willkür, erforderte.

War die ideell begründete Absicht, eine Armee aus Landeskindern zu schaffen, technisch nicht durchführbar, so besetzte der Landadel generell die ums Doppelte vermehrten Offizierstellen auf dem Wege des Ersatzes durch den jungen Nachwuchs. Die fragwürdigen Glücksritter und Abenteurer fremder Herkunft wurden entfernt, Bürgerliche mit Feldbewährung grundsätzlich nobilitiert, wenn sie zur Rangklasse der Stabsoffiziere gehörten[63]. Ihre Integrierung kennzeichnete ebenso den neuen Typus des spezifisch preußischen Schwertadels wie die der hohen Herren fürstlichen Geblü-

---

62 Tabellarische Übersicht der Desertionszahlen siehe Statistische Nachrichten über die Armee Friedrich Wilhelms I. Militärwochenblatt 1891, Nr. 40; zur sächsischen Fluchtbewegung siehe R. Lehmann: Die Verhältnisse der niederlausitzischen Herrschafts- und Gutsbauern in der Zeit vom 30jährg. Kriege bis zu den preußischen Reformen, Mitteldeutsche Forschungen, Bd. 6, Köln/Graz 1956, S. 48 f. u. 115.
63 H. Bleckwenn: Unter dem Preußenadler, S. 73 ff.

Abb. 40. Revue des Regimentes zu Pferde Gens d'Armes (No. 12) in der Berliner Hasenheide vor Friedrich Wilhelm I. 1728, Radierung von Chr. Wolffgang (1719–1750).

Das seit 1720 in Berlin garnisonierende Regiment, nach 1740 gleich allen anderen offiziell als Kürassiere bezeichnet, hatte seine Quartiere am Neuen Markt (ab 1736 Gens d'Armes-Markt). Es bestand aus vielen Freiwilligen und genoß hohes Ansehen, was die Bürgerschaft bei der jährlichen Spezial-Revue des Königs durch rege Teilnahme als Zuschauer bekundete. In den schlesischen Kriegen stets Elite, trat das Regiment vor dem ruhmlosen Untergang 1806 durch renommistische Streiche hervor.

125

tes, die keinerlei Vorzüge genossen und ohne Unterschied des jeweils durch Anciennität und Leistung erreichten Dienstgrades die soziale Gleichheit innerhalb des privilegierten Berufsstandes bewiesen. Alle Angehörigen des Offizierkorps vom Fähnrich bis zum Regiments-Chef trugen demzufolge die gleiche Uniform ohne jede Rangabzeichen. Andererseits waren die aus der früheren Gemeinschaft der Befehlshaber sozial zurückgetretenen Unteroffiziere um so deutlicher geschieden. Zusammen mit den gemeinen Soldaten bildeten sie die Mannschaft, was mit ihrer Verpflichtung auf die Kriegsartikel, die auf den Offizier nicht zutraf, scharf zum Ausdruck kam.

Das adlige Privileg der Grundsteuerfreiheit blieb unangetastet; auch waren die Edelleute von der Wehrpflicht befreit und somit den höheren Beamten bürgerlicher Herkunft, den Eximierten und Kapitalisten rechtlich gleichgestellt. Beides gründete sich auf die Allodifikation der Lehen, wodurch der König ab 1717 gegen eine jährlich zu zahlende Geldabgabe das im Mittelalter entstandene Obereigentum des Lehnsherren am feudalen Grundbesitz und die davon abhängige Verpflichtung zur Heerfolge, die praktisch ohnehin keine Rolle mehr spielte, aufhob. »Er hat dabei aber gleichzeitig das alte Dienstverhältnis zwischen Edelmann und Landesherrn und die vasallitische Disziplin ungeheuer verschärft«. Von nun an verlangte Friedrich Wilhelm I. den Militärdienst nicht mehr als Gegenleistung für die Verleihung von Rittergütern, sondern »als allgemeine staatliche Untertanenpflicht[64]«. Er verbot dem Adel, im Ausland sein Fortkommen zu suchen und ließ die Befolgung durch behördlich angelegte Vasallentabellen scharf überwachen. Jetzt sollte die oberste Standespflicht gelten, dem König von Preußen als Offizier zu dienen.

Das betraf alle jüngeren Söhne, die anfangs gezwungen wurden, schon im Knabenalter von 13 bis 14 Jahren als »Junker« in die Armee einzutreten. Das in Berlin zusammengefaßte und neu gegründete Kadettenkorps bildete ein Reservat bevorzugter Art; denn es ermöglichte armen, kinderreichen Familien die geeignete Erziehung der unversorgten Nachkommenschaft auf Kosten der Krone. Selbst gegen diese Wohltat sträubte man sich in den auf unumschränkte edelmännische Freiheit bedachten Elternhäusern, so daß Unteroffizier-Kommandos die Einlieferung mit Nachdruck besorgten. Die zwangsweise Verbindung von Adel und Offizierkorps beendete den 100jährigen Kampf der feudalen ständischen Opposition mit dem vollständigen Sieg des in Preußen am unerbittlichsten durchgeführten Staatsabsolutismus. Das berühmte Wort Friedrich Wilhelms I. »Ich stabiliere die Souveränität wie einen rocher de bronce« setzte den Schlußpunkt.

Die äußere Unterwerfung zwang aber noch viel weitergehend ins Joch soldatischer Pflichterfüllung hinein, das man in anderen Armeen nicht kannte. Schon in den letzten Jahren der Kronprinzenzeit war der Weg durch die »Geburt des preußischen Drills« vorgezeichnet. Der König erwartete von jedem Offizier, daß er den vergleichsweise unkavaliersmäßigen Friedensdienst bis ins kleinste Detail gehorsam mit der nötigen Genauigkeit und Pünktlichkeit versah. Jeder einzelne hatte seine volle

---

64 C. Hinrichs: Preußen als historisches Problem, Ges. Abhandlungen, S. 27.

Mitverantwortung für die Ausbildung und Ausrüstung der Mannschaft im Sinne des Qualitätsbegriffes als gemeinsame, eminent staatspolitische Berufsaufgabe zu erfüllen. Wer bei der stets gefürchteten Königs-Revue dem scharfen Auge des »roi sergeant« durch mangelnde Reglementstreue[65] auffiel, durfte mit keiner Beförderung rechnen. Auch sein außerdienstliches Verhalten stand in der »Conduitenliste«. Dafür gab es bis zum Stabskapitän nur ein karges Jahrestraktament, das zwischen 140 und 220 Talern lag, abzüglich 45 Talern für die Uniform[66]. Was mit dem Vorrecht des Offizierpatentes einherging, war alles andere als ein sorgenfreies, bequemes Dasein. Schon aus diesem Grund konnte kein Bürgersohn wohlhabender Eltern den Wunsch verspüren, mit dem Junker von der Pike auf dienend in Konkurrenz zu treten. Hing auch diese Dürftigkeit einerseits mit der Verbilligung im gesamtökonomischen Wachstumsprozeß zusammen, so lag der bedeutsame Zweck des Offizierstellenreservates für den Schwertadel darin, daß die niederen Dienstränge unter den Bedingungen eines sehr knappen Lebenszuschnittes zu einem Teil gleichsam mit sozialem Prestige abgefunden wurden. Aus der Not des Landes mußte eine Tugend werden; der Offizier sollte in der Hauptsache die Ehre als Gewinn betrachten und dem Beispiel des Militärkönigs folgend mit gleicher Hingabe dem Staate dienen.

Erst nach langen Jahren bot der Erwerb einer Kompanie-Chefstelle den wirklichen Kapitänen (Hauptleuten) ein Jahreseinkommen von etwa 800 Talern, weil sie einen Teil der auch für die Beurlaubten voll ausbezahlten Soldbeträge als Zulage zum Grundgehalt (nicht ganz 47 Taler pro Monat) vereinnahmen konnten. Auch in Preußen diente das System der Kompaniewirtschaft als Anreiz, doch setzte es die solide Eigenschaft eines »guten Wirthes« voraus. Der Haushalt durfte keinesfalls zum Nachteil der Leute geführt werden und die schadhaft gewordene Ausrüstung war sofort zu ersetzen bzw. zu ergänzen. Mancher Auserwählte ohne Vermögen übernahm die Kompanie schon mit Schulden, da er dem Vorgänger die Gewehrgelder (600 Taler) zu bezahlen hatte. Die Gehälter der Obristen und Generale standen an der Spitze der allgemeinen Einkommenspyramide mit 1100 bis 2500 Talern im Jahr[67].

Der politische Sinn jener Militarisierung des Landadels trat in aller Deutlichkeit zutage, als sich das Kantonsystem entwickelte. Seine sozialen Auswirkungen bestanden im festen Zusammenschluß von Bauerninfanterie und ihrer Führerschaft zum Kernbestand des Heeres. Wurden den Grundherren autokratische Rechte entzogen – von der Dorfbevölkerung bald als Schutz vor bisherigen drückenden Verhältnissen

---

65 Das Inf. Reglement von 1714 umfaßte 246 Seiten, das von 1726 bereits 580; besonders auffällig der Zuwachs der Abschnitte Garnison- und Felddienst, was den Eingriff in die überkommene Selbstherrlichkeit der Chefs dokumentiert; auch der Abschnitt »Wornach sich die ... sämtliche Officiers ferner zu verhalten«, mit dem Schwerpunkt »Subordination«, war von 9 auf 56 Seiten angewachsen.

66 D. Stutzer: Das preußische Heer und seine Finanzierung in zeitgenössischer Darstellung, 1740–1790, S. 37.

67 D. Stutzer, ebenda.

Abb. 41. A. Menzels Vignette zum Aufsatz Friedrichs des Großen »Über das Militair seit seiner Einführung bis zum Ende der Regierung Friedrich Wilhelms I.«
Preußische Truppen paradieren vor dem König und dem Kronprinzen. Hinweis auf das Lob des Sohnes über die vorzügliche Heeresschule durch den Vater.

empfunden –, so wuchsen deren Brüder und Vettern als Offiziere des Königs in die landsmannschaftliche Bindung mit den Soldaten des Heimatregimentes hinein. In erster Linie königlicher Verfügungsgewalt unterworfen, bekamen sie auch kaum eine Kompanie, die im engen heimatlichen Bezirk lag, um jeder, das Kantonwesen mißbrauchende Interessengemeinschaft von Land- und Militäradel vorzubeugen. Die bekannte Behauptung, »Der Kompanie-Chef im Regiment war Gutsherr zuhaus[68]«, läßt sich durch die Statistik leicht widerlegen.

Das zum Schwertadel umgewandelte, an strengen Friedensdienst gewöhnte und auf das puritanisch-asketische Lebensideal Friedrich Wilhelms I. ausgerichtete Offizierkorps hat sich vortrefflich bewährt. Wie generell im Militärwesen hing von seinem Geist und seiner Berufstüchtigkeit die Schlagkraft der Armee im höchsten Grade ab, und da sich Preußens Machtanspruch in der europäischen Politik fast nur darauf stützen konnte, resultierte daraus auch seine überragende Bedeutung für den Staat. Unter der Erziehermacht eines Königs, der seit 1725 beständig die Uniform trug, setzte das Offizierkorps seinen Stolz darein, als erster und vornehmster Stand das sicherste Fundament der Armee, d. h. ihre straffe monarchische Disziplin, zu festigen und zu erhalten. Sein Standesbewußtsein war gleichbedeutend mit der typenbildenden Haltung des Preußentums. Sie hat am reinsten den Militäradel ausgezeichnet, aber auch die Beamtenschaft geformt und die ganze Staatsnation zunehmend durchdrungen.

Sieht man abschließend die im Zuge der geschichtlichen Notwendigkeit liegende Entwicklung Brandenburg-Preußens vom Großen Kurfürsten bis zum Lebenswerk

---

68 O. Büsch: Militärsystem und Sozialleben im alten Preußen 1713–1807, Berlin 1962, S. 72; dagegen die richtigstellenden Mitteilungen von H. Bleckwenn: Altpreußischer Militär- und Landadel, Zur Frage ihrer angeblichen Interessengemeinschaft im Kantonwesen, Zeitschrift für Heereskunde, Jg. 1985, S. 93 ff.

des Potsdamer Soldatenkönigs unter dem Gesichtspunkt der innen- und außenpoliti-
schen, der ethischen und religiösen Grundlagen wie der wirtschaftlichen und sozialen
Bedingungen, so vermag alles zusammengenommen dem nach einer Erklärung Su-
chenden die Einsicht zu vermitteln, daß die Genesis des altpreußischen Militärstaates
zugleich dessen Apologie ist. Seine tiefste Problematik ergibt sich aus dem Vergleich
mit der schwedischen Großmachtstellung im 17. Jahrhundert. Auch sie war nur extrem militärisch zu behaupten, doch allein durch fortlaufende Kriege bis zum bitteren
Ende, um die aus eigenstaatlicher Finanz- und Wirtschaftskraft nicht zu unterhal-
tende Armee auf Kosten auswärtsliegender Hilfsquellen leben zu lassen. Demgegenüber bestand Preußens erstarkende Macht vorwiegend im inneren Wachstum; das
territoriale war nur gering, abgesehen vom Erreichen der Odermündung mit Stettin
als Resultat des Nordischen Krieges. »Nun gehört es aber zu den dunkelsten Kapiteln
von Glück und Unglück, von Gerechtigkeit und Ungerechtigkeit im Völkerleben, daß
die moralisch höchst anfechtbare schwedische Politik, das Heer auf fremde Kosten zu
unterhalten, Schweden vor der Militarisierung des Alltagslebens bewahrt hat, während die puritanisch-ehrenwerte Politik Friedrich Wilhelms I., ein Großstaat ganz aus
eigener Leistung zu werden, gerade dieses Ergebnis der Militarisierung des gesamten
inneren Lebens des Staates gehabt hat. Das ganze Dasein in Preußen hat vom ersten
Tage Friedrich Wilhelms I. an einen angespannten, scharfen und bitteren Zug bekommen[69].«

Obwohl der König in dem religiösen Bestreben, die Gebrechen des Landes zu
heilen, seinen Wohlfahrtseifer bis in die entferntesten Winkel buchstäblich hinein-
trieb, ordnete er das gesamte zivile Leben dem militärischen unter. Diese Vorherrschaft drückte am schwersten in den Garnisonstädten, wo der Truppenkommandeur
dauernd das Sagen hatte. Weil die Soldaten bevorzugt, die Ausländer seßhaft gemacht werden sollten, bestimmte er die Lebensmittelpreise, die Arbeitsbeschaffung
für die Stadtbeurlaubten, sicherte ihren Familienangehörigen das Vorrecht aufs Spinnen bzw. Stricken der Wolle zu und zeigte allgemein wenig Verständnis für die Quartierlast der Bürger. Die Militärverwaltung war auf die Kommandobehörden übertragen und somit auch die vom Großen Kurfürsten im Kommissariat geschaffene Verbindung von Kriegs- und Zivilstaat wieder beseitigt. Die eigenständige Militär-
gerichtsbarkeit, der auch die Soldatenfamilien und das von der Militärkasse besoldete
Dienstpersonal unterstanden, griff notgedrungen in die bürgerliche Jurisdiktion ein.
Da auf den höheren Beamtenstellen viele ehemalige Offiziere saßen und auf den
subalternen noch mehr ausgediente Unteroffiziere und Soldaten, so durchdrang der
militärische Kommandoton das ganze Staatsgehäuse. Gegen die Befehle der Obrigkeit gab es keinen Widerspruch, wie dann auch das Befehlen und Gehorchen den
preußischen Lebensstil nachhaltig mitgeprägt hat. Dennoch überwogen im Hinblick
auf Preußens inneres Wachstum die positiven Züge eines wirklichen Fortschrittes.
Die negativen mochten in schwerer Anfangs- und Werdezeit ihre Berechtigung haben, doch wurden sie durch ihr Fortwirken in gewandelter Staatenwelt zum Problem.

69 C. Hinrichs: Preußen als historisches Problem, Ges. Abhandlungen, S. 36.

V. Das friderizianische Heer

Im Jahr 1740 trat die entscheidende Wende in der Geschichte Preußens ein, und mit ihr begann der wichtigste Abschnitt im Werdegang seines Heeres. Der junge König Friedrich II. hatte von seinem Vater eine kerngesunde Streitmacht übernommen, so weit sie um die Infanterie als deren starker Stamm herangebildet war. Der eigentümliche »Infanterismus« Friedrich Wilhelms I. ist vermutlich aus seiner Abneigung gegen die Kavallerie zu erklären, die ihm »nach Lage seines Charakters als ein ausgesprochen sensibles, kompliziertes und damit unsicheres Instrument erschienen sein (dürfte)«, das obendrein noch viel Geld kostete[1]. Ohne Zweifel war sie im Vergleich mit dem hohen Ausbildungsstand der Fußregimenter in ihrem reiterlichen Leistungsvermögen arg vernachlässigt. Ausländische Militärs und Politiker schauten auf dieses Heer hinsichtlich seiner Zahl mit Respekt, in bezug auf dessen parademäßiges Erscheinungsbild mit ein wenig spöttischer Skepsis.

Jetzt stand an seiner Spitze ein Militärkönig, der die harte, tragisch verlaufene Probe des Konfliktes mit dem Vater bestanden und im gärenden Reifeprozeß die Selbsterkenntnis von den Geboten der Potsdamer Staatsräson gewonnen hatte. Als bildsamer Sohn war er, ohne sich zum Ebenbilde des despotischen Erziehers umformen zu lassen, ein hervorragender Soldat geworden, dem kein Offizier an Tüchtigkeit und Berufspassion gleichkam[2]. Sofort nach dem Regierungsantritt wurde die von Friedrich Wilhelm I. betriebene Heeresvermehrung fortgesetzt und die Truppenstärke auf fast 90 000 Mann gebracht. Kurz darauf faßte Friedrich II. jenen ganz persönlichen Entschluß zur Eroberung Schlesiens, der die gewaltsame Auseinandersetzung um die österreichische Erbfolge eröffnete und ihn selbst darüber hinaus auf ein kriegerisches Leben von beinahe einem Vierteljahrhundert festlegte.

In der ersten Schlacht bei Mollwitz (10. April 1741) bewies die Heeresschule des Alten Dessauers trotz kläglichen Versagens der Kavallerie ihre Solidität. In den vier weiteren der beiden Schlesischen Kriege bei Chotusitz (17. Mai 1741), Hohenfriedeberg (4. Juni 1745), Soor (30. September 1745) und Kesselsdorf (15. Dezember 1745) fielen die Siege der Infanterie auch gegen allerschwerste Hemmnisse unaufhaltsam zu. Das war die Folge einer emsigen, intensiven Ausbildungstätigkeit des »roi connétable«, der am Anfang als keineswegs ruhmvoller Feldherr noch bitteres Lehrgeld hatte zahlen müssen. Am erstaunlichsten zeigte sie sich auf dem Felde der Schul- und Campagnereiterei. Zum bevorzugten Objekt

---

1 H. Bleckwenn: Preußisches Reglement von 1726, Einleitung S. XXIX.
2 Hierzu die unübertroffene Deutung C. Hinrichs: Der Konflikt zwischen Friedrich Wilhelm I. und Kronprinz Friedrich, Ges. Abhandlungen, S. 185 ff., Einleitung zum »Kronprinzenprozeß«, Hamburg 1936.

Abb. 42. Menzels Vignette zur »Geschichte meiner Zeit« (Kap. III), Grenadiere bei Mollwitz.
Sie demonstriert die Disposition der Grenadierbataillone auf den Infanterieflügeln und preist
deren Standhaftigkeit gegenüber der österreichischen Kavallerie.

königlicher Erziehung bestimmt, erfuhr die naturgemäß schwer veränderliche Rei-
terwaffe innerhalb eines Jahres nach fataler Schlappe eine gründliche Umwandlung.
Zwei Grundsätze leiteten die Regeneration: 1. Sich niemals attackieren lassen, sondern in jeder Lage selbst angreifen. 2. Der Erfolg der Attacke liegt in der Auftreff-
wucht der geschlossenen Reitermasse, in der Schnelligkeit der Pferde und im Gebrauch der blanken Waffe. Die Regimenter wurden zum Teil beträchtlich vermehrt,
wobei praktisch die Husaren als Friedrichs Neuschöpfung zu bezeichnen sind. Dazu
sollten sie auch als Schlachtenkavallerie tauglich sein, d. h. trotz leichter Pferde
durch Bravour und Wendigkeit ebenso viel leisten können wie Kürassiere und Dragoner[3].

3 Friedrich der Große: Generalprinzipien vom Kriege, Mil. Schriften, erklärtet durch v. Taysen, Berlin 1982, S. 86; ferner H. Bleckwenn: Die friderizianischen Uniformen, Taschenbuch-Kassette, Bd. III, Berittene Truppen; zur Heeresvermehrung siehe Jany: Geschichte
  der Preuß. Armee, Bd. II, S. 3 ff.

Abb. 43. Gedenkblatt zum Friedensschluß von Dresden 1745, Kupferstich von J. D. Schleuen. Links König August III., in der Mitte Kaiserin Maria Theresia, rechts Friedrich der Große. Das Blatt stellt eine Huldigung vor dem Schloß in Berlin dar.

In den zehn Friedensjahren bis 1756 hat Friedrich, den das Volk bereits den Großen nannte, sein Heer auf die Höhe der Entwicklung gebracht. Was der Vater in monumentaler, auf die innere Stabilität gerichteter Einseitigkeit nicht vollbringen konnte, gelang dem militärischen Genie des Sohnes. Die Überlegenheit der preußischen Truppen bestand nicht mehr allein in der Gefechtsdisziplin und im geschwinden maschinenmäßigen Feuerkampf. Sogleich nach Mollwitz war ja schon damit begonnen worden, den noch recht langsamen Rhythmus des Exerzierplatzes, in dem sich die Linienbataillone zusammenschlossen und dann vorwärtsgingen, immer stärker zu forcieren. Die Infanterie hatte bald eine anderswo nicht mögliche Schnelligkeit und

Wendigkeit in den taktischen Bewegungsmanövern erreicht. Nun wurde der Spielraum zum Gebrauch der Formationen noch weiter ausgedehnt, obgleich an der Methode nichts Revolutionäres zu entdecken ist. Die Kampfformen blieben an die taktischen Regeln der geschlossenen Ordnung wie an die Struktur des Staatswesens gebunden. Niemand hätte sie ändern können, ohne die gesamte Wehrverfassung umzustoßen. So suchte der König unentwegt nach Aushilfsmitteln, um die starren Linienlieder gelenkiger zu machen, das Aufmarschtempo der Armee weiter zu steigern und ihre Schlagfertigkeit im Angriff zu erhöhen, auch im schwierigen Gelände. Da Preußen wegen seines Mangels an natürlichen Hilfsquellen und seines ungünstigen Grenzverlaufes im Grunde genommen nicht in der Lage war, einen reinen Verteidigungskrieg zu führen und alle militärische Energie in die Offensive setzen mußte, um nicht »die Sachen in die Länge zu ziehen«, klärte sich das beschleunigte angriffsweise Verfahren zum alles beherrschenden Gedanken. Friedrich baute darauf, daß seine Truppen wie keine anderen angreifen konnten, rechnete aber auch damit, daß der künftige Feind im unvermeidlichen Kampf um Schlesien eine gesteigerte Abwehrkraft entgegenrichten und auf seinen bisher immer angewandten Versuch der »schrägen Schlachtordnung« entsprechend reagieren würde. In der kunstvollen »ordre oblique«, bei der ein verstärkter Armeeflügel den Angriff so weit wie möglich umfassend zu führen hatte, während der andere versagt blieb, sah er das beste Mittel, die numerisch unterlegene Macht an entscheidender Stelle zu überlegener Wirkung zu bringen. Mit diesem überaus schwierigen Manöver der Lineartaktik hat sich der König seit dem Ende des 2. Schlesischen Krieges dauernd beschäftigt, um es immer perfekter zu gestalten und das Heer auf solche Weise immer gründlicher zu schulen[4].

Hierzu dienten ihm die großen Feldmanöver, die schon 1743 erstmals stattfanden, woran ad hoc zusammengezogene Truppenmassen aller Waffengattungen beteiligt waren. Bei den bisher üblichen Generalrevuen hatten Infanterie und Kavallerie nur bekannte, genau vorgeschriebene Bewegungen ausgeführt, jetzt ließ sie der König frei nach kurz zuvor gegebener Disposition und aufgrund unvorhergesehener Eingriffe in die Gefechtslage ablaufen. Mit voller Absicht wählte er ein Gelände aus, in dem vielfältige Hindernisse – Gräben, Waldstücke, sumpfige Wiesen usw. – das Vorgehen seiner Truppen erschweren sollten. Durch gezielte Einlagen zwang er sie zu komplizierten Formveränderungen. Um die Störempfindlichkeit der Linie auch unter extremen Bedingungen zu testen, die bei jedem Angriff auf Ortschaften gegeben waren, ließ er im Jahre 1755 auf dem Spandauer Übungsplatz ein Dorf mit 20 Häusern und einer Kirche errichten. Ab 1754 wurden einzelne Bataillone und Eska-

---

4 R. Keibel: Die schräge Schlachtordnung in den beiden ersten Kriegen Friedrichs des Großen, Forschungen zur Brandbg. Preuß. Geschichte, Bd. XIV, S. 95 ff., überzeugende Widerlegung der vom Gr. Generalstab aufgestellten These, Friedrich habe die Form der schrägen Schlachtordnung erst nach dem Dresdner Frieden von 1745 gefunden, siehe kriegsgeschichtl. Einzelschriften, H. 27, Berlin 1899.

drons zur Feinddarstellung an Stelle von Flaggenmarkierungen verwendet. Man übte alles, was im Kriege vorkommen konnte; nicht nur den schnellen Aufmarsch zum schrägen Angriff, sondern auch den Gegenstoß aus der Verteidigung, den Festungskampf, das Sichern einer großen Fouragierung und die taktische Verfolgung. Das fortwährende Experimentieren mußte freilich auch zu übertriebenen Künsteleien führen, die nur auf dem Manöverfelde probiert, aber nicht in der Wirklichkeit der Linearschlacht angewendet werden konnten. Augenzeugen haben das Verhalten des Königs begeistert geschildert. Seine Kritik sprach er mit leiser, freundlicher Stimme; in aller Ruhe und immer ermunternd korrigierte er die Fehler der Befehlshaber, kein Offizier sollte herumschreien und selbst die Zugführer durften sich nicht um Kleinigkeiten kümmern, weil sie ohnehin in den Reglements standen und im Manöver dazu keine Zeit sei[5].

Wie der König selbst rastlos tätig war, die Kriegstüchtigkeit seines Heeres zu erhalten, so verlangte er entsprechende Aktivität auch von seinen Offizieren. Die großen Herbstmanöver hatten den hohen Zweck, sie zu schulen, »ohne sich um die gemeinen Soldaten zu kümmern«. Wer vor ihm als tüchtiger Truppenführer bestehen wollte, mußte »eine unendliche Zahl von Kenntnissen und Talenten in sich vereinigen«, mußte neben selbstverständlicher Tapferkeit »Verstand und Kopf haben«; denn die Erfahrung lehrte, »daß die Güte der Truppen allein in dem Werthe ihrer Offiziers bestehe[6]«.

Dieser Wert hing aufs engste mit der Perfektion des militärischen Apparates zusammen, den die ständige Gefährdung des »Königreiches bloßer Grenzstriche« bedingte. Schon die erste Instruktion vom 30. Juni 1740, an den Chef des Kadettenkorps gerichtet, betonte, worauf es in der Offizierausbildung besonders ankam: auf die Schulung der Urteilskraft, weniger auf gedächtnismäßiges Lernen. Vier neue Magister sollten die Logik lehren, damit die Zöglinge »von Jugend auf zum vernünftigen und ordentlichen Denken . . . angewöhnt werden«. Die Hauptmaxime der Erziehung betraf den sittlichen Wert »vernünftiger Ambition[7]«. Friedrich sah nur dort hohe Leistungen entstehen, wo der Ehrgeiz die geistige und charakterliche Energie des tüchtigen Menschen anspornte, der auf Ehre und Glück bezogenes natürliches Bedürfnis sei. Seiner Überzeugung nach bestand das Geheimnis der Menschenführung in der Armee darin, allen denen, die sich auszeichnen wollten, eine freie Bahn zu Verdienst und gerechter Belohnung zu schaffen. Mit einem sorgsam erwogenen System von Lob und Tadel wollte er die bewegende Macht der Ambition für den militärischen Dienst am Staat nutzbar machen. Somit war bereits ein »Programm zur

---

5 Kielmansegg: Über Entstehung und Bedeutung der unter Friedrich dem Großen abgehaltenen Manöver, Beiheft zum Mil. Wochenblatt, Jg. 1906, H. 1, S. 1 ff., auch Gr. Generalstab, Die taktische Schulung der pr. Armee durch König Friedrich den Großen, Kriegsgeschichtl. Einzelschriften, H. 28/29, Abschn. IX, Berlin 1900, S. 577 ff.

6 Friedrich der Große, Militärische Schriften, S. 315, 645 u. 321.

7 Mil. Schriften, S. 442.

Einführung des Leistungsprinzips[8]« gegeben. Für ein auf das Reservoir des Adels begrenztes Offizierkorps im Zeitalter der Lineartaktik schien es auszureichen, wenn die weniger Talentierten und Ambitionierten noch als Subalterne im kleinen Dienst der Regimenter gebraucht werden konnten. Schließlich stand jeder Edelmann unter dem unerbittlichen moralischen Zwang, keinesfalls vor dem Feind seine Ehre zu verlieren. Dazu galt für alle Offiziere, daß ihre »Conduite« mit dem Gehorsam als zweckgerichtetes Prinzip a priori zur Erhaltung der Armeedisziplin begann, an den sie wie der gemeine Mann gleich einer Kette gefesselt waren.

Schon die Erfahrungen des 1. Schlesischen Krieges hatten den König veranlaßt, den vom Vater überkommenen, aus dem Dienstverhältnis deutlich herausgehobenen individuellen Ehrenstandpunkt des Offiziers dem strengen Gebot der Subordination zu unterwerfen. Wer glaubte, nicht gehorchen zu müssen, weil »es gegen die Ehre sei«, der konnte sich gar zu leicht darauf berufen, auch wenn er von seinem Vorgesetzten zu Recht in die Schranken gewiesen worden war. Häufige Vorkommnisse dieser Art hatten schon schädliche Spuren im inneren Gefüge der Truppe hinterlassen. Die Manneszucht pflegt unten nicht besser zu sein als oben. In der königlichen Ordre vom 12. Juni 1744 hieß es mit schneidender Schärfe, daß der beleidigte Offizier, »so lange er im Dienst ist, stille dabey sein« müsse, erst hinterher könne er die »gehörige Satisfaktion suchen«. Acht Jahre Festungshaft hatte derjenige zu erwarten, der sich wegen sachlicher Zurechtweisung duellieren wollte; wer gar den Degen zog, sollte »auf ewig mit Festungs-Arrest belegt«, im Falle der Verwundung des vorgesetzten Kontrahenten »ohne Gnade arquebusiret«, wenn es im Dienst geschah, »ohnausbleiblich decolliret werden[9]«.

Der persönliche Ehrbegriff des Königs war nicht durch längst obsolet gewordene Traditionen des mittelalterlichen Rittertums bestimmt, sondern von den Ideen der Aufklärung her geprägt. Der Subjektivismus übersteigerter Individualehre bedeutete geradezu einen Gegensatz zum neuen Offiziertypus eines obrigkeitlichen Heeres im absoluten Staat. Demnach handelte ehrenhaft im Sinne Friedrichs, wer aus wohlverstandenem Eigeninteresse die Kraft zu stetiger disziplinierter Willensanspannung aufbrachte, die berufliche Weiterbildung an sich selbst betrieb und neben makelloser dienstlicher Conduite sich auch jeder privaten Frivolität enthielt.

Die Menschenführung in der Armee stand unter der leitenden Maxime der »Conservation«. Die Erhaltung der Regimenter erforderte um so größere Sorgfalt, als sie ihren gewonnenen Leistungsvorsprung nicht wieder verlieren durften. Dazu gehörte, daß man die Leute »gut nährt«, bei der Kontrolle der Quartiere »auf ihre Wirtschaft Acht gibt«, daß ordentlich gekocht, die Stuben gelüftet, im Winter nicht überheizt und bei gutem Wetter die Betten gesonnt wurden. Peinliche Sauberkeit diente der Vorbeugung ansteckender Krankheiten. Unter der Aufsicht der Chefs und Kommandeure hatte der

---

8 MGFA (Hrsg.), Offiziere im Bild von Dokumenten aus drei Jahrhunderten, Stuttgart 1964, S. 53.
9 Offiziere im Bild von Dokumenten, S. 146.

Regimentsfeldscher die Gesundheitspflege gewissenhaft zu praktizieren. Die Kompanien sollten nicht länger als drei Stunden täglich exerzieren, im Sommer frühzeitig hinausmarschieren und spätestens um 9 Uhr wieder in der Garnison sein[10].

Aus den Bestimmungen und Bemerkungen des Königs anläßlich der Truppen-Revuen jener Friedensjahre ist zu ersehen, nach welchen Gesichtspunkten die Rekruten auszubilden waren: Um nicht gleich »verdrießlich und furchtsam« zu machen, »alles durch gütige Vorstellungen sonder Schelten und Schmähen« lernen; »auf keine Weise etwas Gezwungenes und Unnatürliches dulden, da . . . (es) dem Soldaten zugleich sauer wird . . .«; schwache Leute sind zu schonen, weil sich mit zunehmenden Kräften »alles von selbst« findet; jeden Zorn und Affekt unterdrücken, um so mehr Zeit und Geduld nehmen und »nur dahin sehen, daß sie alles spielend lernen«, denn »unzeitiger Eyfer und Strafe« erreichen das Gegenteil; ein neuer Mann ist »zu einem guten Cameraden ins Quartier zu legen«, der ihn »so zu sagen mit erziehen helfen muß«. Kein Offizier soll sich unterstehen, »willkürlich von den gegebenen Befehlen abzuweichen«. Wer mit Schlägen traktiert, wird »zum eigenen Schaden eher den Abgang der Leute vermehren, als ergäntzen helfen . . .[11]«. Damit war, wie so oft, auf die Gefahr der Desertion hingewiesen. Jedem gut einexerzierten Soldaten kam die Bedeutung eines kostbaren Werkzeugs innerhalb des effektiven Kriegsinstrumentariums zu, das sich zwar durch Rekruten aus den Kantonen eher ersetzen ließ als in den anderen Armeen, nicht aber im Hinblick auf die nur mühsam und langwierig erreichbare Ausbildungsqualität. Die bekannten 14 Regeln zur Desertionsverhütung in Friedrichs »Generalprinzipien vom Kriege« enthalten aber nicht nur drastische Bewachungsmaßnahmen. Was gewöhnlich übersehen wird, sind die positiven Anordnungen, um sogleich den Ursachen auf den Grund zu gehen und sie unverzüglich zu beseitigen[12].

Schließlich verlangte Friedrich vom Offizier, daß er jeden seiner Leute genau kennenlernte, nicht bloß dem Namen nach. Er selbst tat das gleiche bei seinem Leibgrenadier-Gardebataillon, das er als Chef täglich kommandierte. Überliefert ist jener echt soldatische Brauch, nach dem der König am 10. April eines jeden Jahres das Bataillon kurz ausrücken, nur »zweimal mit Pelotons chargieren ließ« und das Exerzitium mit der lakonischen Anrede beendete: »So machten es eure Vorfahren bei Mollwitz[13]!«

---

10 Quellenbelege bei S. Fiedler: Die Menschenführung in der Armee Friedrichs des Großen, Teil II, Zeitschrift für Heereskunde, Jg. 1982, S. 100 ff.
11 Notiert durch Generalmajor v. Ingersleben 1758, mitgeteilt im Mil. Wochenblatt, Jg. 1899, Nr. 8; siehe auch die »Instruction vor die Capitaines und Stabs-Capitaines vom Ersten Btl (Garde) v. 14. 5. 1750, Kriegsgeschichtl. Einzelschriften, H. 28/29, Anlage 1, S. 687 f.
12 Friedrich der Große, Militärische Schriften, S. 4.
13 Potsdamer Tagebücher 1740–1756, Urkundl. Beiträge und Forschungen zur Geschichte des preußischen Heeres, H. 10, Berlin 1906, S. 31. Einblicke in Friedrichs Beziehungen zum Mannschaftsstand und zu seinen Offizieren bietet E. Graf z. Lippe: Militaria aus König Fr. d. Gr. Zeit, photomechan. Nachdruck der Ausg. 1866, Krefeld 1977.

Abb. 44. Menzels Vignette zur »Instruktion für die Kommandeurs der Infanterrieregimenter« vom 11. 5. 1763.
Der vom Dienst ins Quartier zurückgekehrte Grenadier ist ins Idyll des häuslichen Friedens hineingestellt. Nach obiger Instruktion sollte »weder Offizier noch Soldat vom Kommandeur bis zum geringsten Tambour sich keiner unterstehen, dem Bürger Überlast zu thun«.

Für jede preußenfeindliche Beurteilung, zumindest der Zustände in der Infanterie, ist Ulrich Bräkers selbstverfaßte »Lebensgeschichte« eine kulturhistorische Quelle ersten Ranges. Als Privat-Bedensteter eines preußischen Werbeoffiziers war der leichtlebige Schweizer Anfang April 1756 durch glatten Betrug zwangsweise beim Infanterieregiment v. Itzenplitz (No. 13) – das Regiment hugenottischer Herkunft, dem »von anderer Seite eine besonders humane Rekrutenschule bescheinigt«[14] wurde – in Berlin gelandet. Kein Wunder, wenn sein Bericht einer einzigen Klage über den gewaltsam erduldeten preußischen Drill gleichkam. Dennoch erscheint sie an einzelnen Stellen etwas gemildert, wenn z. B. der Sergeant Hevel »ein feiner sittlicher Mann« genannt wird, der »immer Geduld und Mut einsprach« und Bräker beim Exerzieren mit Vorbedacht unter seine Fittiche nahm, so daß er »in einer Stunde mehr als sonst in zehn Tagen« begriff. Mit dem Freikorporal v. Krahn hielt er gute Kameradschaft. Bei mehrmaliger, überaus freundlicher Begegnung mit seinem Werbe-Leutnant während des Ausmarsches ins Feld und im Pirnaer Lager überkam ihn seltsame Rührung, obwohl er doch die Hauptschuld an seinem Unglück trug. Der Kompanie-Chef, Major v. Lüderitz, »ein gewaltig großer Mann mit einem Heldengesicht und ein paar feurigen Augen wie Sternen«, hat Bräkers Unmut oft bemerkt und ihm gedroht, sich ja in acht zu nehmen, doch seinem immer lustig und frohgemut schauspielernden

14 H. Bleckwenn: Die friderizianischen Uniformen, Taschenbuch-Kassette, Bd. I, S. 104.

Schweizer Landsmann klopfte er bei gleicher Gelegenheit als braven Burschen auf die Schulter. Wie der in erster Schlacht bei Lobositz (1. Oktober 1756) Davongelaufene von seiner Heimkehr bis zum Lebensende (1798) sonst noch seiner Soldatenzeit bei den Preußen gedachte, das liest sich ganz anders als ein Fluch. Da klingt immer wieder der Stolz durch, auch in der so hoch angesehenen Armee des »ohnstreitig großen Königs« gedient zu haben[15].

König Friedrich hat die Wehrverfassung seines Vaters im Prinzip nicht angetastet. Er hat aber trotz Heeresvermehrung die Wehrpflicht der Untertanen auch nicht ausgedehnt, sondern sie sogar weiter eingeschränkt. Im Interesse seiner vom Merkantilsystem beherrschten Innenpolitik sollte die einheimische Bevölkerung vom Militärdienst so weit wie möglich verschont bleiben. Um Ackerbau, Handel und Gewerbe nachhaltig zu fördern, um Kolonisten und Einwanderer ins Land zu ziehen, nahm die Zahl der Eximierten ständig zu. Die Befreiung von der Kantonspflicht erstreckte sich nicht nur auf Einzelpersonen; auch ganze Dörfer, Städte und Kreise wurden von der Enrollierung ausgenommen, besonders im bevorzugten Schlesien und in den wirtschaftlich wichtigen, militärpolitisch ungünstig gelegenen Streugebieten im Westen[16]. Schon im Jahr 1742 hatte Friedrich den Bestand an Landeskindern auf ein Drittel herabsetzen wollen, was aber allein bei denjenigen neuen Regimentern eindeutig nachzuweisen ist, die keine eigenen Kantone besaßen. Die sofort verstärkt eingesetzte Ausländerwerbung hing mit erhöhter Soldeinsparung zusammen, indem laut Reglements von 1743 die jährliche Exerzierzeit nur noch zwei Monate dauern sollte. Damit entfernte sich der König von der Grundidee Friedrich Wilhelms I., das Heer auf die moralischen Vorzüge seines inländischen Ersatzes zu fundamentieren. Die Meßlatte spielte nach wie vor ihre bedeutsame Rolle, doch wie das Regiment der Riesengarde schon beim Thronwechsel der Auflösung verfallen war, so besaß das Erfordernis kräftiger, robuster Leute den Vorrang gegenüber jeder übertriebenen Körperlänge. Die alten Regimenter sollten im ersten Glied keinen Mann unter 5 Fuß 8 Zoll (1,80 m) haben, unter den kleinsten im mittleren Glied keinen unter 6 Zoll (1,73 m). Die Füsiliere der neuen Regimenter durften um je einen Zoll (etwa 3 cm) kleiner sein[17].

Da Friedrich das 1746 abgeschlossene Bündnis zwischen Österreich und Rußland bald erfahren hatte, dessen Spitze eindeutig gegen ihn gerichtet war, mußte die Rüstung der bestimmende Faktor aller politischen, wirtschaftlichen und sozialen Arbeit im Lande bleiben. Seine leitende Herrschermaxime lautete: »Der König von Preußen muß ... notwendig Soldat und oberster Kriegsherr sein«, dies verbunden mit dem

---

15 Nachzulesen bei H. Eckert, Ulrich Bräkers Soldatenzeit und die preuß. Werbung in Schaffhausen, Schaffhausener Beiträge zur Geschichte, H. 53, Jg. 1976; dort auch neue Auskünfte über J. C. Müller, Verf. der 1759 in Schaffhausen erschienenen Schrift »Der wohl exercirte preuß. Soldat ...«.
16 Jany: Geschichte der pr. Armee, Bd. II, S. 236.
17 Jany: Bd. II, S. 244.

Abb. 45. Menzels Vignette zur »Geschichte meiner Zeit« (Kap. VII).
Schanzarbeiter unter Aufsicht von Ingenieur-Offizieren beim Festungsbau in Schlesien, wo alte Plätze verstärkt und neue angelegt wurden.

Weckruf: »toujours en vedette[18]!« Demgemäß bildeten Staatsschatz, Magazine, Zeughäuser und Festungen ein unvergleichlich großes Kriegsreservoir, das der Arbeitsfleiß des ganzen Volkes auffüllte.

Die Aufgaben der Zivilverwaltung wurden noch enger mit den Bedürfnissen der Armee verknüpft: die materielle Vorratsbeschaffung, das System der Lebensmittellieferungen, die Transportleistungen, und alle Mobilmachungsmaßnahmen. Die für jedes Regiment zunächst auf zwölf Tage festgesetzte Herstellung der Kriegsbereitschaft konnte um die Hälfte verkürzt werden. Ehe allerdings der gesamte Feldetat wirksam gemacht war, bedurfte es etwas längerer Anlaufzeit. Eine große Zahl von Fahr-, Pferde- und Packknechten mußte aus den Kantonen zusammenkommen, dazu Bäcker, Schlachter, Zimmerleute, Maurer und Schmiede, auch Lazarettgehilfen. Dieses umfangreiche Personal entsprach dem hohen Wagenbedarf für das Proviantfuhrwesen, die transportablen eisernen Backöfen sowie für das in den Depots bereitgestellte Artillerie- und Pioniergerät samt Pferdebespannung[19].

Wie das riesige Räderwerk der militärstaatlichen Dienstleistungsorganisation zu funktionieren hatte, zeigt das gründlich überarbeitete Marschreglement vom 5. Januar 1752 auf. Danach sollten die Landräte bzw. deren Beauftragten die angekündigten Regimenter an der Kreisgrenze pünktlich in Empfang nehmen, sie unter strikter Beachtung der befohlenen Marsch-Route reibungslos durch ihr Gebiet führen und in guter Ordnung dem ablösenden Kommissar übergeben. Um beim Quartierbezug Unregelmäßigkeiten und Zeitverlust zu vermeiden, mußten die städtischen Magistrate

---

18 Friedrich der Große: Die politischen Testamente, eingeführt v. G. B. Volz, München 1936, S. 83; der Ausspruch »stets mit gespanntem Ohr auf der Wacht« in Fr. »Abriß der preuß. Regierung« von 1776, Werke, Bd. 7, Berlin 1913, S. 216.
19 Siehe Die pol. Testamente, S. 94 ff., vgl. Jany, Bd. II, S. 198 ff.

an jedem als Unterkunft vorgesehenen Haus ein numeriertes Schild anbringen lassen, eine Liste mit genauer Angabe der Belegungsstärke führen und die entsprechenden Einzelbillets zur Ausgabe an die Kompanien pp. bereithalten. Wurde die Truppe auf Dorfquartiere angewiesen, lag die Vorbereitung in der Zuständigkeit des Landrates. Vor allem war dafür zu sorgen, daß stets genügend Stuben für die Kranken zur Verfügung standen. Das Lagerstroh hatten die Kreise rechtzeitig an die Städte zu liefern, wo es Magistratsbeamte nach genauer Gewichtsberechnung an die Bürger verteilten. Jeder Soldat beköstigte sich selbst von seinem Traktament und den Zulagen, die im Feldzug gewährt wurden: täglich zwei Pfund Brot und wöchentlich zwei Pfund Fleisch. Niemand durfte etwas unentgeltlich fordern und kein Vorgesetzter für das Wohlverhalten seiner Leute irgendwelche »Douceurs« annehmen. Auf dem platten Lande hingegen, das die Lebensmittelmengen für dicht zusammengerückte Truppenmassen auch nicht für Geld sofort hergeben konnte, mußte »die Nothdurft an Bier, Fleisch, Speck, Hering, Grütze, Kohl, Toback auch andern Zugemüsse« aus den nächsten Städten herangeschafft und ohne jeden Preisaufschlag verkauft werden. Den Transport hatten die Händler selbst zu übernehmen. Das Pferdefutter war gleichfalls nach den Quartierorten zu liefern, wo Magistrat, Gutsherr oder Dorfschulze zur vorübergehenden Lagerung Bodenräume und Scheunen bereitzustellen hatten. Nur beim schnellen Marsch durch Landgebiete sollte die Dorfgemeinde die Fourage zusammenbringen. Die Bezahlung erfolgte mit barem Gelde zu marktgängigen Preisen und steuerfrei aus der Kasse des Landrates. Bezogen die Truppen das Feldlager, so galt die Vorschrift, jedem Infanterieregiment zehn und jedem Kavallerieregiment 20 Wagen für die Zuführung von Fourage, Holz und Stroh kostenlos zu stellen, vorausgesetzt, daß sie der jeweilige Kommandeur nicht länger als höchstens zwei Tage zur Versorgung beanspruchte. Sonst wurden ihm aus Gründen des Untertanenschutzes für jeden weiteren Tag ein Taler pro Wagen vom nächsten Verpflegungsgeld abgezogen. Wie die Truppenführung verpflichtet war, alles Erforderliche mit den Kommissaren »freundschaftlich und ohne Bitterkeit« zu regeln, so sollten Letztere »das Corps nicht eher quittieren, bis alles abgethan und eine richtige Liquidation geschlossen«, insbesondere »hierin kein Nachsehen oder unzeitige Höflichkeit in Vertuschung der Exzesse bezeugen«. Bei solchem Verfahren blieben die Quartierwirte von jeder übermäßigen Drangsal verschont. Beim Marsch durch fremdes Territorium bestanden die Aufgaben des begleitenden Kommissars in gleicher Weise, und jeder Offizier trug dafür die Verantwortung, daß seine Mannschaft keinen Anlaß zur Klage gab, genauso wie im eigenen Land[20]. In einem Krieg, wie dem siebenjährigen Erschöpfungskampf, galten bald andere Gesetze.

Bisher war es dem König gelungen, mittels außergewöhnlichen militärischen Kraftaufwandes seinen Staat in den Kreis jener europäischen Großmächte einzufügen, die um die Wende vom 17. zum 18. Jahrhundert durch fortgesetzten Kriegseinsatz ihrer

20 Sammlung aller in dem souverainen Herzogtum Schlesien ... publizierten und ergangenen Ordnungen, Edikten etc. de anno 1752, S. 549–584.

Abb. 46. Der Tod des Feldmarschalls v. Schwerin in der Schlacht bei Prag am 6. 5. 1757, Kupferstich von D. Chodowiecki, aus dem »Genealogischen Militärischen Kalender auf das Jahr 1787«.
Der Künstler hat sich nach genauer Befragung der Augenzeugen, die keine genügende Klarheit ergab, nicht für die Version des Todes mit der Fahne in der Hand entschieden.

Heere entstanden sind. Der eroberte Besitz Schlesiens mit seiner hohen wirtschaftlichen Leistungsfähigkeit bedeutete »ein Nietstück des preußischen Staates[21]«. Militärisch hatte es ihn um gut 40 000 Soldaten gestärkt. 1755 zählte die Feldarmee 123 000 Mann, die um knapp 8000 ausgebildete »überkomplette« Landeskinder aus den Kantonen vermehrt werden konnte. Hinzu kamen 30 500 Mann Garnisontruppen[22].

Friedrich zog 1756 mit erstklassigen Truppen in den Siebenjährigen Krieg, wie er sie zuvor nicht besser besessen hatte. Doch auch die Österreicher waren nicht mehr die alten. Sie hatten viel hinzugelernt, die Feuerkraft ihrer Waffen erheblich verstärkt und ihre Manövrierfähigkeit in der Verteidigung deutlich verbessert. Das zeigte bereits die erste Schlacht bei Lobositz (1. Oktober 1756). Die auf Entscheidung angelegte Zweite bei Prag (6. Mai 1757) reichte nur zu einem lokalen, so teuer erkauften Sieg hin, daß der König »die Säulen seiner Infanterie[23]« gestürzt vor sich sah. Was

21 H. Rothfels: Friedrich der Große und der Staat, in: Geschichte in Wissenschaft und Unterricht, Bd. 13 (1962), S. 629 f.; zur Bedeutung Schlesiens für Österreich und Preußen siehe J. Kunisch: Das Mirakel des Hauses Brandenburg, München/Wien 1978, S. 29 ff. und Anhang I, S. 95.
22 Jany: Bd. II, S. 195, 352 und 383.
23 Friedrich der Große: Geschichte des 7jähr. Krieges, Werke, Bd. 3, S. 72.

dann nach sieben Siegen noch einmal bei Kolin (18. Juni 1757) glücken sollte, endete in einer ersten Niederlage unter gleich hohen Blutopfern. Sie verwandelte schlagartig den als »Blitzfeldzug« gedachten Angriff auf den Hauptgegener Österreich in die unabsehbare Defensive. Schon nach einem Jahr schien alles verloren, indem der größte Teil Preußens dem Zugriff der Feinde ringsum offen lag und Friedrich nur noch dort die Situation beherrschte, wo er selber mit den besten Elementen seiner angeschlagenen Armee stand. Da gelang es ihm auch ohne neue Kraftzufuhr, sich aus hoffnungslosester strategischer Zwangslage zu befreien; durch die Gunst der Umstände und die beiden Siege von Roßbach und Leuthen. Sie häuften ein ungemein hilfreiches »moralisches Kapital[24]« an. Auch in diesem, militärisch wieder ins Gleichgewicht gebrachten Zustand wünschte der König nichts sehnlicher als den Frieden; denn er mußte die weitere Minderung seiner Mittel fürchten und er benötigte bereits die angebotenen englischen Subsidien. Seine Feinde dachten aber nicht daran. In ihrer ungebrochenen Zuversicht, daß Preußen aufgrund seiner physischen Schwäche den Krieg nicht mehr lange würde führen können, rechneten sie fest damit, das gemeinsame Ziel der »destruction totale[25]« bald zu erreichen.

Demzufolge lief der Orlog unter allseitiger Erschöpfung der Kräfte noch jahrelang weiter. Die Franzosen hielt die kampftüchtige alliierte Armee unter Herzog Ferdinand von Braunschweig dem König vom Leibe, die Österreicher und Russen hatten größte Hemmnisse auf den langen Operationslinien ihrer schwerfälligen Heere zu überwinden und gerieten dabei in die Gegensätzlichkeit der miteinander verschlungenen Machtinteressen. Generale und Feldmarschälle konnten den Krieg »nicht anders als aus dem Cabinet[26]« führen, während der preußische Kronfeldherr alles zu jedem Zeitpunkt und an jedem Ort selbst plante, entschied und sogleich in die Tat umsetzte. Sein Staat war sozusagen identisch mit seinem Heer, von dessen Größe und Schlagkraft Preußens Großmachtexistenz allein abhing. Die fest fundierte und wohlerprobte militärstaatliche Organisation, deren kriegsmäßiger Ausbau ein reichliches Jahrzehnt zuvor »mit dem Bauche der Armee« begonnen hatte, ermöglichte es, die Truppen besser versorgt als auf der Gegenseite durch die Zeit der Feldzüge und Winterquartiere zu bringen. Die geographischen Vorteile im eigenen Land lagen in der vollen Ausnützbarkeit von Oder- und Elbelauf mit den großen Festungs-Magazinplätzen an den Übergangsstellen, die rasches Hin- und Herwerfen der verteilten Streitkräfte zwischen Sachsen, Pommern und Schlesien erlaubten. Schlimm war, daß die Infanterie mit jedem weiteren Feldzug an Qualität einbüßte; genau genommen und beängstigend aber nur dort, wo die Regimenter keine eigenen Kantone besaßen bzw. ihre Ergänzungsbezirke an den Feind verloren hatten. Bis zum Schluß konnte der König

---

24 H. Rothfels: Friedrich der Große in den Krisen des 7jähr. Krieges, in: Bismarck. Der Osten und das Reich, (2. Aufl.), Stuttgart 1960, S. 140.
25 J. Kunisch: Das Mirakel des Hauses Brandenburg, S. 9, 17 ff. und 66 ff.
26 Staats-Betrachtungen über den gegenwärtigen Preußischen Krieg in Teutschland, Wien 1761, siehe Kunisch: Das Mirakel des Hauses Brandenburg, Anhang II.

Num. 66.

General-Pardon vom 10. May 1757. vor
alle Deserteurs Sr. Königlichen Majestät in Preußen
Armées, sowohl von der Infanterie, als der Cavallerie, Husaren und allen andern Corps, so sie sich à dato bis Ablauf des Monats Julii dieses Jahrs wieder stellen werden.

Seine Königl. Majest. in Preußen ꝛc. Unser allergnädigster Herr, haben in Gnaden resolviret, daß alle und jede Deserteurs von Dero Armees, und zwar sowohl von der Infanterie, als von der Cavallerie, so wie auch von denen Husaren-Regimentern und übrigen Corps, welche sich à dato bis Ablauf des Monats Julii dieses Jahres zu ihren Regimentern und Fahnen, von welchen sie ausgetreten sind, oder auch sonsten zur Königl. Armee wieder einfinden und gestellen werden, nicht nur vollkommenen Pardon wegen ihrer begangenen Desertion haben, und deßhalb von aller Strafe frey seyn; Sondern auch ihnen ihre Desertion niemalen vorgeworfen werden soll.

Urkundlich unter höchstgedachter Sr. Königl. Mjaestät höchsten Unterschrift und Siegel: Gegeben Haupt-Quartier im Lager bey Prag den 10. May 1757.

(L. S.)   Friedrich.

Abb. 47. Aus der Sammlung aller im Herzogtum Schlesien ergangenen . . . publizierten Verordnungen pp. ab 1752.
Solcher General-Pardon war in allen Armeen aus gutem Grund üblich.

Abb. 48. Der schlafende Zieten an der Tafel des Königs, Radierung von D. Chodowiecki, vollendet um 1800.
Friedrichs Worte zu seinen Tischgästen: »Laßt ihn schlafen, er hat lange genug für uns gewacht.«

zuverlässige Kerntruppen als voll kampffähige Verbände um sich scharen[27]. Die Kavallerie blieb infolge nicht so katastrophaler Verluste und besseren Personalersatzes auf einem recht guten Leistungsstand. Der geniale Seydlitz hatte den bei Kolin verlorenen guten Ruf der schweren Reiterei schnell wiederhergestellt. Bei seinen erfolgreichen Bestrebungen, auch die Husaren kavalleristisch vollwertig einzusetzen, wurde er vom braven Zieten eifrig unterstützt[28]. Beide Reiterführer, wie auch andere hervorragende Generale, vor allem die beiden Prinzen Heinrich von Preußen und Ferdinand von Braunschweig, gehörten zu den bewährten Helfern des Königs[29]. Insbesondere zählte das beim Herauswinden aus fataler Lage, in die er sich selbst durch eigene Fehler gebracht hatte.

Damit hielten sich die streitenden Parteien die Waage. Friedrich nützten die weiteren Siege von Zorndorf (25. August 1758), Liegnitz (15. August 1760) und Torgau (3. November 1760) wenig und den Alliierten die Schlachtgewinne von Hochkirch (14. Oktober 1758) und Kunersdorf (12. August 1759) ebenso. Auftrieb gaben

27 Urteile über Charakter und Bewährung der InfRgtr bei Bleckwenn: Die friderizianischen Uniformen, Taschenbuch-Kassette, Bd. I und II.
28 Leistungsübersicht der KavRgtr siehe Bleckwenn, Bd. III. Natürlich schmolz auch die hochgeschulte Friedensreiterei in der Länge des Krieges dahin, so daß die Qualität infolge starker Rekrutenquoten absinken mußte.
29 Zu Seydlitz siehe H. Eckert: Zur Charakteristik von Seydlitz, Zeitschrift für Heereskunde, Jg. 1973, S. 181 ff., ebenfalls Fr. v. Blankenburg: Charakter und Lebensgeschichte des Herrn v. Seydlitz, Neudruck der Ausg. Leipzig 1797, H. 29 d. Reihe Altpreußischer Kommiß, Osnabrück 1976. Die auf »wahre Theorie gebaute und durch die Erfahrung unterstützte Kriegskunst des Königs und mehrerer seiner Generalen« hat Fürst Kaunitz in einem Vortrag 1767 gegenüber der Kaiserin als »Hauptgrund der preußischen Aufrechterhaltung« genannt, zit. nach Kunisch: Das Mirakel des Hauses Brandenburg, S. 93.

Abb. 1 Die Schlacht von Fontenoy am 11. Mai 1745, Gouache-Malerei von Van Blarenberghe.
Die Schlacht entwickelte sich im Zusammenhang mit der Belagerung von Tournai durch die französische Flandern-Armee unter Moritz von Sachsen, als die Alliierten – Engländer, Holländer und Österreicher – zum Entsatz herankamen. Das Bild zeigt die Situation nach dem Einbruch der Engländer und Hannoveraner in der Frontmitte, der abgeriegelt werden konnte, bis Moritz um 13.00 Uhr den allgemeinen Gegenangriff befahl; flankierend durch die Infanterie, frontal durch die Kavallerie, die den Sieg entschied. Beide Armeen waren rund 50 000 Mann stark. Im Vordergrund rechts König Ludwig XV. mit dem Dauphin.

Abb. 2 Türkischer Angriff auf den Brückenkopf der Kaiserlichen vor Belgrad am 8. August 1688, Gemälde von F. J. Beich. Das kaiserliche Heer beim Save-Übergang, die ersten zehn Bataillone bilden den Brückenkopf; den blitzartig vorgetragenen Schwarmattacken der Sipahis schlägt wirksames Gewehrsalven- und Geschützfeuer entgegen, die fest geschlossene Abwehrfront ist zusätzlich durch spanische Reiter geschützt.

Österreich und Rußland die Kapitulation des 13 000 Mann stark gewesenen Korps unter General v. Finck im offenen Feld bei Maxen (21. November 1759), die den Geist im ganzen preußischen Lager zu Boden drückte. Hoch empfindlich war der Verlust wertvoller Kader für einen beträchtlichen Heeresteil, der im folgenden Jahr bei Landeshut (22. Juni 1760), abermals eintrat, dort nach heroischem Kampf.

In der Spätphase des Krieges hat der König jedes windige Mittel rücksichtslos angewendet, um die Feldarmee wenigstens auf 100 000 Mann zu bringen. Die besetzten Gebiete wurden ausgebeutet, Rekruten gepreßt, Gefangene gewaltsam untergesteckt, und zur Auffüllung der Kriegskasse diente die sehr zweischneidige inflatorische Münzverschlechterung. Wie bereits die Einverleibung der sächsischen Regimenter nach ihrer Kpitulation bei Pirna Mitte Oktober 1756, hatten solche Zwangsmaßnahmen üble Folgen, vor allem im Hinblick auf die Fahnenflucht. Allerdings gaben die unentwegten Märsche auf der »inneren Linie« zwecks dauernder Deckungnahme dazu günstige Gelegenheit. Andererseits sind nicht wenig Deserteure teils schon wegen der regelmäßigen Fleischportionen auch zu den Preußen übergelaufen[30]. Die rückwärtigen Versorgungsdienste entlasteten und erhielten das Heer unter anhaltender Zerreiß-Probe. Eine laufend verstärkte Artillerie stützte die zermürbte Infanterie bei jeder Aktion. Als keine großen Schlachten mehr stattfanden, wuchsen Zahl und Bedeutung der bunt gemischten Frei-Formationen aus dem sozialen Treibgut des langen Krieges, für Streifzüge und die lokale Verteidigung bestimmt. Diese leichten Truppen mußten das keineswegs gleichwertige Gegengewicht zur überlegenen Kleinkriegführung der Österreicher bilden, so daß der König einmal ironisch bemerkte, er werde den als General begonnenen Feldzug als Parteigänger beenden[31].

Die Hauptsache aber war, daß der Kern des friderizianischen Heeres fest blieb. Einer vielfachen Übermacht gegenüber ertrugen die Bauernregimenter trotz schwerster Verluste und deprimierender Niederlagen, ohne noch von einem guten Ende überzeugt zu sein, alle Mühsal mit ausdauernder Entschlossenheit zur Fortsetzung des Kampfes. Das persönliche Ingenium des Königs allein ist wohl nicht der Grund gewesen; man wußte auch, worum es in diesem Kriege ging und wofür sich der äußerste Einsatz lohnte. Als Kaiserin und Zarin seit 1760 keine Gefangenen mehr austauschen ließen, weil sie diese Regimenter fürchteten, ist von den 12 000 in Österreich Internierten nur der geringe, aber typische Anteil unsicherer Ausländer (10–15 %) der nachdrücklichen Aufforderung zum Übertritt in die kaiserliche Armee gefolgt. Selbst die Mecklenburger, die angeblich brutal Ausgehobenen, die aber bereits in der Friedenszeit als einexerzierte Urlauber ebenfalls vorübergehend in ihre Heimat zurückgekehrt waren, wollten mit ganz wenigen Ausnahmen preußische Soldaten bleiben. Von den inzwischen erneut als Untertanen geltenden Glatzern – die Grafschaft war durch

30 J. W. v. Archenholtz: Gemälde der preuß. Armee vor und in dem Siebenjährigen Kriege, Neudruck der Ausg. 1803, S. 45, in: Zeitgenöss. Studien über die altpreuß. Armee, Reihe Altpr. Kommiß, H. 18, Osnabrück 1974, T. II.
31 J. Kunisch: Das Mirakel des Hauses Brandenburg, S. 75.

Abb. 49. Der König und der Flügelmann des Regimentes Anhalt-Bernburg (No. 3) nach dem Sieg von Liegnitz am 15. 8. 1760, Radierung von Henne nach einer Zeichnung Chodowieckis. Das Regiment erhielt vom König die wegen seines Versagens vor Dresden abgenommenen Ehrenzeichen wieder zurück, und der »lange Fausser« bedankte sich dafür mit sehr offenherzigen Worten.

die Einnahme der Festung am 26. Juli 1760 in österreichischen Besitz gelangt - durfte keiner mehr ins schlesische Dorf entlassen werden, weil zu viele entliefen, um preußische Kriegsdienste zu nehmen[32].

So lagen die Wurzeln der Rettung tiefer. Sie lagen in der Tragfähigkeit des fast Unzumutbaren an Durchhaltevermögen im ganzen Volk. Nirgendwo regten sich Widerstand, Verrat oder gar Abfall. Die soziale wie die militärische Wirkung des Kantonsystems war für den Zusammenhalt der Wehrkraft von entscheidendem Gewicht. Die faszinierende persönliche Beziehung des königlichen Feldherrn zu seiner Armee und der grenzenlose Opfersinn seines Offizierkorps, dessen Verlust auf über 1600 Tote geschätzt wird, kamen hinzu. Dieses gesamte historisch gewachsene moralische Potential bildete die Voraussetzung dafür, daß Friedrich der Große die unerhörte Seelenstärke aufbringen und mit seinem alles hoch überragenden Herrschergeist eine denkbar schwerste Kriegführung meistern konnte. »1760/61 . . . erlosch auch seinen Gegnern der Hoffnungsstern[33].« Schließlich mußte jede Partei erkennen, daß die realen Mittel für einen Feldzug nur noch ein Jahr lang ausreichen würden. Friedrich

32 Quellenmäßig belegt durch H. Bleckwenn in seinem Aufsatz »Bauernfreiheit durch Wehrpflicht – ein neues Bild der altpreußischen Armee? in: Bewaffnung und Ausrüstung der Armee Friedrichs des Großen. Ausstellungskatalog des Wehrgeschichtlichen Museums und der Wehrtechnischen Studiensammlung, Koblenz 1986.
33 H. Rothfels: Friedrich der Große in den Krisen des Siebenjährigen Krieges, S. 138.

Abb. 50. Friedrich der Große standhaft im Unglück, Radierung von D. Chodowiecki für
G. Tielckes »Memoires pour servier à l'art et à l'histoire de la guerre des 1756–1763«, Freyberg
1777.
Der König als römischer Feldherr nach der Niederlage von Kunersdorf sinnbildhaft für seinen
Stoizismus dargestellt; im Hintergrund fliehende Reiter, am bedeckten Gewitterhimmel die von
ihm abgewendete Siegesgöttin.

hielt sich, die österreichische und russische Heeresleitung erreichte das gemeinsame
Vernichtungsziel in Schlesien nicht, weil ihrer Operationskunst unüberschreitbare
Grenzen gesetzt blieben. Der längst erwartete Tod der Zarin war dann insoweit auch
kein Wunder mehr.

In der ersten Instruktion des Königs an die Kommandeure der Kavallerieregimenter nach dem Krieg vom 11. Mai 1763 steht der fatale Satz: »Überhaupt muß der
gemeine Soldat vor dem Offizier mehr Furcht als vor dem Feinde haben[34].« Es wäre
jedoch ganz verfehlt, daraus abzuleiten, daß auf solcher Ansicht die friderizianische
Menschenführung beruht hätte. Vorher ist sie nirgends zu finden. In den »Generalprinzipien vom Kriege« vom 23. Januar 1753 hatte Friedrich die Güte seiner Truppen
über alle Maßen gelobt, hatte ihnen als dem »vornehmsten Stande des Landes«
angehörig hohes Ehrgefühl zugesprochen und die Generale ermahnt, die Freundschaft der Soldaten zu gewinnen[35]. Voller Stolz ist der König 1756 mit ihnen ins Feld
gerückt. Jahre später ließ er sich in verzweifelt düsteren Augenblicken zu dem unge-

34 Militärische Schriften, S. 576, ähnlich wiederholt im Mil. Testament von 1768, S. 205.
35 Militärische Schriften, S. 5 f. und 108.

rechten Urteil hinreißen, seine eigenen Leute mehr zu fürchten als den Feind. Dieser Eindruck wirkte nach, als das Retablissement der Armee im Einklang mit dem Wiederaufbau des ruinierten Landes gehalten und die einheimischen Arbeitskräfte weit mehr als bisher geschont werden mußten. Standen bei Kriegsende 103 000 Landeskinder 37 000 Ausländern gegenüber, so sank die erste Zahl unter verstärkter Fremdwerbung auf das neue Friedensmaximum von 70 000 Mann ab. 1786 befanden sich unter den 164 000 Gemeinen 81 000 Inländer und 83 000 Ausländer, bezogen auf eine Gesamtstärke des Heeres von 194 000 Mann bei einer Bevölkerungszahl von 5,8 Millionen nach dem friedlichen Erwerb Westpreußens[36]. Über die voll beabsichtigte Veränderung der personellen Verhältnisse hatte sich der König von vornherein keinerlei Illusionen gemacht; dies fernerhin im Zusammenhang mit der verheerenden Artilleriewirkung, die in einem künftigen Kriege stürmenden Bataillonen entgegenschlagen würde. Friedrich ist aber selbst der Reorganisator zu einem immer schlechter werdenden Mannschaftsersatz hin gewesen, indem er aus einseitig wirtschaftlichen Gründen die Exemtionen übermäßig ausweitete und damit das Kantonsystem buchstäblich durchlöcherte. Die jetzt zentral gestreute Werbung, die nur noch bei wenigen Regimentern als besonderer Vorzug lag, trug dazu bei, daß sich der Anteil ausländischer Soldaten minderer Qualität ständig vermehrte. Außerdem hatte das zu späte Ausrangieren der Enrollierten eine erhebliche Überalterung in der Truppe zur Folge. Zuletzt wurden auch noch arretierte Vagabunden bzw. Staatsgefangene mit Erlassung ihrer Strafe zum Militärdienst herangezogen. Nicht deutlicher konnte der Rückschritt des preußischen Wehrwesens nach 1763 gegenüber der Zeit seines Schöpfers in Erscheinung treten, und das bedeutete zwangsläufig Nachlassen der kriegerischen Tüchtigkeit[37].

Dennoch hat der König die in ihren Kriegskadern zwar fest bestehende, aber ganz neu rekrutierte Friedensarmee schon in wenigen Jahren wieder zu einem beachtlichen Format hinaufgezwungen. Die unermüdlich intensive Arbeit teilte er sich jetzt mit ad hoc ernannten Generalinspekteuren, weil die Riesenlast des Gesamtretablissements von Land und Militär allein nicht mehr zu tragen war und die Erschöpfung seiner physischen Kraft dazu zwang. Höchste Vollkommenheit in Ausbildung und Reitergeist erreichte die Kavallerie unter dem Kommando ihres hoch verehrten, unersetzbaren Generals v. Seydlitz. Seitdem er an der Spitze stand, waren auch die Stockschläge »fast ganz abgeschafft[38]«. Gerade diese stolzen Regimenter sollten aber im

---

36 Stärkeangaben bei Jany, Bd. III, S. 134; über die Zusammensetzung des Heeres siehe auch M. Lehmann: Scharnhorst, T. II, S. 70 ff.

37 Jany: Bd. III, S. 50 ff. und Lehmann, ebenda.

38 Warnery: Sämtliche Schriften, Bd. I, Hannover 1785, S. VI und S. 91; zur Reitschul- u. Ausbildungsmethode die fachkundige Darstellung von Prinz z. Hohenlohe-Ingelfingen, Gespräche über Reiterei, Berlin 1887, S. 14 ff. (2. bis 4. Gespräch), über den Verfall der preußischen Reiterei, S. 58 ff. (5. Gespräch), vgl. Fr. A. L. v. d. Marwitz: Militärische Aufsätze, Bd. II, Berlin 1852, S. 138 ff.

Katastrophenjahr 1806 ihren hohen Ansprüchen am wenigsten genügen, ja nicht einmal imstande sein, ihre Schuldigkeit zu tun.

Wenn der König persönlich eingriff, zeigte sich der Ingrimm gegen einzelne Offiziere und von der Kriegszeit her in Ungnade gefallene Regimenter. Die ärgerlichen Vorurteile mochten in der Zwiespältigkeit seines Charakters liegen. Auch das Trauma ständiger Abhängigkeit von einer geradezu widernatürlichen Kraftübersteigerung des Staates ließ ihn um so krassere Maßstäbe setzen. So wollte der König die Armee nur noch von einem Militäradel geführt wissen, der seiner Überzeugung nach am zuverlässigsten die erwartete Berufsleistung erbrachte und darin die hochgeschätzte Wahrung der Standesehre sah. Bürgerliche Offiziere, die im Kriege aufgestiegen waren, schickte er wieder fort, wenn sie ihm nicht als verdienstvoll genug erschienen, oder sie landeten in einem Garnisonsregiment niederen Ranges. Um die noch offenen Stellen zu besetzen, wurden fremde Edelleute herbeigeholt. Die früher überaus engen persönlichen Beziehungen lockerten sich im Betrieb der Friedensroutine, der gegenüber der kulturellen Landesentwicklung wohl auch nicht mehr so hohes Interesse beanspruchte. Die verschärfte Disziplin, die gekürzten Erträge aus der Kompaniewirtschaft, mancherlei Ungerechtigkeiten und die beklemmende Pedanterie im Dienst erzeugten ein zunehmend kritisches Verhältnis zwischen dem Offizierkorps und seinem alternden König[39]. Das lag auch im Wandel des Zeitgeistes mitbegründet. Die Ideen der menschenfreundlichen Aufklärung förderten die Einsicht in die Notwendigkeit grundlegender Reformen im inneren Heeresgefüge unter den gebildeten Militärs. Auch Friedrich der Große hat sein Herrscheramt als Schüler der Aufklärung an ihrem Gedankengut ausgerichtet, aber als Regent des preußischen Militärstaates sah er alles zusammenbrechen, wenn nur ein Stein aus dem Gebäude herausfiel. Für die Armee hieß das in erster Linie: Manneszucht, Ordnung, Einheitlichkeit und Gleichmäßigkeit.

Das militärische Bildungsleben seiner Zeit hat der König allein schon durch die eigenen außergewöhnlichen Kriegstaten, doch auch durch reges schriftstellerisches Wirken mächtig angeregt und speziell in seiner Armee nach dem Siebenjährigen Kriege auf dem Wege der Belehrungen aller Art – Inspektionsschulen, Bibliotheken und Akademiegründung eingeschlossen – weiter vorangebracht. Viele interessierte Offiziere sind aber zum Ende der Epoche hin aus eigenem Antrieb auch den weltverändernden geistigen Strömungen gefolgt. Die Tendenz zur Humanisierung des Militärdienstes fand zunehmend Eingang in die Truppe[40]. Was trotzdem das Soldatsein in

---

39 Jany: Bd. III, S. 34 ff., vgl. Bd. II, S. 220 ff.; dazu Offiziere im Bild von Dokumenten, S. 51 ff., schließlich Friedrich der Große selbst: Werke, Bd. 7, S. 71.
40 Positive Äußerungen belegt durch Jany, Bd. III, S. 57 ff.; ferner K. v. Priesdorff: Saldern der Exerziermeister des Großen Königs, Hamburg 1943, S. 59 ff.; Fr. K. Tharau: Die geistige Kultur des preußischen Offizierkorps, Mainz 1968, S. 76 ff.; über Bildungseinrichtungen und zeitgenössisches Schrifttum siehe U. Waetzold: Preußische Offiziere im geistigen Leben des 18. Jahrhunderts, Halle 1937.

den Augen weiterblickender Kritiker so trostlos machte, das waren die dürftige Enge in der Garnison, die verschlechterte Lebenshaltung durch steigende Nahrungsmittel- und Materialpreise und natürlich die drakonischen Strafen mit der anscheinend unvermeidlichen Prügelei, die aber jetzt um so mehr Abscheu erregte.

Das in vergangener Zeit überlegen bewährte Kriegswesen Friedrichs des Großen wurde von aller Welt zum Muster und Vorbild genommen. Die Verschiedenheiten der Grundlagen haben die militärischen Fachleute wohl übersehen, vor allem aber die in der Zukunft liegenden Gefahren, die eine undurchdachte Rezeption heraufbeschwören mußte. Es war das Schicksal des Königs, am Tor zur Zeitenwende zu stehen. Da er mit dem großen konservativen Retablissement die Armee im fest zementierten sozialen und ökonomischen Rahmen des Staates nicht weitgespannt reformieren konnte, verfiel sie dem Untergang. Der Geist der Regimenter von Hohenfriedeberg und Leuthen lebte jedoch fort und mit ihm vorwiegend im niederen Volk der Stolz, ein Preuße zu sein.

Abb. 51. Menzels Vignette zu den »Regeln über das, was von einem guten Bataillonsführer in Kriegszeiten zu verlangen ist« vom 30. 4. 1773.
Das Bild verdeutlicht die gedrückte Stimmung im Offizierkorps, die der häufige, mürrische Tadel des Königs bewirkte, besonders unter den verdienten Veteranen des Siebenjährigen Krieges.

150

VI. Die Heere der deutschen Mittelstaaten

Im Heiligen Römischen Reich Deutscher Nation, das nach Voltaires bekanntem Wort, weder heilig, noch römisch, noch ein Reich war, besaßen neben der habsburgischen Hausmacht und dem König von Preußen nur noch die mittleren Partikularstaaten militärisches Gewicht. Im Prinzip war jedem Territorialherrn bereits durch die Reichsexekutionsordnung von 1555 die rechtliche Basis zum Landesschutz unter gegenseitiger Hilfeleistung gegeben. Davon ausgehend, haben fast alle tatkräftigen Fürsten mit unterschiedlichen Resultaten die Defensionswerke errichtet, die zugleich den ersten Versuch bedeuteten, stehende Truppen zu unterhalten. Freilich handelte es sich um milizartige Formationen, die dem miles perpetuus nicht entsprachen. Die fortdauernde Krise des 30jährigen Krieges ließ dann auch die angebahnte Entwicklung schon aus militärischen Gründen wieder abbrechen. Im Westfälischen Friedenswerk von 1648 erhielt jeder Reichsstand das Recht zugesprochen, selbst Bündnisse zu schließen, Truppen anzuwerben und Festungen anzulegen. Damit war das »ius armorum«, das der Kaiser noch zuvor als Sieger über die protestantischen Heere für sich beansprucht hatte, von den Fürsten als Ausdruck der Wehrhoheit und wesentlichster Bestandteil ihrer Souveränität sozusagen in Beschlag genommen. Da die Landstände solches Recht nur im Zusammenhang mit dem Defensionswerk bzw. mit den Kontingenten für die Reichsarmee im Falle eines Reichskrieges sehen wollten, bildeten sich die stehenden Heere in den Einzelstaaten in dem Grade aus, wie es gelang, die ständische Opposition zu überwinden. Eine deutsche Einheitsentwicklung des künftigen Militärwesens hat es dabei nicht gegeben[1].

Unter dem ohne Zweifel bedeutendsten deutschen Regenten zur Zeit vor und während des 30jährigen Krieges hatte das Kurfürstentum Bayern die stärkste Machtstellung erlangt. Maximilian I. (1597–1651) war als Haupt der katholischen Liga die sicherste Stütze des Kaisers. Bereits absolutistisch ausgerichtet, ist es ihm im Einklang mit seiner zentral reglementierten und entsprechend leistungsfähigen Staatsorganisation gelungen, ein beachtliches Söldnerheer von 14 Regimentern zu Fuß und 13 Kavallerieregimentern, insgesamt über 20 000 Mann, aufzubringen und zusammenzuhalten. Als seine Truppen zermürbt und angeschlagen aus dem Krieg heimkehrten, zwang die völlige Verarmung des Landes zu radikaler Reduktion. Bis auf die Leibgarden zu Fuß und zu Pferd, die wichtigsten »Guardien« von München

---

1 G. Papke: Von der Miliz zum stehenden Heer, Deutsche Militärgeschichte 1648–1939, Bd. 1, Abschn. I, Ausg. 1983, S. 66 ff., 207 ff. und 236 ff.

Abb. 52. Kurfürst Maximilian II. Emanuel von Bayern. Kupferstich nach einem Portrait von J. Vivien.

und Ingolstadt und eine Kompanie als Besatzung in der Oberpfalz mußten alle Einheiten entlassen werden[2].

Der friedliche Nachfolger Maximilians, Ferdinand Maria (1654–1679), hat unter dem Druck der politischen Lage zwischen den Kriegen Ludwigs XIV. und der Türkengefahr mehrmals Neuwerbungen angeordnet, die aber nach abgezogener Gewitterfront sogleich wieder rückgängig gemacht wurden. Derartige Wechsel sind der wirtschaftlichen Gesundung noch weniger dienlich gewesen. Sie haben aber die Einsicht gestärkt, einen festen Stamm tüchtiger Soldaten einzubehalten, auch wenn Unteroffiziere als Gemeine, Subaltern-Offiziere als Unteroffiziere und Stabsoffiziere als Subalterne dienen mußten.

Erst der junge Kurfürst Max II. Emanuel (1662–1726) vollzog den Übergang zum stehenden Heer, nachdem er volljährig geworden am 11. Juli 1680 die Regierung

2 E. v. Frauenholz: Die Eingliederung von Heer in Volk und Staat in Bayern 1597–1815, Münchener Histor. Abhandlungen, 2. Reihe, H. 1, München 1940, S. 3 ff.; auch K. Staudinger: Gesichte des Bayerischen Heeres, Bd. 1, München 1901.

übernommen hatte. Mit ihm brach in Bayern die Ära eines typischen Herrschers der Zeit Ludwigs XIV. an[3]. Ehrgeizig und machtbewußt, setzte er die traditionelle Politik des Hauses Wittelsbach fort, die auf Vergrößerung und Standeserhöhung zum Königtum abzielte. Nicht einseitig zum Soldaten erzogen, war seine Persönlichkeit dennoch dominierend durch das feldherrliche Wesenselement bestimmt. Im Januar 1682 befahl Max Emanuel die Neuaufstellung des bayerischen Heeres. Die hauptsächlich im eigenen Land, teilweise auch in den Markgrafschaften Brandenburg-Ansbach und Bayreuth und in Nürnberg angeworbenen Kompanien waren ein halbes Jahr später versammelt, so daß sie mit Dekret vom 29. Juni zu Regimentern vereinigt werden konnten: sieben zu Fuß und vier zu Pferd ohne die Dragoner, die vorläufig noch in der kleinsten Formation verblieben. Von der Herstellung des Regimentsverbandes ab datiert die kontinuierliche Geschichte der stehenden Truppenteile in Bayern. Die ungewöhnlich schnelle Heereseinrichtung ist als besonderes Verdienst der landeseigenen Militäradministration anzusehen, die Kaiser Leopold I. als mustergültig auch für sein Heer bezeichnet hat[4]. Truppenorganisation und Ausbildung lagen in der bewährten Hand des Feldmarschall-Leutnants Frhr. v. Degenfeld, der die Regimenter zu einem der schlagkräftigsten Kriegsinstrumente jener Zeit formte. Die Infanterie, zunächst noch mit der Luntenschloßmuskete, aber zeitweise schon mit dem Spundbajonett ausgerüstet, intensivierte die Übung des Feuerkampfes und verstärkte ihn durch Grenadiere. Die Kavallerie begann, ihre Attacken im Galopp durchzufechten. Die Artillerie, deren Personal aus der Büchsenmeister-Gilde kam, steigerte ihre herkömmliche Kunstfertigkeit im Geschwindschießen. Am 12. Oktober 1682 besichtigte Max Emanuel seine im Schwabinger Lager exerzierenden Truppen, um sich persönlich vom hohen Ausbildungs- und Ausrüstungsstand zu überzeugen. Dem entsprach die Herausgabe des vereinfachten, von Degenfeld bearbeiteten Exerzierreglements für die Infanterie, die am 27. November erfolgte. Nach einjährigem Bestehen kam die Zeit des ersten Kriegseinsatzes.

Mitten im Spannungsfeld zwischen Habsburgern und Bourbonen stehend, mit beiden Häusern dynastisch verbunden, aber von der französischen Annexionspolitik abgeschreckt, trat Max Emanuel auf die Seite des Kaisers. Da sein Kurfürstentum nach Bevölkerungszahl und Steueraufkommen ein nur geringes Finanzvolumen aufwies, obwohl es zu den mächtigsten Reichsständen gehörte, mußte das bedeutende Militärpotential durch Subsidien erhalten werden. Zur Befreiung Wiens erschien der Kurfürst mit reichlich 10 000 Mann, die in der Schlacht am Kahlenberge unter seiner

---

3 Über Max Emanuel siehe L. Hüttl, M. E.: Der Blaue Kurfürst 1679–1726. Eine politische Biographie, München 1876; zur Heeresgeschichte seiner Zeit, Staudinger, Bd. II, München 1904 und Fr. Münich: Geschichte der Entwicklung der bayerischen Armee seit zwei Jahrhunderten, München 1864, S. 36 ff.; speziell zur Bewaffnung, E. Heckner: Die Waffentechnik der M. E.-Zeit, in: Kurfürst M. E. Bayern und Europa um 1700, Bd. 1; Zur Geschichte u. Kunstgeschichte d. M. E.-Zeit, München 1976, S. 351–361.
4 M. Doeberl: Entwicklungsgeschichte Bayerns, Bd. II, S. 69.

erfolgreichen Führung die Feuertaufe erhielten (13. September 1683). Von da ab kämpfte Max Emanuel fünf Jahre lang auf dem Ostkriegsschauplatz gegen die Türken. Er vermehrte sein Heer, verstärkte dadurch das politische Gewicht und drängte auf ein selbständiges Kommando. 1686 unterstand ihm die kleinere, neu gebildete Heeresgruppe. Der Generalsturm auf die hartnäckig belagerte Festung Ofen (2. September) war eine so herausragende Waffentat des Kurfürsten, daß ihm der Wiener Hofkriegsrat auch für den nächsten Feldzug die verlangte gleiche Position nicht verwehren konnte. Er hatte die Zustimmung voller Mißtrauen in sein kühnes Draufgängertum gegeben, das den Regeln bedachtsamer Kriegführung entgegenstand, zuletzt unter der Drohung des Abzuges aller bayerischen Truppen. 1687 schlug Max Emanuel die Türken bei Mohacz am Berge Harsan entscheidend (12. August). Es war die erste Bewährungsprobe als Feldherr, die er durch einen wagehalsigen Angriff in schwierigem Gelände gegen den Rat des Oberbefehlshabers, Herzog Karl v. Lothringen, fast allein mit seinem Heeresteil bestanden hatte. Dieser Erfolg war neben seiner außergewöhnlichen Tapferkeit vor allem einer raschen instinktmäßigen Auffassung der taktischen Lage und der daraus resultierenden besten Möglichkeit des Handelns zu verdanken. Seitdem hieß der gefürchtete Kurfürst im türkischen Heer der »Blaue König«; ein respektvoller Beiname, der sich auf den kühnen Anführer seiner blaugekleideten bayerischen Regimenter bezog. Nun übertrug ihm der Kaiser den Oberbefehl für den nächsten Feldzug. Auf ein weitgestecktes Ziel angelegt, gipfelte er im Triumph der Eroberung Belgrads (6. September 1688).

Obwohl sich der ruhmreiche Sieger nach beendeter Türkencampagne in der Leitidee seines politischen Strebens um so mehr bestärkt fühlte, fielen ihm im Reichskrieg gegen die Franzosen nur untergeordnete Aufgaben zu, dann jedoch infolge zweiter Ehe mit einer Habsburgerin die Statthalterschaft der Spanischen Niederlande. Schließlich beflügelte den Kurfürsten der Traum des Königreiches, weshalb er 1702 nach ausgebrochenem Krieg um die verwaiste Krone Spaniens das verhängnisvolle Bündnis mit Ludwig XIV. einging.

Max Emanuel vermißte den Dank des Kaisers für seine tatkräftige, aufopfernde Waffenhilfe und glaubte nun, den begehrten territorialen Gewinn auf Kosten des Habsburgers in sicherer Aussicht zu haben. Mit seinem regulären Heer in Stärke von 28000 Mann und reichlich 4000 Mann Aufgebottruppen, unterstützt von einer französischen Armee, blieb er im süddeutschen Donauraum den Kaiserlichen und ihren Verbündeten anfangs überlegen. In der Entscheidungsschlacht bei Höchstädt (13. August 1704) gegenüber den beiden Feldherrn Prinz Eugen, der von den Bayern hart bedrängt wurde, und dem Engländer Marlborough, der die Franzosen zuletzt überwältigte, ereilte ihn die Katastrophe. Im Hinblick auf die Probleme einer mehr kalkulierenden als wagenden, durch heeresstrukturelle Hindernisse gehemmten Koalitionsstrategie ist er an seinem schlimmen Ende nicht schuldlos gewesen[5]. Der nun

5 J. Kunisch: Kurfürst M. E. als Feldherr, in: Kurfürst M. E. Bayern und Europa um 1700, Bd. 1, S. 321–329.

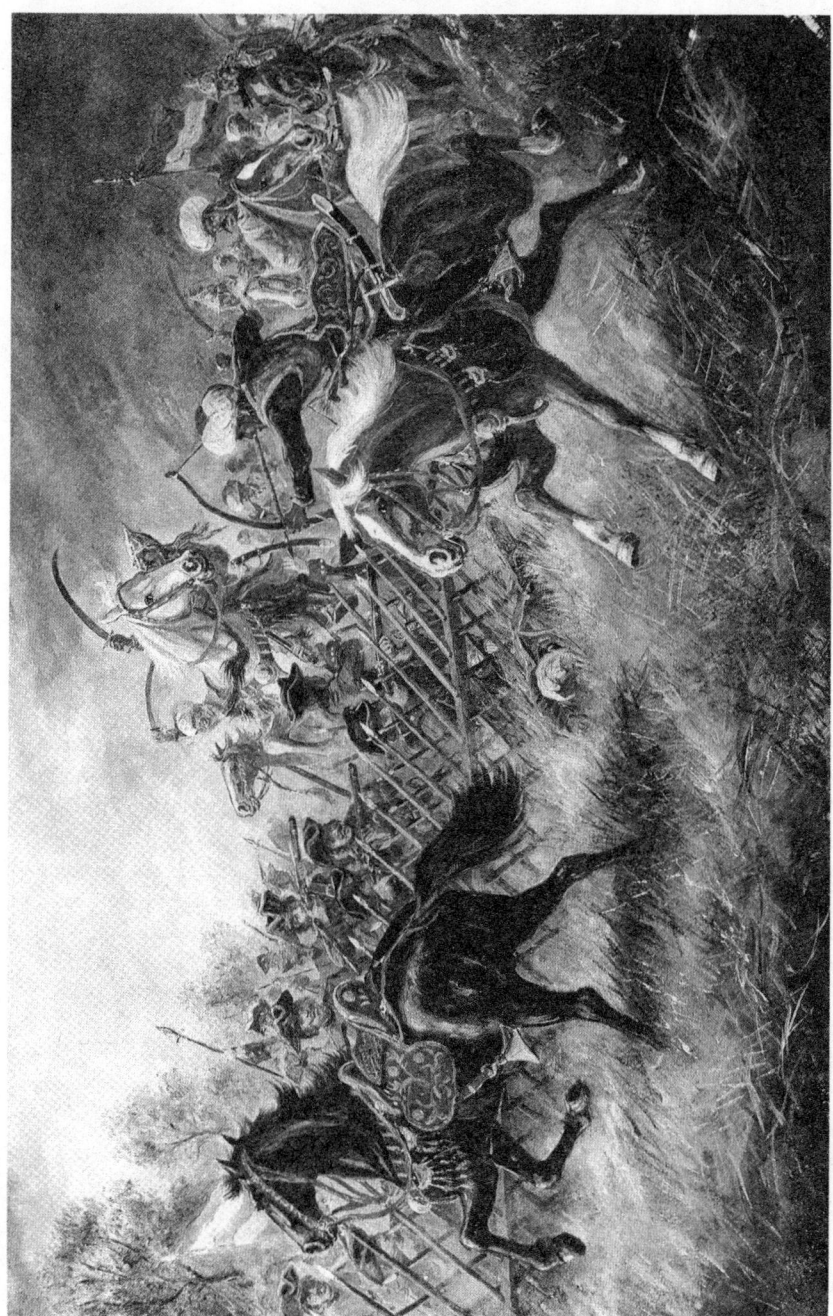

Abb. 53. Angriff türkischer Reiter auf das churfürstlich bayerische Infanterieregiment Steinau 1688, gemalt von H. M. Friedmann, 1972. Darstellung offensiver und defensiver Fechtweise im Türkenkrieg, die spanischen Reiter vor der Infanterie zur Verstärkung der Abwehr; die reglementsmäßig einexerzierte Aufstellung erforderte höchste Eile. Das seit 1682 bestehende Regiment fand durch die Katastrophe von Höchstädt 1704 sein Ende.

geächtete Kurfürst verlor sein Land und mußte nach den Niederlanden ins Exil. Dorthin hatten ihm nur Reste seiner Truppen folgen können. Mit ihrer Neuordnung bildeten sich jene Regimenter, die somit vom Ursprung der bayerischen Armee bis 1919 fortbestanden[6]. Infolge der verlorenen Schlacht bei Ramillies gegen Marlborough (23. Mai 1706), an der Max Emanuel teilgenommen, gelangte er nach Frankreich. In den Jahren der österreichischen Okkupation ist es dem Bayernland schlimm ergangen. Besonders die Bauern litten unter unablässigem Steuer- und Einquartierungsdruck, und als noch die Zwangsrekrutierung für den Krieg in Ungarn und Oberitalien einsetzte, brach im Oktober 1705 der Aufstand los. Er wurde grausam niedergeschlagen, doch besaß der Wiener Hofkriegsrat wenigstens die Einsicht, auf weitere Aushebungen und überhöhte Kontributionssummen zu verzichten. Die an sich ungebrochene Anhänglichkeit des Volkes an den Kurfürsten hatte der Rebellion jedoch keinen Auftrieb gegeben[7].

Max Emanuel durfte nach dem Rastatter Frieden (7. März 1714) heimkehren; allein deshalb, weil Frankreich es nicht zuließ, daß Bayern in den Händen Habsburgs blieb. Zu Beginn seiner Ära Regent über ein ordentlich verwaltetes Land, stand er jetzt als gescheiterter Herrscher ausschweifender Großmachtträume vor einem riesigen Schuldenberg. Als Soldatenfürst, der nichts investierte, war er zu gewaltig für seinen kleinen Staat und zu wenig souverän, um im Reich wie im Interessenspiel der europäischen Mächte mit dem nötigen Augenmaß handeln zu können.

Als der Türkenkrieg wieder ausbrach, bot der Kurfürst sein stark reduziertes Heer dem Kaiser an, um es auf dessen Kosten zu erhalten und zugleich den gar nicht zahlbaren Beitrag für die Reichsarmee einzusparen.

1717 war das 5000 Mann starke bayerische Hilfskorps unter Feldmarschall-Leutnant Marquis v. Maffei am glorreichen Sieg des Prinzen Eugen bei Belgrad beteiligt, 29 Jahre nach der ersten Eroberung durch Max Emanuel. Noch auf dem Schlachtfeld am 18. August hat der Prinz den mit absichtlicher Auszeichnung empfangenen Truppen höchstes Lob gespendet: »Haben diese Bayern etwas anderes getan, als sie zu tun gewohnt sind[8]?« Es war der Abschluß einer eigenständigen Heeresepoche fortschrittlicher Organisation, Umrüstung und Modernisierung, in der die bayerische Armee ranggleich mit der des Kaisers stand. Danach verlief die Entwicklung schwankend nach Qualität und Stärke. Als Max Emanuel starb, hinterließ er seinem Sohn Kurfürst Karl Albrecht (1726–1745) nicht mehr als 5000 Mann.

---

6 Das spätere 2. und 10. InfRgt, das 1. und 2. ChevaulegersRgt.
7 Ch. Probst: Lieber bayerisch sterben. Der bayerische Volksaufstand der Jahre 1705 und 1706, München 1978; auch H. L. Wuermeling: Volksaufstand. Die Geschichte der bayerischen Revolution von 1705 und der Sendlinger Mordweihnacht, München/Wien 1980.
8 Zit. nach E. Frauenholz: Die Eingliederung von Heer in Volk und Staat in Bayern, S. 23; über Maffei siehe W. J. Bekh, Alexander v. Maffei: Der bayerische Prinz Eugen, Pfaffenhofen 1982. Der vom Verf. herausgearbeitete Vergleich mit dem Prinzen Eugen trifft hinsichtlich dessen staatsmännischer Größe wohl nicht zu.

Seit 1714 drehte sich die Außenpolitik vordringlich um die Subsidien zum Wiederaufbau einer starken Militärmacht, die zunächst durch den geheimen Allianzvertrag mit Frankreich nur die Schulden tilgten, infolge der 1728 erneuerten profranzösischen Union unter den Kurfürsten aus dem Hause Wittelsbach (Bayern, Kurpfalz und Köln) reichlicher flossen[9]. Im Polnischen Thronfolgekrieg (1734/35) zahlten sie sich für den Geldgeber freilich nicht aus. Karl Albrecht war 1726 auf einen vier Jahre befristeten Subsidien-Vertrag mit dem Kaiser eingegangen und fühlte sich noch zu fest ans Lager seines obersten Lehnsherrn gebunden, um jetzt offen für Frankreich Partei ergreifen zu können. Sein stehendes Heer hatte er inzwischen wieder auf 15 000 Mann gebracht. Sie wollte der Kurfürst um jeden Preis unter Waffen halten; denn nach dem Tode Karls VI. galt es im unvermeidlichen Erbfolgestreit die eigenen Ansprüche durchzufechten. Da sich die französischen Geldzahlungen verminderten, stellte er seine Truppen in unberechtigter Spekulation erneut dem Kaiser zur Verfügung. Im nächsten Türkenkrieg (1737/39) erlitten sie 5400 Mann Verlust, so daß Bayern Kriegsinstrument schwer angeschlagen war, als sofort nach dem eingetretenen Erbfall der Preußenkönig zuerst das Gleichgewicht Europas ins Wanken brachte und kurz darauf Karl Albrecht in enger Allianz mit Frankreich den Kampf um die Kaiserkrone aufnahm. Zwar wurde sie ihm am 12. Februar 1742 aufs Haupt gesetzt, doch zu ihrer Verteidigung reichten weder die Finanzmittel noch die Militärmacht des fremden Bundesgenossen, schon gar nicht die eigenen Kräfte aus. Die österreichische Armee schlug sich erfolgreich für ihre junge Herrscherin Maria Theresia und der Eroberer Schlesiens führte die beiden Kriege ohne Rücksicht auf seine Partner, um die Beute möglichst schnell in den Hort eines gesicherten Friedens zu bringen. Schon am Tage der Kaiserkrönung Karls VII. in Frankfurt waren die Österreicher in München eingerückt. Nachdem sie fast drei Jahre später die preußische Armee aus Böhmen vertrieben hatten, starb der arme »kaiserliche Landstreicher« unerwartet am 20. Januar 1745. Mit dem Sohn, Kurfürst Max III. Joseph (1745–1777), schloß Maria Theresia Frieden und ließ ihm unter Verzicht auf alle Ansprüche sein Land.

War bisher die Subsidienpolitik die Richtschnur für Bayerns wechselhafte auswärtige Beziehungen gewesen, so bedurfte es auch weiterhin der finanziellen Hilfe; denn ohne sie konnte die Armee nicht erhalten werden. Jetzt sorgte man in Wien dafür, daß der als Gegner ausgeschaltete Kurfürst die nötigen Gelder von den Seemächten erhielt. Demzufolge mußten sechs Bataillone mit dazugehöriger Artillerie, rund 5000 Mann, bis zum Ende des Erbfolgekrieges (Aachener Friedensschluß am 18. Oktober 1748) unter fremder Führung in den spanischen Niederlanden gegen Frankreich kämpfen, erstmals nicht im eigenen dynastischen Interesse. Eine veränderte Lage ergab sich im Zusammenhang mit dem Bündnis zwischen Habsburg und Bourbon und dem Ausbruch des Siebenjährigen Krieges. Auf das französische Angebot hilfreicher Subsidienzahlungen hin trat Bayern der Allianz bei und stellte 10 Bataillone zur

---

9 P. Ch. Hartmann: Geld als Instrument europäischer Machtpolitik im Zeitalter des Merkantilismus, Studien zur bayer. Verfassungs- und Sozialgeschichte, XI., München 1978.

Verstärkung der Österreicher. Anfang 1759 berief der Kurfürst das Hilfskorps ab, weil das Land den Nachersatz für die hohen Verluste nicht mehr aufbringen konnte. Immerhin hatten sie fast 5000 Mann betragen. So blieb nur noch das vertraglich unkündbare Kreiskontingent bei der Reichsarmee, das erst im Frühjahr 1763 in die Heimat zurückkehrte[10].

Das stehende Heer des Kurfürstentums hatte keine überragende Bedeutung mehr zu gewinnen vermocht, seitdem es durch die totale Erschöpfung der Staatskraft auf zu schmaler Machtbasis ruhte. Unter enormer Schuldenlast waren zwischenzeitliche Reduktionen unvermeidlich. Zu Beginn der Regierungszeit Max Josephs herrschten trostloseste Zustände im gesamten Heeresleben. Erhebliche Soldrückstände brachten Offiziere und Mannschaften in arge Armut. Die Knappheit der Mittel und die Öde des Garnisondienstes bot brauchbaren jungen Leuten keinen Anreiz, Soldat zu werden. Um so mehr Gesindelvolk warb man an, was zur Folge hatte, »daß Spießruthenlaufen eine häufig vorgenommene Exekution war[11]«. Das Offizierkorps schied sich in die beiden Klassen der Subalternen ohne Aufstiegschancen, die sich durch ganz unkommentmäßigen zivilen Nebenerwerb ihre dürftige Lage zu verbessern suchten, und in die protektionierten Karrieristen mit und ohne Verdienst.

Andererseits ist die bayerische Armee auf dem Wege der inneren Entwicklung auch nicht stehengeblieben. Bei aller Selbstbescheidung stand sie im Zeichen des aufgeklärten Absolutismus, dessen Bestrebungen Kurfürst Max Joseph als überzeugter Anhänger folgte. So weit es die Finanzlage erlaubte, betraf dies die Invaliden-, Pensionisten- und Witwenfürsorge, die verbesserte Lazarettorganisation und die Krankenversorgung, die Regulierung der Lebensmitteltaxen und die geförderten Schulen für Soldatenkinder. Nicht zuletzt ist das 1756 gegründete Kadettenkorps in München zu nennen, aus dem vor allem tüchtige Ingenieuroffiziere hervorgingen.

Die Vereinigung mit der Pfalz unter Kurfürst Karl Theodor (1777–1799) nach dem Aussterben der bayerischen Wittelsbacher erbrachte den Zuwachs von rund 12 000 Mann kurpfälzischer Truppen[12]. Da aber der neue Herrscher keinerlei militärische Ambitionen besaß, wurden die bestehenden 18 Infanterie- und sieben Kavallerieregimenter auf einen Ist-Bestand von 16 000 Mann reduziert. Im Erbfolgekrieg 1778/79 ist die Armee nicht einmal auf dem Kampfplatz in Böhmen erschienen, weil Karl Theodor Bayern an Österreich gegen die Niederlande zu verhandeln gedachte und die Erhaltung des Landes von Friedrich dem Großen erzwungen werden mußte. Noch am Vorabend der Französischen Revolution hat der neue militärische Berater des Kurfürsten Graf v. Rumford, ein geborener Amerikaner, Reformversuche begonnen, die

---

10 Staudinger: Geschichte des Bayerischen Heeres, Bd. III 1, 2; in knappgehaltener Übersicht, E. Franz: Das bayerische Heer vom Kurfürst Max. I. bis zum Jahr 1866, in: Deutsche Heeresgeschichte, hrsg. v. K. Linnebach, Hamburg 1935, S. 213 ff.

11 Fr. Münich: Geschichte der Entwicklung der bayerischen Armee seit zwei Jahrhunderten, S. 101.

12 O. Bezzel: Geschichte des Bayerischen Heeres, Bd. IV, München 1925.

nach den ökonomischen und humanitären Tendenzen der Zeit auch eine nutzbringende Verwendung der Soldaten in der Landwirtschaft wie den Militärdienst als moralische Besserungsanstalt zum Ziel hatten. Der Ausbruch des Revolutionskrieges bereitete solchen Absichten und Plänen ein rasches Ende[13].

Auch in Kursachsen basierte die Gründung des stehenden Heeres nach dem 30jährigen Krieg auf dem souveränen Hoheitsrecht des Landesherrn, doch ebenso auf der Geldbewilligung durch die Landstände, um die lang und zäh verhandelt wurde. Die bisherige »libertäre« Verfassung blieb in Kraft, so daß sich der Absolutimsus nicht gleich weit durchsetzen konnte wie in anderen Staaten. Als die Dynastie 1697 um der polnischen Krone willen zum katholischen Glauben hinüberwechselte, hatte das für den protestantischen Charakter des Landes, dem einst die Schutzherrschaft über die Lehre Luthers zugefallen war, keine Folgen.

Aus Sachsen stammte die älteste Truppe des späteren deutschen Heeres: das berühmte königlich sächsische Artillerieregiment Nr. 12. Sie war 1620 in den Festungen als Defensions- bzw. Hausartillerie des Kurfürsten entstanden und bildete sich seitdem in einer Traditionslinie fort. Von den angeworbenen Soldregimentern des langen Krieges konnte nur eine Formation beibehalten werden. Zu mehr reichte das Geld im völlig verarmten Lande nicht, nicht einmal zu ordnungsgemäßer Bezahlung des rückständigen Soldes für die abgedankten Truppen. 1663 wurde das »Leibregiment zu Fuß« nach Ungarn gegen die Türken entsendet, wo es unter Montecuccoli in der Schlacht bei St. Gotthard mitfocht.

Als 1680 Johann Georg III. zur Regierung kam, begann der Aufbau der sächsischen Kriegsmacht. Selbst Soldat mit Leib und Seele, wollte der Kurfürst den politischen und nationalen Wettbewerb mit dem brandenburgischen Kurstaat aufnehmen und ihn in der Rangordnung des Reiches einholen, wenn nicht gar überflügeln, zumal auch das welfische Haus Hannover im norddeutschen Raum Einfluß gewann. Daß es Johann Georg gelang, die Renitenz seiner Landstände gegen die Errichtung des stehenden Heeres von respektabler Stärke (sechs Regimenter zu Fuß, fünf zu Pferd und 24 Feldgeschütze) zu überwinden, lag wohl hauptsächlich an der im Grunde interesselosen Haltung des alten Adels, der lediglich die eigene Steuerfreiheit mit Erfolg verteidigte. 1683 erschien der »sächsische Mars« – so der Beiname des Herrschers – mit 11 000 Mann zum Entsatz von Wien. Die Schlacht am 13. September war die erste große Bewährungsprobe seiner Truppen. Drei Jahre später nahmen sie an der Erstürmung Ofens teil. 1688 schützte der Kurfürst als erster mit 14 000 Mann Südwestdeutschland am Oberrhein gegen die Franzosen. 1691 starb er als Oberbefehlshaber der Reichstruppen in Tübingen[14].

13 O. Bezzel: Geschichte des Bayerischen Heeres, Bd. V, München 1930.
14 Eberhardt: Die sächsische Armee, in: Deutsche Heeresgeschichte, hrsg. v. K. Linnebach, S. 248 ff.; vgl. den Aufsatz von F. Bauer: Die Organisation und Struktur der kursächs. Armee an der Wende vom 17. zum 18. Jh. in: Sächs. Heimatblätter, Dresden, H. 5, Jg. 1983; auch W. Thenius: Die Anfänge des stehenden Heerwesens in Kursachsen unter Joh. Georg III. u. J. G. IV., Leipzig, 1912.

Nach nur dreijähriger Regierungszeit des Nachfolgers, Johann Georg IV., begann die »augustinische Ära«, die für Kursachsen einen großartigen kulturellen Aufschwung bedeutete. Die militärische Entwicklung stand im Zeichen kostspieliger außenpolitischer Ambitionen. Nachdem Friedrich August I., genannt »der Starke« (1670/94–1733) unter Verkennung der Möglichkeiten seines Staates in hitzigem Wahlkampf die polnische Königskrone erkauft hatte, wurde er zwangsläufig an der Seite Rußlands in den Krieg gegen Schweden um die Ostseeherrschaft hineingezogen. Ein Krieg, der meistens mit sächsischen Truppen und extrem hohen Geldmitteln für die Interessen Polens geführt werden mußte[15]. Bis zur entscheidenden Wende des Russensieges bei Poltawa (8. Juli 1709) kam er einer Kette deprimierender Schläge gleich. König Karl XII., der die gewaltige Auseinandersetzung als persönlichen Kampf gegen König August II. von Polen auffaßte, konnte 1706 mit einer nur 15 000 Mann starken Armee in Sachsen eindringen, ohne Widerstand vorzufinden. 1709 gewann der Kurfürst den Königsthron de facto zurück und auch sein Heimatland blieb vor einer neuen Invasion bewahrt. Andererseits war August der Starke gleichzeitig zur Teilnahme am Spanischen Erbfolgekrieg gegen Frankreich genötigt, um den Besitzstand seiner Erbländer durch die Großmächte garantiert zu wissen und deren Vermittlung zum Friedensschluß mit Schweden zu erwirken. Im Westen subsidienempfangende Hilfsmacht, stellte Sachsen sechs Infanterie- und vier Kavallerieregimenter, die auf Jahre hinaus festgelegt waren und hohe Blutopfer erbrachten. Auch sie mußten ergänzt werden. Zu Beginn der Kriege hatte man jedoch schon auf die fortbestehende, wenn auch infolge zahlreicher Exemtionen gelockerte Defensionspflicht der Untertanen zurückgegriffen[16]. Danach wurden die Lücken der Kampftruppe kraft Aushebung durch das Los wieder aufgefüllt, und weil die freie Werbung zu viel Geld verschlang, dieses Verfahren wiederholt angewendet. Alles zusammengenommen eine dauernde Anstrengung, die dennoch nicht zum angestrebten Erstarken der Staatsmacht führte und keinen Segen brachte.

August der Starke war ebenfalls Soldat. Als Feldherr ist er aber wenig erfolgreich gewesen, zuerst schon gegen die Türken in seiner Oberbefehlshaberstellung nach dem Markgrafen Ludwig Wilhelm von Baden und vor dem Prinzen Eugen, dann gegen die Schweden. Ganz konventionell nach den Regeln der zeittypischen Manöverkriegführung handelnd, die jedes Wagnis einer Angriffsschlacht vermied, galt sein militärisches Hauptinteresse der defensiven Fortifikationskunst[17]. Darin war das gesamte Artilleriewesen mit eingeschlossen. So erklärt sich aus solcher Vorliebe nicht nur die

---

15 Pönicke: August d. Starke, ein Fürst des Barock (Persönlichkeit u. Geschichte, Bd. 71), Göttingen 1972.
16 Rescript v. 2. 6. 1702, siehe M. Thierbach: Die Handfeuerwaffen der sächs. Armee, Zeitschrift für historische Waffenkunde, Bd. III, S. 126.
17 H. Beschorner: August d. Starke als Soldat, in: Neue Jahrbücher für das klassische Altertum, Geschichte und Deutsche Literatur, Bd. 15, Leipzig 1905, S. 220 ff., siehe auch W. Hummelberger: Einführung zu H. Fr. v. Flemmings: Der Vollkommene Teutsche Soldat, Faksimiledruck der Ausg. 1726, Osnabrück 1967, S. 7 f.

Abb. 3 Friedrich der Große
am Lagerfeuer von Bunzelwitz
1761, undatiertes Ölgemälde von
Franz Skarbina (1849–1910).
Der Künstler folgte in seiner Historienmalerei streng dem großen Vorbild A. Menzels.

Abb. 4 Prinz Eugen von Savoyen, Gemälde von Jaques van
Schuppen (1670–1751).
1716 nach Wien berufen, wurde
der Künstler 1723 zum kaiserlichen Hofmaler, 1726 zum Direktor der Akademie ernannt.
Auf dem Hintergrund des Bildes
Reiterkampf in der Schlacht bei
Belgrad 1717.

Abb. 5 Friedrich Wilhelm v. Seydlitz (1721–1773), Gemälde vermutlich von Franke.
Unter seinem Ingenium ist die Kavallerie durch die Höhe der Ausbildung wie des Reitergeistes gegenüber unaufhaltsamer technisch-taktischer Entwicklung der Feuerwaffen zu später nicht mehr erreichter Wirkung gelangt.

Abb. 6 Uniform eines württembergischen Reiter-Regimentes im Wandel der Zeit 1683–1769, aus F. V. Stadlingers Geschichte des Württembergischen Kriegswesens, Stuttgart 1856.
1683 als »Kreisregiment zu Pferd von Höhnstedt« errichtet.
1732 »Kreis-Dragoner-Regiment Württemberg«, jetzt mit den Attributen der Zopfzeit. Ab Jahrhundertmitte glich sich die Uniform dem preußischen Vorbild an. Darstellungen in Entwicklungsreihe haben zuerst die Franzosen in den dreißiger Jahren des 19. Jahrhunderts begonnen.

hohe Leistungsfähigkeit dieser Waffengattung, sondern auch ihr soziales Ansehen in der Armee. Aus Friedrich Augusts strategischer Grundauffassung resultierte sein regionales Verteidigungsprogramm: Schutz des Staatsgebietes durch die befestigte Elbelinie von Wittenberg bis Pirna mit dem uneinnehmbaren Königstein als Hauptreduit.

In den Jahren nach dem Nordischen Krieg setzte der König eine umfassende Heeresreform allmählich durch, die den Kampfwert seiner Truppen erhöhte und ihre Stärke auf 30 000 Mann brachte. Sie erforderte die Ausschöpfung aller wirtschaftlichen Ressourcen, wogegen der landständische Adel heftig opponierte. Auf die bisherige, als verfehlt angesehene Militärpolitik hin bekundete er sein Interesse an einer möglichst klein gehaltenen Armee und erreichte im Gesamtergebnis der Reformarbeit einen Kompromiß, wenn man sie in Vergleich zum benachbarten Preußen setzt. Auch die heiklen Verhältnisse in Polen wirkten zurück. Dort mühte sich der König vergeblich ab, eine zuverlässige bewaffnete Macht in die Hand zu bekommen. Im Hinblick auf die ewigen unbotmäßigen politischen Umtriebe galt sie als Hemmnis, woraus bürgerkriegsähnliche Reibungen entstanden waren. Die bei der Königswahl 1697 zugebilligte Leibgarde betrug 1200 Mann. Nach der Vereinbarung mit dem polnischen Reichstag von 1717 durften die auf »deutschen Fuß« gesetzten Truppenteile nicht aus sächsischen Regimentern bestehen.

Die kurfürstlich sächsische Armee bestand zum größten Teil aus Landeskindern. 1729 wurde die Werbung »wegen der mit höchstem Mißvergnügen ersehenen Schwierigkeiten und Unordnungen«[18] eingestellt und dafür die Aushebung von 4000 Rekruten befohlen. Die Jüngeren (bis zum 25. Lebensjahr) sollten zu neun – die Älteren (bis zum 30.) zu sechsjähriger Dienstzeit verpflichtet sein, bei der Möglichkeit des Loskaufes gegen Bezahlung von 100 Talern zur Beschaffung eines Stellvertreters. Zur zweckmäßigeren Unterbringung der Truppe in den Friedensgarnisonen begann man erstmals mit dem Bau größerer Kasernenanlagen. Der Adel besaß das Offizierprivileg, wenngleich auch ein Bürgerlicher bis zum General aufsteigen konnte. Das schon 1691 unter Kurfürst Johann Georg IV. in Dresden gegründete Kadettenkorps erfuhr ab 1718 seine Umbildung zur wissenschaftlich fundierten Militärakademie und erlangte als Pflanzstätte eines tüchtigen Führernachwuchses europäischen Rang. Sie beruhte auf der überall wirksam gewordenen Erkenntnis, daß die fortgeschrittene Komplizierung des Kriegswesens einen höheren Bildungsgrad der Offiziere bedingte[19].

18 Rescript v. 21. 6. 1729, siehe Thierbach: Die Handfeuerwaffen der sächs. Armee, S. 126 und W. Thum: Die Rekrutierung der sächs. Armee unter August d. Starken (1694–1733), Leipzig 1912.
19 O. Schuster/F. A. Francke: Geschichte der sächs. Armee von der Errichtung bis auf die Gegenwart, T. 1, Leipzig 1885 und R. Müller: Die Armee Augusts d. Starken, Berlin-Ost 1984.

Abb. 54. Kriegsschul-Unterricht in Fortifikation, Kupferstich aus H. Fr. v. Flemings »Vollkommene Teutsche Soldat«, Leipzig 1726.
Als ehemals sächsischer Offizier besaß Fleming genaue Kenntnis über das 1692 gegründete Kadettenkorps, dessen Ausbildung durch den Gouverneur von Dresden, Feldmarschall Graf v. Wackerbarth, auf ein beachtliches Niveau gehoben wurde. Den Erfordernissen der wissenschaftlichen Lehrfächer trug das 1726 eingeweihte Akademiegebäude mit großem Auditorium und zwei Zeichensälen Rechnung.

Guten Einblick ins sächsische Heeresleben bietet das Universalwerk des akademisch gebildeten Oberstleutnants Hanns Friedrich v. Flemming »Der Vollkommene Teutsche Soldat«, das etwa 17 Jahre nach seiner Verabschiedung aus dem Militärdienst König Augusts 1726 in Leipzig erschienen ist[20]. Die Erfahrungen der zurückliegenden Kriege sind verarbeitet. In Flemmings umfassender Schau wird aber auch die bittere Seite des Soldatenschicksals aufgedeckt, die zur Zeit der durchgebildeten, großen stehenden Heere nur wenig Neigung aufkommen ließ, dem Lockruf der Werber zu folgen: die nichteingehaltenen Kapitulationsfristen, der harte, monotone Exerzierdrill, die fehlenden Aufstiegschancen und die mangelhafte soziale Sicherheit im Fall der Invalidität.

20 Faksimiledruck der Ausg. 1726, Osnabrück 1967, Teil II, die Kapitel 3 ff., S. 96–184.

Abb. 55. Musterung einer Kompanie, Kupferstich aus »Vollkommene Teutsche Soldat«. Bei der Musterung wurden Vollzähligkeit und Brauchbarkeit der angeworbenen Mannschaft durch den Kommissar des Kriegsherrn überprüft. Jeder nach der Soldliste aufgerufene Mann hatte seine Ausrüstung vorzuzeigen. Das Ergebnis kam ins Protokoll.

Die Militärreformen Augusts des Starken haben sich hinsichtlich Ausrüstung, Bewaffnung und Ausbildung überaus positiv auf die Schlagkraft der sächsischen Armee ausgewirkt. Im Lager von Zeithain vom 23. Mai bis 26. Juni 1730 erschien sie auf dem Höhepunkt ihrer Entwicklung[21]. Es handelte sich um die wohl berühmteste Truppenschaustellung des 18. Jahrhunderts in Deutschland. Sie diente König August aber nicht allein zur barocken Prachtentfaltung, sondern auch zu machtpolitischer Demonstration. Wichtigster Gast war König Friedrich Wilhelm I. aus Potsdam in Begleitung des Kronprinzen, der als Bündnispartner gewonnen werden sollte. Man kann sich vorstellen, mit welcher Aufmerksamkeit er das nach preußischem Muster

---

21 Jähns: Kriegswissenschaften, Bd. II, S. 1600, dort weitere Quellenangaben; über das Zeithainer Lager siehe auch Müller: Die Armee Augusts d. Starken, S. 13 ff. und J. Eichhorn: wie August d. Starke im Zeithainer Lustlager seine Armee speiste, Zeitschrift für Heereskunde, Jahrgänge 1929 ff., S. 573 ff.

eingedrillte Exerzitium und die kriegsmäßigen Manöverübungen beobachtet hat. Eine Briefstelle seiner Korrespondenz mit dem Alten Dessauer deutet darauf hin, daß Friedrich Wilhelm besorgt gewesen ist, von den Sachsen im hohen Ausbildungsstand der preußischen Infanterie überrundet zu werden[22]. Jedenfalls wurde das Reglement von 1726 schon am 1. Juli 1730 in drei Punkten abgeändert. Einige sächsische Infanterieregimenter hatte der König für »sehr gut« befunden. Nur die geringe Achtung, in der die Offiziere bei Hofe standen, erregte seine Mißbilligung. Tiefen Eindruck machte auch das Geschwindschießen der sächsischen Artillerie (angeblich sechs Schuß pro Rohr in der Minute), wofür der sonst so knauserige königliche Plusmacher 550 Taler als Geschenk hergab[23].

Ein »Geschenk« anderer Art waren schon im Jahr 1717 jene 600 sächsischen Dragoner gewesen – ohne Pferde! –, die er gegen 117 kostbare Stücke aus der Charlottenburger Porzellansammlung eingetauscht hatte, weil König August damals infolge leerer Kriegskasse die Armee vorübergehend reduzieren mußte. Das daraus gebildete Dragonerregiment wirkte 1745 am Sieg bei Kesselsdorf entscheidend mit. Jene verlorene Schlacht beendete den letzten Versuch Sachsens, sich neben Preußen ranggleich zu behaupten. Bezogen auf die Größe des Landes, seinen wirtschaftlichen Reichtum und seine Bevölkerungszahl hätte das Kurfürstentum zu den militärisch stärksten Territorien des Reiches gehören können. Immerhin hinterließ August der Starke seinem Nachfolger eine vorzügliche Armee, die für den allgemein erwarteten Konflikt um das Erbe Kaiser Karls VI. bereitstehen sollte.

Bald traten jedoch desolate Verhältnisse zutage. Unter einer so unkriegerischen und trägen Natur wie Friedrich August II. (1733–1763) und seinem leichtfertigen, diplomatisch finassierenden Premierminister Graf Brühl mußten sie sich in einem ständestarken Land unausweichlich für das Militärwesen ergeben. Die Truppenstärke sank auf 21 000 Mann ab, dadurch verminderte sich auch die Zahl der Diensttuer, 268 Offiziere wurden verabschiedet, der Pferdebestand ging zurück und selbst die Bewaffnung ließ zu wünschen übrig. Aus solchen schwerwiegenden Gründen konnte die Armee ihre Ausbildung nicht auf der Höhe der Zeit halten. Sie war alles andere als kriegsbereit, als ihre Regimenter Ende August 1756 der überfallartige Einmarsch der Preußen traf. Wenigstens konnten sich die einzelnen Truppenteile gerade noch rechtzeitig aus den Garnisonen ins verschanzte Lager von Pirna zurückziehen. Für den Marsch nach Polen durch Böhmen und Mähren hatte man ohnehin keine Vorkehrungen getroffen, und der mißlungene Entsatzversuch der Österreicher ließ eine letzte Chance zur Vereinigung mit ihnen entschwinden[24].

---

22 O. Krauske: Die Briefe König Friedrich Wilhelms I. an den Fürsten Leopold zu Anhalt-Dessau, Berlin 1905, S. 454.

23 J. Eichhorn: Kursachsens Exerzier-Reglements aus den Regierungszeiten des Kurfürsten Joh. Georg III. u. IV. und Augusts d. Starken 1687–1732, Nachrichten für Liebhaber der Zinnfigur, H. 9, Jg. 1928, S. 83 f.

24 Gr. Generalstab: Die Kriege Friedrichs d. Großen, T. III, Bd. 1, Berlin 1901, S. 152 ff.

Trotzdem haben die braven Sachsen in entsagungsvoller Hingabe unter Hunger und Kälte bis zur Grenze ihrer Widerstandsfähigkeit durchgehalten, bei einem ganz geringen Desertionsverlust von kaum 200 Mann. Die verspätete Kapitulation erst am 15. Oktober hatte König Friedrich »die Campagne verdorben«; denn er konnte nun nicht mehr in Böhmen gesicherte Winterquartiere beziehen. Die unglückliche, noch 18 558 Mann starke Armee wurde gewaltsam ins preußische Feldheer eingegliedert, die 10 Infanterieregimenter in ihren alten Verbänden[25]. Der merkwürdige Optimismus, sächsische Protestanten würden einem glaubensverwandten Fürsten ebenso dienen, erwies sich als vollkommen trügerisch. Zu Beginn des folgenden Jahres begann die Auspressung des Landes, wodurch der König gegenüber dem erklärten Vernichtungswillen seiner übermächtigen Feinde die eigenen begrenzten Kriegsmittel rücksichtslos verstärkte. So setzte bald eine reißende Massenflucht unter den aufgefütterten und neu uniformierten Sachsen ein[26]. Nur noch ein Infanterieregiment konnte bis zum Kriegsende im Felde verwendet werden, rund 10 000 Übergelaufene kämpften, auf den Kurfürsten und die Kaiserin Maria Theresia vereidigt, in französischem Sold auf dem Kriegsschauplatz in Westdeutschland. Das kleine, in Polen stationierte Kavalleriekorps gelangte über Olmütz zu den Österreichern und verhalf ihnen zum ersten Sieg von Kolin.

Die nach 1763 neu aufgestellte Armee konnte unter der schweren Kriegsfolgelast ihren Sollbestand nicht halten, so daß die 13 Infanterieregimenter jeweils auf zwei Bataillone und die Kavallerie von zwölf auf acht Regimenter reduziert werden mußten. 1778 zogen 21 000 Sachsen, jetzt an der Seite Preußens, in den Bayerischen Erbfolgestreit, weil ihr mitbetroffener Kurfürst Friedrich August III. zwischen den beiden Großmächten auch keine Möglichkeit sah, sich neutral zu verhalten. Es war der letzte, überaus vorsichtig geführte Kabinettskrieg des 18. Jahrhunderts ohne Schlacht, der für die preußisch-sächsische Heeresgruppe nach gelungenem Einbruch in Böhmen gleich wieder mit einem besorgten Rückzug endete[27].

In den welfischen Landen hatte Herzog Georg von Calenberg als protestantischer Fürst 1631 drei Infanterie- und drei Kavallerieregimenter errichtet und sie dann dem Schwedenkönig Gustav Adolf zur Verfügung gestellt. Obwohl dessen Söhne nach dem Tode des Vaters (1641) mit dem Kaiser Frieden schlossen und die Truppen teilten, blieb doch der geschaffene Rahmen für ein dauerhaftes Heerwesen bestehen. In den folgenden Kriegen der zweiten Jahrhunderthälfte gegen Türken und Franzo-

---

25 ebenda, S. 204 ff. und 286 ff.
26 Über den Verbleib der einzelnen Truppenteile Angaben bei H. Bleckwenn: Die friderizianischen Uniformen, Taschenbuch-Kassette, Bd. IV, S. 71 ff.
27 F. Hauthal: Geschichte der sächs. Armee von ihrer Reorganisation nach dem Siebenjährigen Krieg bis auf unsere Zeit, Leipzig 1858, mit reichem Bildmaterial; Schuster/Francke: Geschichte der sächs. Armee, Bd. 2, Leipzig 1855; F. Kersten/G. Ortenburg: Die Sächsische Armee 1763–1862, Beckum 1982, S. 5 ff.; zum Bayerischen Erbfolgekrieg siehe O. Criste: Kriege unter Kaiser Joseph II., Wien 1904, S. 47 ff.

sen fand es hohe Beachtung. Bereits 1668 hatte der französische Gesandte im Haag berichtet: »Die Herzöge von Braunschweig-Lüneburg sind jetzt die konsiderabelsten Fürsten in Deutschland ... Sie haben jetzt 13 000 Mann, die besten Leute, die man sehen kann, und eine Menge altgedienter Offiziere[28].« Um Truppen in solcher Stärke aufzubringen und zu behalten, betrieben sie zwecks eigener Machterhöhung inmitten aller dem Reiche drohenden Gefahren eine geschickte Subsidienpolitik. Dazu lebten ihre Regimenter während des fortgesetzten Kriegseinsatzes in fernen Operations- und Quartierräumen auf fremde Kosten. Obendrein erwarb Herzog Ernst August von Hannover 1692 die Kurwürde, und als nach dem Tode seines Bruders in Celle alle drei welfischen Fürstentümer 1705 vereinigt waren, entstand die »Churfürstlich Braunschweigisch-Lüneburgische Armee[29]«. Die Stellung dieses nun bedeutsam gewordenen norddeutschen Territorialstaates gewann erhebliches Gewicht, seitdem der Kurfürst auch auf dem Königsthron von Großbritannien saß (Georg I. 1714–1727).

Die Reduktionen nach beendetem Kampf um die spanische Erbfolge haben die Friedensstärke der Armee von reichlich 14 000 Mann nicht unterschritten. Zu Beginn des Siebenjährigen Krieges zählte sie 23 064 Infanteristen, 6100 Kavalleristen und 712 Artilleristen. Bis zum Jahr 1762 konnte Hannovers Kriegsmacht sogar auf insgesamt 49 650 Mann einschließlich Landregimenter, Garnison- und Depottruppen verstärkt werden[30]. Die Kosten bestritt neben den regelmäßigen Steuereinnahmen der Tresor, in den außer Zinsen und Subsidienzahlungen auch die persönlichen Geldanweisungen des Königs aus London flossen. Schließlich übernahm ab 1759 England fast den gesamten Unterhalt der Armee[31]. Die aktiven Streitkräfte Hannovers haben den ganzen Krieg über den Kern des alliierten Heeres in Westdeutschland gebildet, das seit 1758 unter der genialen Führung Herzog Ferdinands von Braunschweig die fortgesetzten Offensiven der Franzosen erfolgreich abwehrte. Schon im Spanischen – wie im Österreichischen Erbfolgekriege waren sie zusammen mit englischen Truppen auf die Schlachtfelder gezogen. Diese Waffenbrüderschaft hatte sich im Zusammenhang mit der weltumspannenden kolonialen Auseinandersetzung der beiden Westmächte – Amerika wurde in Deutschland erobert – weiter gefestigt. Mit dem wachsenden Einfluß Englands auf das politisch-geistige Leben Hannovers nach dem Siebenjährigen Krieg sind deren Truppen in engste Verbindung getreten. Als es König Georg III. (1760–1820) an Streitkräften zum Kampf gegen die Rebellen in Nordamerika mangelte, wurden fünf ausgesuchte Infanteriebataillone 1775 zum Festungsdienst nach Gibraltar und Minorca entsandt. Der seestra-

---

28 Zit. nach F. Schirmer: Das Celler Soldatenbuch, Celle 1937, S. 21.
29 Die in Hannover residierenden Herrscher des Welfenhauses Braunschweig-Lüneburg führten die Titel ihrer Stammlinie (seit 1235) weiter; die ältere Linie in Wolfenbüttel hat ihre eigene, davon abgesonderte Geschichte.
30 L. v. Sichart: Geschichte der Kgl. Hannoverschen Armee, Bd. 3, S. 1016.
31 Niemeyer/Ortenburg: Die Chur-braunschweigisch-lüneburgische Armee im Siebenjährigen Krieg, Beckum 1976, S. 12.

Abb. 56. Die General-Revue der churhannoverschen Armee bei Bemerode am 25. 6. 1735, Teilansicht des Gemäldes von J. F. Lüders 1739. Die Besichtigung der Regimenter – ein Teil der 20000 Mann starken Armee stand am Rhein im Reichskrieg gegen Frankreich um die polnische Thronfolge – fand anläßlich des Besuches König Georgs II. von Großbritannien in seinem Kurfürstentum statt. Wie überall diente sie der Zustandsüberprüfung und endete mit einer Parade.

tegisch beherrschende Platz zwischen Mittelmeer und Atlantik hielt reichlich dreieinhalb Jahre lang erfolgreich gegen die Belagerung durch die Spanier stand. Die beiden Bataillone in Minorca hatten sich zusammen mit der englischen Garnison am 5. Februar 1782 ergeben müssen, aber eine ehrenvolle Kapitulation erhalten. Zu gleicher Zeit waren zwei neu aufgestellte Regimenter von insgesamt 2800 Mann laut Vertrag zwischen dem Kurfürstentum und der Ostindischen Handelsgesellschaft auf deren Kosten in Englands fernen Kolonialdienst getreten. Altgediente Offiziere und Unteroffiziere suchten dort, durch hohe Besoldung und zugesicherte Invalidenversorgung ermuntert, ihr Glück. Auch die Mannschaft folgte aus gleichen Gründen freiwillig dem Aufruf, aus hannoverschen Truppenteilen und angeworbenen Rekruten zusammengesetzt. Der starke Zulauf, der die Kontingentserrichtung zum schnellen Abschluß brachte, wirft ein bezeichnendes Licht auf die damaligen Lebensverhältnisse in den unteren Volksschichten agrarwirtschaftlich bestimmter Länder. Nach fast zehnjährigem Kolonialeinsatz kehrten die beiden Regimenter 1791/92 in die Heimat zurück. Etwa die Hälfte war in Indien umgekommen; die weit überwiegende Zahl durch Tropenkrankheiten und anderweitige Unglücksfälle, die wenigsten durch Tod im Kampf[32].

Die Armee ergänzte sich im wesentlichen durch die Werbung; nur in der wechselnden Notlage des Siebenjährigen Krieges, als der Infanterieersatz immer schwieriger geworden war, lieferte das Land die Rekruten großenteils mittels Aushebung. Da die Geworbenen unter erträglichen Verhältnissen kaum widerwillig dienten, gab es in den Regimentern auch relativ wenig Desertion. Die Ausbildungspraxis beruhte auf vorzüglichen Reglements und erreichte einen hohen Stand.

Einen hervorragenden Rang nahm die hannoversche Kavallerie ein, was sich für das Pferdeland mit seinen günstigen Klima- und Bodenverhältnissen eigentlich von selbst verstand. Hier wurde von Hofgestüt und fürstlichem Marstall zuerst eine planmäßig gelenkte Zucht betrieben. Die Remontierung geschah ganz aus eigener Kraft. Auch die preußischen Kürassierregimenter bezogen ihre schweren Nachwuchspferde aus Hannover, wie deren Ökonomie-Reglements seit 1753 bezeugen. »Die Organisation dieser Kavallerie ist in ihrer starken Verflochtenheit von Bequartierung, Werbung, Beurlaubung und Regimentshaushalt einmalig unter den europäischen Kavalleriesystemen gewesen[33].« Lag die Infanterie in den Städten, wo die Einquartierungsreglements für eine möglichst gerechte Verteilung der Lasten auf die Bürger Sorge trugen, so blieb die Reiterei ganz auf dem platten Land untergebracht. Aus gutem Grund; denn ihre generell in heimatlichen Bezirken angeworbenen, freiwilligen Soldaten sollten mit eigenen Pferden bei den pflichtigen Bauernhofbesitzern für die

---

32 Niemeyer/Ortenburg: Die Hannoversche Armee 1780–1803, Beckum 1981, S. 11 und 18 ff.
33 J. Niemeyer: Hannoversche Kavallerie und Pferdezucht im 18. Jh. Niedersächs. Jahrbuch für Landesgeschichte, Bd. 53, Jg. 1981, S. 229.

Dauer der Dienstzeit eine gesicherte Bleibe haben. Sie umfaßte die anderthalbjährige Grundausbildung und daraufhin nur noch die Exerziermonate, jeweils unterbrochen durch lange Beurlaubungen, vom 1. April bis zum 16. Juni. Ein Turnus, der sich auf die Zugehörigkeit zur Armee von mindestens zehn Jahren bezog. Aus diesem Verfahren hatte es sich bald ergeben, daß die bäuerlichen Reiterburschen als Söhne ihrer Väter immer zum gleichen Regiment kamen und somit über Generationen hinweg eine feste traditionelle Bindung entstand.

Die bewährte Artillerie behielt ihre alten Zunftgebräuche noch lange Zeit bei. Die angeworbenen Konstabler erhielten kein Handgeld, sondern mußten sogar für das Erlernen der Feuerwerkerei Geld bezahlen; nach einer neuen Verordnung vom Jahre 1741 sechs Taler neben den üblichen Montierungskosten[34]. Wie in allen Heeren zu damaliger Zeit gab es noch keinen militarisierten Artillerie-Train und darin lag ein großes Problem. Die Bespannung samt Fuhrwerk und Fahrpersonal wurde erst im Kriege aufgebracht. Die ausgehobenen Knechte, die keine Soldaten waren, liefen allzu oft wieder davon und nahmen die requirierten Pferde mit; am häufigsten, wenn es ins Gefecht ging und die ersten Kugeln pfiffen. Im Verlauf eines Feldzuges konnte das gesamte Versorgungswesen durch zu hohe Materialverluste bis an den Rand des Zusammenbruchs geraten. Die Erfahrungen des Siebenjährigen Krieges führten dann auch zu Maßnahmen, die den gesamten Pferdebedarf der Artillerie wie des Fuhrwesens für den Mobilmachungsfall sicherzustellen suchten.

Nach der außerordentlichen Kraftanspannung in jenen Kriegsjahren hatte die Armee zur Entlastung des Landes auf 14 000 Mann reduziert werden müssen. Um aber die Verteidigungsmittel nicht übermäßig zu schwächen, erfolgte als ein verbilligter Ausgleich die Umgestaltung der vom früheren Defensionswerk herstammenden Ausschuß-Truppen zu straffer organisierten Miliz-Regimentern. Spätere Versuche, diese Regimenter nach dem Vorbilde des preußischen Kantonsystems enger mit dem stehenden Heer zu verbinden, scheiterten. Die Miliz war kein Instrument des Königs, sondern die Institution des Landes, dessen ständische Vertreter bei der dauernden Abwesenheit des Monarchen den bestimmenden Einfluß ausübten. Das kam einer libertären Herrschaft gleich, die sich schon im Jahre 1757 gegenüber der französischen Invasion als politisch unfähig erwiesen hatte. Die obersten Ämter waren vom Beamten- und Militäradel besetzt, doch in Justiz und Verwaltung stand auch das Großbürgertum in leitender Position, und in der Armee finden sich seine Namen vereinzelt bei Infanterie und Kavallerie auf Regimentschef-Stellen, vorwiegend bei der Artillerie. Der Offiziernachwuchs sollte aus Landeskindern bestehen, zuletzt durch einen Erlaß König Georgs III. genau geregelt: »halb aus Adel und halb aus Civilstande[35]«. Der Beweggrund für den Übertritt des Oberstleutnants und General-

---

34 F. Schirmer, Celler Soldatenbuch, S. 41 ff; auch J. Frhr. v. Reitzenstein: Das Geschützwesen und die Artillerie in den Landen Braunschweig und Hannover von 1365 bis auf die Gegenwart, Teil III, Leipzig 1896.

35 Niedersächsisches Staatsarchiv Hannover, Des. EA IV, Nr. 226, 1793.

Quartiermeisters Gerhard Scharnhorst in die preußische Armee 1801 zeigt allerdings, daß dem Verdienst des Offiziers niederer bürgerlicher Herkunft, der nicht zum bevorzugt in sich geschlossenen, mit dem Adel wetteifernden Gesellschaftskreis gehörte, keine freie Bahn geöffnet war[36].

Auch in Niedersachsen erwuchs im letzten Viertel des 18. Jahrhunderts ein Zentrum jener Reformbewegung, die den Beruf des Offiziers auf eine breitere militärwissenschaftliche Grundlage zu stellen suchte[37]. Sie bezog auch die Universität ein, und so bildete sich dieses Zentrum um die Georgia Augusta in Göttingen, wo Professoren Vorlesungen über alle Fächer hielten, die der Kriegführung von Nutzen waren. Davon profitierte in erster Linie das seit 1732 bestehende Ingenieurkorps der Armee. Da seine technisch-praktische Tätigkeit auch kulturellen Zwecken dienen konnte, wurde ihm die Leitung des Chausseebaues übertragen[38]. Es handelte sich um ein zentrales Projekt der Verkehrsförderung, das erstmals im nordwestdeutschen Raum ein großes Netz von Verbindungslinien entstehen ließ und das die Nachfolger ungemein erfolgreich für die Landesentwicklung vollendet haben. Eine andere enge Beziehung der Georgia Augusta bestand zur Schule des Dragonerregimentes in Northeim. Sein umfassend bebildeter Chef, General v. Estorff, hatte sie aus eigenem Antrieb für die Kadetten und jungen Offiziere eingerichtet, um ihnen einen wissenschaftlich fundierten Unterricht in den Anfangsgründen der Kriegs-Theorie und der Berufspraxis zu ermöglichen[38a]. Die dritte Kommunikation ergab sich naturgemäß aus der Zusammenarbeit zwischen Göttinger Universität und der 1783 gegründeten Artillerie-Schule in Hannover. An beiden militärischen Instituten, zuerst bei den Dragonern in Northeim, dann im eigenen, unter dem »Kanonengrafen« Wilhelm von Schaumburg-Lippe erlernten Metier, ist bereits der junge Scharnhorst als Lehrer tätig gewesen.

Unter den Mittelstaaten bescheideneren Umfanges trat Hessen-Kassel durch eine erstaunliche militärische Aktivität hervor. Landgraf Karl (1670–1730) war der Urheber einer stehenden Heeresmacht, die sich das ganze 18. Jahrhundert lang mit ihren Regimentern konstant entwickelte und trotz ihrer Kleinheit den allerbesten Ruf genoß[39]. Wenn sie den politischen Zweck erfüllen sollte, das von Natur aus arme, im 30jährigen Krieg ruinierte Land aus der Bedeutungslosigkeit herauszubringen und im Kräftespiel der Großstaaten mitzuhalten, so mußten die Truppen numerisch weit stärker sein als es sich mit der Bevölkerungszahl und dem Wirtschaftsvolumen vertrug. Sie mußten auch hohe Qualität besitzen, weil ihr Unterhalt von Angebot und Nachfrage im zeitüblichen Soldatenhandel abhing.

36 Siehe M. Lehmann: Scharnhorst, Bd. I, Leipzig 1888, S. 81 ff., 264 ff. und 285 ff.
37 Vgl. R. Stadelmann: Scharnhorsts Schicksal und geistige Welt, S. 132 ff.
38 Niemeyer/Ortenburg: Die Hannoversche Armee 1780–1803, S. 75.
38a Als bezeichnendes Dokument die Anweisung des Generals für die Offiziere seines Regimentes vom Jahr 1768, mitgeteilt im Militär-Wochenblatt, Jg. 1899, Nr. 44.
39 H. Philippi: Landgraf Karl von Hessen-Kassel, Veröffentlichungen der Historischen Kommission für Hessen, Bd. 34, Marburg 1976.

Diese erst 100 Jahre später von der öffentlichen Meinung verdammten privaten Unternehmungen der deutschen Fürsten hatten begonnen, als die mit dem Kaiser verbündete Republik Venedig 1684 in den Krieg gegen die Türken eingetreten war. Die Liste der Vermieter ist lang: Lüneburg-Celle, Kursachsen, Brandenburg-Bayreuth, Württemberg, Hessen-Kassel, Braunschweig-Wolfenbüttel, Waldeck, Hessen-Darmstadt und Würzburg. Die Gesamtzahl der Truppen, die ab Ende 1684 bis 1699 zeitbefristet meistens reichlich zwei Jahre in venetianischen Diensten standen, betrug 18 500 Mann[40]. Mit dem großen Umschwung in den europäischen Machtverhältnissen durch Wilhelm von Oraniens Überfahrt nach England gab es schon das nächste Lieferungsgeschäft, an dem sich Brandenburg, Lüneburg-Celle, Braunschweig-Wolfenbüttel, Hessen-Kassel und Württemberg mit 13 000 Mann für die niederländischen Generalstaaten beteiligten. Den Soldaten war es freigestellt, beim Wechsel des Kriegsherrn den Dienst zu kündigen, doch haben nur wenige davon Gebrauch gemacht, weil ihre Truppe anders nicht weiter existiert hätte[41].

Die tüchtigen hessischen Landgrafen besaßen sehr begehrte Regimenter, die sie auf dem Wege der Vermietung gegen gute Jahresgelder bestehen lassen konnten, ohne das Land mit zusätzlichen Steuern zu belasten. Sie fochten mit Auszeichnung in fast allen Kriegen, hauptsächlich gegen Frankreich, obgleich der Staat selbst nicht immer daran beteiligt war. Anders 1756–1763, als Landgraf Wilhelm VIII. (1751–1760, seit 1730 bereits Regent) 10 000 Mann aufgrund günstiger Subsidien-Verträge mit England an die Seite Preußens stellte. Zwangsläufig wurde dann auch das hessische Gebiet zwischen Main und Diemel als geographisch bevorzugter Kriegsschauplatz arg in Mitleidenschaft gezogen, von den Franzosen ausgeplündert wie von den Alliierten gründlich ausfouragiert.

Die hohe Schuldenlast bewog schließlich den Nachfolger Friedrich II. (1760–1785), darin unterstützt von den Landständen, die hochgeschätzten hessischen Truppen an König Georg III. von England zu vermieten, um die Rebellion in Nordamerika niederschlagen zu helfen. Er schickte zunächst 12 500 Mann über den Ozean. Sie waren freiwillig von überall her gekommen, weil das Abenteuer lockte, dazu bessere Löhnung und das Glück, das man im fernen reichen Amerika zu finden hoffte. Die zum großen Teil dem Landadel entstammenden Offiziere durften ihre Frauen mitnehmen, ebenso die älteren Unteroffiziere. Ein diskriminierender »Verkauf der Hessen« hatte demnach nicht stattgefunden. Erst als 1781/82 Ersatzmann-

40 Tabelle aller Regimenter in R. Knötels Beilagen zu seiner »Uniformkunde«, Jg. 1896, Nr. 5, S. 17 f.
41 Zur Subsidienpolitik, insbesondere der hessischen Landgrafen, siehe G. Papke: Von der Miliz zum stehenden Heer, Deutsche Militärgeschichte 1648–1939, Bd. 1, Abschn. I, S. 28 und 194 ff., dort auch die Angabe über die insgesamt von den Fürsten gestellten Truppen von 130 000 Mann auf dem Höhepunkt dieser Politik während des Spanischen Erbfolgekrieges, S. 195; vgl. M. Bethke: Die Kurhessische Armee, 1. T., Zeitschrift für Heereskunde, Jg. 1981, S. 69 ff.

schaften nachgesandt werden mußten, kam es zu Auswüchsen der Pressung »unproduktiver« Untertanen. Die Endsumme der acht Jahre lang erhaltenen Subsidien-Gelder belegt das Verhandlungsgeschick des Landgrafen: 20 718 500 Taler bei echten Unkosten von reichlich 7,5 Millionen. Die enormen Überschüsse wurden vorwiegend für kulturelle Zwecke verbraucht, wodurch in Kassel ein neues Zentrum deutscher Kunst entstand. Von den knapp 17 000 Hessen, die insgesamt nach Amerika gelangten, kehrten 10 492 zurück, die Soliden unter ihnen mit beträchtlichen Ersparnissen; 357 waren gefallen, 4626 an Krankheiten gestorben, 2949 desertiert[42].

Da auch die Fürsten von Braunschweig, Ansbach-Bayreuth, Anhalt-Zerbst, Waldeck und Hessen-Hanau Mietverträge schlossen, dienten fast 30 000 deutsche Soldaten im Verlauf der Jahre von 1776 bis 1783 im englischen Sold. Wenn der »Soldatenhandel« erst in jener späten Zeit zum öffentlichen Ärgernis wurde, so hängt das damit zusammen, daß sich weniger die objektiven Zustände als das subjektive Bewußtsein der Menschen geändert hatte, ihr Denken und Empfinden unter den Einflüssen der Spätaufklärung. Jetzt galt der Einsatz der vermieteten Truppen in Amerika als besonders schlimm, weil er zur Unterdrückung einer Freiheitsbewegung diente.

Am unbeständigsten verlief die Heeresentwicklung in Württemberg, wo die Herzöge im Dauerkonflikt mit ihren Landständen lagen. Da sich deren verfassungsmäßigen Rechte höchstens biegen aber nicht brechen ließen, spielte die Truppenvermietung auch als innenpolitisches Druckmittel eine große Rolle. Einzelne Regimenter wurden aufgelöst oder ganz abgegeben[43], schließlich die bestehenden Haustruppen noch vermehrt. Herzog Karl Eugen hatte 1752 einen Subsidien-Vertrag mit Frankreich abgeschlossen, demzufolge er fünf Jahre später 6000 Mann in den Krieg gegen Preußen schicken mußte. Dagegen wallte Empörung im protestantischen Lande auf, und als die noch fehlende Mannschaft gewaltsam ausgehoben, die Kapitulanten trotz abgelaufener Dienstzeit unter brutalem Zwang zurückbehalten wurden, kam es zu blutiger Revolte. Noch gegen Jahresende zur Unterstützung der österreichischen Hauptarmee in Schlesien eingesetzt, hat dieses Hilfskontingent am Schlachttage von Leuthen nur wenig Widerstand geleistet[44].

---

42 D. Krüger: Die deutschen Truppen im amerikanischen Unabhängigkeitskrieg 1775–1783, Stuttgart 1980, S. 107 ff.

43 1741 das seit 1716 bestehende, bis 1739 im kaiserlichen Dienst gewesene Infanterieregiment und das 1734 errichtete Kürassierregiment an den König von Preußen.

44 G. v. Niethammer: Die Reichsarmee im Feldzug 1757, Beiheft zum Militär-Wochenblatt, Jg. 1879, S. 155 ff.; zu Leuthen siehe Generalstabswerk: Die Kriege Friedrichs d. Großen, 3. Teil, Bd. 6, Anhang 15, S. 146 f.

VII. Die Idee der Volksbewaffnung

Das Volksheer gesetzlich geregelter allgemeiner Wehrpflicht wie im 19. Jahrhundert war im absolutistischen Zeitalter undenkbar. Trotz aller Machtvollkommenheit schritt der souveräne Herrscher nicht zur Bildung eines solchen Heeres. Die merkantilistische Wirtschaftsführung schränkte das dem eigenen Land entnommene Ergänzungspersonal von vornherein auf den entbehrlichen Bevölkerungsanteil ein. Außerdem war das Volk noch nicht durch eigene Rechte am politischen Leben beteiligt. Schon aus diesem Grunde blieb der Antrieb eines staatsbürgerlichen, die generelle Volksbewaffnung voraussetzenden Wehrwillens außer Betracht, ja er wurde nicht einmal erwartet. Weiterhin erforderte die Kriegführung nach dem inzwischen erreichten Stand der Waffentechnik und der taktisch-operativen Entwicklung hochgradig geschulte Truppenverbände. Nur zeitweilig zur Landesverteidigung aufgebotene, im Frieden lediglich kurzfristig ausgebildete, quasi halbmilitärische Formationen besaßen weder Angriffswert noch die nötige Widerstandskraft, einen ganzen Feldzug durchzustehen. Hier lag ein Problem, das auch allen künftigen Heeresreformern größte Schwierigkeiten bereitete. Das Beispiel Preußens zeigt allerdings, daß durch Verschmelzen ältester Formen der Bewaffnung mit der jüngsten ein Fortschritt in der Heeresentwicklung erzielt werden konnte[1].

Die hohe militärische Leistungsfähigkeit hatte schon der junge Leibniz in seinen »Patriotischen Gedanken« von 1670 als Schwerpunkt jeder Wehrverfassung herausgestellt. Um dem Vaterland Kriegsdienst zu leisten, müsse der Soldat dazu von Grund auf vorbereitet sein. Es müssen »Tapferkeit gepflegt und die Leiber beizeiten erhärtet werden«. Man soll »junge Leute, wes Standes sie auch seien, früh aufzustehen, nie müßig zu sein, harte Kost zu genießen, Hitze und Kälte zu vertragen gewöhnen« und ständig »durch Wachen, Schanzen und andere Kriegsgeschäfte üben[2]«. Unter dem Eindruck der Verwüstungen, die das französische Heer während des Pfälzischen Erbfolgekrieges anrichtete, hat Leibniz in seiner Wiener Denkschrift über die »Geschwinde Kriegsverfassung« von 1688 den Aufruf des Landsturmes gefordert. Da jedoch die allgemeine Volksbewaffnung nur für den Fall äußerster Not gelten konnte, hat er sich in der Hauptsache mit der Ausgestaltung der »ordentlichen Miliz« d. h. mit dem stehenden Heer beschäftigt. Alle Feldherrn und Militärtheoretiker seiner Zeit

---

1 M. Lehmann: Scharnhorst, T. II, S. 85 f.
2 Zit. nach E. Heymann: Friedrich der Große und Leibniz in ihrer Bedeutung für die Heeresverfassung. Leibnizsitzung der preuß. Akademie d. Wissenschaften am 2. 7. 1936, Sitzungsbericht, S. 7; die politischen und militärischen Leibniz-Schriften in Auszügen bei Jähns: Kriegswissenschaften, Bd. II, S. 1179 ff.

waren sich darüber im klaren, daß die bewaffnete Macht der Fürsten auch zum Angriffskrieg geeignet sein mußte.

Der Kampf gegen Türken und Franzosen erforderte unerbittlich eine solche Qualität, die man aber nur von einem waffenerprobten gründlich einexerzierten Soldatenvolk erwarten konnte. Zwar lag der Gedanke nah, daß Landeskinder in ihrer »Treue und Herzhaftigkeit ... die besten Streitkräfte eines jeglichen Staates« wären, wie auch Kronprinz Friedrich in seinem »Antimachiavell« 1739[3] schwungvoll formulierte, nur verlangte der besondere instrumentale Charakter stehender Heere dauernd unter Waffen gehaltene Truppen, die sich in der nötigen großen Zahl aus dem eigenen Lande nicht aufbringen ließen.

Das Problem der Auswahl geeigneter Leute hatte schon früher bestanden, als in den deutschen Territorien die bodenständige Wehrform der »Defensionswerke« Fuß faßte. Die hohen Kosten und die Übel der Landsknechtheere waren hierfür die Ursache. Doch auch zur Verteidigung konnte man nur waffentaugliche, kräftige junge Männer gebrauchen. Die errichteten Ausschußtruppen, schon in den Hussitenkriegen verwendet, vermochten überall die in sie gesetzten Erwartungen nicht zu erfüllen, weil sie zu kurz ausgebildet, meistens noch unbefriedigend ausgerüstet waren. Berufsmäßigen Soldkriegern mit der überlegenen Wirkung ihrer Feuerwaffen hielten sie nicht stand. Den 30jährigen Krieg führten die geworbenen Regimenter der Großunternehmer. Hatten »über 200 Jahre lang ... Theorie und Praxis der deutschen Wehrverfassung in Widerspruch[4]« gestanden, so schien er nun durch die militärische Entwicklung überholt zu sein: Der miles perpetuus kam vom Typ des Söldners her.

Dennoch verschwanden die Defensionswerke nach dem Krieg nicht einfach von der Bildfläche. Vereinzelt erlangten sie sogar noch einmal für kurze Zeit militärpolisches Gewicht, solange sich der Fürst gegenüber den Landständen noch nicht durchgesetzt hatte. Beide wünschten die Wehrform zum Zweck der Landesverteidigung beizubehalten. Der Landesherr wollte jedoch zugleich über stehende Truppen verfügen, um sie auch außerhalb seines Territoriums einsetzen zu können. Auf weitere Entfernungen und für längere Zeit wären die Defensioner ohnehin nicht zu verwenden gewesen. Eben dies suchte die ständische Opposition zu verhindern. Andererseits war es nötig, das herkömmliche Ausschußwesen straffer zu organisieren, damit es in Notzeiten besser als zuvor funktionierte. Auch verlangten die Stände die Entscheidung über Aushebung, Geldausgaben Exerzierzeiten, Ausrüstung und Offizierstellenbesetzung in eigener Zuständigkeit. Daß sich aber unter libertären Verhältnissen das Defensionswerk festigen würde, stand kaum zu erwarten. Es fehlte der nötige »Druck von oben«. Die Städte drangen auf stärkere Beteiligung des Landvolkes, die Grund- und Hofbesitzer verwiesen auf den wirtschaftlichen Ausfall, wenn man die

---

3 Friedrich der Große: Werke, Bd. 1, S. 47 f.
4 Delbrück: Geschichte der Kriegskunst, Bd. IV, S. 276; über die Defensionswerke siehe Zeitalter der Landsknechte, Bd. 2 dieser Reihe.

Bauern vom Pflug wegholte, was bei dem allgemeinen Mangel an Arbeitskräften nach den furchtbaren Verwüstungen auch kaum zu bestreiten war. Ein Ausbau größeren Umfanges hätte auch die Errichtung regulärer Regimenter behindert; denn abgesehen von der Finanzfrage blieben die enrollierten Defensioner jeder Werbung und Zwangsrekrutierung entzogen, weil sie von der Dienstpflicht im stehenden Heer grundsätzlich befreit waren.

In dieser Lage verschaffte der am 17. Mai 1654 ergangene »jüngste Reichstagsabschied« den Fürsten eine juristisch fundierte Handhabe zur Erhebung ihrer Forderungen. Artikel 180 besagte, daß »jedes Chur-Fürsten und Stands Land-Sassen, Unterthanen und Bürger zu Besetz- und Erhaltung der . . . Vestungen, Plätzen und Guarnisonen, ihrem Lands-Fürsten Herrschaften und Obern mit hülflichem Beytrag gehorsamlich an Hand zu gehen schuldig seyn«. Im Grunde genommen handelte es sich um erweiterte Bestimmungen der Exekutionsordnung von 1555. Auf der Kreiseinteilung des Reiches beruhend, hatte sie bereits die Reichsstände verpflichtet, sich »in gute Bereitschaft« zu setzen und mit einer »ziemlichen Anzahl Geschütz« zu versehen[5]. Damit besaßen die Territorialherren das Recht, ihre Souveränität auch militärisch zu festigen. Darauf stützten sie sich in der Folgezeit, wenn es um den Truppenunterhalt auf Kosten des Landes oder um das Aufbieten der Untertanen zum Kriegsdienst ging.

Im ständig grenzbedrohten Ostpreußen ist das gänzlich verfallene Defensionswerk schon gegen Ende des 30jährigen Krieges neu geordnet worden. Im bald ausbrechenden Schwedisch-polnischen Krieg weiter verstärkt, haben die Landregimenter der Dienstpflichtigen (Landreiter der alten Lehnsfolge) und Wibranzen (polnisch wybrańczy = Auswahl oder Ausschuß) wenigstens als brauchbarer Notbehelf für Sicherungsaufgaben gedient, insgesamt 6000 Mann, im Frieden von je 20 Hufen der adligen Dörfer und je 10 Hufen der Amtsdörfer sowie je 10 Häusern der Städte ein Mann gestellt, im Ernstfall alle wehrfähigen Landesbewohner. Mehr ließ sich trotz reger Bemühungen nicht erreichen. Die preußischen Stände wehrten sich heftig gegen jedes Einbinden in die Disziplin der regulären Truppen, schon die Einteilung in Regimenter war ihnen zu viel[6]. Die drohende Kriegsgefahr veranlaßte den Kurfürsten von Brandenburg, auch in seinen anderen Landesteilen Vorkehrungen zu treffen, doch dachte er dabei weniger an einen »Ausschuß vom Landvolk« als an ein Bereithalten gedienter Veteranen, die zu diesem Zweck angesiedelt oder anderweitig untergebracht werden sollten. Als die Schweden 1675 ins Land einfielen, wurden Kompanien bäuerli-

---

5 Beide Verordnungen auszugsweise abgedruckt bei Frauenholz: Entwicklungsgeschichte, Bd. IV, S. 352 ff. und Bd. 2, T. II, S. 231 ff.
6 Jany: Geschichte der preuß. Armee, Bd. I, S. 111 ff. und 116 ff.; über die tiefer liegenden Probleme der Herrschaftsfestigung in Preußen und den Wandel in Wirtschafts- und Sozialordnung siehe U. Marwitz: Staatsräson und Landesdefension, Militärgeschichtliche Studien, Bd. 31, Boppard a. Rh. 1984.

cher Defensioner eilig zusammengestellt. Solange jedoch die eigene Armee noch nicht herangeeilt kam, haben sie militärisch nichts bewirken können, ausgenommen die Besetzung der Elbdeiche in der Altmark[7].

In Bayern bestand die Organisation der Landfahnen, die schon Maximilian I. (1598 Herzog, 1623–1651 Kurfürst) in absolutistischer Absicht durchgebildet hatte. 1649 abgedankt, sind sie unter Kurfürst Ferdinand Maria (1654–1679) angesichts der Türkengefahr wieder aufgeboten worden. Der Exerzierdienst und die Instandhaltung der Waffen oblag regelmäßig besoldeten »Land-Lieutenants«. Die von einigen Städten errichteten Bürgerwehren durften Mannschaften des Landvolkes einreihen. 1664 standen über 17 000 Wehrpflichtige in Bereitschaft, gegliedert in 44 Land- und vier Stadtfahnen. In Sachsen hat sich das Defensionswerk nur noch als Ausschuß von 3000 Mann Fußtruppen erhalten, bis es wegen chronischen Geldmangels 1667 ganz zu bestehen aufhörte[8].

Im habsburgischen Herrschaftsbereich hatten nur Tirol und die von Frankreich bedrohten Vorlande Defensionswerke aufgebaut. Die tirolischen Ausschußtruppen erhielten nach dem 30jährigen Krieg 1653 das erste gedruckte Exerzierreglement, vom leitenden Kammerkriegsrat Oberstleutnant Franz Giardi v. Castel selbst verfaßt. Hatte man das Landvolk schon zuvor zu drillmäßigen Waffenübungen herangezogen, so besaß es nunmehr eine feste Grundlage für den Ausbildungsdienst. Sie trug dazu bei, seinen Sonderstatus in der Armeeverfassung auch weiterhin zu behaupten[9]. Es ist erstaunlich, wenn dieses praxisbezogene, die Einheitlichkeit auf einfachem Weg herstellende Vorbild im stehenden Heer erst fast 100 Jahre später maßgeblich wurde. Die Aufgebote der Landrettung Vorderösterreichs hatten während des 30jährigen Krieges das Eindringen feindlicher Streitkräfte »in die Eingeweide des Schwarzwaldes« zeitweilig durch Sperren der Pässe und Täler verhindern können, aber nicht auf die Dauer. In den Kämpfen gegen die französischen Armeen Ludwigs XIV. waren sie immer noch zu schlecht ausgerüstet, so daß ihre Einsätze nach Errichtung eines Befestigungssystems von Verhauen, Feldschanzen und Redouten trotz guten Willens nur als Notbehelf »in schantzen und wachen« dienten. Was ihr kriegerischer Geist erhoffen ließ, machten die gegenüber regulären Truppen besonders nachteiligen Mängel im Gebrauch der Waffen, in Kommandoführung und zeitlichem Zusammenhalt wieder zunichte. So sehr sich der Kaiser hier auch zu einer verstärkten Westpolitik veranlaßt sah, so hemmend wirkte die wenig konstruktive Verfassung seiner Land-

---

7 Jany: Geschichte d. preuß. Armee, Bd. I, S. 238 f.

8 Fr. Münich: Geschichte der Entwicklung der bayerischen Armee, München 1864, S. 64; dazu aus marxistischer Sicht H. Schnitter: Volk und Landesdefension, Militärverlag der DDR, 1977, S. 156, Sachsen S. 154 ff.; vgl. G. Papke: Deutsche Militärgeschichte 1648–1939, Bd. 1, Abschn. I, S. 91 ff.

9 Das Reglement abgedruckt bei W. Erben: Kriegsartikel und Reglements, Mitteilungen des k. u. k. Heeresmuseums, H. 1, Wien 1902, S. 75 ff.

Abb. 57a. Enrollierung und Auslosung der französischen Provinzialmiliz –

Abb. 57b. Regiment der französischen Provinzialmiliz, zwei Zeichnungen aus der Zeit.

RÉGIMENT PROVINCIAL-MILICE, d'après Marbot.

stände wie überhaupt die Verhältnisse politischer Zersplitterung im oberrheinischen Raum dem entgegen[10].

Um die Wende vom 17. zum 18. Jahrhundert hatten die Defensionswerke in ihrer alten ständisch gebundenen Form fast überall zu bestehen aufgehört. Die Fürsten besaßen inzwischen die reale Macht und verfügten über den nötigen Verwaltungsapparat, um die Wehrpolitik ihres Territoriums nach absolutistischen Grundsätzen zu betreiben. In den zurückliegenden Kriegen waren sie bereits zur Zwangsrekrutierung von Untertanen übergegangen, weil der Bedarf an Ersatzmannschaften infolge hoher Ausfälle durch die Freiwilligenwerbung allein nicht mehr gedeckt werden konnte. Das verstieß gegen ihr an sich unbestrittenes Recht, das wehrfähige Volk zur unmittelbaren Verteidigung des Vaterlandes aufzubieten. Dennoch verbreitete sich unter Königen und Fürsten die Überzeugung, wonach sie die Gewalt hätten, im Notfall jeden brauchbaren Mann auch wider seinen Willen zum Kriegsdienst zu zwingen. In Frankreich hatte der Minister Louvois schon frühzeitig den Standpunkt vertreten, niemand könne das Davonlaufen damit entschuldigen, daß er zum Eintritt in die Armee gezwungen worden sei; denn freiwillig käme sowieso niemand[11].

Mit der Ergänzung der sich vermehrenden stehenden Regimenter kraft dieser Methode hätte sich auch das herkömmliche Defensionswerk nicht fortführen bzw. wiederbeleben lassen. Erfolgversprechender schien eine andere zu sein: der Aufbau

10 K. Fr. Wernet: Die Hauensteiner Landfahnen. Entstehung, Entwicklung und Bedeutung der Hauensteiner Wehrorganisation . . . Zeitschrift für Geschichte des Oberrheins N. F., Bd. 56, S. 331 ff., auch O. Heinl: Heerwesen und Volksbewaffnung in Vorderösterreich im Zeitalter Jos. II. und der Revolutionskriege, Freiburg i. Br. 1941, S. 7 ff. und 51 ff.
11 Delbrück: Geschichte der Kriegskunst, Bd. IV, S. 272.

einer Wehrorganisation zur Entlastung der Feldarmee, nicht nur vorübergehend für den zeitlich begrenzten Kriegszweck, sondern schon im Frieden für die Dauer eingerichtet. Es entstanden neue Formationen in Gestalt von Milizregimentern, die im Ernstfall die Festungen besetzen, in den Garnisonen Wache stehen und den Sicherungsdienst an den Landesgrenzen übernehmen sollten. Um aber auch dafür geeignet zu sein, mußten sie von kriegserfahrenen Offizieren gründlicher ausgebildet und auch entsprechend ausgerüstet sein. Diese Landmilizen hatten mit den früheren Landrettungswerken kaum noch etwas zu tun. Sie waren Hilfskräfte der unter fürstlichem Absolutismus errichteten bewaffneten Macht.

Der bayerische Kurfürst Max Emanuel hat die lang bestehenden Landfahnen der »regulären Miliz[12]« anzugleichen versucht. Ihre Gesamtstärke betrug in Ober- und Niederbayern 12 727, in der Oberpfalz 3000 Mann. Ältere Männer wurden durch jüngere Bauern- und Bürgersöhne ersetzt. Zu Beginn des Spanischen Erbfolgekrieges mußten, gleichsam als Vorgriff auf die spätere revolutionäre Konskription – d. h. Aushebung durch bedingte, noch nicht allgemeine Wehrpflicht – die Ausschußleute jeweils zu 70 bis 150 Mann die Reihen der Feldregimenter auffüllen. Die Landfahnen hatten dann allerdings keine Möglichkeit mehr, sich selbst zu ergänzen. Aus ihren Einheiten ließ der Kurfürst außerdem noch eine selektierte, ledige und kriegsbrauchbare Mannschaft zur Unterstützung seiner Streitkräfte bereitstellen, formiert in drei reguläre Landregimenter und drei Landbataillone, 4300 Mann. Bis zur Niederlage von Höchstädt haben sie ihre Aufgaben erfüllt, während die zur Grenz- und Flußsicherung bestimmten »ordinären Landfahnen« größtenteils nicht auf ihren Plätzen geblieben und nach Hause gelaufen sind.

Kursachsen hat wiederholt Ansätze zur Milizbildung unternommen, die jedoch über das Anfangsstadium kaum hinausgelangten. Zur Zeit Augusts des Starken hatte das Land ständig Ersatz für die Infanterie des stehenden Heeres zu liefern, insbesondere während des Nordischen Krieges. Reformversuche am Ende seiner Regierung versandeten unter dem Nachfolger, bis der Einmarsch der Preußen 1756 die Institution ganz zum Erliegen brachte. Kurhannover besaß dagegen schon seit der Zeit vor Vereinigung der welfischen Fürstentümer 1705 ein gut geordnetes, auf die ständige Ortsansässigkeit und den sozialen Vorzug der Landwehrleute gegründetes Milizwesen, das ziemlich kräftig fortbestand. Es war freilich der Verfügungsgewalt des Landesherrn entzogen, die Stände sorgten selber für den Unterhalt und kein Angehöriger durfte von einem hannoverschen Regiment angeworben werden. Ab 1705 in 32 Kompanien verschiedener Stärke eingeteilt, von altgedienten pensionierten Offizieren und Unteroffizierveteranen geführt, in Kriegszeiten zu Landbataillonen für die Festungen zusammengefaßt, erfüllten sie ihren Zweck.

Erstaunlich ist, daß selbst in kleineren Territorien sowohl stehende Truppen gehalten wurden als auch Milizen existierten. Hessen-Kassel, das sein Defensionswerk vor

---

12 Das Wort »Milice« bezeichnete anfangs überall das Militärwesen eines Staates generell, man unterschied die »reguläre Miliz« von der »Land-Miliz«.

Abb. 58. Votivtafel des Soldaten Andreas Michel, 1726, Wallfahrtskirche Aufkirchen.
Die wundersame Errettung des Soldaten durch Würfelspiel auf Tod und Leben mit drei anderen Kameraden im Zusammenhang mit den Ereignissen des bayerischen Bauernaufstandes 1705/06 gegen die österreichische Besatzung, der blutig niedergeschlagen wurde.

dem 30jährigen Krieg theoretisch musterhaft ins Leben gerufen hatte, setzte die Überlieferung auch nach dem praktischen Versagen fort, wenngleich die neue Streitmacht im Verlauf des 18. Jahrhunderts gegenüber den tüchtigen aktiven Regimentern immer mehr zurücktrat. In Württemberg, wo die ständische Vertretung ihre Rechte wahrte und sich im Dauerkonflikt mit den Herzögen der kostspieligen Soldtruppenwerbung widersetzte, waren von reichlich 30 000 Defensionspflichtigen rund 9000 Mann zum wirklichen Dienst bestimmt, neben den zum Reichskontingent gestellten und den für fremde Interessen gegen Subsidien kämpfenden Regimentern. Ihren Einsätzen während der Kriege gegen Ludwig XIV. kam nur insofern eine reale Bedeutung zu, als der Landesausschuß schwächere ins Land eingefallene Abteilungen örtlich vertreiben, befestigte Städte mit Unterstützung regulärer Einheiten zeitweilig halten und später die im Kraichgaugebiet angelegten Sperrlinien notfalls mitbesetzen konnte. Trotz aller Gebrechen hielt man in Württemberg am Milizgedanken fest. Im übrigen füllten manche Reichsstände ihre Kontingente für die Reichsarmee mit Leuten der Landmiliz auf oder stellten gar geschlossene Regimenter, soweit sie ihren mobilen Landesausschuß in eine kriegsbrauchbare reguläre Truppe umgewandelt hatten[13].

Die großen finanzstarken Städte besaßen schon seit längerer Zeit eigene Söldner, die sich der auf Entlastung drängende Bürger durch Geldzahlung leistete. Die Entwicklung des Heerwesens führte auch hier zur ständigen Militär-Garnison. Der im Mittelalter wurzelnden Wehrverfassung gemäß blieben Bürgerwachen und Schützengilden bestehen, ebenso in allen kleineren Orten. Ihr militärischer Nutzen war gering, weil er vom guten Willen des einzelnen abhing und aller Eifer meistens nur bis zu fröhlicher Vereinsgeselligkeit bzw. pompöser Schaustellung reichte. Dagegen ragt der schlagkräftige Stadtstaat Danzig mit seinem kombinierten Wehrsystem operationsfähiger Einheiten aus Berufssoldaten und defensiver Bürgermiliz heraus. Im Nordischen Krieg wehrte er feindliche Übergriffe energisch ab. Als Wien 1683 von den Türken aufs bedrohlichste belagert wurde, haben 2000 Mann der Bürgerschaft, Studentenkompanien und besonders zusammengefaßte Gesellen der Zünfte im gemeinsamen Kampf ums nackte Überlegen aufopfernde Hilfe geleistet. Sie standen Wache, wo die Postierung weniger dem Feindfeuer ausgesetzt war, löschten Brände, kümmerten sich um die innere Sicherheit und verrichteten gefährliche Ausbesserungsarbeiten im Brennpunkt der angegriffenen Festungsabschnitte. In friedlichen Zeiten wenig vom militärischen Ordnungssinn berührt, hat das Kolberger Bürger-Bataillon während der drei Russenbelagerungen im Siebenjährigen Krieg pflichtbewußt seinen

---

13 Die Milizen der deutschen Territorialstaaten im Überblick bei G. Papke: Deutsche Militärgeschichte, Bd. 1, Abschn. I, S. 100 ff. und H. Schnitter: Volk und Landesdefension, S. 157 ff.; im einzelnen siehe Jähns: Kriegswissenschaften, Bd. II, S. 2321 ff. und Niemeyer/ Ortenburg: Die Chur-braunschweig-lüneburgische Armee im Siebenjährigen Krieg, Beckum 1976, S. 36 ff.; Müller-Loebnitz: Die Württembergische Armee, in: Deutsche Heeresgeschichte, Hamburg 1935, S. 262 ff.

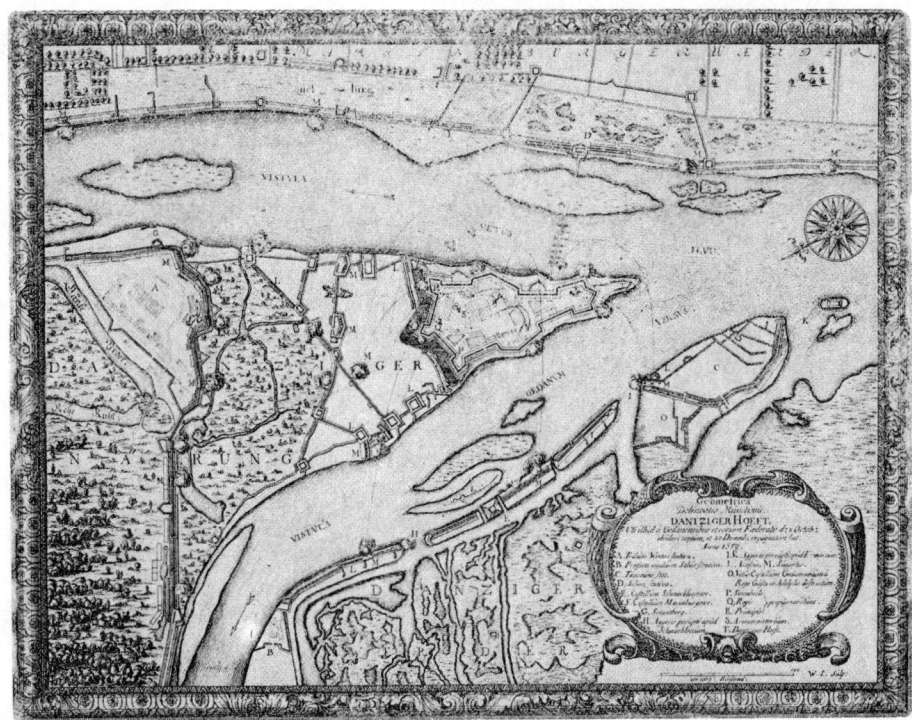

Abb. 59. Karte vom Danziger Haupt, Stich von 1665 aus Pufendorfs Werk »Sieben Bücher von denen Thaten Karl Gustavs, König von Schweden«.
Im Schwedisch-polnischen Krieg hatten sich in der Sperrfestung an der Stromgabel Danziger–Elbinger Weichsel die Schweden festgesetzt. 1659 zwang sie das Danziger Militär nach erfolgreicher Belagerung zur Kapitulation.

Wachtdienst getan. Vor allem konnten die ganz unterbesetzten Festungsgeschütze durch die Tüchtigkeit alter Stadtartilleristen in Funktion gehalten werden[14].

Das interessanteste Beispiel für die Entwicklung des Milizwesens in Deutschland ist Brandenburg-Preußen. Als die beiden Brände des Spanischen Erbfolge- und des Nordischen Krieges in West und Ost die Monarchie in Mitleidenschaft zu ziehen drohten, hat König Friedrich I. schon am 1. Februar 1701 eine »Circular-Verordnung an die sämtlichen Kreise und Commissarien wegen Anrichtung der Landmiliz[15]«

14 Hierzu W. Hahlweg: Das Kriegswesen der Stadt Danzig, Neudruck der Ausg. 1937, Osnabrück 1982; W. Hummelberger: TotaleVerteidigung Wiens, in: Bedrohung und Befreiung Wiens, Materialien zum Vortrags-Zyklus 1983, S. 38 f.; Denkwürdigkeiten der drey Belagerungen Colbergs, Frankfurt/Leipzig 1763, S. 44 f. und H. Sommer: Das Bürger-Grenadier-Btl in Kolberg, in: Mitteilungen zur Geschichte der militärschen Tracht, Jg. 1919/21, S. 35 f.
15 Die Verordnungen über die Landmiliz abgedruckt bei Frauenholz: Entwicklungsgeschichte, Bd. IV, S. 160 ff., 168 f. und 171 ff.

erlassen. Da er sich gezwungen sah, seine Armee im Bunde mit dem Kaiser und den Seemächten gegen die Franzosen zu schicken, sollten die alten Aufgebote zum Zweck des Heimatschutzes durch straffer militarisierte Formationen ersetzt werden. Er folgte damit auch dem Vorbilde der französischen National-Bewaffnung, hielt sich aber im Gegensatz zu Louvois an seine Zusage, daraus keine regulären Truppen zu bilden, die Rekruten auch nicht zur Komplettierung der Feldregimenter zu verwenden und die Mannschaft nicht außer Landes zu führen. Milizpflichtig und zur Enrollierung bestimmt waren alle ortsansässigen, waffentauglichen und ledigen Leute im Alter zwischen 18 und 40 Jahren. Auf dem Papier ergab das eine Gesamtstärke von knapp 20 000 Mann. Da sich die vom Adel angeführten Stände diesem Vorhaben widersetzten, gab der König nach und beschränkte die Institution auf die Schatullgüter, die Amtsdörfer und Amtsstädte, wo er selbst der Grundherr war. Nach dem Organisations-Entwurf vom 21. Februar 1704 entstanden in den Mittel- und Westprovinzen vier Regimenter zu Fuß, insgesamt 10 000 Mann stark. Die nicht enrollierten Bürger und die der Immediatstädte hatten ihren Waffendienst in Bürger-Kompanien zu leisten.

Im Herzogtum Preußen, das durch Polen getrennt fern vom Kern des Staatsgebietes lag, traten die neuen Milizen neben das 1655 reorganisierte Defensionswerk aus Wybranzen-Infanterie und dienstpflichtigen Reitern des Adels, einschließlich der freien Bauern[16]. Während die alten Defensioner nicht mehr enrolliert werden durften, sollte eine 5000 Mann starke Milizmannschaft erst bei höchster Gefahr als zweites Aufgebot zur Aushebung gelangen. Diesen beiden, nicht miteinander verschmolzenen Einrichtungen und kaum mehr als 3000 Mann Garnison-Truppen blieb der Schutz des Landes überlassen, nachdem auch die ostpreußischen Feldregimenter im April 1705 an den Rhein abmarschiert waren.

Die preußische Land-Miliz König Friedrichs I. war organisatorisch und rechtlich vom stehenden Heer geschieden. Das hatte die Obrigkeit mit voller Absicht getan, um den allgemeinen Unwillen zu dämpfen, insbesondere aber Bürgern und Bauern die Furcht vor einer Rekrutierung für die Feldtruppe zu nehmen. Gerade davon blieb jeder Enrollierte ausgenommen. Er wurde auch von Einquartierung, Marschfuhren Botenlaufen und Wolfsjagden verschont. Seine Dienstzeit betrug zuerst sechs, dann fünf Jahre, und wenn er sie beendet hatte, sollte er bei Bewerbungen um zivile Ämter bevorzugt werden. Die Kompanieführer-Stellen besetzten zwar kriegsgediente, aber verabschiedete Offiziere. Als Exerziermeister fungierten ausgesuchte Sergeanten und geeignete, in den Festungen ausgebildete Männer aus den eigenen Reihen. Die Waffenübungen fanden sonntags nach der Predigt statt, im Sommer zwei Stunden, im Winter nur die Hälfte dieser Zeit. Viermal im Jahr traten die Kompanien zusammen,

---

16 In Ostpreußen wie in den westlichen Provinzen überwogen die den königlichen Ämtern zugehörigen Vorwerke, Dörfer und freien Bauernschaften die adligen Orte, siehe R. Frhr. v. Schrötter: Die Ergänzung des preußischen Heeres unter dem ersten Könige, Forschungen zur Brandenbg. Preuß. Geschichte, Bd. 23 (1910), S. 431 f.

und zur Feier des Tages durfte ihnen zwecks »Ergötzlichkeit auf hundert Mann etwas Bier aus dem Amte gereichet werden«[17].

Bei derartig dürftiger, fast gemütlich zu nennender Ausbildung, die im Gegensatz zum höfischen Prunkleben auch durch höchste Sparsamkeit bedingt war, ließ sich von einem praktischen Einsatz in der Wirklichkeit des Krieges nicht viel erwarten. Schon deshalb ist das überaus optimistische Urteil einzelner Befürworter des Miliz-Projektes nicht überzeugend, höchstens in bezug auf die steigende Popularität[18]. Abgesehen vom Garnisonwachtdienst traten die Landregimenter geschlossen nur in Ostpreußen in Erscheinung. Als die Pestkatastrophe hereinbrach, haben sie beim Besetzen des Sicherheitskordons ihre Aufgaben erfüllt und selbst fürchterliche Verluste erlitten. Zwei Regimenter sind fast ausgestorben. Den Durchzug der russischen und sächsischen Truppen von der Oder nach Mecklenburg an Berlin vorbei verhinderten die Milizen nicht, weil ihnen ein offener Kampf auch gar nicht zugemutet werden konnte.

Mit dem Tode des Königs verschwand die gesamte Einrichtung, nachdem sie etwa 10 Jahre bestanden hatte. Der ungestüme Sohn Friedrich Wilhelm löste die Miliz sofort auf; denn er setzte nun ein ganz anderes Wehrprogramm in die Tat um. Den Grundgedanken persönlicher Dienstpflicht aller tauglichen Landeskinder übertrug der neue König in abrupter Abkehr von jedem militärischen Dilettantismus auf das im Krieg sehr gut bewährte stehende Heer, so daß mit seiner milizartigen Bauerninfanterie wohlgeübte, disziplinierte Landsoldaten den Kernregimentern zuwuchsen. Wie hätte sich die von vornherein reformbedürftige Miliz des Vaters fortentwickeln sollen, wenn sie ihre guten Rekruten dem Heer entzog und wenn sie nicht von einem tüchtigen Berufsoffizierkorps gründlich geschult werden durfte? Wie hätte sie in den Rahmen des straff durchgebildeten Militärstaates eingepaßt werden können? Wenn Friedrich Wilhelm I. sogar den Gebrauch des Wortes Miliz verbot und mit Geldstrafe bedrohte, so wollte er damit ein für allemal das Ersatzwesen seiner Regimenter fest statuieren. Städte und Dörfer sollten für geeigneten Nachwuchs sorgen und ihn nicht dem Heer vorenthalten wie zur Zeit König Friedrichs I., indem sie ihre Leute zur Miliz gegeben hatten.

Die 1729 aufgestellten vier Landregimenter gehörten zur regulären Armee. Ihre Mannschaft bestand aus gedienten, ausrangierten, aber noch garnisondienstfähigen Inländern. Den stets komplett vorhandenen Stamm bildeten Offiziere, Unteroffiziere und Tambours, durchweg Halb-Invalide und auf Halbsold gesetzt. Die Regimenter traten jedes Frühjahr zur Musterungszeit der Armee zusammen, übten 14 Tage lang und versahen auch den Wachtdienst in den Garnisonen, wenn die Feldtruppen zur Revue abrückten. Im Kriegsfall sollten sie als Festungsbesatzung dienen[19].

Der Siebenjährige Krieg rief indes die Miliz wieder ins Leben zurück. Als nach dem ersten schweren Rückschlag durch Kolin im Sommer 1757 das Vorrücken des Feindes

17 Zit. nach Schrötter: Die Ergänzung des preuß. Heeres, S. 436.
18 Schrötter: Die Ergänzung des preuß. Heeres, S. 444.
19 Jany: Geschichte der Preuß. Armee, Bd. I, S. 646 f.

von allen Seiten her zu befürchten stand, ließ Friedrich der Große in den alten Provinzen neue Landbataillone, auch Husaren-Schwadronen und kleine Jäger-Korps errichten. Die Einheiten des westlichen Gebietes verstärkten das Haupt-Bollwerk Magdeburg, die Pommern mit den Uckermärkern und die Neumärker standen nicht nur in den Festungen, sondern auch im Feldeinsatz, selbständig oder in Verbindung mit den meistens sehr schwachen Sicherungs-Detachements und den Operations-korps der Armee. Gerade sie bewiesen, daß auch militärisch zweitrangige Formatio-nen aus Landeskindern »den Staat als den ihrigen verteidigen« konnten; und zwar mit einem Erfolg, den die früheren Defensionswerke nie zu verzeichnen hatten. Die pommersche Landmiliz verhinderte vor allem »eine geschlossene schwedisch-russi-sche Nordfront« und »verwehrte bis zur Kapitulation Colbergs Ende 1761 – genau lange genug – der russischen Armee die Operationsbasis mit Seeverbindung[20]«. So weit hatte sich die nationale Wehrkraft Preußens unter der Herrschaft vorbildlicher Militärkönige immerhin entfaltet.

Gegenüber den Versuchen, die verfallenden Defensionswerke im absolutistischen Sinn durch die Miliz zu reaktivieren, war auch die Idee der reinen Volksbewaffnung nicht aus dem geistigen Leben der Staatenwelt entschwunden. Sie lag schon im Ge-dankengut der Aufklärung mit eingeschlossen, wonach die an den Prinzipien der Staatsräson orientierte Kriegspolitik und die forciert vermehrten stehenden Heere auf wachsende Kritik stießen. Das Ideal der weltlichen Ordnung wurde in einer friedlichen Gemeinschaft aller Völker gesehen, und die Soldaten der Könige, die so viel an Quantität gewonnen, wie sie an Qualität verloren hätten, fielen der Gering-schätzung anheim. Voltaire sprach von »gedungenen Mördern« und von der »Hefe der Nation«. Die Kriege des 18. Jahrhunderts verdeutlichten die Schattenseite der bestehenden Heeresverfassung: die in der Friedenszeit unter enormen Kosten bei-sammengehaltenen Regimenter aus zu vielen Gepreßten und Unwilligen, die dann während der Feldzüge in Massen desertierten, so daß nach um sich greifender Über-zeugung mit diesen Truppen meistens doch nur zweifelhafte Erfolge zu erreichen waren. Um so größeres Aufsehen erregte Rousseau's 1762 erschienener »Contrat social«. In der politisch informierten und literarisch interessierten Öffentlichkeit folgte man schwärmerisch der Lehre vom Gemeinwohl bezüglich eines Kriegsfalles. Jeder Bürger soll Soldat sein aus Pflicht und nicht aus Profession, aber eben nur dann, wenn es zur Verteidigung des Vaterlandes nötig ist[21].

20 H. Bleckwenn: Die Uniformen der friderizianischen Armee, Taschenbuch-Kassette, Bd. IV, S. 185 und 207; dort auch Einzelheiten über Organisation und Leistungsvermögen; das Generalstabswerk über den Siebenjährigen Krieg informiert spärlich; für den Gesamtkom-plex und die Entwicklung wichtig A. Lampe: Der Milizgedanke und seine Durchführung in Brandenburg-Preußen vom Ausgang des 16. Jh. bis zur Heeresform nach 1807, Diss. Berlin 1951, siehe auch F. Schwartz: Organisation und Verpflegung der Preußischen Landmilizen im Siebenjährigen Kriege (Staats- und sozialwissenschaftliche Forschungen H. 31), Neu-druck der Ausgabe Leipzig 1888, Neufahrn/Percha 1984.
21 Zur Opposition gegen die stehenden Heere siehe M. Lehmann: Scharnhorst, T. 1, S. 54 ff.

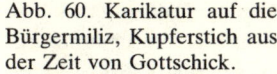

Abb. 60. Karikatur auf die Bürgermiliz, Kupferstich aus der Zeit von Gottschick.

Auch in Deutschland außerhalb Preußens kam Opposition gegen die stehenden Heere auf. Als Gefahr für den Frieden wie als unproduktive Einrichtung angeprangert, forderte sie ihre Abschaffung und propagierte eine kleine Kadertruppe, die den Rahmen für milizpflichtige, nur drei Monate lang einexerzierte Mannschaften bilden müßte. Viel weiter ging Justus Möser, ein noch einsamer Vorbote künftiger Ideen vom deutschen Staatsvolk, der an die alte Ordnung des Heerbannes erinnerte und die Frage stellte, »warum ein Doctor der Rechte nicht ebensogut mit dem Degen als mit der Feder fechten sollte[22]«. Selbst die Geistlichen wären von der Führung der Waffen zur Verteidigung des Vaterlandes in keiner Weise ausgeschlossen. Die Kritik der bürgerlichen Aufklärung wurde sogar ergänzt durch scharfe Urteile, zu denen sich weiterblickende Militärs veranlaßt sahen. Sie erkannten die Notwendigkeit einer Fortentwicklung des absolutistischen Heerwesens, das in seinen festgefügten Formen schon erstarrte, sich aber ohne Änderung der Staatsverfassung nicht mehr grundlegend verbessern konnte. Wer am schärfsten sah, der prophezeihte die Herrschaft über Europa derjenigen Nation, die als erste ein richtiges Volksheer aufstellen würde.

22 Zit. nach Jähns: Kriegswissenschaften, Bd. III, S. 2163.

Für kurze Zeit wies gegen Ende der Epoche eine eigenständige Wehrorganisation des aufgeklärten Absolutismus in die Zukunft. Sie entstand im kleinen schaumburg-lippischen Fürstentum an der Weser, das wie jeder Zwergstaat des Reiches kaum 20 000 Einwohner zählte, von preußischem, hannoverschem und hessischem Gebiet umgrenzt. Nachdem sein neuer Souverän, der regierende Graf Wilhelm (1724–1777), als Soldat aus Pflicht und Neigung im Jahr 1748 die Herrschaft angetreten hatte, begann er alle waffentauglichen Bauern zu enrollieren – aus merkantilistischen Gründen nicht die städtischen Bürger – und verpflichtete sie zum Wehrdienst. Sie dienten als Rekruten für das 600 Mann starke stehende Kontingent und den »Land-Ausschuß« von 200 Milizsoldaten, der sonntags im Frühling und Herbst übte. Wenn der gesamte Ausschuß jedes Jahr im Exerziermonat zusammentrat, sorgte eine genaue Musterung dafür, daß die alten Leute durch junge ersetzt wurden. Beide Einrichtungen, aktive Truppe und Reserve, waren eng miteinander verbunden. Der Milizmann mußte bei Bedarf als Ersatz ins »stehende Heer« nachrücken. Das innere Reformwerk des Bückeburger Landesherrn stand im Einklang mit seinen von aufklärerischen Ideen beeinflußten fürsorglichen Regierungsmaßnahmen im zivilstaatlichen Bereich. Stock und Spießrute durften nicht angewendet werden, verdiente Veteranen erhielten einen Siedlerhof zur steuerfreien Bewirtschaftung für zehn Jahre, und für seine Offiziere galt kein Adelsprivilig; über ihre Auswahl entschied allein die Eignung, über ihren Aufstieg die Leistung ohne jede Rücksicht auf Herkunft und Stand. Alles war absolutistisch von oben her verordnet, aber vom menschenfreundlichen Geist getragen, und zielte auf die Erziehung der Landeskinder zu Staatstreue und Wehrhaftigkeit ab. Der weiter als anderswo greifende Zwang zum Militärdienst erwies sich aber als etwas so Außergewöhnliches, daß viele junge Bauernsöhne aus dem Lande flohen. Aus diesem Grund hat Graf Wilhelm 1775 als erster Regent die Wehrpflicht auf sechs Jahre beschränkt[23].

Während des Siebenjährigen Krieges war das schaumburg-lippische Kontingent durch Werbung mit Hilfe von Subsidien auf rund 1250 Mann angewachsen, dabei ein Reiter- und ein Jägerdetachement sowie 300 Artilleristen. Der »Kanonengraf« selbst stand dem Oberbefehlshaber des alliierten Heeres, Herzog Ferdinand von Braunschweig, als dessen General-Feldzeugmeister hochbewährt zur Seite. 1762 organisierte der auf Wunsch des Königs von England die portugiesische Armee im Krieg gegen Spanien und führte mit ihr einen erfolgreichen Feldzug, der noch heute von der amtlichen Militärgeschichtsschreibung Lissabons eine »guerra fantastica« genannt wird.

Von dort in die Heimat zurückgekehrt, hat Graf Wilhelm die in seinem Land verwirklichte allgemeine Wehrpflicht in ein umfassendes System wissenschaftlich durchdachter Verteidigungskunst einbezogen, wodurch sie erst ihren tiefen ideellen

---

23 Lit. zu Graf Wilhelm von E. Hübinger: Graf Wilhelm zu Schaumburg-Lippe und seine Wehr, Diss. Heidelberg 1937; die tiefste Würdigung seiner Persönlichkeit bei R. Stadelmann: Scharnhorst Schicksal und geistige Welt, Wiesbaden 1952, S. 132 ff.; vgl. Papke: Deutsche Militärgeschichte, Bd. 1, Abschnitt I, S. 111 ff.

Sinn erhielt. Es beruhte auf der Erkenntnis, daß die Übel des Krieges nur dann verhindert, zumindest aber immer seltener würden, wenn die Abschreckung den Angreifer in Schranken hielt. Der siebenjährige Erschöpfungskampf hatte gerade erst gelehrt, wie fragwürdig die Resultate großer Feldschlachten gewesen sind. Um so weniger realistisch schienen dann noch künftige Waffenentscheidungen bei weiterem Verstärken aller möglichen Abwehrmittel zu sein. So lagen trotz aller Kleinheit der territorialen Verhältnisse im Bückeburger Duodez-Fürstentum »allen Anstalten« des Grafen Wilhelm »die größten Absichten zum Grunde[24]«. Er erhob die Landesverteidigung zur Sache des ganzen Volkes, hielt aktive Truppe und Miliz in organischer Verbindung, baute auf künstlich errichteter Insel im Steinhuder Meer eine unangreifbare Festung als Haupt-Reduit, legte an den Ufern Feldschanzen an und verstärkte sie fachkundig durch eine zahlreiche Artillerie, deren leichte Geschütze auch seine Infanterie wirksamer als zuvor zu unterstützen hatten.

Einen wichtigen Platz in diesem modellhaften Verteidigungswerk nahm die Musterschule für den Offiziernachwuchs auf der Feste Wilhelmstein ein. Dort betätigte sich der Militärregent selbst als Lehrmeister und zeigte den Kadetten seine persönlichen Grundsätze auf, die im geistigen Zusammenhang mit dem Fortschritt des militärischen Erziehungs- und Bildungswesens zu neuen Normen ihres Berufes in allen Heeren wurden. Danach sollte der Krieg nicht nur als Handwerk betrieben, sondern in allen verschiedenen Anwendungsbereichen von Grund auf als praxisbezogene Wissenschaft erlernt werden.

Nach dem Tode des Grafen ist sein gesamtes Verteidigungswerk schnell verfallen, das in seiner Originalität zu absolutistischer Zeit ohnehin nur durch die kraftvolle Regierungspraxis und das sittlich erfaßte Soldatentum seines Schöpfers existieren konnte. Der berühmteste Zögling der nun ebenfalls aufgelösten Militärschule, Gerhard Johann David Scharnhorst, ist durch den erzieherischen Einfluß des lebenslang hoch verehrten »Wohltäters« neben aller Förderung vielseitiger praktischer Anlagen zu einem gelehrten und selbst lehrenden Offizier herangewachsen. Solches Rüstzeug sollte ihn später für die verantwortungsvollste Aufgabe befähigen, das preußische Heer nach seiner Katastrophe im Jahr 1806 zu reorganisieren. Ein innerer Zusammenhang mit den reformerischen Absichten des Grafen von Schaumburg-Lippe liegt auf der Hand, wenngleich die militärische Entwicklung in revolutionär umgestalteter Bahn nach anderen staatspolitischen Prinzipien verlief. Es war auch derselbe Geist eines skeptischen historischen Realismus, in dem noch der junge Artillerielehrer in Hannover das disziplinierte stehende Heer als wirksamsten Schutz vor neuer Barbarisierung des Krieges gegen die heftige oppositionelle Kritik verteidigt hatte[25].

24 Aus Scharnhorsts erstem publizistischen Erzeugnis: Von den Militär-Anstalten des verstorbenen regierenden Grafen Wilhelm . . ., in A. L. Schlözers »Briefwechsel« 1782, abgedruckt bei G. H. Klippel: Das Leben d. Generals v. Scharnhorst, 1. T., Leipzig 1869, S. 184; dazu C. Ochwadt (Hrsg.): Graf Wilhelm zu Schaumburg-Lippe, Schriften und Briefe II, Militärische Schriften, Frankfurt a. M. 1977.
25 Siehe Lehmann: Scharnhorst, T. 1, S. 74

VIII. Die Reichskriegsverfassung

Im 30jährigen Krieg war auch die Entscheidung über die künftige Gestalt des deutschen Reiches gefallen. Seit dem Friedensschluß von 1648 spielten innerhalb seiner Grenzen nur noch die einzelnen Territorien mit ihren Dynastien die Hauptrolle. Das Ergebnis bestand neben großen Gebietsverlusten darin, daß der Rest von einheitlicher Staatlichkeit verlorengegangen war; damit auch die Machtstellung kaiserlicher Zentralgewalt, die das kleine Wahlkollegium der Kurfürsten unter Wahrung ausgedehnter eigener Privilegien schon drei Jahrhunderte lang geschwächt hatte[1]. Jetzt besaßen alle Reichsstände – weltliche und geistliche Fürsten, Grafen und freie Städte –, neben der vollen Landeshoheit über Besitzungen und Untertanen auch das Stimmrecht in jeder Reichsangelegenheit. Selbstverständlich enthielt die ihnen verbürgte Souveränität die Befugnis, zur eigenen Sicherheit Truppen aufzustellen. Die stärksten Fürsten hatten sich ja bereits im Krieg eine bewaffnete Macht geschaffen, die sie im zuletzt erfolgreichen Kampf mit ihren Landständen in ein stehendes Heer umbildeten und dadurch den Absolutismus erzwangen. Sie konnten dann ihren Besitz auf Kosten schwächerer Nachbarn erweitern und sogar über die Reichsgrenzen hinauswachsen. Die souveränen Reichsstände besaßen auch noch das Recht, Bündnisse abzuschließen, untereinander und mit ausländischen Mächten. Daß sich die selbständige Außenpolitik nicht gegen Kaiser und Reich richten durfte, war praktisch bedeutungslos, weil sie in Übereinstimmung mit dem Geist des Westfälischen Friedens als Schutz vor neuer Bedrohung durch das Haus Habsburg entschuldigt werden konnte. Alle am Vertragswerk Beteiligten garantierten diesen Frieden. Schweden besaß mit seinem deutschen Gebietserwerb an der Ostseeküste und Unterweser auch die Reichsstandschaft. Vor allem war es aber Frankreich, das durch die gewonnene Vorpostenstellung im Elsaß einschließlich des Besatzungsrechtes in Philippsburg wie des Besitzrechtes an der Stadt Breisach weiteren Druck ausübte und seine Rolle als Schutzmacht der »teutschen Libertät« spielte; dies in der Absicht, die kleinen schwachen Nachbarn zu sammeln und sie gegen den Kaiser zu stärken. Als Bürge der Reichsverfassung besaß der französische König nun auch die formale Möglichkeit zu ständiger Einmischung in die innerdeutschen Verhältnisse. »Frankreich erweiterte, vollendete sich in dem Maße, in dem sich . . . die Deutschländer schwächten und auflösten. Die deutsche Anarchie dauerhaft zu machen und zu organisieren, mußte das politische Meisterwerk Frankreichs im 17. Jahrhundert werden und die Mühen und Anstrengungen mehrerer Generationen krönen . . .[2]« Der erste Rheinbund von 1658 diente Kardinal Mazarin bereits als Hebel. Er war seitens seiner deutschen Migleder gewiß in der

---

1 Seit der »Goldenen Bulle« Kaiser Karls IV. 1356.
2 J. Bainville: Histoire de deux peuples, Paris 1915, dtsch. Übersetzg. Hamburg 1939, S. 53.

Absicht zustande gekommen, das Reich nicht in den fortgesetzten französisch-spanischen Krieg hineinziehen zu lassen. Aus gleichem Grund hatten auch die Kurfürsten kurz zuvor den Habsburger Leopold I. in seiner Wahlkapitulation beschränkt (18. Juli 1658), doch konnte Frankreich den Kaiser in Schach halten und dazu die beteiligten Reichsstände als Figuren benützen.

Der Friedensvertrag von 1648 enthielt auch die Bestimmung, daß die Reichskriegsverfassung neu zu regeln sei. Seit dem ersten Regensburger Reichstag 1653/54, der sich als regierende Behörde konstituierte und dort ab 1663 in Permanenz beratschlagte, stand sie auf der Tagesordnung. Bisher waren immer nur im Falle eines erklärten Reichskrieges Truppen aufgestellt worden; wie aber sollte nun auch schon im Frieden ein einheitliches Reichsheer entstehen? Die allgemeine Besorgnis vor neuer Stärkung kaiserlicher Macht brachte Reformen jedoch nicht zustande, so daß man als »Richtschnur« die 1555 verabschiedete Exekutionsordnung weiter gelten ließ. Danach war die Aufbietung der Reichsarmee erstmals den zehn Reichskreisen übertragen worden, deren jeweils gewählte Kreisobristen das benötigte Kriegsvolk von den Ständen abfordern mußten. Den Schlüssel bildeten die Wormser Matrikel von 1521. Sie hatten das Gesamtquantum gemäß monatlicher Unterhaltsberechnung von 128 000 Florins – 12 für den Reiter, vier für den Fußsoldat – auf 20 000 Mann zu Fuß und 4000 Reiter festgesetzt. Die territoriale Auflistung bestimmte dann den Anteil, der jedem Reichsstand zufiel. Diese bis zum Ende des 18. Jahrhunderts beibehaltene, doch aus Ersparnisgründen immer wieder herabgedrückte Recheneinheit wurde als »Simplum« der Aushebung bezeichnet. Im Bedarfsfall sollte es verdoppelt (Duplum) oder gar verdreifacht (Triplum) werden. Das militärpolitisch bedeutsamste Attribut jener Exekutionsordnung war, daß die Kreise schon vor dem 30jährigen Krieg das Recht besaßen, ohne Zustimmung des Kaisers Truppen aufzubieten. Damals schon basierte die Reichskriegsverfassung auf förderativem Fundament, das sich formal auch nach dem Westfälischen Frieden nicht mehr änderte[3]. Die Exekutivgewalt lag dezentralisiert in den Händen der Reichsstände und die tatsächliche militärische Macht des Kaisers beruhte vorwiegend auf den Ressourcen seines eigenen Hausbesitzes.

Im nächsten Türkenkrieg 1663/64 trat ein unausbleibliches Resultat des Verhältnisses zwischen Reichsheerwesen und werdendem absolutistischen Landesstaat zum Vorschein. Die »Armierten«, so nannte man die größeren, schon selbst stehende Heere unterhaltenden Reichsstände, schickten ihre Kontingente geschlossen ins Feld, und zwar in einer über den Wormser Matrikeln liegenden Stärke. Auch später waren

---

3 Hierzu die zusammenfassende Darstellung von M. Jähns: Zur Geschichte der Kriegsverfassung des Deutschen Reiches, Mil. geschichtl. Aufsätze, Neudruck der Veröffentlichungen 1866–1883, Osnabrück 1970, S. 144 ff.; ebenso K. Linnebach: Reichskriegsverfassung und Reichsarmee von 1648–1806, in: Deutsche Heeresgeschichte, Hamburg 1935, S. 105 ff. und der Aufsatz von J. Kraus: Reichskreis und Reichskriegsverfassung, Wehrwissenschaftliche Rundschau, Jg. 1976, S. 25 ff.; vgl. Zeitalter der Landsknechte, Bd. 2 dieser Reihe.

sie niemals bereit, ihren Anteil den Kreisarmaturen zur Verfügung zu stellen; stets wollten die Territorialherren freie Hand behalten und ihre bewaffnete Macht nur im eigenen Interesse zum eigenen Vorteil nützen. Außerdem gehörten die meisten Armierten der Streulage ihres Besitzes zufolge zwei bis drei Kreisen an, so daß deren Feldverbände bei matrikelgerechter Aufteilung obendrein hätten zersplittert werden müssen. Auch der Kaiser dachte nicht daran, neben seinen stehenden Regimentern noch Kreistruppen zu unterhalten. Den österreichischen und burgundischen Kreis (Vorderösterreich und die spanischen Niederlande[4]) benötigte er als Mannschaftsersatz für das eigene Heer.

So blieben für die Reichskriegsorganisation in der Hauptsache nur die Frankreich benachbarten sogenannten »vorderen Reichskreise« übrig. Sie aber setzten sich aus einer Vielzahl kleiner und kleinster Stände zusammen, die wiederum nicht bereit waren, ihre libertären Belange wenigstens auf dem Gebiet der Landesverteidigung hintanzustellen, d. h. auf die Militärhoheit zu verzichten und die wichtige Aufgabe der Armierung den Kreisobristen zu übertragen. Bei nur loser Kooperation untereinander kamen sie über die Verteilung der aufzustellenden Kompanien kaum hinaus; Formationen, die sich zu allem noch in viele buntscheckige Kleinstkontingente untergliederten. Unabdingbare Voraussetzung wäre gewesen, mit der einheitlichen Verwaltung auch einen festen organisatorischen, ausrüstungstechnischen, taktischen und personellen Rahmen für die Kreisverbände zu schaffen. Im übrigen hätten schon im Frieden die Befehlshaber vollzählig sein und eine genügende Anzahl tauglicher Mannschaften bereitgehalten werden müssen. Unter solchen Umständen konnte eine schlagkräftige Reichsarmee nicht auf die Beine kommen. Der Gedanke daran ist unter der von Frankreich her drohenden Gefahr wiederholt aufgelebt. Leibniz hat schon in seinem Sekuritätsgutachten von 1670 aufgrund eigener Kenntnis der zeitgenössischen Militärliteratur und eines genauen Vergleiches von französischem und deutschem Heerwesen die ständischen Reichstruppen »papierene Kompagnien« genannt. Die Armee, die er forderte, sollte sich überhaupt nicht aus solchen für unbrauchbar erklärten Kontingenten zusammensetzen, sondern aus dauernd zur Verfügung gestellten Truppen der deutschen Fürsten einschließlich Habsburgs mit seinen Erbländern. In einer allein auf militärische Leistung abzielender Allianz vereinigt und mit einem leitenden Direktorium an der Spitze, müßte diese gegen Frankreich gerichtete Kriegsmacht demnach ein angriffsfähiges stehendes Heer sein, möglichst 20 000 Mann stark. Wenn Leibniz im einzelnen u. a. vorschlug, kriegstüchtige, aber »unverdächtige« Generale durch das Direktorium zu berufen, ihnen jedoch zugleich durch dessen Kommissare die Hände »etlichermassen gebunden« sein sollten und die Bezahlung der Truppen nicht durch die Offiziere erfolgen dürfe, »welches eines der größten Mißbräuche des Krieges ist[5]«, so weisen seine Mahnungen auf jenen Zeit-

---

4 Die spanischen Niederlande erst nach Beendigung des Erbfolgekrieges 1714.
5 Leibniz: Politische Schriften, Bd. 1, Darmstadt 1931, Nachdruck Berlin 1971, S. 131 ff., auch E. Heymann: Friedrich d. Große und Leibniz in ihrer Bedeutung für die Heeresverfassung, Akademievortrag, S. 6.

punkt hin, als der miles perpetuus in Deutschland noch nicht voll durchgebildet war.

Als sich der Druck der Reunionen Ludwigs XIV. immer stärker auf die allgemeine Stimmung in Deutschland auswirkte und auch die Lage im Osten bedrohlicher wurde, beschloß der Reichstag am 23. Mai 1681 auf Vorschlag des Kaisers die unverzügliche Aufbietung von 40 000 Mann – 28 000 zu Fuß und 12 000 Reiter – und deren Unterhalt, solange die gefährdete Sicherheit des Reiches eine solche Schutzwehr erforderte. Demnach hatte sich das »Simplum« der neuen Reichsmatrikel um 16 000 Mann erhöht. Bezogen auf die Gesamtbevölkerung des Reiches von rund 26 Millionen Seelen war das immer noch ein recht geringer Bruchteil[6]. Die Ausführung des Beschlusses blieb aber nun ganz den Kreisen überlassen, die selbst die Verteilung der Truppen auf die einzelnen Stände, die sogenannte Subrepartition, wie die Einzelheiten ihrer Ausrüstung und Versorgung regeln sollten, nachdem der Reichstag derartig komplizierte Fragen nicht hatte lösen können. Das Beispiel des politisch am stärksten zersplitterten Schwäbischen Kreises zeigt sie in krasser Deutlichkeit auf. 103 Fürsten und Stände mit erheblich divergierendem Territorialbesitz und Vermögen mußten sich über die Gestellung ihrer Kontingente einig werden, deren Kopfzahl zwischen 2000 und kaum einem halben Dutzend Soldaten schwankten. Nicht minder problematisch war die Finanzierung des Reichsheeres: die Regimenter aus der Kreiskriegskasse, die Artillerie und die Führungsstäbe aus der Reichsoperationskasse zur Verfügung des Generalfeldmarschalls. Bereitete das gemeinsame Aufbringen der Truppenteile schon Schwierigkeiten genug, so mangelte es vor allem am Willen und Verständnis, sie auch mit den nötigen Versorgungsdiensten zu versehen, wovon die Operationsfähigkeit der Streitkräfte abhing.

Auch die Defensionalordnung von 1681 blieb ein Torso. Das gesamte Reich konnte sie von vornherein nicht erfassen. Die zu absolutistischer Staatlichkeit gelangenden Armierten sahen sich nicht in der Lage, Teile ihrer Armeen herzugeben. Dafür erhofften sie sich von der Möglichkeit einen Vorteil, eigene Truppen den nicht armierten Ständen gegen Bezahlung zu stellen. Der Kaiser besaß wenig Einfluß, falls nicht einer seiner Feldherrn mit kaiserlichen Regimentern das Hinterland des Oberrheines gegen die Franzosen schützte und dadurch auch exekutiv beherrschen konnte. Sonst aber verhinderten es die Reichsstände, daß er die ihm verbliebenen Reservatrechte zur Stärkung der Zentralgewalt ausweitete. Wie auch die kleinen unter ihnen diese Gewalt stets bekämpft hatten, »so traten sie nun unter dem gleichen Banner gegen die Kreisämter an[7]«. Im fränkischen Bereich wollte man die Macht des zum Obristen gewählten Mitstandes Markgraf Christian Ernst von Bayreuth nicht vergrö-

---

6 P. Chr. Storm: Der Schwäbische Kreis als Feldherr, Berlin 1974, S. 56; Schwaben sollte als am dichtesten besiedeltes Land nach dem burgundischen Kreis bei 4,5 % Bodenfläche 10 % der Reichsarmatur tragen, S. 264.

7 B. Sicken: Das Wehrwesen des fränkischen Reichskreises, Aufbau und Struktur (1681–1714), Nürnberg 1967, S. 60.

ßert sehen. Im Schwäbischen Kreis traten die konfessionellen Gegensätze besonders hervor. Hier wurde die schon seit 1628 vakante Stelle des Obristen auch jetzt nicht besetzt, damit ein protestantischer Stand keinen katholischen bevormundete[8].

Wenn es in den am meisten gefährdeten westlichen Gebieten mit aller Mühe gelang, eine kriegsmäßige Kreisarmatur zu organisieren, so erwies sich der Aufbau des miles perpetuus als praktisch kaum durchführbares Unternehmen. Schon an Aufstellung und Unterhalt einzelner Kompanien waren mehrere Kreismitglieder beteiligt. Keine Rüstungsmaßnahme kam anders als durch kollegiale Kooperation zustande. Die Kriegseinheiten wurden im Frieden sogleich wieder um rund die Hälfte reduziert, nur schwache Führungskader blieben im Dienst, das mit teurem Geld angeschaffte Einsatzgerät, auch Artilleriematerial und Munition, lagerte unbehütet auf Behelfsplätzen und verrottete zum Teil unter freiem Himmel. Allein die Zeughäuser der Landesherren boten sicheren Depotraum für die Waffen. Die auf die Quartiere ihrer Stände verteilten Kreissoldaten dienten als Wach- und Festungstruppe oder sie standen nach Einreihung ins Hausregiment des Fürsten in der Residenz herum. Gemeinsames Exerzieren schien selten vorgekommen zu sein, große Musterungen und Feldmanöver fanden nicht statt[9]. Nur die Einsicht in die Notwendigkeit und Zweckmäßigkeit forcierter Kraftanspannung angesichts höchster Kriegsgefahr veranlaßte den einzelnen Stand zum teilweisen Verzicht auf sein militärisches Hoheitsrecht. Alle genannten Hemmnisse, Mängel und Probleme besagen, daß ein wirkliches Friedensheer im Rahmen der Reichskriegsverfassung nicht entstehen konnte.

Der Reichstag hatte gerade seine letzten Beschlüsse zur Reichsbewaffnung gefaßt, als Ludwig XIV. vierzehn Tage später am 30. September 1681 mitten im Frieden Straßburg in französischen Besitz nahm und damit den Schlußstein für die Annexion des Elsaß einzementierte. Zum Gegenschlag fehlten die Waffen und schon bald darauf erforderte die Bedrohung Wiens durch die Türken alle abkömmlichen Truppen. Im Westen kam es am 16. 8. 1684 zu einem zwanzigjährigen Waffenstillstand zwischen Frankreich und dem Kaiser, der den status quo am Oberrhein entsprechend zeitlich befristete. Für die Annahme hatte sich vordringlich der Kurfürst von Brandenburg eingesetzt, der weiter sein Heil im fortgeführten Bündnis mit Ludwig XIV. suchte und die antifranzösische Bewegung im Reich lähmte. Frankreichs Politik zielte vorläufig noch darauf ab, die vom Schwäbischen Kreis ängstlich bewahrte Neutralität zu respektieren und dadurch dessen Kriegspotential auf strategisch wichtigem Boden dem Kaiser vorzuenthalten[10].

Nach Lage der Dinge konnte eine Reichsarmee nur noch in den aus nichtarmierten Ständen zusammengesetzten Kreisen auf die Beine kommen, wenn sie sich zum ge-

---

8 B. Sicken: Das Wehrwesen des fränkischen Reichskreises, S. 61 f. und Storm: Der Schwäbische Kreis als Feldherr, S. 156.
9 Detailliert am Beispiel des fränkischen Kreises bei Sicken: Das Wehrwesen des fränk. Reichskreises, S. 95 f. und 233 ff.
10 B. Wunder: Frankreich, Württemberg und der Schwäbische Kreis während der Auseinandersetzungen über die Reunionen (1679–97), Stuttgart 1971, S. 31 ff.

meinsamen Schutz miteinander verbanden. Zunächst aber ließ der Waffenstillstand im Westen die trotzdem Gefährdeten in Sicherheit wiegen und allen Rüstungseifer erschlaffen. Als die Franzosen Ende September 1688 den Pfälzischen Krieg am Oberrhein eröffneten, lag Südwestdeutschland ihrem Vordringen bis tief in die Kreisgebiete hinein wehr- und hilflos ausgeliefert. Kontributionen und reiche Beute raubten weit mehr als eine eigene starke Armatur gekostet hätte.

Am allerschlimmsten war, daß Frankreichs Kriegsminister Louvois König Ludwig zu radikaler Kursänderung seiner Politik gegen Kaiser und Reich bewog. In der defensiven Absicht, die inzwischen erreichte Ostgrenze am Rhein militärisch unangreifbar zu machen, verwüsteten die französischen Invasionstruppen das feindliche Grenzgebiet vor der eigenen Festungslinie unter totaler Zerstörung aller festen Plätze[11]. So schnell es nun ging, eilten die freigegebenen Regimenter des schwäbischen, fränkischen und oberrheinischen Kreises aus Ungarn herbei, gefolgt von kaiserlichen Streitkräften. Die Armierten – Kursachsen, Hessen-Kassel und Brandenburg – schickten ihre Kontingente zur Deckung von Nieder- und Mittelrhein. Bis zum April 1689 hatte sich die französische Feldarmee nach gründlicher Vorbereitung auf die nächste Campagne wieder aus den südwestdeutschen Ländern zurückgezogen. Ludwig XIV. mußte nun den Krieg gegen eine große Feindkoalition unter Einschluß Englands, der holländischen Generalstaaten und Spaniens fortsetzen.

Nach neuer Verschärfung der großen Kriegslage, als die Türken im Herbst 1690 Belgrad zurückgewonnen und den sofortigen Abzug der kaiserlichen Rheinarmee nach dem Osten bewirkt hatten, schlossen sich Schwäbischer und Fränkischer Kreis zwecks gegenseitiger Unterstützung aus eigener Kraft zur Assoziation zusammen. Jeder verstärkte seine Armatur auf 12 000 Soldaten[12]. Insgesamt machten beide Kreiskorps etwa die Hälfte aller Reichstruppen an der Oberrheinfront aus. Diesen Kräften gegenüber benötigten die Franzosen nur eine Armee, um die befestigte Linie von Basel bis Philippsburg und die ganze Tiefebene bis zu den Schwarzwaldhängen in der Hand zu behalten. Erst 1693 bildeten sie hier mit einer zweiten den Schwerpunkt ihrer Kriegführung. Jetzt war es ein Glück für die Verteidiger, daß zum kritischen Zeitpunkt der kaiserliche General-Leutnant Markgraf Ludwig Wilhelm von Baden den Oberbefehl übernahm. Er hatte das Osmanenheer entscheidend geschlagen und war deswegen von beiden assoziierten Kreisen dazu erwählt worden. Mit absoluter Kommandogewalt über deren Truppen für die Dauer des Krieges ausgestattet, verhinderte er kraft überlegener Abwehrführung den wiederholt versuchten Einbruch des Feindes ins innere Reichsgebiet. In diesen Kämpfen trugen die schwäbischen und fränkischen Kreisregimenter als Kern der immer nur begrenzt verfügbaren Gesamtstreitmacht die Hauptlast. Die Hilfe der Kaiserlichen war gering, und die wechselhafte Unterstützung der Armierten hing von ihrer Interessenlage wie von den Geld-

11 B. Wunder: Frankreich, Württemberg und der Schwäbische Kreis . . ., S. 96 ff.
12 B. Sicken: Das Wehrwesen des fränkischen Reichskreises, S. 89 und B. Wunder: Frankreich, Württemberg und der Schwäbische Kreis . . ., S. 206.

mitteln ab, so daß der Markgraf fast einem Advokaten vergleichbar die Operationen leiten mußte. Sie stützten sich auf den weiteren Ausbau der Schwarzwaldschanzen[13] und die neue Anlage der Eppinger Linie, die den Haupteinfallsweg im Kraichgau sperrte. Dadurch konnten große Verteidigungsabschnitte mit wenigen Kräften, auch zweitrangigen Milizen gedeckt und die Hauptmacht konzentriert für den mobilen Feldzug bereitgehalten werden. Zu ihr zählten auch die Regimenter der schwäbisch-fränkischen Assoziation. »Ludwig Wilhelm von Baden wurde zum Schöpfer, Organisator und Führer durchaus tüchtiger Kreistruppen«, die unter seiner autoritären Herrschaft auf allen Gebieten der Organisation, Bewaffnung, Ausbildung und »inneren Führung«, auch des arg vernachlässigten Versorgungswesens und der technischen Dienste »den Höhepunkt ihrer Leistungsfähigkeit[14]« erreichten.

Die Bestrebungen des Markgrafen griffen jedoch über das militärische Abwehrziel in der Gegenwart des Krieges weit hinaus. Er wollte die einmal geschaffene Grundlage auch in der Friedenszeit beibehalten, d. h. die bewährten Regimenter leistungsfähig fortbestehen lassen und mit ihrer Umwandlung ins reale stehende Heer den Anstoß zur Geburt einer effektiven Reichsarmee geben. Dazu bedurfte es nicht nur der straffen Konzentration aller mitständischen Kräfte im schwäbisch-fränkischen Kreisgebiet, sondern auch des festen Zusammenschlusses aller benachbarter gleichgearteter Kreise zum selben Zweck ständiger Kriegsbereitschaft gegen Frankreich. Ludwig Wilhelm gewann für seine Pläne gleichgesinnte Männer: den württembergischen Geheimrat und ehemaligen Straßburger Professor Johann Jakob Kulpis und den Direktor des Fränkischen Kreises Fürstbischof von Bamberg Lothar Franz von Schönborn, der als Kurfürst von Mainz auch Kanzler des Reiches wurde. Sie brachten einen Assoziationskongreß der sechs »vorderen Reichskreise« zuwege – Schwaben, Franken, Bayern, Oberrhein, Kurrhein und Westfalen –, der ab 5. Dezember 1697 in Frankfurt tagte. Zuletzt faßte er den Beschluß, gemeinsam ein einheitlich organisiertes Friedensheer von 40 000 Mann aufzustellen, das im Krieg auf 60 000 Mann verstärkt werden sollte. Die armierten Fürsten des Westfälischen Kreises widersetzten sich jeder Integration unter fremdem Oberkommando und auch Bayern lehnte ab, so daß nur die keine Vorbehalte machenden vier Kreise ratifizierten. Im Herbst 1697 beendete der Ryswijker Friede den neunjährigen Krieg, nachdem die große antifranzösische Koalition auseinandergebrochen war, weil die Wiener Diplomatie die Verhandlungen wegen der bevorstehenden spanischen Erbfolge verschleppt hatte[15]. Die südwestdeutschen Reichskreise mußten die Sorge um ihre Sicherheit weitertragen. Sie blieben Grenzland; denn Frankreich behielt Straßburg und das Elsaß in seinem Besitz, was Markgraf Ludwig Wilhelm die schwerste Enttäuschung bereitete. In seiner

---

13 Siehe W. Winterer: Die Entstehung und Verwertung der Schanzen und Linien auf dem südlichen Schwarzwald, Diss. Freiburg 1915; der Verlauf des Feldzuges bei Wunder: Frankreich, Württemberg und der Schwäbische Kreis . . .; S. 164 ff.
14 B. Sicken: Das Wehrwesen des fränk. Reichskreises, S. 91.
15 B. Wunder: Frankreich, Württemberg und der Schwäbische Kreis . . ., S. 218 ff.

Aktivität für eine eigene Kreis- und Reichspolitik lagen auch die Keime des bald eintretenden Zerwürfnisses mit dem Kaiser.

Vom kurz zuvor noch beschworenen 40 000 Mann starken stehenden Friedensheer war nun nicht mehr die Rede. Gezwungenermaßen lebte die Assoziation wieder auf, sobald der Streit um die riesig große spanische Erbmasse als eine Art Privatkrieg zwischen den Häusern Habsburg und Bourbon begann. Sie wollte zunächst nur zur Wahrung strikter Neutralität ihre Truppen zusammenbringen. Überhaupt fanden die Appelle des Kaisers an das Reich zunächst wenig Widerhall[16]. Bald griffen jedoch die Seemächte aus Sorge vor einem Sieg Frankreichs in die Auseinandersetzungen ein. In den vorderen Reichskreisen übertraf die Furcht die gleiche Sorge, stärker als alle Friedenssehnsucht. Außer Bayern traten sie unter widerwilliger Aufgabe ihres eigenen politischen Konzeptes auf die Seite des Kaisers, in enger Bindung an die große Allianz. Noch ehe der Reichskrieg gegen Ludwig XIV. erklärt war (17. November 1702), kämpften die Kreisregimenter wieder unter dem Oberbefehl des Markgrafen von Baden, der die Festung Landau eroberte (11. September 1702) und in der Schlacht bei Friedlingen (24. Oktober 1702) den ersten Versuch der Franzosen verhinderte, sich mit den Bayern zu vereinigen.

Daß die Kriegführung des »Türkenlouis« in den folgenden Feldzügen bis zum baldigen Lebensende nicht mehr seinen früheren Grundsätzen entsprochen haben soll, machten ihm schon die Zeitgenossen zum Vorwurf. Sie hing aber nicht allein mit eigenständigen politischen Ansichten gegenüber Kurfürst Max Emanuel zusammen, dem er die Rückkehr ins kaiserliche Lager offenhalten wollte; auch die unzulänglichen Verhältnisse der Reichsarmee hielten ihn vor raumgreifenden Offensivoperationen zurück[17]. Die Kreise hatten wohl die Mittel für die geforderte Anzahl der Infanterie- und Kavallerieformationen hergegeben, doch weitere Anstrengungen verweigert. Es fehlte ebenso an Artillerie, wie eine leistungsfähige Versorgungs- und Nachschuborganisation. Deren Mangelhaftigkeit wirkte sich empfindlich auf marschierende Soldaten aus, die schnell ins Elend gerieten. Die Regimenter selbst waren zu uneinheitlich, noch zu ungeschult und mit zunehmender Kriegsdauer zu schwach[18]. Als Markgraf Ludwig Wilhelm am 4. Januar 1707 in Rastatt starb, wich endgültig der politisch-militärische Geist aus dem Schutzgehäuse der Kreis-Assoziation. Da nach dem Zerfall der großen Allianz Kaiser und Reich allein keine Faustpfänder für die Friedensverhandlungen zu erobern vermochten, wurde auch das alte Ziel des vorherigen Krieges nicht erreicht: die Rückgabe des Elsaß, insbesondere der Stadt Straßburg. Dennoch blieb es das Verdienst der Reichstruppen, die Nebenfront am Ober-

---

16 B. Sicken: Das Wehrwesen des fränkischen Reichskreises, S. 97 f. und M. Braubach: Um die »Reichsbarriere« am Oberrhein, Zeitschrift f. d. Geschichte des Oberrheins, N. F. Bd. 50 (1937), S. 485 f.

17 H. Eckert: Der Feldherr und Reichsfürst, in: Der Türkenlouis, Illustrierter Ausstellungskatalog des Badischen Landesmuseums, Karlsruhe 1955, S. 48.

18 Die Kriegsstärken der Kreistruppen unterschieden sich aber nicht von den Rgtr der armierten Fürsten, siehe Sicken: Das Wehrwesen des fränk. Reichskreises, S. 253 ff.

Abb. 61. Offizier und Soldaten der freien Reichsstadt Regensburg 1785, aus R. Knötels Uniformenkunde Bd. XIII.

rhein soweit gehalten zu haben, daß die alliierten Armeen an anderer Stelle ihre Schlachtensiege erringen konnten. Rückschauend bis zum ersten Türkenkrieg 1663/64 weisen sie eine beachtliche Leistungsbilanz auf.

»Wie die Reichsverfassung, so hat auch das Reichskriegswesen im 18. Jahrhundert keine Fortbildung mehr erfahren«[19]. Der zurückliegende Versuch, die Armaturen neu zu beleben, war über die mit der Defensionalordnung von 1681 gegebenen Reformgrundlage nur vorübergehend hinausgelangt. Das unüberwindliche Hindernis bildete das allgemeine Desinteresse des Kaisers, der starken Armierten und der kleinen Stände in den Kreisen selbst. Im Polnischen Thronfolgekrieg 1733/34 erschienen nur noch drei vordere Reichskreise – Franken, Schwaben und Oberrhein – in voller Stärke auf dem Schauplatz in Südwestdeutschland, zum letzten Mal Hessen-Kassel mit zwei Infanterieregimentern, die aber bei den drei anderen Subsidienregimentern für den Kaiser verblieben. Braunschweig verfuhr mit kleinerem Anteil ebenso. Der Herzog von Württemberg hatte zwei Infanterie- und ein Dragonerregiment an den Kaiser vermietet, von den schwäbischen Kreistruppen getrennt gehalten. Die beiden Bistü-

19 K. Linnebach: Reichskriegsverfassung und Reichsarmee von 1648 bis 1806, S. 111.

196

mer Würzburg und Bamberg überließen ihm zwei Infanterieregimenter auf gleiche Weise. Eine andere Gruppe bildeten die Auxiliarkorps der armierten Fürsten: des Königs von England als Kurfürst von Hannover, des Kurfürsten von Brandenburg als sehr selbstbewußt auftretender Preußenkönig und des Königs von Dänemark als Herzog von Holstein. Die kaiserlichen Regimenter waren ihrer Anzahl nach am stärksten vertreten. Ist schon aus der Zusammensetzung dieses Heeres der unselige territoriale Partikularismus des Reiches zu ersehen, so stand es um seine innere Konsistenz großenteils noch schlechter. Die davon ausgenommenen Preußen, Hannoveraner, Hessen und wohl auch die Österreicher genügten dem Reichsgeneralfeldmarschall Prinz Eugen offenbar nicht, das Wagnis einer Schlacht einzugehen[20].

Mit fortschreitender Zeit nahm auch die Zerrüttung der militärischen Verhältnisse in den Kreisorganisationen zu. Das fing schon beim Personalersatz an. Vom brauchbaren Soldatenvolk erhielten nur die großen Heere ihren Anteil. Wo dann der Nachwuchs ausblieb, dort mußte die Überalterung der vorhandenen Leute die natürliche Folge sein. Im Kriegsfall wurde die Rekrutierung zur Kalamität. Um die Reihen der Regimenter aufzufüllen, reichte das Werben durch geringes Handgeld längst nicht aus. Beim Ausheben herrschten Willkür und Gewalt; wenn das Los entschied, konnte sich der Betreffende mit Geld freikaufen; unter Jammern und Klagen sorgten die Kreisämter dafür, daß sie ihre Müßiggänger, Landstreicher und die »entbehrlichen Leute« loswurden. Die Offiziere der buntscheckig gemischten Regimenter bildeten alles andere als ein Korps, weil sie der Magistrat, die Frau Äbtissin oder der Herr Prälat nach eigenen Vorstellungen ausgewählt hatte, ohne ihre Subalternen nach Ancienität auf höhere Posten setzen zu können, schon gar nicht nach Verdienst. Bei den Haustruppen stand es zumindest hinsichtlich des Stellenkaufes nicht viel besser. Die den Ständen gegenüber ausgeübten Musterungskontrollen waren ganz vergessen, was sich auf den gesamten friedensmäßigen Truppendienst überaus nachteilig bis zur Kriegsuntauglichkeit auswirkte[21].

Am 10. Januar 1757 beschloß die Majorität des deutschen Reichstages zu Regensburg, eine »eilende Reichsexekutionsarmee« aufzubieten, um sie in den Kampf gegen den geächteten König Friedrich von Preußen zu schicken. Sie erlangte zunächst traurige Berühmtheit und unterschied sich dadurch gravierend von der Ursprungszeit der Reichsarmee unter dem Kommando des Türkenlouis. Im Mai sammelten sich die Kontingente des Schwäbischen Kreises bei Pforzheim, Ulm und Biberach, wo z. B. das Regiment Fürstenberg von 1600 Mann über 300 alte und gebrechliche Kreissoldaten sofort wieder entlassen mußte. Das Regiment Baden-Durlach bot das Bild allergrößter Vielfältigkeit. Um den Kriegsfuß von 1690 Mann – 10 Füsilier- und eine Grenadierkompanie – zu erreichen, hatten zu stellen: Ulm 300 Mann mit sechs Offizieren,

---

20 Zusammensetzung und Beschreibung der Reichsarmee siehe H. Bleckwenn: Reiter, Husaren und Grenadiere. Die Uniformen der Kaiserlichen Armee am Rhein 1734, Bibliophile Taschenbücher, Dortmund 1979.
21 Siehe M. Jähns: Zur Gesichte der Kriegsverfassung des deutschen Reiches, S. 184 ff.

Abb. 62. Joseph Friedrich Herzog zu Sachsen-Hildburghausen, Befehlshaber der Reichsarmee 1757, Kupferstich von Sysang.

Baden-Durlach 242 Mann mit sieben Offizieren, Rottweil 128, Gmünd 113, Nördlingen 114 Mann mit je zwei Offizieren, Heilbronn 84, Eßlingen, Lindau und Dinkelsbühl je 73 Mann mit einem oder zwei Offizieren, Ravensburg 45, Wimpfen 18, Bopfingen 15 Mann und so weiter bis zur Stadt Weil, die einen Soldaten aufbringen mußte. Das ab Mitte Juni zum Feldexerzieren im Canstatter Lager zusammengezogene Kreistruppen-Korps zählte vier Regimenter zu Fuß (Württemberg, Baden-Durlach, Baden-Baden und Fürstenberg) und zwei Regimenter zu Pferd (Württemberg-Dragoner und Hohenzollern-Kürassiere), dazu das Artilleriekorps mit den dreipfündigen Bataillonsgeschützen, insgesamt rund 8000 Mann. Da es diesmal gegen Preußen ging, trat der konfessionelle Kontrast verschärft hervor. Die Evangelischen sympathisierten mit dem Feind. Gleich nach dem Antritt des Marsches ins große Lager von Fürth liefen dem Regiment Baden-Durlach an zwei aufeinanderfolgenden Tagen jeweils bis zu 200 Mann fort. Auch die fränkischen Kreistruppen galten zum Teil als »ganz preußisch gesinnt[22]«.

22 G. v. Niethammer: Die Reichsarmee im Feldzuge 1757, Beiheft zum Militär-Wochenblatt, Jg. 1879, S. 155 ff., auch Jany, Geschichte der Preuß. Armee, Bd. II, S. 441.

Nicht alle Teile der etwa 25 000 Mann starken Reichsarmee wurden vom Wirbel-sturm der Schlacht bei Roßbach (5. November 1757) erfaßt. Das Korps des Markgra-fen von Baden-Durlach hatte die Saale-Übergänge von Kösen besetzt und die Bagage gedeckt, weil »zweidrittel der Gewehre nicht in brauchbarem Stande waren, die Mannschaft auch noch nicht so weit im Exerziren gebracht waren, . . . weßhalb man auch gezwungen war, . . . auf diese Truppen in keiner Haupt- und glorieusen Entre-prise rechnen zu können[23]«. Ein solches Urteil spricht für das Ausmaß der Mängel in einer Armee, die alle begangenen Fehler ihrer Führung noch vergrößern mußten. Dabei ist es aber nicht geblieben. Nach der Reorganisation im Winter 1757/58 hat die Reichsarmee in manchen Gefechten des Detachementskrieges gegen die preußischen Deckungskräfte recht gut standgehalten und auch örtliche Erfolge erzielt[24]. Die ver-lorene letzte Schlacht bei Freiberg (29. Oktober 1762) war sowohl eine Niederlage der Reichstruppen als auch der Österreicher. Nach Roßbach nur noch in wechselnder, mehr oder weniger enger Verbindung mit den Franzosen, doch von den Kaiserlichen gestützt, hat sie alle Feldzüge zwischen fränkischer Saale und Elbe unter nicht gerin-gen Opfern durchstehen müssen. Ihre Stärke war zuletzt auf 20 000 Mann abgesun-ken. Trotz aller Anforderungen, die der Krieg an ihre Truppen stellte, hatten es die Kreisstände wiederum nicht vermocht, ein straff einheitlich gelenktes Instrumenta-rium zur materiellen und personellen Stärkung der Kontingentsarmee wie mehrfach vorgeschlagen hinzunehmen.

Nach dem Hubertusburger Frieden (15. Februar 1763) änderte sich erst recht nichts mehr am desolaten Zustand der Reichskriegsverfassung. Johann Jakob Moser schrieb in dieser Zeit: »Die sich bei einem Reichskriege und einer Reichsarmee äußernden Gebrechen sind so groß, auch viel und mancherlei, daß man, solange das Deutsche Reich in seiner jetzigen Verfassung bleibt, demselben auf ewig verbieten sollte, einen Reichskrieg zu führen[25].«

---

23 Zit. nach Niethammer: Die Reichsarmee im Feldzuge 1757, S. 198 f.
24 Einzelne Regimenter ragten durch Zusammenhalt und Tapferkeit besonders heraus und bewiesen, daß man sich gegen die »Reichsvölker« längst nicht alles erlauben konnte, wie Kronegk (fränkisch) nach der Reorganisation, herzogl. württembg. Kreis-Füsiliere, Erbach (Hessen-Darmstadt) und das kombinierte Grenadierkorps.
25 Zit. nach Jähns: Zur Geschichte der Kriegsverfassung des dtsch. Reiches, S. 204.

IX. Kriege und Kriegführung

Die strategische Doktrin der Kabinettskriege

Die Kriegführung zur Zeit des Absolutismus ist durch ein Merkmal gekennzeichnet, das auch den epochalen Grundzug im geistigen Leben charakterisiert: Das rationalistisch-mechanische Denken in Systemen und das streng methodische Handeln. Das eine erhob die Vernunft als sicherstes Mittel der Erkenntnis zu absoluter Urteilsnorm unter hoher Wertschätzung der Mathematik. Das andere bestimmte den »Methodismus« statt allgemeiner Grundsätze oder individueller Vorschriften zum Gesetz der Aktion[1]. In Italien, wo nach der Eroberung Konstantinopels durch die Türken (1453), dem Ende des oströmischen Reiches, griechische Flüchtlinge auch mit dem kriegstheoretischen Erbe der Antike erschienen waren, hatte sich zur Zeit der Renaissance zuerst die neue Wissenschaft vom Heeres- und Kriegswesen entwickelt. Auch sie stand auf der Basis der »kopernikalischen Wende« in der Welt des Geistes und suchte die ständig zunehmenden Kenntnisse auf allen Gebieten der Naturerforschung ebenso verstandesmäßig begreifend und berechnend der Verwendung militärischer Kräfte dienstbar zu machen. Umgekehrt übten militärische Erfordernisse ihren Einfluß auf Wissenschaft und Technik aus: auf Metallverarbeitung, Produktionsverfahren, Kommunikationswesen und Städtebau. Beides kam in einer immer umfangreicheren Fachliteratur insbesondere ziviler Autoren zum Ausdruck[2].

Indem das Militär wissenschaftlicher Beurteilung unterlag, entstand eine Theorie, nach der das gesamte Kriegsgeschehen als Gegenstand der Berechenbarkeit behandelt wurde. Alle Faktoren, die auf lagernde, marschierende und kämpfende Truppen einwirkten, legten die Systematiker ihrem Kalkül zugrunde. Derartige Voranschläge spielten im Fall der Verteidigung oder Belagerung fester Plätze – Erbstück aus der Vergangenheit und ein Hauptobjekt der Strategie – eine besondere Rolle. Wie die Modernisierung alter und die Anlage neuer Bollwerke die herrschende Anschauung vom Krieg als Wissenschaft noch betonte[3], so ließ sich nach personellem Aufwand, benötigtem Material und Lebensmittelvorrat ausrechnen, wie lange der Festungskampf dauern würde. Die Theorie stützte den Versuch, die Lageentwicklung auf dem

---

1 Clausewitz hat die Kriegstheoretiker des 18. Jh. fast verächtlich als »Systemmacher« und den »Methodismus« als »eine Art Algebra des Handelns« bezeichnet, wonach »Kriegs- u. Feldzugspläne wie von einer Maschine fertig geliefert« würden, Vom Kriege (16. Aufl.), S. 91, 189, 208 u. 230.
2 Die Werke im einzelnen genannt und kurz kommentiert bei Jähns: Kriegswissenschaften, II und III; vgl. H. Eichberg, Militär und Technik als historische Problemstellung, in: Geschichte und Militärgeschichte Wege der Forschung, Frankfurt a. M. 1974, S. 233 ff.
3 Die Fortifikation war Anfang und Grundlage der militärischen Bildung zu jener Zeit.

Operationstheater durch rationalen Einsatz der Streitkräfte in Raum und Zeit vorauszudisponieren und dabei die hindernden Friktionen, die Macht des Zufalls, die feindbedingte, bedrohliche Ungewißheit weitgehend auszuschalten.

Der Feldzug mußte nach Plan und Regel ablaufen. Der geographische Raum, in dem die Heere operierten, glich einem Koordinatensystem aus Versammlungsbasen, Marschetappen und Stellungen, Magazinen, Verbindungslinien und Festungen als Schlüsselpunkten. Es bildete den festen Rahmen für Gebrauch und Verbrauch mächtig angewachsener materieller Mittel, die eine erhebliche Steigerung kriegerischer Intensität und Effizienz zur Folge hatten. Die Größe der Heere wuchs weit über das bisherige Maß hinaus, aber nicht mehr wie zu Beginn der Neuzeit zahlreicher, als sie der Kriegsherr bezahlen konnte.

Der moderne Verwaltungs- und Militärstaat mit seiner leistungsfähigen Organisation war nun in der Lage, das gesamte Kriegspotential schon im Frieden bereitzustellen. Man kann daher sagen, daß der Absolutismus erstmals in der nachantiken Geschichte die Möglichkeit geschaffen hat, Kriege planmäßig vorzubereiten[4]. Das stehende Heer als rein staatliche Institution und jederzeit verwendbares, nur noch ganzer Mobilisierung bedürfendes Kampfinstrument lieferte hierzu die Voraussetzungen. In seiner organisatorischen Beschaffenheit war es nach den Gesichtspunkten der im Frieden gelehrten und eingeübten Taktik für die Schlachtordnung so zusammengefügt, daß seine drei Waffengattungen ein unteilbares einheitliches Ganzes bildeten: die Infanterie durch ihr verbessertes Feuergewehr als Hauptelement im großen Zentrum, die Kavallerie an den Flügeln und die Artillerie zu hilfsweiser Unterstützung entlang der Gefechtsfront verteilt. So glich dieser linear auseinandergezogene taktische Körper einer Kriegsmaschine, die ebenso umständlich wie zeitraubend aufgebaut werden mußte, um in Aktion treten zu können und die ihre natürliche Funktion verlor, wenn sie der Feind durchschnitt[5].

Die Entwicklung der Taktik zu Gefechtsformen in starr ausgerichteten Linien war durch das Aufkommen der stehenden Heere mitbedingt, aber nicht, wie oft behauptet, durch ihre personelle Struktur vorgeschrieben. Sie hatte die Umrüstung des Fußvolkes von der Luntenschloßmuskete auf die Steinschloßflinte mit Papierpatrone und Dillenbajonett bewirkt. Daß die wachsende Heeresstärke den Regimentern immer mehr unzuverlässige Rekruten zuführte, die Disziplin verschärfte und die Desertion wiederum erhöhte, steht auf einem anderen Blatt. Ein Zusammenhang ergab sich freilich aus der Monotonie des gesteigerten Waffendrills, den die volle Ausnützung der Feuerkraft erforderte.

Überhaupt war die gesamte Organisation der Heere, ihre Gliederung und Führung, die Ausbildung und Erziehung, das Offizierskorps und die personelle Ergänzung so weitgehend auf die Lineartaktik programmiert, daß auch die Grundsätze der Strate-

---

4 H. Stegemann: Der Krieg. Sein Wesen und seine Wandlung, Bd. II, Stuttgart/Berlin 1940, S. 9.

5 Von Clausewitz anschaulich beschrieben, Vom Kriege, S. 416 f.

gie in einem hohen Maße von ihr abhingen. Alle Truppenbewegungen wie Anlage und Verlauf einer jeden Schlacht blieben unlösbar an ein genau festgelegtes, überall gleiches Ordnungsschema gebunden: an die »Ordre de Bataille«. Sie wies jedem Regiment bzw. Bataillon den Platz in der großen Schlachtformation zu. Generell galt die Regel, aus dieser Grundaufstellung abzumarschieren und sie auch im Lager beizubehalten, damit die Armee jederzeit imstande war, den langwierigen Aufmarsch zur Gefechtsfront zu vollziehen. Der Übergang von der Annäherungskolonne in die Linie geschah exerziermäßig angesichts des Feindes und erforderte hohe Präzision. Die kommandierenden Generale der Treffen und Flügel mußten peinlich darauf achten, daß die vorgeschriebenen Frontbreiten der Bataillons und Eskadrons mit der immer vom Gelände abhängigen Raumaufteilung übereinstimmten. Bezeichnenderweise hieß das komplizierte Verfahren, 20 000 bis 70 000 Mann in die lineare, kilometerlange, parallel zum Feind verlaufende Position zu bringen, auch »rangierte Schlachtordnung«. Das strenge Einhalten der Ordre de Bataille verbürgte den unbedingten Zusammenhalt und die taktische Geschlossenheit der Linie bis zur Einleitung des Kampfes. Der Aufmarsch mußte genau überlegt und angeordnet sein, weil es während der Aktion keine Möglichkeit mehr zur Korrektur gab. Er bildete die Grundlage der Gefechtsführung und machte dem Gegner ihre Absicht offenkundig. Nur die gleiche lineartaktische Gebundenheit seiner eigenen Truppen vermochte solchen gravierenden Nachteil wieder abzuschwächen.

Konnte der entschlossene Feldherr die Normalschlacht nach Grundsatz und Regel nie mit voller Gewißheit des Erfolges schlagen, so brachte sie ebensowenig eine klare Entscheidung. Der meistens sehr blutig errungene Sieg ließ sich nur bis zum Rand des Gefechtsfeldes ausnützen. Der Unterlegene brach den Kampf rechtzeitig ab, bevor sich die Armee ganz auflöste. Der Sieger durfte es dann nicht wagen, die auch bei ihm eingerissene Unordnung durch forciertes Verfolgen noch zu vergrößern, um keinen Rückschlag zu erleiden. Abgesehen davon erlaubte der innere Zustand der Heere keinen rücksichtslosen Einsatz »bis zum letzten Mann und letzten Hauch«. Den erschöpften Soldaten durften keine weiteren Strapazen zugemutet werden, um den Unwilligen keinen neuen Anlaß zur Desertion zu geben. So galt der Sieg eigentlich schon als erkämpft, wenn die stärkere Partei die Ordnung der feindlichen Schlachtlinie so weit zerstört hatte, daß die angeschlagene Armee ihre Stellung verließ.

Das unter hohen Opfern erzielte magere Resultat stand im engsten Bezug zur hohen Kostbarkeit der Heere. Auf ihnen allein beruhte die Wehrkraft des Staates; an ihrer unverminderten Stärke fand das Machtprestige des absoluten Fürsten seinen festen Rückhalt. Überspannte der Militärhaushalt die Finanzkraft schon über alle Maßen, so wirkten die Schwierigkeiten des Mannschaftsersatzes und die Erfordernisse der taktischen Heeresschulung darauf wieder zurück. Große, durch eine Schlacht oder Seuchenkrankheit verursachte Verluste wieder wettzumachen, zwang zu nachteiligen Werbe- und Aushebungsmaßnahmen. Daß die Truppenqualität damit sank, war eine weitere Folge. Um ein neuaufgestelltes Bataillon oder Regiment auf den nötigen Grad exakter Manövrierfähigkeit zu bringen, bedurfte es jahrelangen

Exerzierens; eine Zeit, die im Frieden uneingeschränkt zur Verfügung stand, im Kriege aber immer nur kurz bemessen sein konnte. Demnach bedeutete jeder lang und gründlich ausgebildete Soldat einen kaum ersetzbaren Wert. Ihn gar aus purem Siegeswillen im Kampf als Kanonenfutter zu verschleißen, wäre dem Feldherrn nicht in den Sinn gekommen. So scharf er auch auf dem Übungsplatz gedrillt, so hart er bestraft wurde, während des Feldzuges ließ man allen Regimentern größtmögliche Schonung zuteil werden.

Schon diese Sorgen, Vorbehalte und Rücksichtnahmen gaben dem Strategen genug Anlaß, seine Entschlüsse auf sorgfältigstes Berechnen von Risiko und Erfolgsaussicht zu gründen. Jede Operationsplanung bestimmte das oberste Gebot, die Armee nicht zu couragiert unternehmend durch vermeidbare Fehler aufs Spiel zu setzen. Das beherrschende defensive Element der Lineartaktik, das den Vorteil der Stellungswahl durch die abstoßende Feuerkraft, insbesondere der ständig vermehrten Artillerie, noch vergrößerte, bereitete jedem Angreifer schwer lösbare Probleme. Vor die gleiche Notwendigkeit der Heereserhaltung gestellt, war aber auch für den Verteidiger die Annahme einer Schlacht stets ein hohes staatspolitisches Wagnis. Kam es im relativ seltenen Fall zur gewollten Waffenprobe, dann spielte in stiller gegenseitiger Übereinkunft beider Seiten der Vernichtungsgedanke nach der Regel, die die Ausnahmen bestätigten, keine Rolle.

Im Gesamtzusammenhang mit der »Conservation der Armee« stand die unabdingbare Aufgabe der Kriegführung, umfangreiche Anstalten für eine geregelte Versorgung zu schaffen. Während des 30jährigen Krieges haben sich die Söldnerscharen von dem, was sie brauchten, das meiste selbst aus dem Land geholt, obgleich es magazinierte Vorräte schon gab; auch Versuche, die Requisition durch administrative Vorsorge zu regeln. Wallensteins Kontributionssystem[6], nach dem die Zwangsabgaben in Form einer Kriegssteuer eingetrieben wurden, mit dem sich die Manneszucht, so gut es ging, aufrechterhalten ließ und das auch andere Heerführer übernahmen, funktionierte halbwegs nur, wenn die vielköpfige Armee nicht zu lange an einem Ort festlag. Zum größten Übel war die stets unzureichende Versorgung in der zweiten Kriegshälfte angewachsen, als die Durchzugsgebiete immer weniger hergaben, die Zahl der den Kampftruppen folgenden Marodeure zunahm – neben viel Troßgesindel auch Invalide, Kranke und Versprengte –, die Gewinnspekulation der Unternehmer und Lieferanten immer rücksichtsloser auf Kosten der Soldaten ging und viele Offiziere immer unverfrorener sich mit Beute bereicherten, anstatt für die Lebenssicherung ihrer Leute zu sorgen. Deren Existenzminimum war so oft nicht mehr gewährleistet, daß es zwangsläufig zu gewaltsamer Plünderung kam. Aus gutem Grund können die schon in der zeitgenössischen Publizistik abfällig als Soldateska bezeichneten »militärischen Unterschichten« zusammen mit den armen Leuten in den Städten und den Bauern »die eigentlichen Opfer dieses Krieges«[7] genannt werden.

6 Papke: Von der Miliz zum stehenden Heer. Wehrwesen des Absolutismus, S. 139 ff.
7 B. R. Kroener: Soldat oder Soldateska?, S. 122.

Solche chaotischen Verhältnisse, unter denen »der Krieg den Krieg ernährte«, die Landesherren kaum noch Kontrollmacht besaßen und die Heere keinen Unterschied zwischen Freund und Feind mehr machten, wollte der Absolutismus nicht länger dulden. Neben dem rationalen Bestreben, in den vom Krieg betroffenen Gebieten möglichst wenig wirtschaftliche Schäden anzurichten, war das unmittelbare Bedürfnis militärischer Disziplin von allergrößter Wichtigkeit. Nur wenn die Heeresleitung von oben her den Soldaten alles pünktlich und regelmäßig zuführte, was sie zum Leben benötigten, konnte die Truppe in Ordnung gehalten werden. Sonst blieb auch ein gefährliches Motiv zur Fahnenflucht weiter bestehen. In Frankreich, wo der große Fortschritt im Militärwesen seinen Anfang nahm, hatte das absolutistische Regime zuerst damit begonnen, den gesamten Lebensunterhalt des Heeres auf das Prinzip der Versorgung aus Magazinen zu gründen. Der Kriegsminister Louvois war der Schöpfer dieser vorbildlichen Organisation, die alle anderen Militärstaaten Europas bereitwillig übernahmen.

Als sicherste Plätze, vor feindlichen Zugriffen am besten geschützt, dienten die Festungen des eigenen Landes schon im Frieden der Anlage großer Grundnahrungsmittelspeicher. Sie enthielten die Mehlvorräte und die trockene Fourage für den kriegsmäßigen Pferdebestand, Kornfutter, Heu und Häcksel. Da sich Fleisch nicht in größeren Mengen konservieren ließ, mußten Händler im Verlaufe des Feldzuges ihre Schlachtviehherden gegen Bezahlung nach Schätzpreisen zur Armee treiben. Frischgemüse wurde im Bedarfsfalle an Ort und Stelle aufgekauft. Unter normalen Verhältnissen brachten Erzeuger und Lieferanten ihre landwirtschaftlichen Produkte in das Feldlager, um sie dort preisgünstig feilzubieten. Der Anreiz hing vom Grad der Manneszucht im Heer ab. Die begehrten Bier- und Branntweinfässer wurden unter strenger Aufsicht der Militärverwaltung aus den Grenzbezirken des eigenen Staatsgebietes und aus dem besetzten Hinterland des Kriegsschauplatzes zugeführt. Der Ausschank lag in den Händen der Marketender.

Lagen die Hauptmagazinplätze an den Übergangsstellen schiffbarer Flüsse, so ergaben sich daraus im Hinblick auf den damals allgemein noch recht schlechten Straßenzustand ganz erhebliche Vorteile. Die Grenzfestungen wurden durch ausgebesserte Wege miteinander verbunden; denn sie bildeten die rückwärtige Versorgungsbasis des Heeres bei Kriegsbeginn. In ihrem Schutz konnten weitere Magazine errichtet werden, um auch die Versammlung größerer Truppenmassen logistisch zu sichern. Wer frühzeitig mit dieser Arbeit anfing und sie schneller ausführte als der Gegner, der gewann die Initiative der Feldzugseröffnung. Drang dann die Armee ins Feindesland ein, so mußten bereits nach relativ geringem Raumgewinn in möglichst günstiger Verkehrslage an geeigneten Orten neue Magazine stützpunktartig angelegt und von rückwärts aufgefüllt werden. Dadurch entstand eine Zwischenlinie wichtiger Vorratsplätze. Sie sollte der Heeresführung die Gewähr bieten, daß der Nachschub aus dem Hinterland im Fluß blieb.

Ungefähr in der Mitte zwischen Magazinen und Feldarmee befand sich die mobile Bäckerei. Jeder ihrer transportablen Öfen bestand aus Eisenbügeln, die zusammengesetzt 20 Zentner wogen. Für 2000 Mann berechnet, konnte er nach sechs Stunden Aufbauzeit einschließlich Ziegelsteinbedeckung 800 bis 1000 Brote pro Tag liefern. Die stationären Öfen wurden behelfsmäßig aus Ziegeln, Lehm und Flechtwerk gemauert. Die Feldbäckerei übte die Funktion eines Hauptgliedes in der Versorgungskette aus. Ihr Standort glich einem geometrischen Punkt, von dem aus am ehesten sicherzustellen war, daß die Truppen regelmäßig alle fünf Tage frisches Brot erhielten. Hierbei mußten die Bedingungen der Genießbarkeit (neun Tage), der Ladezeit, der Fahrstrecke und der Wetterlage berücksichtigt werden. Die Regimenter holten ihre Brote mit eigenen Wagen von der Bäckerei ab, und zwar in zwei geteilten Staffeln auf dem Pendelwege. Man berechnete zwei Tage für die Hinfahrt zur Bäckerei, einen Ruhe- und Ladetag sowie zwei Tage für den Rückweg. Die Entfernung zwischen Magazin und Backplatz ließ sich weiter stecken, wenn genügend Fuhrwerke für den Mehltransport zur Verfügung standen.

Dieser genau kalkulierte Versorgungsbetrieb lief von rückwärts her an, sobald die Armee zum Vormarsch aufgebrochen war und sich mit einem Brotvorrat für neun Tage (pro Mann 18 Pfund) versehen hatte. Den Bedarf für drei Tage trug der Soldat bei sich, während die vierspännigen Troßwagen den für die folgenden sechs Tage hinterherfuhren. Spätestens am sechsten Operationstag hatten die Bäckereien auf ihrem Nachzuge wieder anzuhalten und mit ihrer Arbeit zu beginnen[8].

Aus der Summe aller Abhängigkeiten erklärt sich das sogenannte »Fünf-Märsche-System«. Weiter als die in fünf bzw. sechs Tagen – wenn ein Ruhetag dazwischenlag – zurückgelegte Strecke durfte sich die Armee nicht von ihrer Magazinbasis entfernen, wenn sie mit den wichtigen Grundnahrungsmitteln regelmäßig versorgt bleiben sollte. Legt man eine durchschnittliche Tagesmarschleistung von rund 20 Kilometern zugrunde, so ergab das einen Operationsradius von etwa 100 Kilometern. Schneller und weiter vorzurücken, war nicht ratsam. Strapazen förderten die Fußkrankheit, die sehr ansteckend wirkte und zur Desertion verleitete. Schon zu relativ früher Tageszeit wurde das abgesteckte Lager aufgeschlagen. Es bildete einen geschlossenen, gegen Feindangriffe stark gesicherten, aber auch nach innen streng bewachten Versorgungsraum im stets übersichtlichen Gelände. Einquartierungen kamen während des Feldzuges ganz selten vor. Große Armeen benötigten zu viel Zeit, bis sie abseits der Kolonnenwege untergebracht und nach dem Aufbruch wieder in die Marschordnung nach der »Ordre de Bataille« eingereiht waren. Außerdem bot sich hier viel leichter

---

8 Eine detaillierte Beschreibung dieses Systems in dem Aufsatz über das Verpflegungswesen im Siebenjährigen Kriege, in: Jahrbuch f. d. deutsche Armee und Marine, Bd. 12 (1874) S. 33 ff.; Gesamtdarstellung der Heeresversorgung mit den wichtigsten zeitgenössischen Quellenbelegen im Einleitungsband des k. u. k. Kriegsarchivs Krieg gegen die Französische Revolution 1792–1797, Wien 1905, S. 468 ff., auch H. de Nanteuil, Logistische Probleme der napoleonischen Kriegführung, in: Napoleon I. und das Militärwesen seiner Zeit. Freiburg 1968, S. 65 f.

Abb. 63. Lager französischer Truppen in Böhmen 1741, Kupferstich von Weizel.

Gelegenheit zur Fahnenflucht, und schließlich sollten die Landeseinwohner vom angehäuften Aufenthalt des Kriegsvolkes möglichst verschont bleiben. Zum Lagern auf freiem Feld besaßen die Regimenter ihre spezielle Ausrüstung: Zelte, Decken und Kochgerät nutzten aber nur der Soldatengemeinschaft, nie dem einzelnen Mann. Den größten Teil trugen die Packpferde, die neben den Marschkolonnen leichter fortkamen und immer schon vorher das Lager erreichten.

Das »Fünf-Märsche-System« ist in der Kriegspraxis nicht schematisch befolgt worden. Tüchtige Generale haben bei offensiven Unternehmungen auch Gewaltmärsche nicht gescheut, wenn sie am Ziel mit neuer Versorgung rechnen durften. Abgesehen davon konnte die Operationsstrecke auch durch Einsparen der Ruhetage, durch das Ausnützen günstiger Backkapazitäten in einzelnen Städten wie durch zusätzlich aufgebotenes Landfuhrwerk bis auf zehn Tagesmärsche ausgedehnt werden. Fielen feindliche Magazine in die eigene Hand oder entlastete die Zufuhr auf dem Wasserweg den aufwendigen Transportverkehr, dann brauchte man sich ohnehin nicht an die Regel zu halten.

Eine große Schwierigkeit anderer Art bereitete hingegen der Unterhalt der Pferde. Den vollen Massenbedarf (1 Tages-Ration zu 3½ bis 5 kg Hafer und 4 bis 5 kg Heu)[9] zu magazinieren und zu transportieren, war nicht möglich. Grob gerechnet zählte eine Armee von 100 000 Mann fast 50 000 Pferde, darunter 16 000 Zug- und Packtiere. Körnerfutter erforderte besondere Vorsorge zu früher Jahreszeit, wenn es noch keine Grasung gab. Schon deshalb begann der Feldzug meistens erst ab Mitte Mai oder noch später. Da er Monate dauerte, blieb nichts anderes übrig, als die tierische Ernährung dem Lande zu entnehmen. Das geschah im eigenen Staatsgebiet mittels Ankauf, im fremden durch Kontribution. Die auferlegten Lieferungen erstreckten sich aber nicht nur auf die Fourage, sondern ebenso auf alles, was die Truppen brauchten: Mehl, Geld, Schuhwerk und Holz[10]. Bald hatte sich das geregelte Verfahren herausgebildet, selbst die Felder abzuernten bzw. die in den Dörfern eingelagerten Vorräte fortzuschaffen. Auf die Erhaltung der Viehbestände sollte stets Rücksicht genommen werden, was jedoch längst nicht immer und überall beachtet wurde. Stand der Feind in der Nähe, mußten starke Detachements aller Waffen die Arbeitskommandos begleiten und sichern. Oft entwickelten sich bei solchen Fouragierungs-Unternehmen regelrechte Gefechte.

Im Herbst drängte die Zeit, die dezimierten Regimenter endlich in die ersehnten Winterquartiere zu bringen, die sie zum Zweck ihrer Regeneration bezogen. Da Ersatztruppenteile damals nirgends bestanden, wurden hier die Ergänzungsmannschaften in den folgenden Monaten bis zum Feldzugsbeginn im nächsten Jahr, so gut es ging, ausgebildet und die ganze Armee auch materiell auf den neuen Einsatz vorbereitet. Winterfeldzüge bedeuteten immer ein großes Risiko, weswegen sie über-

---

9 Scharnhorst: Militärisches Taschenbuch zum Gebrauch im Felde, Hannover 1794, S. 27.
10 Zur Kontribution siehe Schertel v. Burtenbach: Die Kriegswissenschaften in Tabellen, Köln 1791, Einleitung.

Abb. 64. Zwei Vignetten zur »L'art de la guerre« von Friedrich dem Großen, Kupferstiche von
G. F. Schmidt 1760.
Truppen beziehen Winterquartiere – Gefangene werden vor den Befehlshaber gebracht.

haupt nur in Ausnahmefällen stattfanden. Ein wagemutiger Feldherr mußte sie um so gründlicher vorbereiten. Machte ihm das Wetter einen Strich durch seine Rechnung, so brach die Versorgung auf den noch unbefestigten Straßen rasch zusammen. Hinzu kamen die erhöhten körperlichen Anstrengungen, die dann den Truppen abverlangt werden mußten, gefolgt von Krankheitsverlusten mancherlei Art.

Im Vergleich zum Grundübel des riesigen Heerestrosses früherer Zeit war der Truppentrain nun drastisch vermindert und er unterlag festen Normen: Für jede Kompanie nur noch ein Proviant-(Brot-)Wagen, zugleich dem Transport des Reservevorrates an Bekleidung dienend, für die Regimentsstäbe wenige Fahrzeuge zur Unterbringung der Kanzlei, der Kasse, der Feldschmiede und der Offizierbagage. Alles andere trugen die Packpferde. Da auch der Subaltern-Offizier der Infanterie auf dem Marsch reiten durfte, dazu noch sein Tragtier besaß, konnte er das bewilligte Mindestmaß an Gebrauchsgegenständen mit sich führen. Wenige Soldatenfrauen, jedoch keine Kinder, zogen noch mit ins Feld, soweit sie als Wäscherinnen und zur Krankenpflege unentbehrlich waren[11].

Die drakonische Einschränkung des Lager-Trains hatte jedoch das Troßproblem nicht aus der kriegerischen Welt geschafft. Die organisierte, nachgeführte Verproviantierung der stehenden Heere aus den Magazinen legte ihnen sogleich neue Fußschellen an; um so enger, je weiter die Größe dieser Heere anwuchs. Der Umfang des Mehl- und Bäckereifuhrwesens war beträchtlich: Für eine 70 000 Mann starke Armee 832 Wagen, 3688 Pferde und 1016 Knechte; dies bezogen auf den preußischen Heeresteil in Sachsen 1761. Im Jahre 1747 benötigte die französische Armee in einer Gesamtstärke von 232 000 Mann für eine sechsmonatige Brotversorgung 2170 Fahrzeuge und 9000 Pferde[12]. Auch die Artillerie, die sich kontinuierlich vermehrte, bedurfte eines immer größeren Versorgungsapparates. Die Munition wurde in der Regel für den ganzen Feldzug mitgeführt.

Die Verwundeten beförderte die Truppe auf ihren Leerfahrzeugen in die Lazarette; wenn möglich, nur bis zu den Schiffsanlegestellen an den Flußläufen. Selbstverständlich nützte man die Wasserwege auch für den Abschub ins Heimatgebiet aus. Die Sterblichkeitsziffern lagen allgemein erschreckend hoch, weil die chirurgischen und klinischen Möglichkeiten ebenso gering waren wie unzureichend die Fachkenntnis des Sanitätspersonals. Der Kompaniefeldscher übte sein Handwerk allein aus, das sich nur auf die notdürftige Behandlung äußerer Verletzungen erstrecken konnte. Der Regimentsfeldscher war erst auf dem Weg zum wissenschaftlich gebildeten Medi-

---

11 Nach Jany Geschichte der preußischen Armee, Bd. II, S. 252, sechs Weiber pro Kompanie nach Archenholtz max. 12, siehe Gemälde der preußischen Armee vor und in dem Siebenjährigen Kriege, Nachdruck d. Ausg. 1791 in der Reihe Altpreußischer Kommiß, H 18, Osnabrück 1974, S. 37.
12 Jany: Geschichte der preußischen Armee, Bd. II, S. 273 und Nanteuil, Logistische Probleme der napoleonischen Kriegführung, S. 66.

Abb. 65. Verbandsplatz in der Schlacht bei Fontenoy, Ausschnitt eines Gemäldes von H. de la Pegna.

ziner, wenn auch bereits fachlich unterrichtet und geprüft. Die Blessierten starben meistens an den Folgen des Wundstarrkrampfes. Erhebliche Ausfälle verursachten die Lagerseuchen, vor allem Fleckfieber und Ruhr. Auch staatliche Fürsorge konnte die in den Anfängen steckende Entwicklung des organisierten Sanitäts- und Lazarettwesens nicht wirksamer vorantreiben, da die Medizin der Zeit den Verhältnissen der Kriegführung wenig gewachsen war[13].

Die stehenden Heere besaßen noch keine Versorgungstruppen in Gestalt der späteren Train-Bataillone, so daß alle wichtigen Dienste ziviles Personal unter militärischer Aufsicht leisten mußte. Wurde die Armee auf Kriegsfuß gesetzt, hatten Stadt und Land die große Menge an Bäckern, Handwerkern, Frachtfuhrleuten, Pferdeknechten und Lazarettgehilfen zusammenzubringen. Private Unternehmer lieferten die Lebensmittel aufgrund von Kontrakten, die sie mit der Militärbehörde abschlossen. Ihr Einfluß auf die Kriegführung scheint nicht gering gewesen zu sein, da die Generale vom Verpflegungsbetrieb zu wenig verstanden. Spekulanten haben die Konjunkturen egoistisch ausgenützt und dabei sogar die Heeresbewegungen in die für sie vorteilhaften Räume hinzulenken versucht, wohl auch mit Erfolg. Auch die Bespannungsdienste der Artillerie waren keine Soldaten. In kritischer Gefechtslage rissen sie häufig aus und ließen die Geschütze stehen.

Wenn der überaus komplizierte Versorgungsmechanismus im Feldzug auch nur

---

13 Immerhin konnte der preußische Generalstabsmedicus Dr. Chr. A. Cothenius, Leibarzt Friedrichs d. Großen, an Hand eigener Listen insgesamt 220 000 Kranke und Verwundete nachweisen, die während des 7jährigen Krieges das Lazarett gesund wieder verlassen hatten. Der Feldetat des Lazarett-Personals für die Armee in Schlesien 1759 betrug 33 Chirurgen, 300 Feldschere, 11 Beamte, 12 Apotheker mit Gehilfen, 350 Aufwärter, 120 Wäscherinnen, 45 Köchinnen und 50 Unteroffiziere. Jany, II, S. 216 und Anmerkg. 32.

einigermaßen störungsfrei ablaufen sollte, mußten seine Getriebeteile zeitgerecht ineinandergreifen. Ohne genaue Planung durfte man Operationen nicht in Gang setzen. Im 17. und 18. Jahrhundert enthielt das Vorausdisponieren noch nicht so viele Fehlerquellen wie in späterer Zeit; denn der Gegner bewegte sich ebenso schwerfällig im gleichen Koordinatensystem und die operativen Ziele waren kurz gesteckt. Schließlich bedingten ungünstige geographische Verhältnisse ein sorgsames Berechnen aller verfügbaren Mittel nach Gebrauch und Verbrauch. Große magazinversorgte und deshalb langsam marschierende Armeen litten dennoch Mangel, wenn sie menschenarme unproduktive Gegenden durchzogen. Die Folge ihrer Langsamkeit »wirkte dann wieder auf die Ursache zurück: Je schwerfälliger die Bewegung wird, weil man an das Magazin gebunden ist, desto weniger kann man vom Lande leben, desto mehr bedarf man der Hilfe des Magazins«[14].

War damit der Einsatz der Kriegsmittel zu absolutistischer Zeit aufs schärfste durch die Schonung der Truppen, durch die beschränkte Wirksamkeit der Lineartaktik und die Hemmnisse der Heeresversorgung bestimmt, so mußten sich daraus typische Konsequenzen in bezug auf die Strategie ergeben.

Ihr Hauptobjekt waren nicht die feindlichen Streitkräfte, sondern deren Nachschub- und Stützpunktnetze. Keine Seite besaß das geeignete Instrumentarium, den Gegner durch direktes Vorgehen mit einem gewaltigen Vernichtungsschlag niederzuwerfen. Da überhaupt die Kriege durch keine einzige Schlacht entschieden wurden, schon gar nicht in der an sich gewünschten kurzen Zeit, legte sich das Schwergewicht der Feldzugsführung gewissermaßen von selbst auf das Gebiet der indirekten Methoden, auf die Aktionen der waffengemischten Detachements und des Kleinen Krieges der leichten Truppen. Sie hatten das Durchschneiden der Verbindungslinien, das Lahmlegen des Transportverkehrs und die Zerstörung der Magazine zum Ziel. Die Hauptmacht operierte dann je nach gewonnenem Vorteil von einem starken Standort zum nächsten. Jede Partei verfuhr auf gleiche Weise und erhoffte sich davon den angestrebten Erfolg auch ohne das hohe Risiko einer Schlacht. Tatsächlich konnte schon der Verlust zentral angelegter Vorratsplätze oder gar bloß eines großen Versorgungs-Konvois zum Abbruch eines offensiven Vorstoßes zwingen. Der Besitz einer unangreifbaren Stellung, der die Lebensadern des Feindes bedrohte, war oft ein größerer Gewinn als die günstige Aussicht auf den heißerkämpften Schlachtensieg. Der überlegene Feldherr diktierte dem Gegner das Gesetz des Handelns, wenn er ihm die Einnahme einer vorteilhaften Position verwehrte oder ihn in eine nachteilige lockte, wenn er die eigene Operationslinie kurz hielt und die feindliche auf eine einzige beschränkte. »Ein einziger Marsch, welcher dem Feinde beim Anfange des Feldzuges abgewonnen wird, kann eine solche Überlegenheit geben, daß er, auch stärker, genötigt wird, sich nach des Gegners Bewegungen zu richten[15].« Jeder voll-

---

14 Delbrück: Geschichte der Kriegskunst, IV, S. 344.
15 Marquis de Sylva: Gedanken über Taktik und Strategik, dtsch. Ausg. Breslau 1780, S. 187.

zog diese Bewegungen schrittweise, nicht eher weiter vorwärts, bis die neugewonnene Stellung vollständig gesichert und die Kommunikation mit den Magazinen gedeckt war. Der unabdingbare starke Schutz aller Versorgungsobjekte erforderte eine erhebliche Anzahl stationärer bzw. begleitender Detachements unterschiedlicher Größe, was wiederum die Kampfstärke der Armee entsprechend verminderte. Ein Übergewicht an leichten Truppen auf der Feindseite zwang zu weiterer Zersplitterung der eigenen Kräfte.

Hatte die Kriegführung auch schon in früheren Zeiten ein besonderes Augenmerk auf den feindlichen Nachschub und das Abschneiden der Verbindungen gerichtet, so wirkten sich jetzt unter den logistischen Bedingungen der stehenden Heere die Bewegungsmanöver und Störaktionen viel stärker auf die Methodik der Strategie aus. Sie glich einem Schachspiel, in dem sich die Feldherren gegenseitig durch geschickte Züge auszumanövrieren, d. h. mattzusetzen suchten.

Der enge Zusammenhang mit dem Festungskrieg liegt auf der Hand. Im Mittelalter und noch zu beginnender Neuzeit waren gut versorgte Bollwerke weit besser gestellt, eine Belagerung durchzuhalten, weil der Belagerer infolge Ernährungsmangel und dezimierender Krankheiten bald wieder abziehen mußte. Jetzt hatten sich die Verhältnisse durch das Magazinsystem grundlegend verändert, aber auch durch die verbesserten Belagerungsmethoden seit Vauban. Der Verteidiger konnte den Fall der Festung nicht mehr unbegrenzte Zeit verhindern, wenn kein Entsatz von außen kam. Um so mehr feste Plätze entstanden an den Landesgrenzen, mit denen sich der kriegsmächtige Großstaat am wirksamsten vor Invasionen schützte. Sie fesselten den Krieg sogleich an einen beschränkten Raum; denn keine Armee wollte an solchen Hauptstützpunkten des strategischen Netzes vorbeiziehen, ohne sie zu belagern. Frankreich hatte schon zu Beginn der Expansionspolitik Ludwigs XIV. maximale Mittel für den Ausbau eines dichten Festungsgürtels bereitgestellt. Er versetzte seine Streitkräfte in die Lage, auch jeden Verteidigungskrieg offensiv zu führen und dadurch die zielklar geplanten Fortschritte auf dem Wege zur begradigten, gesicherten Ostgrenze zu erkämpfen. Wichtige Festungen waren fast immer das eigentliche Operationsziel, und von ihrer Wegnahme hing demzufolge der Erfolg des Feldzuges ab. Fiel sie dem Angreifer in die Hand, hatte er selbst einen starken Rückhalt für den Fall einer späteren Niederlage oder zum Bezug der Winterquartiere gewonnen. Der Feind brauchte wiederum Zeit zur Rückeroberung und das eigene Staatsgebiet blieb so lange verschont. Um Festungen entbrannten die heftigsten Kämpfe, auch zwischen einer zum Entsatz heranrückenden Armee und den Belagerungstruppen, die sogenannte »Observationskorps« deckten. Kam es hierbei zu einer großen Schlacht, entwickelte sie sich unvermeidbar aus einer beiderseitigen Zwangslage[16].

16 Vgl. V. Regling: Grundzüge der militärischen Kriegführung 1648–1919 (Handbuch zur deutschen Militärgeschichte 1648–1939), Bd. 5, Abschn. IX, S. 87 ff., und Krieg gegen die Französische Revolution, Bd. 1, S. 495 f.

Man kann nicht sagen, daß Schlachten zu jener Zeit nur eine untergeordnete Rolle gespielt hätten. Kein entschlossener Heerführer vertrat das Prinzip, ohne sie Krieg zu führen. Als letztes Gewaltmittel stand die Waffenentscheidung eigentlich immer im Hintergrund des strategischen Gedankens. Erst gegen Ende der Epoche kam die Doktrin auf, die feindliche Armee allein durch Manöver überwältigen zu können. Wer eine Schlacht schlagen wollte, bot freilich vorher alle Operationskunst auf, um den Gegner durch kleine Gefechte, durch Strapazen aller Art und Desertion zu schwächen und sich somit die eigene numerische Überlegenheit zu sichern. Dennoch gab das eigentümlich zögernde und streng methodische Verfahren der Kriegskunst des ausgehenden 17. und des 18. Jahrhunderts den bezeichnenden Namen »Manöverstrategie«.

Die mit ihr verbundenen praktischen Schwierigkeiten beim Umsetzen der Entschlüsse in die planmäßige Ausführung haben bereits am Anfang der Entwicklung das Bedürfnis geweckt, einen organisierten Generalstabsdienst zu schaffen. Frankreich schritt mit der Institution für die Lagerordnung (maréchaux de logis) und für die Schlachtordnung (sergents-généraux de bataille) voran. Die Heere der Lineartaktik boten jedoch den Führergehilfen noch kein weites Betätigungsfeld im Sinne späterer Aufgabenstellung und Befehlsgebung. Es beschränkte sich auf die Marsch-, Lager- und Kampftechnik nach den starren Regeln der Ordre de Bataille wie auf das Schreibgeschäft der Adjutantur[17].

Oberstes und leitendes Prinzip der Kriegführung war der Primat der Politik. Er lag im Sinne der Konzentration aller Staatsgewalt und damit auch der Verfügung über die bewaffnete Macht in der Person des Monarchen. Daraus resultierte die dominierende Stellung der Kabinettsminister und Diplomaten als seine Ratgeber. Das Kabinett bestimmte die militärischen Ziele; es entschied darüber, wo anzugreifen war, in welchem Raum man sich auf die Verteidigung zu beschränken hatte und welche Ausdehnung die Offensive erhalten sollte. Die Generale hatten die Chancen zu beurteilen und die Mittel zu berechnen, die sie dann ohne allerhöchste Genehmigung nicht verwenden durften. Allgemein traute man ihnen im Kabinett keine tiefere Einsicht in das Wesen politischer Kriegführung zu, das in listigen Winkelzügen und im diplomatischen Ränkespiel bestand. Beides bezog sich ebenso auf die Bundesgenossen, wenn Koalitionen zustande kamen. Andererseits entsprach die Ausbildung des Offizierkorps noch nicht den Maßstäben, die der schon weitgehend auf wissenschaftlicher Grundlage ruhende Gebrauch der Kriegsmittel erforderte. Nur geniale oder volles Vertrauen genießende Feldherrnpersönlichkeiten standen im Kabinett ranggleich mit den Zivilisten. Aber auch sie besaßen an der strategischen Spitze keine Monopolstellung, sondern mußten sich die Bewegungsfreiheit für ihre Operationen erst durch obersten Ratsbeschluß bestätigen lassen. Die Entscheidung über das Wagnis einer Schlacht war dann gewöhnlich schon mitgegeben.

---

17 Regling: Grundzüge der militärischen Kriegführung S. 94 und Krieg gegen die Französische Revolution, Bd. 1, S. 362 ff. und 452 ff.

Alle von der Staatsräson diktierten und aus der Stärkung der Staatsgewalt sich ergebenden Kabinettskriege dienten der äußeren Machterweiterung, d. h. der Eroberung. Ihr hatte das organisierte Prävenire bei der Rüstung, das strategische beim Aufmarsch und das diplomatische bei Eröffnung der Feindseligkeiten um so höheren Nutzen zu bringen. Die Heere konnten aber nur erobern, was im Rahmen der operativen Möglichkeiten zu behaupten war. Der Einfall ins feindliche Gebiet gab ihnen zunächst die Ressourcen preis, um daraus ihren Unterhalt zu ziehen, was zugleich die eigenen Kriegskosten verminderte. Der Gewinn einer Grenzprovinz, sogar schon der Besitz ihrer Festungen brachte den erstrebten Machtzuwachs. Im Interesse eines schnellen Friedensschlusses begleitete aktivstes Spiel der Diplomatie die militärische Operation. So leicht wie gedacht ließen sich aber auch begrenzte Ziele nicht erreichen. Die angegriffene Seite fand ihre Bundesgenossen, mit denen sie gemeinsam der bedrohlichen Übermacht entgegentrat, so daß ein langdauernder Ermattungskampf die Folge davon war. Die beiden gewaltigen Auseinandersetzungen zwischen den europäischen Großmächten um das spanische Erbe und um den Besitz Schlesiens fielen aus dem Rahmen des typischen Kabinettskrieges heraus, und noch weniger paßten die auf Leben und Tod ausgetragenen Türkenkriege in sein Schema hinein.

Turenne's letzte Feldzüge

Der Generalmarschall Ludwigs XIV., Henri de la Tour d'Àuvergne, Vicomte de Turenne, war der erfolgreichste und repräsentativste Feldherr der Übergangszeit zum Manöver- und Kabinettskrieg. Mit dem Hause Oranien verwandt und als militärischer Führer aus der niederländischen Heeresschule hervorgegangen, hatte er den Wandel der taktischen Formen wie den Fortschritt der Waffentechnik bewußt miterlebt, ebenso den segensreichen Einfluß, den die regelmäßige Verpflegung und Besoldung der Soldaten auf das Kriegswesen ausübte. Jetzt schritt Frankreich in der angebahnten Entwicklung voran, und es besaß mit seinem genialen Strategen die am besten geeignete Persönlichkeit, von den neugeschaffenen Institutionen überlegenen Gebrauch zu machen. Turenne stützte seine Operationen als erster auf die fest basierte Magazinversorgung und lieferte damit das Muster methodischer Kriegführung. Dabei verfuhr er aber nicht einseitig im Banne ihrer Doktrin, sondern verfolgte zielgerichtet seinen Plan unter energischer Anwendung aller ihm zur Verfügung stehenden Mittel, auch wenn sie von der Regel abwichen. Ein Militärtheoretiker schrieb später, er würde unter den »neueren Generalen« keinen kennen, »der in der Kunst, Schlachten zu vermeiden oder sie zur rechten Zeit zu liefern, dem Herrn Turenne gleichkäme«. Keiner hätte die »nützlichste, feinste und klügste« Art der Kriegführung, nämlich den Feind vorher schon durch kleine Gefechte zu zermürben, besser verstanden[18]. Eine besondere Eigentümlichkeit kam in seinem Wunsch zum Ausdruck, möglichst kleine Heere zu kommandieren, höchstens 30 000 Mann und davon

18 De Sylva: Gedanken über Taktik und Strategik, S. 254.

Abb. 66. Marschall Turenne,
Kupferstich nach einem Gemälde von Champaigne.

die Hälfte Kavallerie[19]. Das unterstreicht die Bedeutung einer Strategie, wie sie sich auch noch im 18. Jahrhundert lange Zeit als erfolgreich erwies; eine Strategie, die den Feldherrngeist über das Prinzip der größeren Zahl stellte. Abgesehen von der Versorgungsfrage hing das ganz einleuchtend mit der schwierigen Kunst zusammen, den Waffenmechanismus der Einheitsarmee im umständlichen Wechsel von Marsch und Schlachtordnung in Funktion zu halten. Erst die Divisionsgliederung der Massenheere nach der Französischen Revolution hat diesen Bann gelöst.

Turenne's letzte Operationen waren genaugenommen »Ableger des großen Feldzuges, den die Franzosen um die Behauptung Lothringens und des niederländischen Kriegsschauplatzes führen mußten«[20]. Der 1672 begonnene zweite Raubkrieg Ludwigs XIV., in Fortsetzung seiner Expansionspolitik jetzt gegen Holland, hatte die überfallene Republik nach innerer Staatsumwälzung zu zähestem Widerstand angetrieben. Der junge zum Generalstatthalter gewählte Prinz Wilhelm III. von Oranien, der des Sonnenkönigs gefährlichster Feind werden sollte, leitete die Abwehr mit mutiger Entschlossenheit und ebensoviel diplomatischem Geschick. Wie 100 Jahre zuvor im Befreiungskampf gegen die Spanier, ließ er die Dämme durchstechen, hielt

19 Delbrück: Geschichte der Kriegskunst, IV, S. 429, auch Clausewitz: Vom Kriege, S. 417.
20 Stegemann: Der Krieg, II, S. 23.

damit den Vormarsch der französischen Hauptmacht auf Amsterdam auf und nützte die gewonnene Zeit, um Hilfe von außen herbeizurufen. Als erster kam der Kurfürst von Brandenburg mit seiner Armee heranmarschiert, gefolgt von den Truppen des kaiserlichen Generalleutnants Montecuccoli, beide Teile insgesamt reichlich 40 000 Mann stark. In dieser Lage wird es Turenne vermutlich recht gewesen sein, wenn ihm der König wegen seines Protestes gegen die Direktiven des Ministers Louvois das Kommando über die zu detchachierende Nebenarmee übertrug, um die nun bedrohte Flanke zu decken. Die Weisungen aus dem Kabinett betrafen vorwiegend das Besetzen der inzwischen eingenommenen Festungen und das Belagern der noch übrigen Plätze, wodurch die gründlich vorbereitete Offensive mit anfangs 120 000 Mann ihre Stoßkraft verlor[21].

Turenne rückte mit nur 17 000 Mann von Wesel aus rechtsrheinisch aufwärts den beiden in Richtung Holland ziehenden Hilfskorps entgegen, obgleich der schwierige Auftrag defensiv hinter Waal und Maas erfüllt werden sollte. Auf die Zwietracht der alliierten Führung bauend[22], ersetzte er die eigene Schwäche durch seine klügeren Dispositionen und das Vertrauen in die überlegene Manövrierfähigkeit seiner intakten Truppen. Es gelang ihm, dem Gegner den Weg zu verlegen und ihn bei fortgeschrittener Jahreszeit fast ununterbrochen bis in den Februar 1673 hinein, ohne sich selbst in ernsthafte Gefechte einzulassen, so zu zermürben, daß Brandenburger und Kaiserliche hinter die Weser in die Winterquartiere zurückgehen mußten.

Im Verlaufe der folgenden Operationen konnte Turenne seine geschickten Schachzüge nicht wiederholen. Der Druck stärkerer Bundesgenossenschaft mit den Holländern nach dem Beitritt Spaniens, Dänemarks, des Kaisers und des Reiches begann sich auszuwirken, seitdem die Franzosen deutsches Gebiet am Main und in der Pfalz besetzt, obendrein die zehn elsässischen Reichsstädte – Straßburg noch ausgespart – in ihre Gewalt gebracht hatten. Wie zuvor mit unterlegener Macht (23 000 : 30 000 Mann) hantierend und an die Doppelaufgabe gebunden, auch das Elsaß zu decken, wurde der Marschall von Montecuccoli regelrecht ausmanövriert. Hierfür ist primär der erlittene Zeitverlust der Grund gewesen, den die neu errichteten Magazine an Main und Tauber verursachten. Jeder übereilte Verzicht auf diesen Versorgungsrückhalt hätte jedoch die Truppe dem Hunger ausgesetzt, was der ebenso fürsorgliche wie kriegserfahrene Feldherr keinesfalls wollte. Seine Soldaten dankten es ihm mit treuer

---

21 Turenne lehnte als Manöverstratege solche Kräftezersplitterung ab; Lit. zu seinen Feldzügen: Galitzin, Allgemeine Kriegsgeschichte der Neuzeit, Bd. II, S. 47 ff.; L. M. Weygand, Turenne, dtsch. Ausg. München 1937; Napoleon I. Darstellung der Kriege Caesars, Turennes und Friedrichs d. Großen, dtsch. Ausg. (3. Aufl.) Darmstadt/Berlin 1943; auch Regling, Grundzüge der militärischen Kriegführung, S. 97 f.
22 Der Kurfürst drängte zur Vereinigung mit den Holländern; Montecuccoli befolgte den Befehl, nur die Neutralität des Reiches zu beschützen, weil der Kaiser durch einen Geheimvertrag über die künftig zu erwartende Teilung der spanischen Monarchie mit Ludwig XIV. an die Nichteinmischung im holländischen Krieg gebunden war; siehe L. v. Ranke: Preußische Geschichte, Ausg. Wiesbaden 1975, S. 269 ff.

Abb. 67. Zusammentreffen des Prinzen Wilhelm von Oranien mit Montecuccoli vor Bonn 1673, Kupferstich aus »Des verwirrten Europae Continuation« – Geschichte der Jahre 1673 bis 1676 v. A. Müllern.
Die daraufhin eroberte Festung Bonn bildete den strategischen Verbindungspunkt der beiden Kriegsschauplätze in Holland und Süddeutschland.

Anhänglichkeit und grenzenlosem Vertrauen. Den so gewonnenen Vorsprung ausnützend und vom neutralen Bischof von Würzburg begünstigt[23], konnte Montecuccoli auf seinem Marsch vom Böhmerwald über Nürnberg den Main schneller überschreiten und unbehelligt über Aschaffenburg nach Koblenz gelangen, um von dort aus bei Bonn der holländisch-spanischen Armee unter dem Prinzen von Oranien die Hand zu reichen. Wenn Turenne schon bei Rothenburg und dann wieder bei Lohr dicht an den Feind herangekommen war, so hatte er doch keinen Angriff wagen dürfen. Auch Montecuccoli verfolgte ein wichtigeres Ziel, so daß beide Parteien streckenweise parallel nebeneinander hermarschierten und der Übergang zur Schlachtordnung gar nicht bewerkstelligt werden konnte. Nach der Rückeroberung Bonns beherrschten die Alliierten das ganze Gebiet zwischen Rhein und Maas. Daraufhin räumten die Franzosen Holland bis auf die besetzten Festungen.

Dieser Mißerfolg stärkte die Koalition. Ludwigs XIV. deutsche Bundesgenossen, der Kurfürst von Köln und der Bischof von Münster[24], wechselten die Front, die öffentliche Meinung in England zwang König Karl II. (1660–1685) den unerwünschten Krieg gegen die Niederlande abzubrechen, und ab September 1674 führte auch Friedrich Wilhelm von Brandenburg seine Armee wieder den Feinden Frankreichs zu. Um so glänzender bewährte sich Turenne. Da seiner breiten Deckungsfront im Elsaß und am Mittelrhein gegenüber eine starke Kräftekonzentration zu erwarten stand, rückte er von Philippsburg aus mit nur 9500 Mann über Heidelberg zielgerichtet der noch vereinzelt operierenden, aber weit stärkeren Streitmacht des Generals Caprora von 21 000 Mann auf den Leib und schlug sie bei Sinsheim (16. Juni 1674). Die Schlacht liefert einen klaren Beweis von der Unbesiegbarkeit der französischen

---

23 Turenne durfte instruktionsgemäß gegen den Bischof keine Gewalt anwenden und verhandelte ergebnislos.
24 Mit eigenen Truppen am Krieg gegen Holland beteiligt, hatte sich auf deren Gebiete auch die Magazinversorgung für den Hauptangriff von Osten her abgestützt.

Armee unter operativ und taktisch überlegener Führung. Turenne hatte seinen Angriff, geländebedingt, mit beiden Infanterieflügeln begonnen, deren Anfangserfolge die in der Mitte plazierte Kavallerie unverzüglich zum Siege steigerte. Ohne ihn auszunützen, ging er sogleich wieder über den Rhein auf seine Magazinbasis zurück, verstärkte sich dort auf 16 000 Mann und stieß erneut zum Neckar vor. An seiner Mündung bei Ladenburg standen inzwischen die Alliierten in fester Aufnahmestellung für weiteren Truppenzuzug. Sobald aber die Franzosen den Flußübergang vollzogen hatten, hielten sie den beschleunigten Rückzug aus Furcht vor einer Umzingelung für zwingend geboten (5. Juli). Er endete als Desaster in Frankfurt, und Turenne war ganz eindeutig der psychologische Sieger. Nur drei Wochen lang blieb er unumschränkter Herrscher auf dem rechten Rheinufer, doch in dieser Zeit ließ der Marschall dem Befehl Louvois' zufolge die Pfalz verwüsten, so rigoros das bis dahin möglich schien. Hier zeigte sich in aller Deutlichkeit, daß auch der etablierte Absolutismus Ludwigs XIV. keineswegs die gute Absicht hatte, die Gewalt des Krieges nach den Maßstäben von Vernunft und Humanität einzuschränken. Man wollte einerseits den Kurfürsten in Heidelberg, der mit Mainz und Trier zur Koalition hinübergeschwenkt war, gefügig machen, andererseits mittels eigener materieller Bereicherung zugleich die bevorstehende feindliche Gegenoffensive durch Schwächung des Grenzlandes verlangsamen[25].

Als die Alliierten das Elsaß von der Mosel her bedrohten und das kaiserliche Haupheer mit den Reichstruppen, jetzt unter dem zaghaften Herzog von Bournonville, bei Mainz sich versammelte, mußte Turenne seinen eigenen Intentionen ganz entgegen in die linksrheinische Pfalz hinüberwechseln, wo er bis Ende September blieb und die Magazine von Zabern deckte. Dem Marsch des Gegners rechtsrheinisch aufwärts über die Straßburger Flußbrücke ins Elsaß hinein[26] sah er nicht tatenlos zu. Fest entschlossen, ihn wieder hinauszudrängen, griff er Bournonville am 4. Oktober bei Enzheim an, noch ehe auch der Kurfürst von Brandenburg herangekommen war. Der Verteidiger hätte mit seiner erheblichen Übermacht (37 000 Mann) siegen können, weil ihn der Stoß nicht an der schwächeren Stelle getroffen hatte. Die Schlacht endete unentschieden mit beiderseits schweren Verlusten, allein die Franzosen 4000 Mann, weshalb Turenne vorläufig nichts anderes übrig blieb, als bis hinter die verschanzten Pässe nach Lothringen, südlich Zabern, zurückzugehen. Ab Mitte Oktober standen ihm nach Zuführung der Brandenburger 57 000 Mann gegenüber, die jedoch Versorgungsmangel bald zum Bezug der Winterquartiere zwang, weit über das ganze obere Elsaß, südlich bis Belfort, verstreut.

---

25 Über Turennes umstrittenes Verhalten und die Weisungen aus Paris siehe F. Textor: Entfestigungen und Zerstörungen im Rheingebiet während des 17. Jh. als Mittel der französischen Rheinpolitik (Rheinisches Archiv, Bd. 31), Bonn 1937, S. 91 ff., vgl. K. v. Raumer: Die Zerstörung der Pfalz, von 1689, Nachdruck d. 1. Aufl. 1930, Bad Dürkheim 1982, S. 28 ff.
26 Die noch freie deutsche Reichsstadt hielt zum Kaiser; eine »Neutralitätsverletzung«, die Ludwig XIV. 1681 mit als Grund für den Raub Straßburgs angab.

»Damit war die Bühne bereitet für Turennes Meisterstück«[27]. Er erwirkte vom König die Genehmigung zum wagehalsigen Winterfeldzug, begonnen im Dezember mit neu organisierten 35 000 Mann einschließlich der magazinversorgten Kavallerie. Auf der Gegenseite verbreitete sich das Gerücht, die französische Reiterei sei total ruiniert. Die Armee zog hinter den Vogesen durch Schneestürme nach Süden, schloß bei Belfort auf, um ihre Kräfte neu zu stärken und eröffnete danach den Einbruch in den feindlichen Dislozierungsraum mit einer heftigen Kanonade. Nach Turennes eigenartiger Absicht sollte sie den Schwerpunkt der Abwehr aufklären. Die zunächst getäuschten Detachements der Alliierten fanden dadurch noch Zeit, sich bei Altkirch und Mühlhausen zu konzentrieren, wurden aber unaufhaltsam nach Norden zurückgeworfen. Auch moralisch blieben die Franzosen die stärkeren. Turenne durfte seinen Soldaten die härteste Einsatzprobe zumuten, während der Gegner unter zerstrittener Führung in arge Konfusion geriet. Seine neue, frontal kaum angreifbare Stellung bei Colmar hielt nur so lange, bis der französische Marschall einige Regimenter auf für unpassierbar gehaltenen Wegen am Fuße der Vogesen entlanggebracht hatte und am 5. Januar 1675 nach Türckheim gelangt war. Ihn aus der besetzten Stadt zu vertreiben, reichte die Kraft zum Gegenangriff nicht aus. Da nun die Furcht vor dem Verlust der rückwärtigen Verbindungen das weitere Handeln bestimmte, trat das gesamte alliierte Heer den Rückzug an. Er führte über Straßburg und den Rhein in die sicheren Winterquartiere. Turenne hatte durch operativ wie taktisch indirektes Vorgehen das Ziel des Winterfeldzuges erreicht: Das Elsaß war wieder in seine Hand gebracht.

Im Feldzug 1675 trat er zum letzten Mal als großer Meister der Manövrierkunst auf. Mit nur unbedeutenden Kräften (22 000 Mann) operierte er gegenüber den Kaiserlichen, die nun wieder unter Montecuccoli ab Mai an der Kinzig standen, 26 000 Mann stark, gestützt auf das Magazin von Offenburg. Den neuralgischen Punkt bildete Straßburg, das beide Gegenspieler mit ihren Schachzügen zu beherrschen suchten: Montecuccoli unternahm eine Diversion ins obere Elsaß, um den Feind von Straßburg wegzulocken. Turenne reagierte unerwartet mit begrenztem Vorstoß bis zur Kinzig, deckte Straßburg und bedrohte das Offenburger Magazin. Dorthin eilte Montecuccoli zurück, vergab aber die Chance, dem weit ausgedehnten Gegner den Rückzug über die Rheinbrücke abzuschneiden[28]. Turenne erhielt die Zeit, seine Hauptmacht bei Altenheim unangreifbar zu konzentrieren. Da Montecuccoli das Tor nach Straßburg versperrt war, wich er wegen mangelnder Fourage nach Norden aus. Turenne folgte ihm unter Sicherung seiner Kommunikation mit dem linksrheinischen Gebiet bis zur Rench. Nach drei Wochen langer beiderseitiger Untätigkeit sah er sich seiner hungernden Pferde wegen gezwungen, die Kampfentschei-

---

27 Lidell Hart: Strategie, dtsch. Ausg. Wiesbaden o. J., S. 107; interessante Quellenzeugnisse bei H. Rocholl: Studien über den Feldzug des Großen Kurfürsten gegen Frankreich im Elsaß 1674–1675, Beihefte zum Militär-Wochenblatt, (1900), S. 88 ff.
28 Clausewitz: Vom Kriege, S. 798; die Ereignisse näher dargestellt von Lümkemann: Turennes letzter Feldzug, Halle 1883.

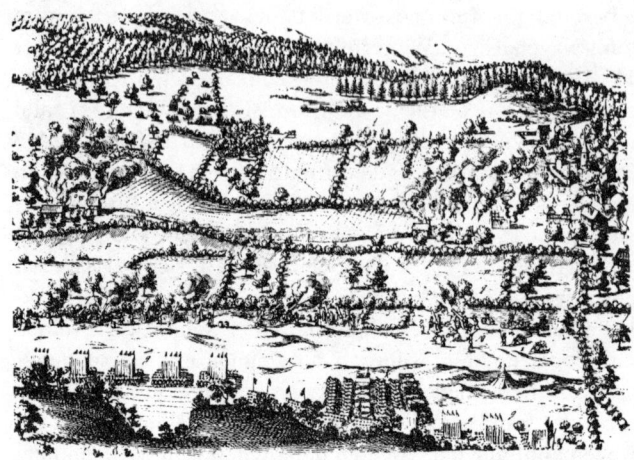

Abb. 68. »Situation und orth allwoh der francösische Marichal duc de Turenne sein Leben gelassen hatt, so geschehen am 27. July 1675«, Kupferstich aus Merians Theatrum Europaeum.
Rechts das Dorf Sasbach; im Vordergrund die kaiserliche Armee in Schlachtordnung, davor Munitionswagen; im Mittelgrund feuernde Artillerie; die Linie zeigt die Schußrichtung auf den Standpunkt Turennes an, der zur Gefechtsaufklärung vorritt.

dung zu suchen. Montecuccoli stand bei Sasbach auf seiner Verbindungslinie mit Offenburg, wo Turenne am 25. Juli beim Erkunden des Angriffsgeländes die tödliche, vereinzelt abgefeuerte Falkonet-Kugel traf.

Mit diesem Schicksalsschlag erschien hier Frankreichs militärische Kraft wie gebrochen; denn die zweitrangigen Generale des toten Marschalls wußten keinen anderen Rat als den kopflosen Rückzug nach Altenheim und von dort weiter auf die andere Rheinseite. Montecuccoli folgte ins Elsaß, brachte den Franzosen auf diesem Wege auch eine Schlappe bei, zog aber aus deren momentaner Schwäche keinen entscheidenden Vorteil.

Hatte Louvois als einflußreichster Berater des Königs Frankreichs bedeutendsten Heerführer vom Standpunkt einer anderen Grundauffassung der Strategie aus immer wieder Zügel angelegt, so hörte nach dessen Tode der Bewegungskrieg ganz auf. Im Kabinett scheute man seine Gefahren um so mehr, als es vom Leitgedanken größtmöglicher Sicherheit beherrscht wurde. Dem entsprach, daß anstelle der Manöver großen Stils die Festungen mit überlegenen Kräften angegriffen werden sollten, die Vauban zu belagern hatte. Waren sie bezwungen, diente ihr Besitz dem militärischen und politischen Ausbau des weiter vorgeschobenen Grenzgürtels. Die Abneigung gegen den Kampf im offenen Felde verschärfte den planmäßig geführten Festungskrieg noch durch die systematische Anlage breiter Wüstungszonen, um den Gegner von den Waffenplätzen fernzuhalten[29]. Daß allein schon die vielen Garnisonen unverhältnismäßig große Truppenmengen banden und folglich auch die operative Stärke der modernen französischen Heeresorganisation nicht voll zur Geltung kommen lie-

---

29 Die Methode der Verwüstungen wurde von 1672 bis Kriegsende angewendet, 1677 erstmals im großen Ausmaß gegen das Gebiet zwischen Rhein, Saar und Mosel, siehe Textor: Entfestigungen und Zerstörungen, S. 49 ff.

ßen, konnte Louvois nicht von seiner widersinnigen »Kriegskunst« abbringen, obwohl sie weitgreifende Eroberungen zum Ziel hatte.

Ein solches Ziel war 1674 mit der schnell besetzten Franche-Comté erreicht worden. Zwei Schlachten ereigneten sich noch im Schwerpunktraum der französischen Nordgrenze. Die erste schlug Marschall Condé, als er am 11. August 1674 bei Seneffe unweit Mons auf die vormarschierende Armee des Prinzen Wilhelm von Oranien traf – Niederländer, Spanier und Kaiserliche –, die er aber nach äußerst blutigem Ringen, ohne den letzten entscheidenden Stoß zu wagen, umkehren ließ. Die zweite Schlacht begann der Oranier im Zusammenhang mit seinem Entsatzversuch von St. Omer am 11. 4. 1677 bei Mont-Cassel. Er griff mit 30 000 Mann die etwas schwächeren Franzosen unter dem Marschall von Luxemburg an und wurde dabei vom taktisch überlegenen Verteidiger total besiegt.

Zuletzt hatte sich Frankreichs übermäßige militärische Kraftanstrengung auch ohne spektakuläre Feldzugserfolge gelohnt. Seine Diplomaten brachten den Separatfrieden von Nymwegen mit Spanien und Holland zuwege, der den endgültigen Besitz der Franche-Comté einbrachte, dazu den Gewinn der Festungskette von St. Omer bis Maubeuge; auch das 1670 gewaltsam angegliederte Herzogtum Lothringen blieb in französischer Hand. Der von seinen Bundesgenossen verlassene Kaiser konnte sich im Rechtsstreit um die 10 elsässischen Reichsstädte nicht mehr durchsetzen. Der Sonnenkönig stand auf dem Höhepunkt seiner Macht, und er gebrauchte sie, um Frankreichs Vorrang in Europa weiter zu stärken und die Rolle des Schiedsrichters zu übernehmen.

Der Krieg der großen Koalition gegen Frankreich 1688–1697

Ende September 1688 löste Ludwig XIV. den nächsten großen europäischen Krieg mit einem Präventivschlag gegen das Reich aus. Er unternahm diesen Gewaltstreich, um seine Eroberungen gegen die neu heraufdrohende antifranzösische Koalition zu behaupten und richtete den Angriff auf jene Stelle, die noch eine Lücke in der Kette seiner Rheinfestungen bildete: die Position von Philippsburg. Zwei unbegründete Vorwände zum Krieg boten die Erbansprüche nach dem Tod des letzten Kurfürsten von der Pfalz und die umstrittene Wahl des Kurfürsten und Erzbischofs von Köln aus dem Hause Wittelsbach anstelle des protegierten Bischofs von Straßburg. Offensichtlich war die Nachricht vom Fall Belgrads (6. September) das Alarmsignal, das auf ein baldiges Ende des Türkenkrieges schließen ließ und der Kaiser dadurch Rückenfreiheit erhalten mußte.

Innerhalb weniger Wochen hatten die französischen Invasionsarmeen das gesamte, im Grunde wehrlose deutsche Reichsgebiet am Mittel- und Oberrhein besetzt[30]. Der

---

30 Der Verlauf der Feldzüge am Oberrhein ab 1688 im großen gesamtpolitischen Zusammenhang dargestellt und nach dem Stand neuester Quellenforschung belegt durch B. Wunder: Frankreich, Württemberg und der Schwäbische Kreis während der Auseinandersetzungen über die Reunionen (1697–97), S. 81 ff.

politische Zweck dieses militärischen Vorgehens bestand im Gewinn von Faustpfändern, die zur unwiderruflichen Anerkennung der Reunionen zwingen sollten. Mit der Kapitulation der im letzten Krieg wieder verlorenen Festung Philippsburg (29. Oktober) war der Feldzug praktisch zu Ende. Aber noch im Dezember überschwemmten Streifkorps auf Befehl des Kriegsministers Louvois ganz Württemberg, um Kontributionen einzutreiben und das Land möglichst gründlich auszuplündern. Nach den Erfahrungen des letzten Krieges wurde die Reichspolitik der Zusammenarbeit mit den schwankenden deutschen Fürsten gar nicht mehr versucht, sondern gleich das Druckmittel der Drohung und Einschüchterung angewendet. Feind war der Kaiser; ihm sollte von vornherein jede militärische Hilfe der vorderen Reichsstände verwehrt werden, noch bevor er selbst zu Gegenmaßnahmen schreiten konnte. Da außerdem der einzige offene Einfallsweg zur Donau durch den Kraichgau zwischen Odenwald und Schwarzwald führte, stand er im Mittelpunkt der Operationen, soweit die Franzosen hier noch Offensivfeldzüge unternahmen.

Zunächst aber räumten sie, mit reicher Beute beladen und örtliche Brandschäden anrichtend, den Neckarbogen, als die Truppen des schwäbischen, fränkischen und oberrheinischen Kreises mit kaiserlichen Regimentern von Ungarn her heranmarschierten und auch die norddeutschen »Armierten« – Kursachsen, Hessen-Kassel und Brandenburg – an den Rhein zogen. Unter dem Druck der deutschen Gegenoffensive 1689 dehnte Louvois die programmäßig geplanten Entfestigungen des feindlichen Grenzgebietes am Oberrhein auch auf den Bereich zwischen Speyer und Koblenz, links der Mosel bis zur Eifel aus[31]. Der Rhein-Neckarwinkel mit den Städten Mannheim und Heidelberg wurde total zerstört; vor der französischen Festungslinie rechts- und linksrheinisch entstand ein deckendes Glacis in Form breitangelegter Wüstungsgürtel, wo es keine Stützpunkte mehr gab. Diese Entfestigungspolitik ist durch die entschwundene Aussicht auf einen baldigen Frieden verstärkt betrieben worden, und zwar im Rahmen defensiver Strategie, um den Armeen des Kaisers und seiner Bundesgenossen jeden brauchbaren Aufmarschraum zu verwehren. Sie stand aber auch im größeren Zusammenhang einer radikalen Beseitigung aller Hindernisse für künftige Offensiven.

Als terroristisches Druckmittel bewirkten die »Devastationen« jedoch das Gegenteil. Es trieb die Grenzstände des Reiches dem Kaiser in die Armee und spornte ganz Deutschland zur Abwehr an. Auch die holländischen Generalstaaten traten schnell

---

31 F. Textor: Entfestigungen und Zerstörungen, S. 165 ff.

◁ Abb. 69. Ludwig XIV. vor der Einnahme von Straßburg am 30. September 1681, Almanachblatt auf das Jahr 1682.
Straßburgs Reichsstadtschaft war 1648 von Frankreich anerkannt worden. Schließlich mußte die sich selbst überlassene Stadt das Schicksal aller zuvor vollzogenen Reunionen teilen, Ludwig XIV. als Souverän huldigen und eine französische Garnison aufnehmen. Vauban baute Straßburg sofort zur modernen Festung aus, damit zum Ausfalltor gegen Deutschland.

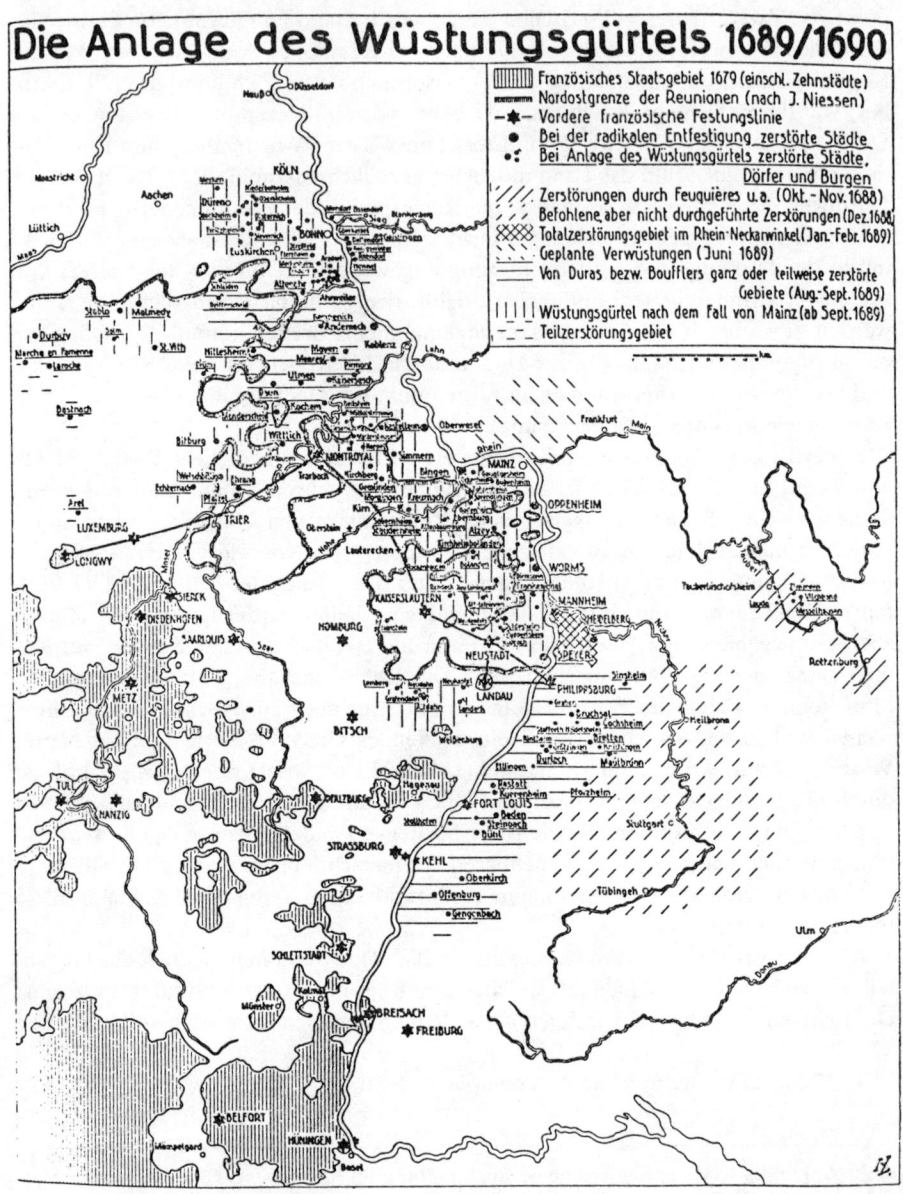

Abb. 70. Anlage des Wüstungsgürtels 1689/1690.

hinzu. Als ihr Statthalter, Wilhelm von Oranien, von den Franzosen ungehindert nach England hinübergefahren war, um dort den Thron zu besteigen, trat sogleich der entscheidende Umschwung in den europäischen Machtverhältnissen ein. Es kam zur Bildung der ersten großen Koalition gegen die Hegemonieabsicht des Sonnenkönigs. Frankreich sah sich umstellt und mußte zum erstenmal allein kämpfen: in den Niederlanden und in Italien, im spanischen Grenzgebiet, am Rhein und zur See.

Louvois' System der »Kriegskunst« hatte auch noch andere negative Rückwirkungen zur Folge. Es begann sich gegen die Verwüster selbst zu richten, sobald sie in den ausgeplünderten und ausgebrannten Zonengebieten ohne geregelte Versorgung aus dem eigenen Hinterland nicht mehr leben konnten. Die Einnahmen aus den Erträgen der Ausbeutung waren für die französische Kriegskasse anfangs enorm hoch, doch vermochten sie die deutschen Kriegsmittel keineswegs so nachhaltig wie beabsichtigt zu schwächen. Vor allem wurde eine Methode praktiziert, die dem verstaatlichten, mustergültig verwalteten Militärwesen ein schlechtes Zeugnis ausstellte: »Nicht Kontributionen dienen der Aufrechterhaltung der Heere, sondern Heere dienen der Herbeiführung von Kontributionen«[32], als ob wie zu Wallensteins Zeit der Krieg den Krieg zu ernähren hätte. Abgesehen davon litt die Disziplin der Truppe unter den Befehlen zu fortwährender Brandlegung und Plünderung. Bezeichnenderweise festigte sie sich wieder, wenn es zum normalen Kampf mit dem bewaffneten Gegner kam. Die Strategie der französischen Heeresleitung war auf das Ziel eines vermeintlich schnell erreichbaren Friedensschlusses gerichtet. Im weiteren Verlauf noch jahrelang andauernder Feldzüge auf mehreren Kriegsschauplätzen sollte sie an der Rheinfront größtmögliche Schonung der eigenen Kräfte bewirken, gestützt auf die Festungen, ohne eine Feldschlacht schlagen zu müssen. Insgesamt gesehen bietet sie das sinnlose Beispiel eines rationalistisch geführten Abnützungskrieges, der arge, wenn auch zeitgebundene Verwirrung im strategischen Denken verrät.

Die operativen Erfolge entsprachen zumindest hinsichtlich des Endresultates nicht den optimistischen Erwartungen. Da ein Übergewicht am Rhein nicht herzustellen war, so lange der Schwerpunkt in den Niederlanden lag, ersetzten jedoch die Festungen längs der unangreifbaren Grenze eine ganze Operationsarmee. Deutscherseits standen zwei Korps von je 20 000 Mann gegenüber, die freilich nicht mehr wie 1674/75, das jetzt immer wieder neu beharkte Glacis am Fuße des Schwarzwaldes durchschreitend, ins Elsaß eindringen konnten; doch reichte der Aktionsradius ihres Annäherungs- und Quartierraumes im Abschnitt zwischen Mainz und Mannheim immerhin über den Rhein hinweg bis Landau.

Als Ludwig XIV. nach der vernichtenden Niederlage des Türkenheeres bei Szlankamen (18. August 1691) einen baldigen Frieden befürchtete, ließ er zum Zweck der »Diversion«, aber auch verstärkter politischer Druckanwendung auf die deutschen Fürsten und den Kaiser, eine zweite Armee an den Oberrhein rücken, wodurch 1693

---

32 K. v. Raumer: Die Zerstörung der Pfalz 1689, S. 87.

Abb. 71. Flugblatt aus dem Pfälzischen Krieg 1688/89, nach einer Radierung von J. J. Felsecker.
Rechts oben über dem Panorama der brennenden Stadt Heidelberg das Schloß vor der Zerstörung; im Vordergrund General Mélac und sein Stab.

die bisherige Nebenfront zum Hauptkriegsschauplatz wurde. Nun stand aber der Türkensieger, Markgraf Ludwig Wilhelm von Baden, an der Spitze der Reichsarmee[33]. Es gelang ihm, den geplanten Entscheidungsschlag bei Heilbronn zu vereiteln. Mit überlegener Feldherrnkunst schützte er Schwaben und Franken vor weiteren Feindeinfällen. Die Sperrung der Kraichgaupforte unter Einbezug der ausgebauten Eppinger-Linien zwischen Pforzheim und Neckar, die eine durchgehende Verteidigungsfront von der Bergstraße bis in den Schwarzwald herstellte, sicherte der Feldarmee relative Bewegungsfreiheit und glich behelfsmäßig aus, was der Gegner am linken Rheinufer an fortifikatorischer Stärke besaß. Der Doppelkrieg in Ost und West ließ indessen keine offensive Operationsführung zu. Auch in Ungarn fehlten abgezogene Truppen ebenso wie jetzt der siegreiche Feldherr – bis zur Kommandoübernahme durch den Prinzen Eugen 1697.

Die großen Schlachten dieses Krieges wurden in den Niederlanden geschlagen: bei Fleurus (1. Juli 1690), Steenkerken (3. August 1692) und Neerwinden (29. Juli 1693)[34]. Die Franzosen gewannen sie so hoch, daß der erfolgreiche Herzog von Luxembourg der vielen Trophäen wegen als »tapissier de Notre Dame« in ihre Geschichte einging. Die Unbesiegbarkeit der Armee Ludwigs XIV. erklärt sich nicht so sehr aus einem mehr oder weniger starken numerischen Übergewicht. Sie besaß auch einen Vorsprung in der Ausbildung schon infolge eines besseren Bestandes an Regiments-Kadern. In den letzten Schlachten des 17. Jahrhunderts traten die Gefechtsformen der frühen Lineartaktik kraft massiveren Einsatzes von Schießgewehr und Geschütz deutlicher in Erscheinung. Die Tendenz zu lückenloser Ausdehnung der taktischen Infanterie-Formationen im hindernisarmen Gelände war aber unter den Bedingungen des damaligen Feuergefechtes noch nicht zwingend, weshalb sich die Kämpfe um Ortschaften und Feldbefestigungen zusammenballten[35].

Die Verlust-Bilanz aller drei Bataillen betrug für beide Seiten insgesamt 60 000 Mann, ohne daß ein solch hoher Menschenverschleiß irgend etwas Durchschlagendes bewirkt hätte. Die Siege blieben sozusagen »auf dem Schlachtfeld liegen[36]«, und die Feldzüge endeten zwischen den Festungen. Die Bewegungen der Heere waren aufs Engste mit dem Belagerungskrieg verbunden. Dazu hatte Frankreich eine außerordentliche Rüstungsanstrengung unternommen, die sein Heer auf eine Stärke von über 400 000 Mann brachte. Der Kräfteeinsatz wurde vom Kabinett des Königs aus zentral und straff gelenkt, während sich bei den Alliierten die Zwistigkeit einer vielköpfigen Kriegsleitung stets als größtes Hindernis für zielsichere Entschlüsse erwies. Wenigstens hatten deren Kampftruppen soviel an Leistungsfähigkeit gewonnen, daß sich die

---

33 A. Schulte: Markgraf L. W. von Baden und der Reichskrieg gegen Frankreich 1693–1697, 2 Bde., Karlsruhe 1892.

34 Kurzdarstellungen der drei Feldzüge und Schlachten bei Jany, I, S. 375 ff. 393 ff. und 401 ff.

35 H. Schwarz: Gefechtsformen der Infanterie in Europa durch 800 Jahre, München 1977, S. 236 ff. und S. 343.

36 H. Stegemann: Der Krieg, II, S. 42.

beiderseitigen Heere an den Hauptfronten ungefähr die Waage hielten. In Italien hingegen eroberten die Franzosen ganz Savoyen, worauf ihre Diplomaten das Verhandlungsspiel anführten und die große Allianz an der schwächsten Stelle zerreißen konnten.

Da die erschöpften Parteien nicht ewig kämpfen mochten, zumal schon in absehbarer Zeit die Frage der spanischen Erbfolge sich stellen mußte, schlossen sie zu Rijswyjk endlich Frieden (20. September und 30. Oktober 1697). Ludwig XIV. wurde keine Eroberung mehr zugebilligt, aber auch das Eingeständnis einer Niederlage nicht zugemutet. Hatte er alle Reunionen außerhalb des Elsasses und sämtliche rechtsrheinischen Befestigungen zurückzugeben, so blieb doch das Elsaß mit Straßburg in seiner Hand.

Einen wirklichen Rückschlag bedeutete für ihn die am 29. Mai 1692 erlittene Niederlage seiner Flotte bei Cap la Hague[37]; denn dadurch war ihr großer Aufschwung schon gebrochen. Demgegenüber schwammen die Engländer buchstäblich in ihrem eigentlichen Element auf der Welle eines weltgeschichtlichen Erfolges. Sie konnten ihre Seeherrschaft aufrechterhalten, den französischen Handel schwächen, den eigenen schützen, alle weiteren Truppentransporte ungehindert decken und die Bündnispolitik gegen Frankreich noch mehr aktivieren. Zehn Jahre nach Colberts Tode dämmerte die Einsicht, daß sein Lebenswerk der kolonialen Unternehmungen nicht zu der von ihm erhofften machtvollen Erweiterung des französischen Wirtschafts- und Kulturraumes führen würde. Wie sein Rivale Louvois, der 1691 gestorben war, hat auch der Sonnenkönig das Wesen des maritimen Krieges nicht begriffen. Im kontinentalen Denken befangen, blickten beide wie gebannt auf die Eroberungsziele am Rhein, der seitdem für Franzosen und Deutsche zum Schicksalsstrom des Unheils wurde.

Die Türkenkriege

Als die kriegerischen Auseinandersetzungen der christlichen Staaten Südost- und Osteuropas mit dem expansiven Großreich der Osmanen nach 50jähriger relativer Ruhe ab Mitte des 17. Jahrhunderts wieder begannen, schien die militärische Kraft des Angreifers noch ungebrochen zu sein. Reichlich 100 Jahre zuvor hatte das Türkenheer unter seinem größten Herrscher Suleiman, genannt der Prächtige (1520–1566), zur Zeit höchster kultureller Blüte eine Serie von Kriegszügen donauaufwärts begonnen, die mit der Unterwerfung fast ganz Ungarns endete. Darüberhinaus bedeutete die erste, wenn auch vergebliche Belagerung Wiens 1529 ein alarmierendes Schreckenssignal für die gesamte Christenheit. Viele zeitgenössische Berichte verbreiteten den Eindruck, die Türken wären durch Geist und Stärke unbezwingbar.

---

37 Die französische Flotte war im Schiffbau und taktisch der englischen überlegen, aber unsachgemäß eingesetzt; sie schlug sich gut und erlitt erst beim Rückzug den vom König ungerecht negativ beurteilten Verlust.

Vor allem wurde die Disziplin der Truppen als mustergültig gerühmt. Tatsächlich standen Ordnung, Sauberkeit und Hygiene auf anderswo unerreichbarer Höhe: die Lagervorschriften waren drakonisch streng, den Genuß des Weines verbot die Religion, Spiel und Dirnen gab es nicht, selbst auf Streitereien und Fluchen standen hohe Strafen. Im Vergleich zu den Übeln der damaligen abendländischen Söldnerhaufen paßt das nicht ins Bild unserer landläufigen Vorstellungen von den »wilden Türkenhorden«.

Das Heer setzte sich aus den unbesoldeten Lehntruppen – die Sipahi als berittene gepanzerte Bogenschützen –, dem besoldeten Janitscharenkorps und den Irregulären zusammen[38]. Zu letzteren gehörten die den minder begüterten Volksmassen entstammenden leichten Reiter, vor allem die gefürchteten »Renner und Brenner« der Grenzregionen, die den Kleinkrieg führten, im großen Feldzug die Hauptmacht umschwärmten und tief ins feindliche Hinterland vorstoßend schreckliche Verwüstungen anrichteten. Als irregulär galt außerdem das milizartige Fußvolk, das auch die Schanzarbeiten verrichtete und zum Wegebau eingesetzt wurde. Die berühmten elitären Kerntruppen der Janitscharen rekrutierten sich seit dem 14. Jahrhundert aus zwangsweise zum Islam bekehrten, streng doch human erzogenen Christenknaben. In ihren Reihen sollte der kriegerische Geist gemäß den Satzungen des Korans am mächtigsten das ewige Heil fördern, das dem herrschenden Osmanenvolk zum unausgesetzten Kampf gegen die »Ungläubigen« verheißen war. Das fest besoldete, privilegierte Korps bestand aus Infanterie, aber auch aus Kavallerieeinheiten (Sipahi), die aus gleicher Pflanzschule hervorgingen, und ebenso den waffentüchtigen Artilleristen einschließlich Ingenieuren, Mineuren und Waffenschmieden. Schließlich sind noch die tributpflichtigen Hilfstruppen anzuführen, insbesondere die Reiterschwärme der Tataren. So lange das Türkenheer auf der Bahn der Eroberung ungehindert vorwärtsdrängte, bildete der religiöse Glaube eine Hauptwurzel seiner nachhaltigen Siege über die Christenfeinde.

Während die Ungarn nach ihrer vernichtenden Niederlage in der Schlacht bei Mohacz (29. August 1521) und der folgenden Dreiteilung des Landes keine reguläre Armee mehr besaßen, sondern nur noch leichte Kleinkrieg-Truppen, datierten in Österreich bereits aus jener Zeit die ersten Pläne zur Errichtung dauernd einsatzbereiter Regimenter, um eine offensive Abwehr zu organisieren. Das konnte aber allein auf dem Wege ständiger, massiver »Türkenhilfe« durch das ganze Reich geschehen, und dazu waren die deutschen Territorien nur im Notfalle bereit[39]. Auch in ihren

---

38 Zum türkischen Heerwesen siehe Feldzüge des Prinzen Eugen, Bd. I, S. 547 ff., Wien 1529. Die erste Türkenbelagerung Textband 62. Sonderausstellung des Historischen Museums der Stadt Wien, Wien/Köln/Graz 1979, S. 107 ff. und P. Jaeckel, Die Bewaffnung des Osmanischen Heeres, in: Die Türken vor Wien, hrsg. vom Historischen Museum der Stadt Wien, Wien 1982, S. 123 ff.

39 W. Steglich: Die Reichstürkenhilfe in der Zeit Karls V., in: Militärgeschichtliche Mitteilungen, Bd. 11 (1/1972), S. 7 ff.

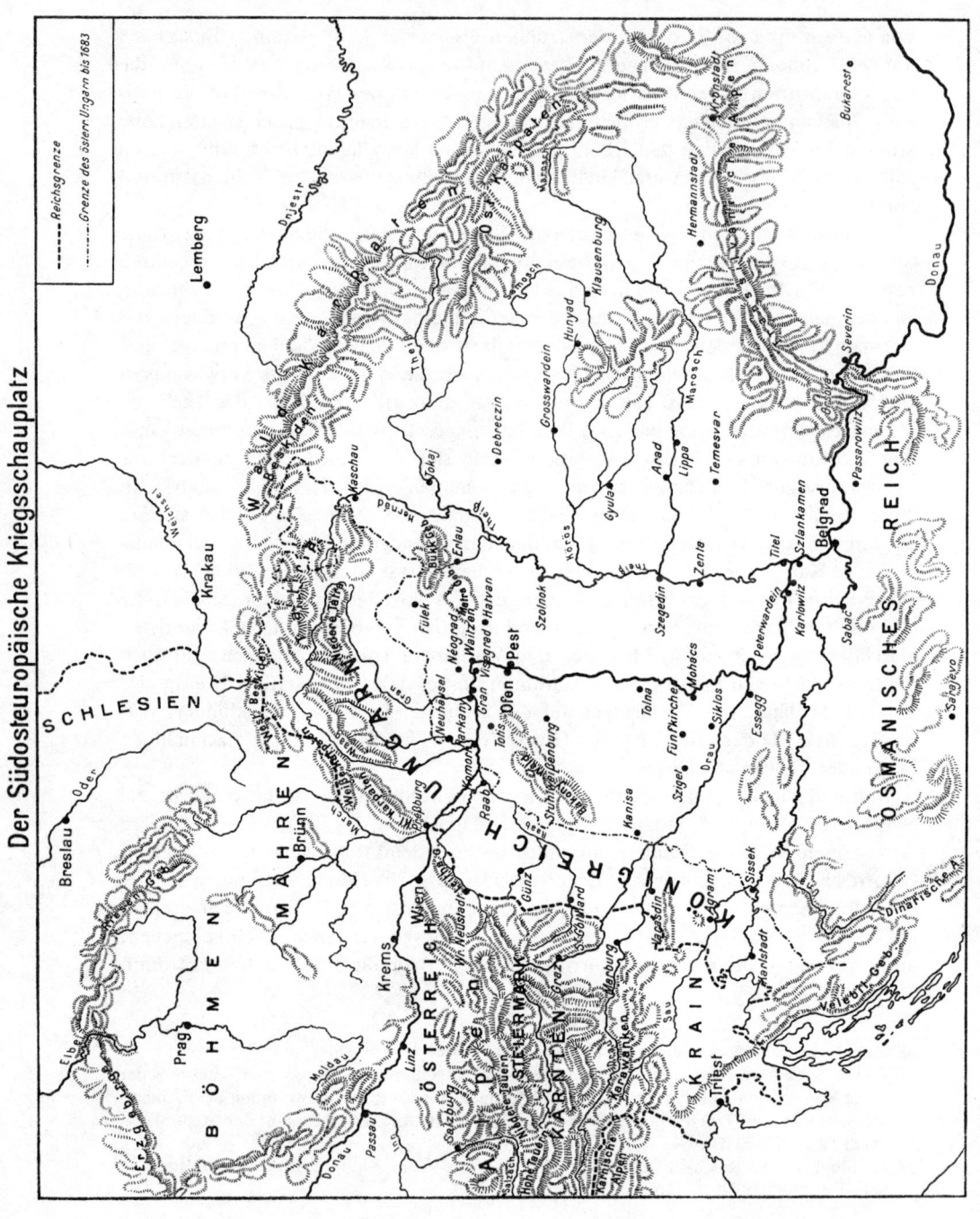

Der Südosteuropäische Kriegsschauplatz

Abb. 72. Karte zu den Türkenkriegen.

Abb. 73. Gefecht mit Türken, Kupferstich nach einer Zeichnung von G. Ph. Rugendas (1666–1742).

G. Phil. Rugendas invent. et del.   Cum Privileg. S. C. Maj.   I. Wolff excud. Aug. V.   G. C. Bodenehr Sc.

eigenen Erbländern hatten die Habsburger große, vorwiegend konfessionell bedingte Schwierigkeiten[40], so daß sich die permanente Verteidigung auf den Ausbau der Militärgrenze beschränkte. Wien schützten im Vorfeld die modernisierten Festungen Komorn und Raab, die innerösterreichischen Länder Kanisza – der »Schlüssel Deutschlands« – und Karlstadt. Zeitweise pausenlose Streifzüge türkischer Reiterscharen, die bis zu einer Stärke von 4000 Mann nicht als Friedensbruch deklariert wurden, haben die Gefahr eines großen Kriegsausbruches nie erlöschen lassen.

Andererseits ist die mißglückte Belagerung Wiens 1529 von militärischen Fachleuten bereits damals als ein Zeichen verminderter, nicht mehr so furchterregender Schlagkraft gewertet worden[41]. Beim zweiten Versuch 1532 sind die Türken im Vorfeld steckengeblieben. Beide Kriegszüge mußten unter zeitraubenden Wege- und Transportverhältnissen bewerkstelligt werden, die in der Natur des Riesenraumes von Adrianopel bis zur Raab – reichlich 1000 km Luftlinie – lagen. Unter diktatorischer Herrschaft war das Heer des Sultans rasch versammelt, aber schneller als 15 km pro Tag konnte es kaum vorrücken, was eine Anmarschzeit von drei Monaten ergab. Dazu und für noch längere Feldzugsdauer mußten gewaltige Mengen an Lebensmittelvorräten bereitstehen, die von Belgrad aus teils auf Donauschiffen, teils auf Landfahrzeugen weiterzubringen waren, dort aber im benötigten Umfang nicht gestapelt werden konnten. 1529 hatte die Heerstärke zusammen mit dem Troß 150 000 Mann

40 G. Cerwinka: Die Eroberung der Festung Kanisza durch die Türken im Jahre 1600, in: Innerösterreich 1564–1619, Graz 1968, S. 409 ff.
41 Z. B. der Bericht des Herzogs von Urbino vor dem »Collegium der Zehn« von Venedig am 10.5.1533, siehe K. Schalk, Fachnotizen in der Zeitschrift für Historische Waffenkunde 5. Bd. (1909–11), S. 157 ff.

betragen. Nach fachkundiger Schätzung verbrauchten 40 000 Fußsoldaten und 20 000 Reiter eine tägliche Brot- und Futterration von 300 Tonnen. Demnach hätte der Transport eines Monatsbedarfs von 9000 Tonnen etwa 19 000 Wagen und 100 000 Zugtiere erfordert[42].

Zur Zeit der großen Kriege in der zweiten Hälfte des 17. Jahrhunderts war das osmanische Heer in seinen Grundzügen noch das gleiche. Deutlicher als zuvor traten jedoch seine Schwächen und organisatorischen Unzulänglichkeiten hervor. Der übermäßige Blutverlust der Kampfelite mit der Zunahme tributpflichtiger Hilfsvölker mußten sich einmal bemerkbar machen, und wie der Staat den Übergang ins moderne Zeitalter versäumte, so betraf dies auch die veränderten Kriegsbedingungen. Das zeigte Montecuccolis Abwehrsieg bei St. Gotthard-Mogersdorf, den er mit 25 000 Mann großen Teils schon gründlich geschulter Regimenter stehender Heere gegen 50–60 000 Türken errungen hatte[43]. Sein Zentrum, wo die weniger qualifizierten Reichstruppen standen, war anfangs vom wilden Ansturm der Janitscharen und Sipahis zusammengebrochen, doch konnten beiderseits flankierende Gegenangriffe die Lage zunächst notdürftig stabilisieren. Rechts davon gelang es durch eine glänzende Kavallerieattacke, auch den gefährlichen Umfassungsversuch der osmanischen Reitermasse zu vereiteln. Dann rückte die zum Entscheidungsstoß neu geordnete Schlachtfront in zwei Treffen vor: einbruchsicher fest geschlossen, zwischen den Bataillonen Reiterschwadronen eingeschoben, Kavallerie an den Flügeln und Reserve-Abteilungen dahinter bereitgehalten. Dem massierten, ununterbrochen näherkommenden Gliederfeuer, das die Feldartillerie unterstützte, hielten die Türken nicht stand. Ihre Fechtweise beruhte auf kraftvoller Stoßwirkung im Rahmen beweglicher, gleichsam leichter Taktik. Gegenüber der modernen Angriffstechnik vermochten sie keine entsprechende Zusammenarbeit aller verfügbaren Waffen zur Abwehr zu organisieren. Hierfür war bezeichnend, daß rund 30 000 Mann im allgemeinen Wirrwarr sich schnell ausbreitender Panik gar nicht mehr auf das Nordufer der Raab hinübergekommen sind, um dort die hart bedrängte Hauptmacht zu entlasten. Montecuccoli schrieb hinterher: »Um das Geheul und das Geschrei der Barbaren soll man sich nicht kümmern und sich dadurch nicht irre machen lassen, noch auch von ihrer sichtlich großen Zahl, denn sie besteht großen Teils aus nichtsnutzigem Volk und unbewaffneter Canaille[44]«.

Als der Großwesir Kara Mustapha 1683, vom ungarischen Rebellenführer Graf Tököly zum offenen Krieg gegen Habsburg bestärkt, mit dem bisher größten Türkenheer Mitte Juli vor Wien erschien, war er schon Ende März in Adrianopel aufgebrochen. Die lange Dauer der Belagerung verursachte jedoch zunehmenden Versor-

---

42 Géza Perjés: Ungarn und die Türken, in: Österreich und die Türken. Internationales kulturhistorisches Symposion Mogersdorf 1969, Eisenstadt 1972, S. 48 ff.

43 K. Peball: Die Schlacht bei St. Gotthard-Mogersdorf 1664, S. 13 ff.

44 Ausgewählte Schriften des Raimund Fürsten Montecuccoli... Wien-Leipzig 1899, Bd. 2, Militärische Schriften, S. 429.

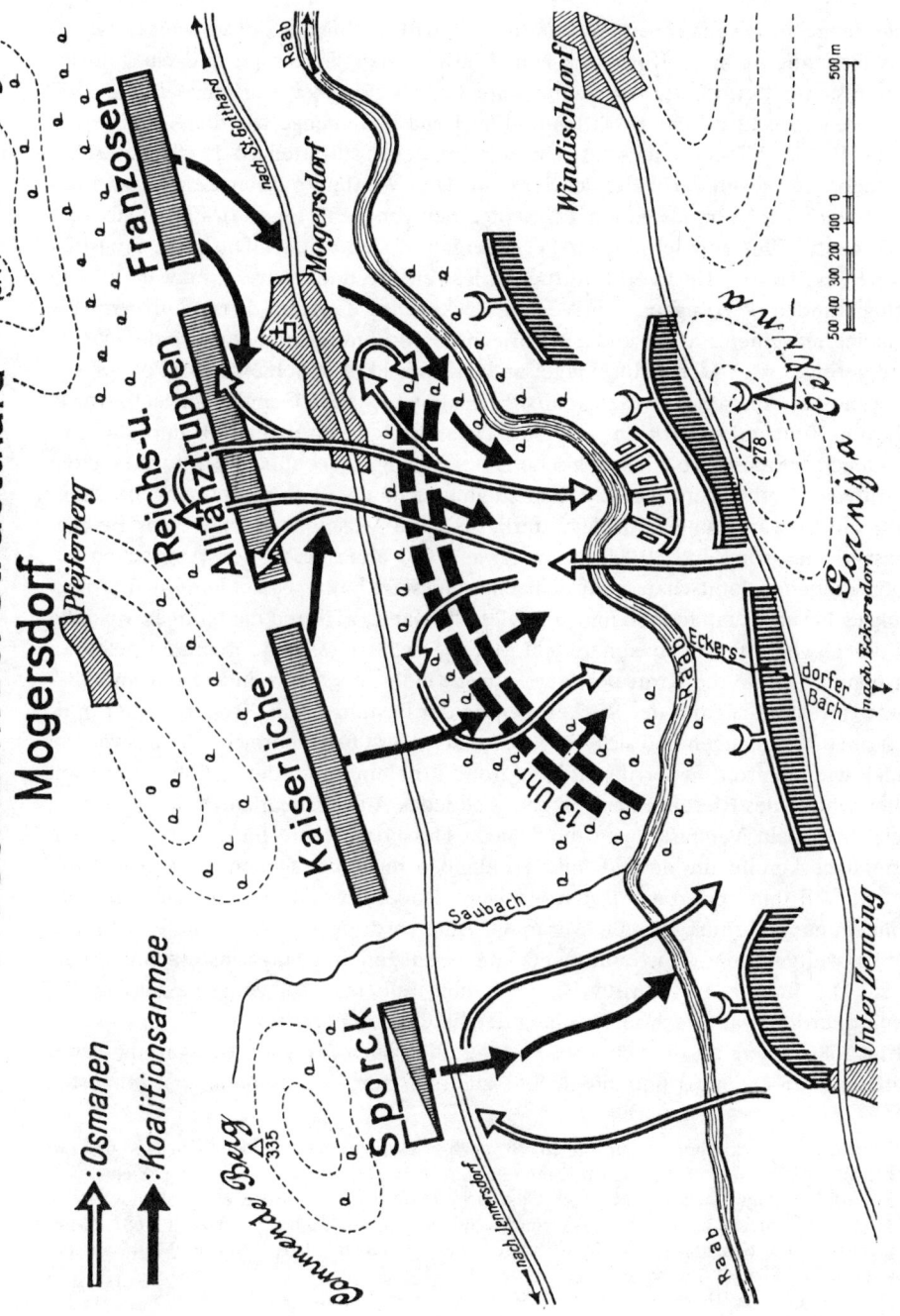

Abb. 74. Skizze zur Schlacht bei St. Gotthard-Mogersdorf am 1. August 1664.

233

gungsmangel insbesondere an Futtermitteln, so daß am Tag der Entsatzschlacht schon nicht mehr die gesamte Kavallerie zum Einsatz gelangen konnte und ein Teil der Tataren sich entfernt hatte. Aus unbegreiflicher Sorglosigkeit war eine Circumvallationslinie gar nicht errichtet worden und auch die Donauenge wie die Abhänge des Wiener Waldes blieben unbesetzt. Um so verbissener stürmten 10–15 000 Janitscharen unentwegt gegen die Wälle der Stadt an. Den Wettlauf mit der Zeit gewann das alliierte Christenheer, als es am 12. September von den Höhen des Kahlenberges gleich einer »Flut von schwarzem Pech bergab[45]« sich wälzte. Die linke Angriffsgruppe des Herzogs Karl von Lothringen, Kaiserliche und Sachsen, erzwang in den Mittagsstunden den Zugang zum Wiener Becken. Im Zentrum drang Kurfürst Max Emanuel mit seinen Bayern und den übrigen Reichskontingenten vor, wo der Widerstand geringer war. Der rechte Flügel unter König Johann Sobieski von Polen hatte den weitesten Anmarschweg, zog dann die Hauptmacht des Gegners auf sich, wurde aber vom Zentrum so wirksam unterstützt, daß nach wechselvollem Kampf der entscheidende Durchstoß bis ins türkische Lager gelang. Gegenüber dem fortgesetzten Angriff des Lothringers war die Verteidigung schon vorher zusammengebrochen. Beide Heere waren ungefähr gleichstark, als Kara Mustapha infolge eines Belagerungsverlustes von rund 30 000 Mann etwa 75 000 ohne die in den Approchen zurückgebliebenen Janitscharen zur Schlacht eingesetzt hatte. Nach dem fluchtartigen Rückzug bis zur Raab fehlten ihm 10 bis 20 000 Mann, während die blutigen Ausfälle auf der Gegenseite auf maximal 4000 Mann geschätzt werden. Zur unmittelbaren Verfolgung reichte die Kraft des Siegers nicht mehr aus, doch endete der anschließende Herbstfeldzug mit der Rückeroberung der Festung Gran. Trotz mancher optimistischer Voraussagen ließ sich die Kriegsmacht des Osmanenreiches keineswegs so schnell wie erwartet niederringen. Das große Problem lag in der militärtechnischen Beherrschung des Riesenraumes, in dem sich jedes Angriffsheer zu verlieren drohte, obgleich es bald Verstärkungen durch neue Hilfskontingente hinzugewann[46]. Dem Verteidiger konnte die ausgedehnte Landmasse im übertragenen Sinne als Waffe dienen, weil ihm verlorener Raum weniger schadete, wenn er dafür die Zeit zum Sammeln neuer Kräfte gewann. Wer in die Tiefe vordringen wollte, mußte sich mühsam ein weitgespanntes Sicherungsnetz von Festungen und Magazinstützpunkten erobern. Das konnte nur schrittweise geschehen, falls man frühzeitig genug aus den Winterquartieren aufbrach und entlang der Flußläufe operierte.

Erst 1686 gelang es, die Schlüssel-Festung Ofen nach 75tägiger Belagerung – zwei Jahre zuvor noch länger und mißglückt – zu erstürmen (2./3. September). Immerhin

---

45 Bericht eines türkischen Augenzeugen, zit. nach P. Broucek, Der Feldzug von 1683 und der Entsatz Wiens in der Schlacht am Kahlenberge, in: Belagerung und Befreiung Wiens 1683. Materialien zum Vortragszyklus der Gesellschaft für Österreichische Heereskunde, Wien 1983, S. 57; hierzu außerdem G. Gerhartl, Belagerung und Entsatz von Wien 1683, (Militärhistorische Schriftenreihe, hrsg. vom Heeresgeschichtlichen Museum/Militärwissenschaftliches Institut 46), Wien 1982.
46 Ab 1686 auch das brandenburgische Hilfskorps von 8000 Mann.

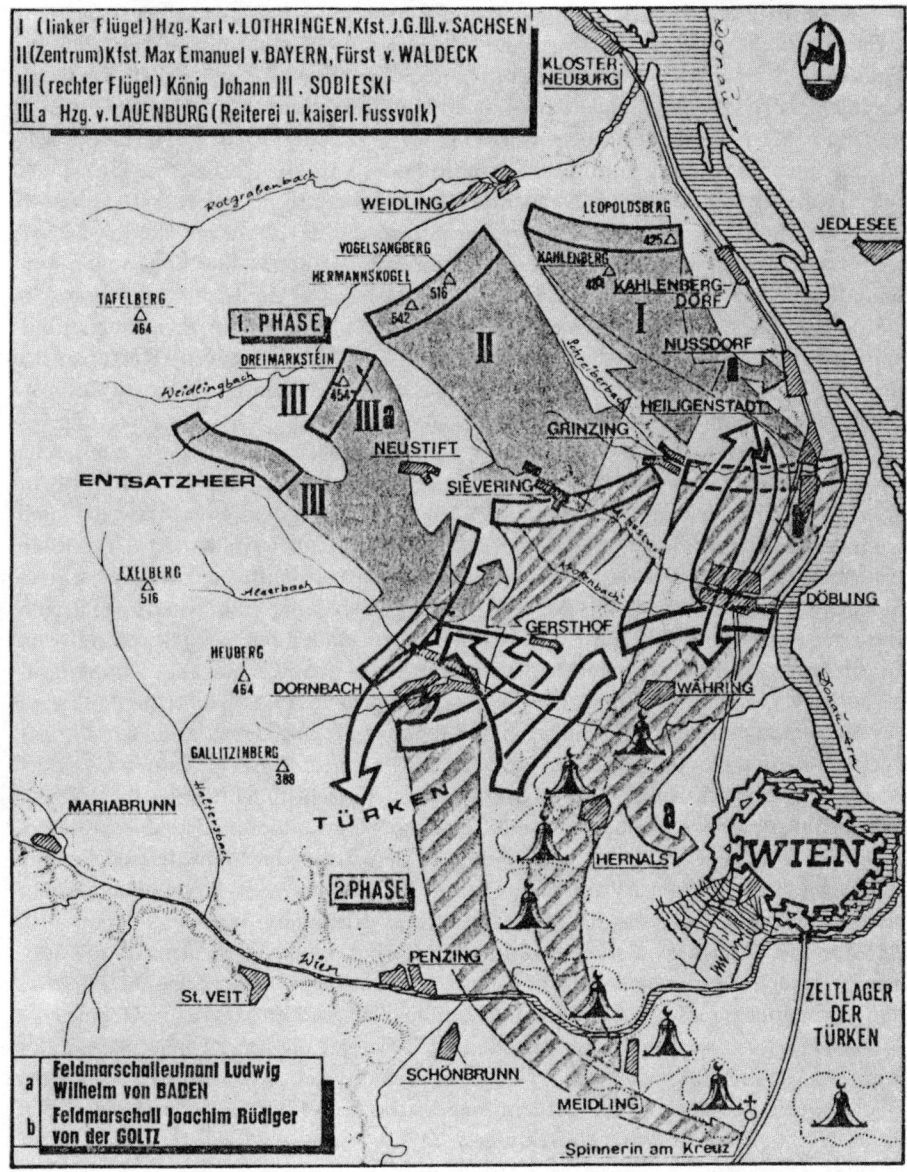

I (linker Flügel) Hzg. Karl v. LOTHRINGEN, Kfst. J.G. III. v. SACHSEN
II (Zentrum) Kfst. Max Emanuel v. BAYERN, Fürst v. WALDECK
III (rechter Flügel) König Johann III. SOBIESKI
IIIa Hzg. v. LAUENBURG (Reiterei u. kaiserl. Fussvolk)

a Feldmarschalleutnant Ludwig Wilhelm von BADEN
b Feldmarschall Joachim Rüdiger von der GOLTZ

Abb. 75. Skizze zur Ersatzschlacht von Wien am 12. September 1683, nach Originalplänen im Kriegsarchiv Wien zusammengestellt.

235

waren die Eroberer höchst erstaunt, daß der mit einem Entsatzheer herangekommene Großwesir keinen Angriff gewagt, sondern nur seine berittenen Janitscharen, wenn auch dreimal vergeblich, zum Durchbruch ins hartnäckig verteidigte Bollwerk vorgeschickt hatte. Der Sieg in der Schlacht bei Mohacs am Berge Harsan im nächsten Jahr (12. August) besiegelte das Ende der Türkenherrschaft über Ungarn und brachte auch Siebenbürgen unter die Kontrolle des kaiserlichen Heeres. Dieser seit Wien größte Erfolg war möglich geworden, weil sich die Hauptarmee (60 000 Mann) in Kooperation mit einem Nebenkorps im Stromland der Drau auf die inzwischen eroberten und als Nachschubbasen eingerichteten Plätze Siklos und Fünfkirchen stützen konnten[47]. Als im September auch noch Esseg fiel, war der feindliche Anmarsch- und Versorgungsweg, der dort über die Draubrücke führte, an der wichtigsten Stelle unterbrochen. Im somit wohlvorbereiteten nächsten Feldzug bezwang Kurfürst Max Emanuel als neuer Oberbefehlshaber an Stelle des erkrankten Herzogs von Lothringen am 6. September 1688 die Festung Belgrad.

Die Kriegsmüdigkeit der Türken dauerte freilich nicht lange; denn der energische Großwesir Mustapha Köprülü überwand die inneren Unruhen und ließ sich obendrein von Frankreich zur Fortsetzung des Kampfes gegen den christlichen Erbfeind ermuntern, wozu dessen Offensive am Rhein verlockenden Anlaß gab. Er gewann zwar im überraschenden Gegenschlag Belgrad nach nur achttägiger Belagerung zurück (9. Oktober 1690), doch mußte er im folgenden Jahr seine Streitlust mit dem Tode büßen, als ihn Markgraf Ludwig Wilhelm von Baden bei Szlankamen mit weit unterlegener Macht (45 000 gegen 90 000) kraft eines unerhört wagehalsigen Angriffes auf Leben und Tod vernichtend schlug (12. August 1691). Sobald dann der Sieger das Kommando im Westen zu führen hatte, fehlte in Ungarn der Antrieb zu kräftiger Fortsetzung des Krieges. Auch August der Starke machte seinem Namen als neuer Heerführer ab 1695 wenig Ehre. Trotz günstiger Aussicht brachte er es nicht fertig, dem Feind die beherrschende Festung Temesvar zu entreißen und dadurch die gesamte keilförmige Position zu beseitigen, die den Bewegungsraum der deckenden Haupt- und Nebenkorps in zwei Teile trennte. Noch schlimmer war, daß jeder ergebnislose Feldzug die Finanzlast des Staates immer drückender machte, folglich auch den Zustand der Truppen schwächte und die Vorbereitungen auf nächste Operationen erschwerte. In dieser Lage erhielt Prinz Eugen gemäß Dekret vom 5. Juli 1697 seine Ernennung zum Ober-Kommandanten des kaiserlichen Heeres in Ungarn.

Die wieder ermutigten Türken besaßen nach wie vor die hohe Überlegenheit der Zahl; im Besitze Belgrads und des Temeser Banates bedrohten sie den Weg nach Ober-Ungarn wie nach Siebenbürgen, eine starke Fluß-Flottille sicherte ihnen den freien Uferwechsel an Donau und unterer Save und ein neuer Ungarnaufstand er-

---

47 Othmar Pickl: Nachschub für den großen Türkenkrieg. Der Anteil der Steiermark an den siegreichen Feldzügen der Jahre 1683–1686, in: Zeitschrift des historischen Vereins für Steiermark 68 (1977), S. 105 ff.; zur Schlacht von Mohacz siehe K. Staudinger, Geschichte des Bayerischen Heeres, Bd. II, München 1904, S. 227 ff.

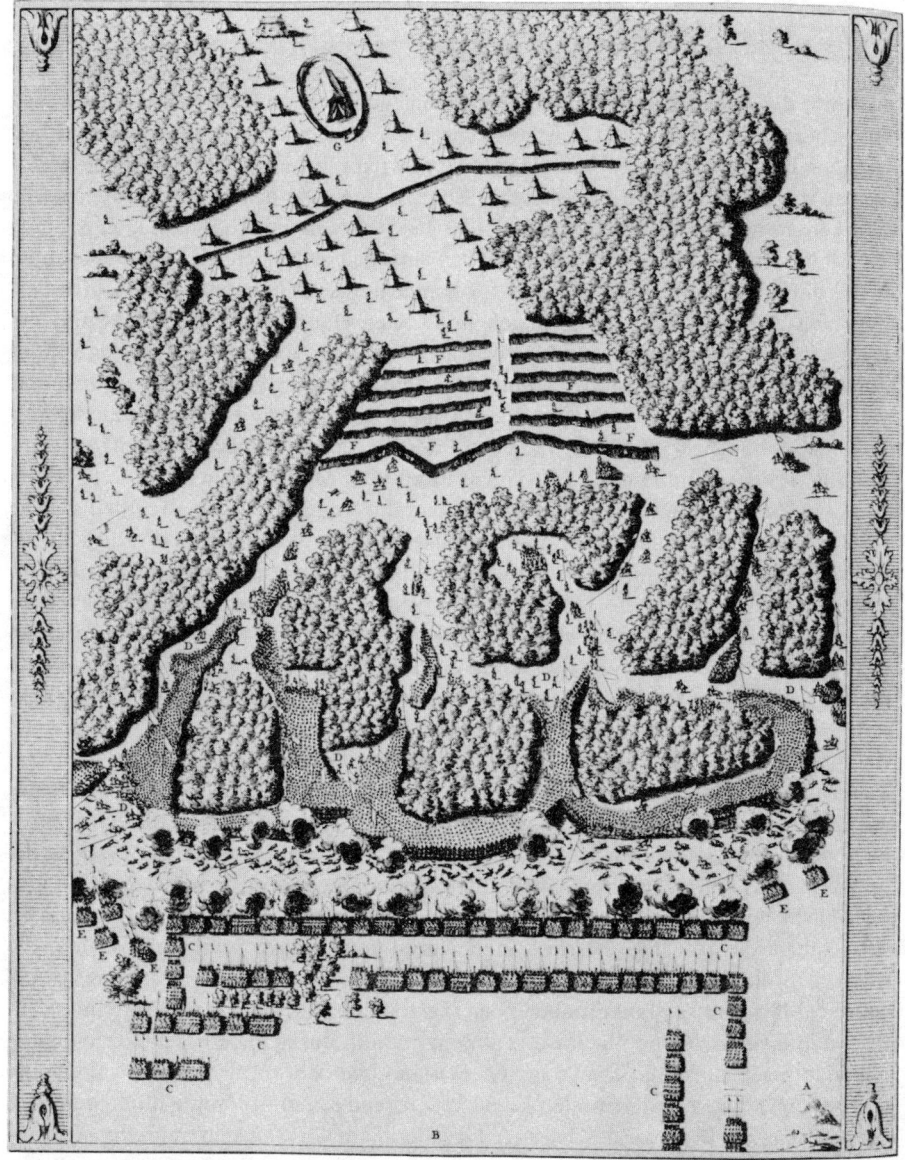

Abb. 76. Schematisierende Darstellung der Schlacht bei Mohacz am 12. August 1687, aus dem
»Stato militare dell 'imperio ottomano« des kaiserlichen Generals und Geographen Cone di
Marsigli, Den Haag 1732.
Die kaiserliche Armee in schnell hergestellter Schlachtordnung, nachdem sie beim Abmarsch
Richtung Siklos der türkische Überfall aus dem nahen, doch verdeckten und zweifach ver-
schanzten Lager getroffen hatte. Die Schlacht gewann Kurfürst Max Emanuel, der mit seiner
Armeegruppe zum Gegenangriff überging und beide Feindstellungen durchstieß. Dabei zeich-
neten sich der »Türkenlouis« und Prinz Eugen besonders aus. Die Beute an Waffen, Verpfle-
gungsvorräten und Prunkausrüstung war groß.

leichterte die Nachrichtenverbindungen. Demgegenüber mußte die Führung der viel
schwächeren kaiserlichen Armee auch unter der Beschwernis zweier gleichzeitiger
Kriege – im Westen schleppten sich die Ryjswijker Friedensverhandlungen fort –
alles an die die frühzeitige Einsatzbereitschaft setzen. Die disponible Truppenstärke
betrug insgesamt 88 795 Mann, wovon aber 18 860 Mann am Rhein, 3600 in Spanien
und 10 200 in den Garnisonen standen[48]. Dann galt es, die noch weit verstreuten
Kräfte unter Hinhaltung des Feindes zur Schlachtentscheidung zusammenzufassen.

Anfang August bezog Prinz Eugen mit seiner Hauptmacht (30 000 Mann) ein
Lager im Dreieck der Theißmündung ostwärts Peterwardein, als das Heer des Sultans
Muhamed II. sich bei Belgrad versammelte. Sein Übergang auf das linke Donauufer
zwei Wochen später ließ vermuten, daß Richtung Szegedin die Eroberung Siebenbür-
gens beabsichtigt war, weshalb umgehend der Gegenzug rechts der Theiß zur Vereinigung mit den beiden aus Ober-Ungarn und vom Maros herangerufenen Nebenkorps bei Zenta erfolgte. Da aber die Türken ihr Angriffsziel offensichtlich auf die
Festung Peterwardein richteten, mußte die 80 km lange Wegstrecke eilig zurückmar-
schiert werden, zuletzt in voller Gefechtsbereitschaft. Eugen behielt die Zuversicht;
denn der Gegner hatte die Gelegenheit versäumt, seine Heeresteile vereinzelt zu
schlagen. Als dann der Sultan, von solcher Schnelligkeit überrascht, seinen Entschluß
wieder änderte und am 8. September nun doch theißaufwärts nach Norden zog, folgte
ihm die kaiserliche Armee auf dem äußerst beschwerlichen Weg, den sie zum dritten
Male zu bewältigen hatte. Am 10. September erhielt der Prinz die fast unglaubliche
Meldung, daß der Feind bei Zenta den Übergang auf das linke Theißufer vorbereite.
Wie er aber nach forciertem Weitermarsch am folgenden Tag aus Gefangenenaussa-
gen erfuhr, hatte Eugens Operationstempo den Sultan tatsächlich zu diesem Schritt,
der vorsichtigen Umgehung Szegedins, bestimmt. Sogleich setzte sich der Prinz an die
Spitze der Kavallerie, um persönlich aufzuklären. Gegen Mittag bot sich dem Feldherrn dicht vor Zenta folgendes Bild: Keine zwei km südlich des niedergebrannten
Ortes führte die von französischen Ingenieuren konstruierte Schiffsbrücke über die
Theiß, den die Sipahi und Teile der Artillerie schon passiert hatten. Infanterie und
zahlreiche Geschütze standen aber noch diesseits und hielten den Brückenkopf besetzt, den eine unvollendet gelassene äußere und die starke engere, zur Verteidigung
eingerichtete Schanzenlinie umgrenzten. Rasches Handeln vorausgesetzt, war nun die
ganz seltene Chance gegeben, den Feind im Zustand seiner Trennung durch den Fluß
und schon weitgehend ausgeschalteter Kavallerie am wirksamsten angreifen zu können.

Nach dem Eintreffen der Infanterie wurde unverzüglich die Schlachtordnung aus
den schon gefechtsbereiten Marschkolonnen formiert. Zwei Stunden später rückte sie
so vor, daß der rechte Flügel an die Theiß gelehnt blieb, während der stärkere linke in
großer Rechtsschwenkung herumfaßte, bis die gesamte 45 000 Mann starke Armee
den inneren Schanzenring beiderseits mit sicherer Flankendeckung halbkreisförmig

---

48 Feldzüge des Prinzen Eugen, Bd. II, Wien 1876, S. 26.

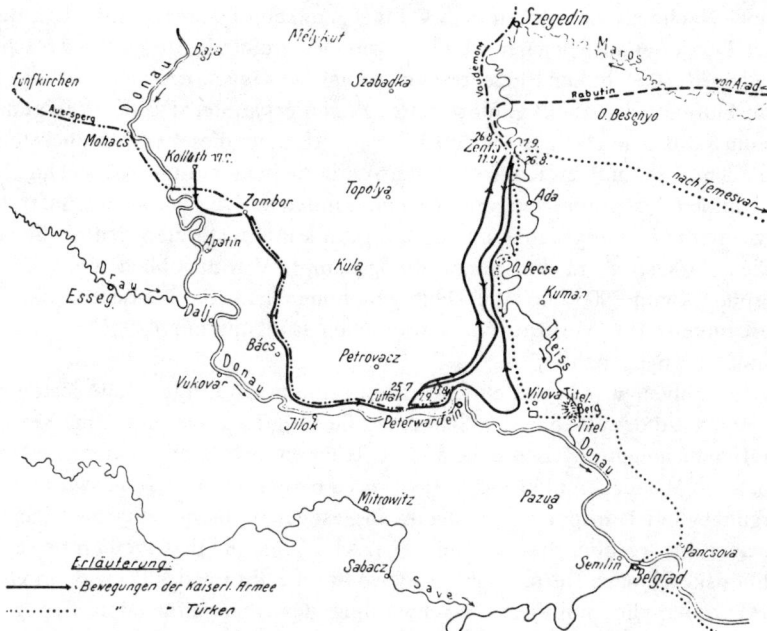

Abb. 77. Übersichts-Skizze zum Feldzug 1697.

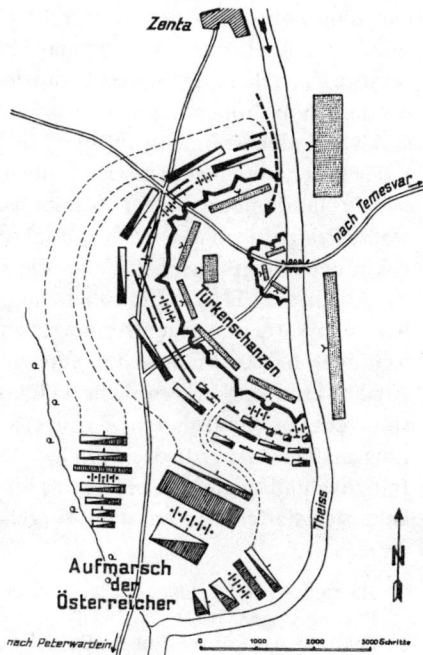

Abb. 78. Skizze zur Schlacht von Zenta am 11. September 1697.

umschloß. Nachdem die Türken dem vorangegangenen Handstreichversuch der kaiserlichen Dragoner ausgewichen waren, begann »Viereinhalb Stunden vor Nacht« der Generalangriff. Den linken Flügel traf ein erfolgloser Gegenstoß, der über eine Sandbank im Flußbett der Theiß geführt hatte. Eugen erkannte, daß dort die günstigste Stelle zum Vordringen bis zur Schiffbrücke lag. Als dann dieser empfindlichste Punkt der feindlichen Stellung im Kreuzfeuer der Artillerie beider Angriffsflügel lag, Bataillone der linken Stoßgruppe in ihrem Rücken standen und der Sultan am anderen Ufer nichts mehr zur Rettung seiner Janitscharen tun konnte, stürzten sich die Schanzenverteidiger fatalistisch in den Verzweiflungskampf. Von angeblich mehr als 30 000 Mann sollen kaum 2000 über die Theiß gekommen sein, die Masse erschlagen, der Rest ertrunken. Die Verluste der Kaiserlichen sind mit nur 429 Toten und 1568 Verwundeten angegeben[49].

Das Türkenheer war praktisch vernichtet, seine noch übrigen Teile lösten sich in wilder Flucht auf dem Weg in den Schutz der Festung Temesvar auf. Eine Verfolgung konnte Eugen seinen physisch entkräfteten Truppen nicht mehr zumuten, aber auch zum späteren Vorrücken über die Theiß zwecks Eroberung von Temesvar fehlten die Versorgungs- und Transportmittel, die im ausgesogenen, menschenarmen Lande hätten nachgeführt werden müssen. Nur der rasche Vorstoß eines kleinen beweglichen Expeditionskorps nach Bosnien bis Serajewo unter Führung des Prinzen im Oktober verstärkte noch die moralische Nachwirkung des überwältigenden Erfolges von Zenta. Immerhin hatte Eugen durch diesen Sieg die Übermacht des Osmanenreiches endgültig gebrochen und Österreichs Aufstieg zur Großmacht gesichert. Als der Friede von Karlowitz am 26. Januar 1699 den »langen Türkenkrieg« beendete, war es höchste Zeit; denn der Kaiser bedurfte dringend der Handlungs- und Rückenfreiheit für die schon drohende große Auseinandersetzung mit Frankreich.

Als sich der Kaiser im Frühjahr 1716 auch aus eigenem Interesse abermals zum Krieg gegen die Pforte entschied, noch bevor die Republik Venedig nach über einem halben Jahrhundert langen Kampf von den Osmanen ganz niedergerungen war, wollte Prinz Eugen den Feldzug Richtung Belgrad führen. Der chronische Geldmangel in der Kriegskasse hatte aber die Operationsfähigkeit des Heeres, insbesondere die Abfahrt der Donau-Flottille so lange verzögert, daß die Truppen erst ab Ende Juli bei Peterwardein konzentriert werden konnten, als die türkische Hauptmacht mit weit über 100 000 Mann schon entgegenrückte. Am 2. August überschritt die knapp 70 000 Mann starke kaiserliche Feldarmee die Donau und bezog unterhalb der Festung ein verschanztes Lager. Eugens Absicht war es aber keineswegs, den belagerungsmäßigen Angriff des Feindes abzuwarten. Am 5. August ergriff er selbst die Initiative und zeigte sich hierbei als Meister der linearen Flügelschlacht[50]. Sie entwickelte sich staffelweise mit dem Vorgehen der vorderen Infanterielinie. Das Zentrum

---

49 Darstellung des Feldzuges, der Schlacht von Zenta und deren Folgen siehe Feldzüge des Prinzen Eugen, Bd. II, S. 145 ff.
50 Feldzüge des Prinzen Eugen, Bd. XVI., Wien 1891, S. 170 ff.

wurde vom Gegenstoß der Janitscharen zurückgeworfen und bedurfte dringender Unterstützung durch Bataillone des zweiten Treffens. Sie riegelten den Einbruch ab, während die Türken unter Preisgabe ihrer Flanke ohne Sukkurs blieben. Die taktische Folge davon war, daß die Kavallerie beider Flügel, der rechte durch Regimenter des linken umsichtig, wenn auch im schwierigen Gelände mühsam verstärkt, zu entscheidenden Attacken gelangte. In der Mittagszeit war der fünf Stunden dauernde blutige Kampf beendet. Das geschlagene Heer flutete in völliger Unordnung nach Belgrad zurück. Die Angaben über seinen Verlust schwanken zwischen 30 000 und 6000 Mann; hauptsächlich Fußvolk, wenig Reiterei. Auch den Großwesir Damad Ali Pascha hatte im Lager zuletzt die tödliche Kugel getroffen. Die Kaiserlichen beklagten 2122 Tote und 2357 Verwundete. Wie in den vorangegangenen Feldschlachten war auch hier die Siegesbeute unermeßlich groß: 5000 Zelte, 2000 Kamele, 12 000 Säcke Reis, 2500 Fässer Mehl, reichlich 1000 Wagen Hafer, mehr als 500 Wagen Kaffee und Zwieback, dazu eine riesige Menge Schlachtvieh, an Geschützen 159 Stücke mit dazugehöriger Vorratsmunition[51]. Nicht mit dem Angriff auf Belgrad, der dem Prinzen Eugen zu unsicher schien, sondern mit der Einnahme der Festung Temesvar, die am 12. Oktober nach 49tägiger Belagerung kapitulierte, fand der Feldzug seinen Abschluß. Was im Frieden von Karlowitz von Ungarn noch türkisch geblieben war, fiel damit dem Hause Habsburg zu.

Der Kampf um Belgrad im nächsten Jahr versetzte Wien in große Unruhe; denn die bisher stärkste Armee der Monarchie (100 000 Mann) belagerte die türkische Hauptfestung[52] und wurde von angeblich doppelt überlegener Streitmacht, die Ende Juli zum Entsatz erschien, im Rücken bedroht. Der neue Großwesir Chalil schritt zur förmlichen Belagerung der Circumvallationslinie, richtete ein immer gefährlicher werdendes Artilleriefeuer auf das kaiserliche Lager und behinderte den Versorgungsverkehr der Donauschiffe. Prinz Eugen hatte nicht sofort angegriffen, weil ihm zwei versumpfte Gräben vor dem Lager des Feindes hierzu nicht ratsam schienen. Erst nach Eröffnung der Tranchéen »diesseits der beiden Thäler«[53] gab er den Befehl zur Ausfallschlacht für den 16. August. Die strikt geheimgehaltene Vorbereitung sollte doppelt überraschend auf die Türken wirken. Die Kampfstärke betrug nach erheblichen Abgängen durch Krankheit und Feindeinwirkung noch rund 60 000 Mann, wovon ein Drittel als Reserve in der Contravallationslinie gegenüber der Festung belassen wurde. Im dichten Morgennebel verloren die Angriffsgruppen aber schnell ihre Richtung und der geschlossene Zusammenhang der Schlachtlinie geriet auseinander. Ein derartig schwerwiegender Nachteil mußte die Krise noch verschlimmern, zumal die Janitscharen nach ihrer gewohnten Fechtweise in regelloser, aufgelockerter Ordnung um so stürmischer dazwischenfuhren. Zum Glück brach gegen acht Uhr die Sonne durch. Eugen konnte mit sicherem Überblick im raschen Erkennen der Lage

---

51 Beuteangabe ebenda, S. 204, Anm. 3.
52 Feldzüge des Prinzen Eugen, Bd. XVII, Wien 1891, S. 106 ff.
53 Nach dem Bericht des FML Frhr. v. Seckendorff, zit. Feldzüge, Bd. XVII, S. 172.

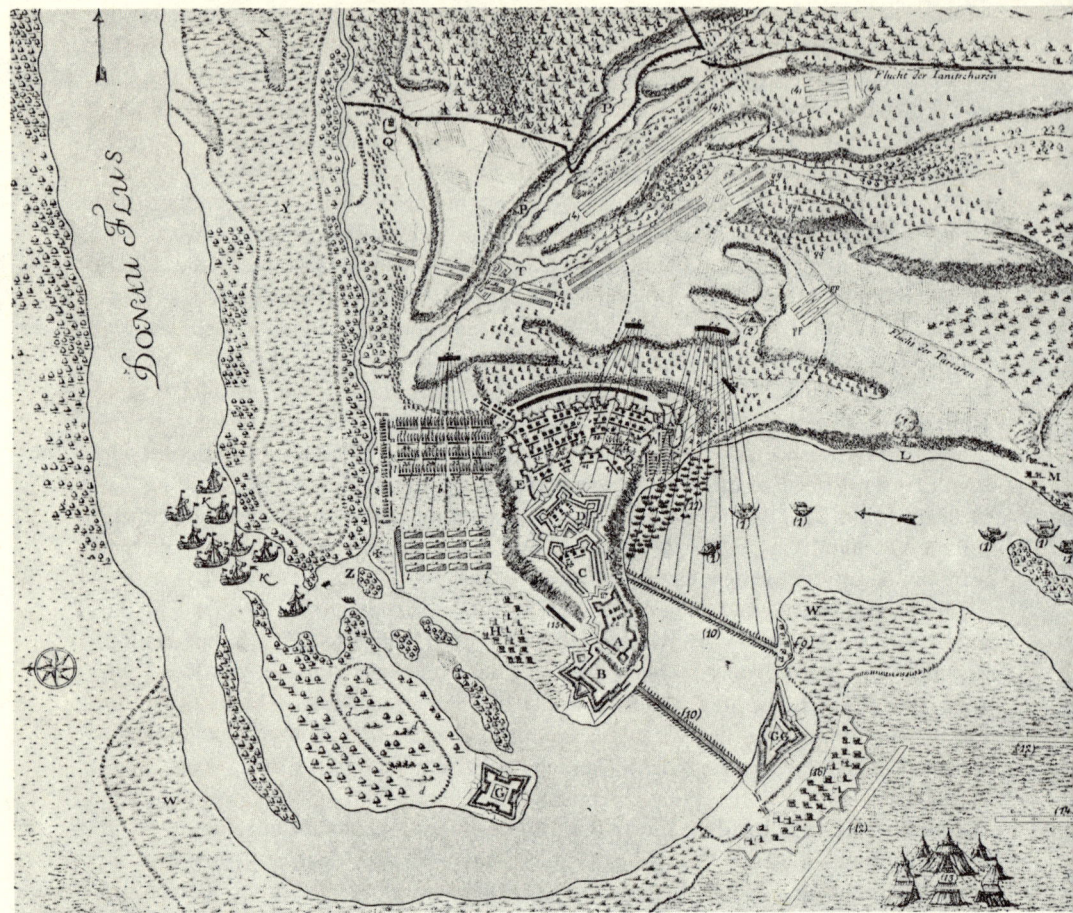

Abb. 79. Ausschnitt des Planes zur Schlacht von Peterwardein am 5. August 1716, aus dem Kartenwerk zu den Feldzügen des Prinzen Eugen.
A-D: Schloß, Stadt und Befestigungswerke; E u. F: innere und äußere Feldschanzen; P: türkisches Hauptlager und Tatarenlager; K: türkische Galeeren; (11): kaiserliche Tschaiken und (1) losgemachte Schiffmühlen; pp-rr-ss: Vorrücken des linken und rechten kaiserlichen Kav. Flügels samt der Infanterie.

die Möglichkeit des Handelns bestimmen. Er ließ die große Lücke zwischen den beiden Flügeln durch das nachfolgende zweite Treffen schließen, was die zu gegenseitiger Unterstützung instruierten Unterführer unverzüglich taten, er legte den Schwerpunkt des frontalen Infanterieangriffes auf die beherrschende Höhe der türkischen Stellung und vollendete den Sieg durch die Kavallerieattacke auf die linke Feindflanke. Wieder hatten es die Osmanen bei aller rühmenswerten Bravour nicht ver-

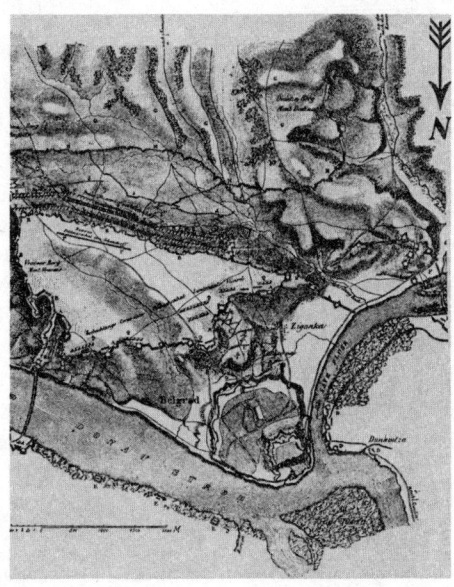

Abb. 80. Plan zur Belagerung und Schlacht
von Belgrad im August 1717.

standen, von ihrer hohen Überlegenheit den rechten Gebrauch zu machen; wieder
wurde ihr Rückzug zur zügellosen Flucht bis Nish und Sofia. Schon am 18. August
öffnete Belgrad dem Belagerer seine Tore. »Jetzt endlich schien die stete Türkengefahr, welche den kaiserlichen Erblanden und dem Reich seit Jahrhunderten so viel zu
schaffen und zu sorgen gegeben, für immer beseitigt[54].«

20 Jahre später besaß das kaiserliche Heer nicht mehr den genialen Feldherrn, um
den Türkenkrieg erfolgreich zu führen. Außerdem erwies sich, daß Prinz Eugen im
Hinblick auf die Operationsgrundsätze keine Schüler hinterlassen hatte. So verständ-
lich es schien, das geplagte Land wie die eigenen Versorgungsstützpunkte vor den
Verwüstungszügen der schnellen osmanischen Reiterscharen mittels ausgedehnter
Kordonaufstellung zu decken, die wirksamste Methode bestand allein in der offensiv
beweglich geführten Abwehr, im Zusammenhalt der Kräfte und im raschen entschei-
dungssuchenden Generalangriff auf die Hauptquelle des Übels. Da man danach nicht
verfuhr, ließen sich lokale Rückschläge kaum vermeiden. Auch die innere Schwäche
des Habsburger Staates unter Kaiser Karl VI. (1711–1740) trug 1739 zum Verlust
Belgrads einschließlich des 1718/19 vom Prinzen Eugen hinzugewonnenen Territoriums (Nord-Serbien und die Kleine Walachei) bei[54a]. Dennoch war der Niedergang
des osmanischen Weltreiches auch gegenüber der bald immer stärker werdenden
russischen Großmacht unaufhaltsam. Als Eroberer sind die Türken keine »grausamen
Unterdrücker« gewesen, ausgenommen bei Strafaktionen. Den Krieg gegen die Chri-
sten führten sie jedoch nach den Worten des Korans mit unerbittlicher Radikalität,
was auf der anderen Seite mit gleicher Vernichtungswut vergolten wurde.

54 Feldzüge Bd. XVII, S. 184.
54a M. v. Angeli: Der Krieg mit der Pforte 1736 bis 1739, in: Mitteilungen des K.K. Kriegs-
  Archivs (1881) S. 247–268 u. 409–442.

Der Spanische Erbfolgekrieg

Am 1. September 1700 war durch den Tod König Karls II. von Spanien der lang erwartete Erbfall eingetreten, der einen europäischen Krieg von 13jähriger Dauer zur Folge hatte. Als der französische Königsenkel Prinz Philipp von Anjou in Madrid den Thron bestieg (23. Januar 1701), von den Spaniern im Interesse der Unteilbarkeit ihrer Monarchie anerkannt, gedachte Ludwig XIV. den ganzen Erbbesitz mit Frankreich in eigener Hand zusammenzufassen. Daraus ergab sich zwangsläufig die militärische Absicherung. Der iberischen Halbinsel drohte durch den habsburgischen Kontrahenten keine unmittelbare Gefahr, die Niederlande ließen sich nach rasch erzwungenem Abzug der Holländer aus den Barriere-Festungen defensiv behaupten, doch in Norditalien lag die Herrschaft über das spanische Reich durch die verbindende Achse

Abb. 81. Philipp V. von Spanien, Kupferstich nach einem Gemälde von L. M. van Loo (1707–1771).
Nach dem unter französischem Einfluß zustandegekommenen Testament der Thronfolger des verstorbenen Königs Karl II.

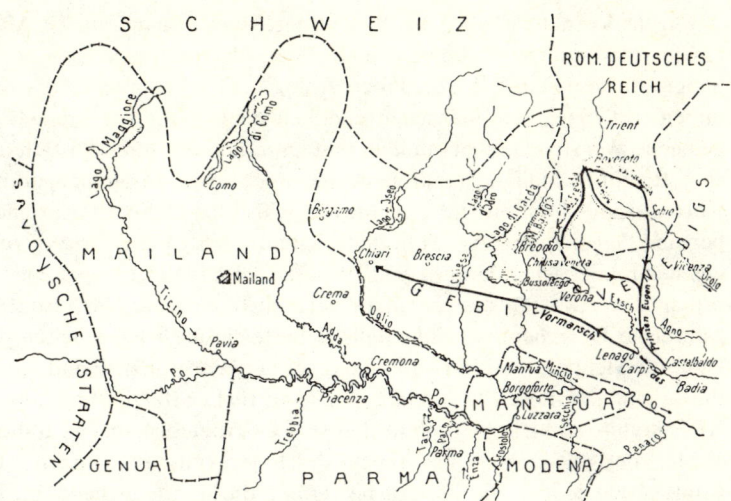

Abb. 82. Übersichts-Skizze zu den Feldzügen in Oberitalien 1701–1702.

Mailand-Brüssel geopolitisch verankert. Dem Einmarsch französischer Truppen stand nichts im Wege; denn der spanische Gouverneur empfing sie mit offenen Armen und der zunächst wieder mit Frankreich verbündete Herzog von Savoyen stellte ein Hilfskorps, bis er 1703 auf die Seite des Kaisers überging. Von den bereitgehaltenen 205 000 Mann des stehenden Heeres hatte das Kabinett zu Versailles 40 Bataillone und 60 Eskadrons für den Einsatz im voraussichtlichen Kriegsgebiet bestimmt, die bald verstärkt werden konnten.

Obwohl Österreich noch ganz erheblich unter der Schwäche vom Türkenkrieg her litt und in Ungarn sich ein neuer Aufstand ankündigte[55], drängte Prinz Eugen Kaiser Leopold I. trotz aller Finanznot und Verunsicherung zur schnellen Besitznahme des spanischen Herzogtums Mailand. In klarer Erkenntnis seiner strategischen Bedeutung sah er dort das nächst erreichbare Ziel der Politik Habsburgs. Selbst wenn man die Feindseligkeiten noch ohne Bundesgenossen eröffnete, gab ihm das Verhalten Ludwigs XIV. die Gewißheit über den baldigen Anschluß der Seemächte. Die geplante Allianz sollte dann auch schon am 7. September 1701 zustandekommen und mit ihr die Zusicherung des spanischen Besitzes in Italien und den Niederlanden als Entschädigung für den Verzicht des Kaisers auf die volle Erbschaft.

55 Die tiefe Kluft zwischen Wien und dem Ungarntum hatte ihren Ursprung im übergewichtigen deutschen Einfluß am königlichen Hof nach 1490, sie verbreitete sich in den Jahren der Grenzkämpfe gegen die Türken durch die Last der kaiserlichen Söldnertruppen, schließlich durch Habsburgs Zentralismus und eine brutale Rekatholisierungspolitik; siehe G. Perjés: Zur Psychologie des ungarischen Militärs im 16. und 17. Jahrhundert, in: Militärgeschichtliche Mitteilungen, Bd. 10 (2/1971), S. 9 ff.

Eugens Vormarsch über die Tridentiner Alpen begann am 27. Mai und wurde zu einem vollkommenen Überraschungserfolg, der den Feind in geradezu hilflose Abhängigkeit von seinen Maßnahmen zwang[56]. Der Prinz hatte mit nur 30 000 Mann unbemerkt eine »seit Menschengedenken nicht mehr befahrene«, links der Etsch gelegene Wegstrecke überwunden, den Unterlauf des Flusses passiert, nach Nordwesten Richtung Mailand eindrehend die noch nicht zusammengeraffte französische Kordon-Linie durchbrochen, bis Mitte August den Oglio erreicht und am 1. September den Gegenangriff des Marschalls Villeroy bei Chiari zurückgeschlagen. Bei der eigenen numerischen Unterlegenheit ist das alles in der Hauptsache durch die außerordentliche Aktivität der Kavallerie ermöglicht worden. Nach Eugens Direktiven in zahlreiche Detachements aufgeteilt, sicherte sie nach allen Seiten die Märsche, erkämpfte wichtige Aufklärungsergebnisse, verwehrte dem Feind jeden Einblick und führte einen rastlosen Kleinkrieg in seinem rückwärtigen Operationsgebiet. Ludwig XIV. konnte es nicht begreifen, daß sein Oberbefehlshaber in Italien einen Gegenspieler, der »sich gegen alle Regeln der Kriegskunst benommen«, tun ließ, was er wollte[57]. Da jedoch die kaiserliche Armee die dringend benötigte Verstärkung an Mensch, Pferd, Material und Geld nicht erhielt, war der Feldzug ungefähr 60 Kilometer vor Mailand zum Stillstand gekommen. Auch im nächsten Jahr blieb die Kraftzufuhr aus. Noch einmal behauptete Prinz Eugen das Schlachtfeld bei Luzarra (15. August) als Sieger, aber das lag schon auf dem rechten Poufer; das 1701 eroberte Gebiet nördlich des Flusses hatte er wieder aufgeben müssen[58]. Nicht nur der trostlose Zustand seiner Truppen, sondern auch die Besorgnis über die gegen Österreich jetzt heraufziehende Gefahr bewog ihn am Ende des Feldzuges, nach Wien zu eilen, um an zentraler Stelle energische Abhilfe durchzusetzen.

Im Westen besaß die Große Allianz gegen Frankreich mit Marlborough, dem Oberkommandierenden der englischen und holländischen Streitkräfte, einen überragenden Feldherrn. Nach dem Tode König Wilhelms III. im März 1702 hatte er die militärische Nachfolgerschaft des bedeutsamen Oraniers angetreten, die auch in hohen staatsmännischen Fähigkeiten zum Ausdruck kam[59]. Schon sein erster Feldzug auf dem niederländischen Kriegsschauplatz erzielte einen erstaunlichen Erfolg, indem die französische Armee ihre Position an Maas und Niederrhein verlor. Marlborough hatte gleich eine Hauptschlacht schlagen wollen, wenn er nicht durch die Vertreter der Generalstaaten auf vorsichtigen Festungs- und Manöverkrieg beschränkt worden wäre.

Anders stand es an der Oberrheinfront. Hier gelang den Franzosen 1703 die Einnahme von Kehl, Alt-Breisach und Landau; dazwischen auch der gefährliche Marsch

---

56 Feldzüge des Prinzen Eugen, Bd. III, Wien 1876.
57 St. v. Ujfalussy: Die Kavallerie in den Feldzügen des Prinzen Eugen von Savoyen. Dargestellt an dem Feldzug 1701 in Italien, in: Kavalleristische Monatshefte (1914), S. 478.
58 Die Feldzüge des Prinzen Eugen, Bd. IV, Wien 1877.
59 W. Gembruch: John Duke of Marlborough (1650–1722), in: Große Soldaten der europäischen Geschichte, Frankfurt a. M./Bonn 1961, S. 105 ff.

Abb. 83. John Herzog von Marlborough (1650–1722), Schwarzkunstblatt nach dem Gemälde von G. Kneller (1646–1723).

Abb. 84. Kurfürst Joseph Clemens von Köln, Kupferstich von P. van Gunst.
Der Bruder des bayerischen Kurfürsten Max Emanuel stand schon 1701 im Bündnis mit Ludwig XIV. und übergab sein Bistum Lüttich samt allen Waffenplätzen am Rhein den Franzosen.

über den Schwarzwald zur Vereinigung mit dem Bundesgenossen Kurfürst Max Emanuel in Bayern, den der Markgraf von Baden mit seinen unzureichenden Reichstruppen ein Jahr zuvor in der unentschiedenen Schlacht von Friedlingen (14. Oktober) gerade noch hatte verhindern können. Seitdem der Wittelsbacher ins feindliche Lager hinübergeschwenkt war, verlagerte sich der Schwerpunkt des Krieges auf das Reichsgebiet. Sein Versuch zur Handreichung mit der französischen Armee in Italien scheiterte am Widerstand der Tiroler Bauern. Zusammen mit der vom Rhein herangekommenen Waffenhilfe (25 000 Mann) gewann er die Oberhand über die dagegenstehenden kaiserlichen Truppen einschließlich der Reichsarmee durch den Sieg bei Höchstädt (20. September 1703)[60]. Nach der Kapitulation von Passau (9. Januar 1704) befürchtete man in Wien den Einbruch in die Erbländer, die unter zunehmendem Druck von Oberitalien und von Ungarn her standen. Fürst Rákóczis Volksaufstand breitete sich in aller Heftigkeit aus.

60 K. Staudinger: Geschichte des Bayerischen Heeres, Bd. II, S. 873 ff.

Abb. 85. Über-
sichts-Skizze zum
Feldzug 1704.

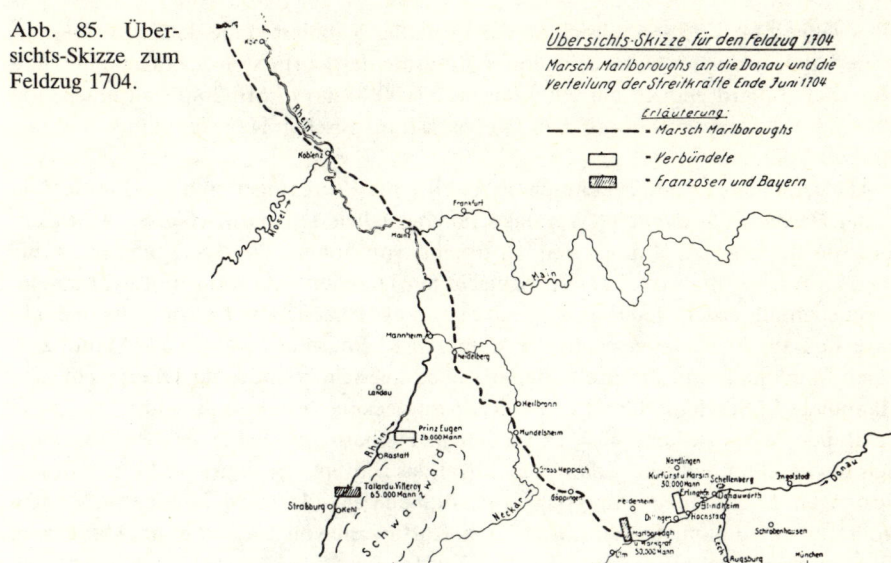

Unter diesen Umständen sah Prinz Eugen als neuer Präsident des Wiener Hofkriegsrates in der Konzentration aller verfügbaren alliierten Streitkräfte zur Entscheidungsschlacht an der Donau die einzige Möglichkeit einer rettenden Kriegswende[61].
Das lag durchaus im Sinne Marlboroughs. Mit diplomatischem Geschick brachte er es
zuwege, einen Teil der englisch-niederländischen Feldarmee aus Holland abzuziehen
und sie in 45 Tagen (16. Mai–2. Juli) die fast 600 km lange Strecke am Rhein entlang,
dann südlich Heidelberg überraschend landeinwärts nach Südosten bis Donauwörth
zu führen, wo noch am Eintrefftage die bayerische Rücken- und Flußsicherung auf
den Schanzen des Schellenberges zusammen mit Truppen des Markgrafen von Baden
angegriffen und vernichtend geschlagen wurde[62]. Der sogenannte »lange Marsch« ist
bezüglich seiner logistischen Organisation, seiner Kühnheit gegenüber der Nähe des
Feindes und der perfekt gelungenen Täuschung als ein Musterbeispiel der Manövrierkunst anzusehen[63]. Eine französische Armee hatte von Namur aus den Marsch über
die Mosel bis Landau begleitet, als Marlborough gerade zur Donau abbog. Da bei der

---

61 Informative Kurzdarstellung des Feldzuges von 1704 in Süddeutschland bei V. Regling,
   Grundzüge der militärischen Kriegführung 1648–1939, S. 103 ff.
62 Die beiderseitigen Verluste waren sehr hoch, auf alliierter Seite 1295 Tote und 3735 Verwundete, das bayerisch-französische Korps galt mit 4000 Mann blutigem Ausfall und rund
   1000 Gefangenen als vernichtet; siehe Feldzüge des Prinzen Eugen, Bd. VI, Wien 1879,
   S. 424.
63 800 Rheinschiffe folgten der Armee mit Nachschubgütern, Vorratslager in Koblenz, Frankfurt und Nördlingen wurden vorsorglich angelegt; siehe W. Hirzel, Der lange Marsch von
   1704, in: Zeitschrift für Heereskunde Nr. 264 (1976), S. 74 ff.

Ungewißheit über dessen Absichten das Versailler Kabinett keine definitive Weisungen erteilte, bedurfte es erst dringender Hilferufe des Kurfürsten Max Emanuel, ehe Marschall Tallard endlich am 29. Juni mit 23 000 Mann in Straßburg aufbrach, um über den Schwarzwald hinweg dem bayerisch-französischen Heer die nötige Verstärkung zu bringen.

Auf der anderen Seite arbeiteten die Feldherren Prinz Eugen und Marlborough in bester Harmonie zusammen. War das schon bezüglich der spezifischen Schwierigkeiten, wie sie jeder Koalitionskrieg verursacht, von hohem Wert, so stimmten beide auch im Wagnis offensiver, auf die Schlacht hinzielender Operationsführung überein, gegebenenfalls abseits jeder gewohnten Methodik. Eugen hatte freiwillig die undankbare Aufgabe übernommen, mit der kleineren Rheinarmee (etwa 24 000 Mann) zwischen Mannheim und der Stollhofener Linie angesichts feindlicher Übermacht dem Haupttheer in Süddeutschland den Rücken zu decken. Allerdings hemmte der dritte im Bunde, der »Türkenlouis« als rangältester Oberbefehlshaber der Reichsarmee, den gewünschten Feldzugverlauf. Er vertrat das zeittypische indirekte Prinzip des an Festungen, Magazinplätze und sichere Positionen gebundenen Manövrierens. Zudem wollte er auf diplomatischem Wege den Kurfürsten von Bayern zum Abfall vom französischen Bündnis veranlassen. Der Wiener Unterhandlungsbevollmächtigte tat dasselbe, der den Markgrafen verdrängte, um sich nicht von ihm stören zu lassen. Da Bayern und Franzosen in unangreifbarer Position bei Augsburg standen, um dort den weiteren Truppenzuzug zu erwarten, suchte Marlborough auf andere Weise ans gleiche Ziel zu gelangen, nämlich durch das üble Mittel der Landverwüstung. Damit erreichte er das Gegenteil und bewirkte haßerfüllge Rachegefühle in Max Emanuels verdunkeltem Gemüt[64].

Da die Zeit zur Entscheidung drängte, faßte Prinz Eugen einen ganzen, aber sehr riskanten Entschluß. Tallards Abmarsch hatte nicht verhindert werden können; demzufolge ließ er nur einen Sicherungs-Kordon am Oberrhein zurück und führte seine Kernregimenter – etwa 15 000 Mann, darunter das preußische Hilfskorps unter Leopold von Anhalt-Dessau –, unbemerkt an die Donau. Wenn der Prinz vor seiner Vereinigung mit Marlborough nicht angefallen wurde, so lag der Grund in der Uneinigkeit unter den Befehlshabern der feindlichen Koalitionsarmee. Max Emanuel trieb zum Angriff, Marschall Tallard rechnete weisungsgemäß mit dem Zeitfaktor; denn die von ihren Parlamenten abhängigen Regierungen der Seemächte hatten ihrem Feldherrn nur bis Ende Juli volle Aktionsfreiheit auf derartig weite Distanz hin gegeben. So überschritt man zwar am 10. August bei Dillingen die Donau, doch mehr in der Absicht, dem Feind das Hauptmagazin in Nördlingen wegzunehmen und dadurch auch die Verbindungen der Engländer und Holländer empfindlich zu stören. Damit spielte Marschall Tallard den Intentionen seiner beiden gefährlichen Gegner in die Hände. Eugen und Marlborough waren im Hinblick auf die große Lage der

---

64 Feldzüge des Prinzen Eugen, Bd. VI, S. 432 ff.

gleichen Ansicht wie er, nur daß sie eben nicht länger warten konnten. Bis zum Abend des 11. August traf der Herzog mit seiner Armee beim Prinzen westlich Donauwörth ein und man beschloß auf der Stelle die Erkundung zum Schlachtaufmarsch für den nächsten Tag. Das numerische Übergewicht ging jedoch wieder verloren, weil der Markgraf von Baden, sich auf den Festungskrieg versteifend, kurz zuvor mit 14 000 Mann zur Belagerung von Ingolstadt abgerückt war. Eine solche Kräfteverminderung vor der Schlacht, im 19. Jahrhundert ganz undenkbar, verstieß durchaus nicht gegen die strategische Grundauffassung zur Zeit der Kabinettskriege. Sie spricht auch für die Selbstsicherheit an der Führungsspitze der zum Angriff befohlenen Truppen. Unter den Franzosen, die sich für unbesiegbar hielten, beherrschte sie nicht minder deren Verhalten.

Am 12. August bezog das französisch-bayerische Heer ein neu gewähltes Lager, das sich hinter dem teilweise versumpften Nebelbach fast sieben Kilometer von Blindheim bis Lutzingen ausdehnte. Marschall Tallard wollte auch nach dem Erkundungsgefecht an keinen Angriff glauben. Erst als am nächsten Morgen der weichende Nebel den Blick auf den Anmarsch der Feindkolonnen freigab, sah er seinen Irrtum ein. Die vom Angreifer durch frühen Aufbruch angestrebte Überraschung wirkte sich aus. Die noch ruhenden Bataillone und Regimenter mußten in höchster Eile zur Schlacht formiert werden, die Befestigungen an den Dorfrändern waren noch unvollendet, ein gemeinsames Verteidigungskonzept fehlte ebenso wie das einheitliche Oberkommando[65].

Tallards Armee bildete den rechten Flügel; die Masse ihrer Infanterie besetzte und sicherte Blindheim, das als Hauptstützpunkt angesehen wurde; links davon breitete sich in zwei Treffen die Kavallerie-Linie aus. Ins Zentrum rückten die Truppen des Marschalls Marsin, seine Kavallerie im Anschluß nach rechts und links rückwärts des Dorfes Ober-Glauheim zusammen mit bayerischen Eskadrons; die Infanterie im Ort und wiederum in dessen Nähe zur unmittelbaren Unterstützung postiert. Auf dem linken Flügel standen die Bayern vorwärts Lutzingen. Diese Aufstellung wich vom Normalfall der Linearschlacht ab. Hier massierten sich die infanteristischen Kräfte an den Stützpunkten der Verteidigungsfront, während die Reitertruppe dazwischen die Lücken ausfüllte, was aber im wesentlichen die vorherige Lagerwahl in einem nicht zum Bataillieren bestimmten Gelände ergeben hatte. Dem entsprach dann auch der Kerngedanke der Angriffsführung: der Durchbruch an der Nahtstelle zwischen Tallard und Marsin im Zentrum der Schlachtordnung mittels geschlossener Kavallerie-Attacke, und beide Feldherren handelten auf getrennten Plätzen nach so gleichartiger Intention, daß jeder vom anderen den jeweils richtigen Entschluß erwarten durfte. Franzosen und Bayern waren mit rund 53 000 Mann ungefähr so stark wie ihre Gegner, an Artillerie etwas überlegen, an Kavallerie 23 Eskadrons schwächer.

---

65 Zum Verlauf der Schlacht siehe Feldzüge des Prinzen Eugen, Bd. VI, S. 478 ff., auch die Studie von K. Linnebach, Der Durchbruch. Eine kriegsgeschichtliche Untersuchung. 1. Die Schlacht bei Höchstädt am 13. August 1704, in: Wissen und Wehr (1930), S. 449 ff.

Marlborough mit seinem starken linken Angriffsflügel (Zweidrittel) verharrte noch so lange gefechtsbereit in seiner frontalen Ausgangsstellung unter Artilleriebeschuß, bis Eugen mit seinem schwachen rechten den gezwungenermaßen weiter als geplant ausgreifenden Infanterieaufmarsch gegenüber Lutzingen beendet und dessen offene Flanke durch Kavallerie abgedeckt hatte. Mit bewundernswerter Präzision in der Zeit gingen beide Flügel um 13.00 Uhr gegen Blindheim und Lutzingen vor, wo heftigste, hin- und herwogende Kämpfe entbrannten. Trotz empfindlicher Rückschläge, besonders im anschließenden Frontabschnitt der Kavallerie, hielt Eugen durch dauernden Druck Marschall Marsin davon ab, Reserven zur Unterstützung Tallards fortzuschicken. Marlborough ließ auch Ober-Glauheim angreifen, um das flankierende Feuer auf seine über den Nebelbach gebrachte Kavallerie-Linie auszuschalten. Das mißlang, die Schlacht stand, der Verteidiger hielt sich scheinbar unerschütterlich. Zur Gegenoffensive reichten Tallards und Marsins Kräfte aber nicht aus, da alle Infanterie-Reserven in und an den Stützpunkten festgelegt waren. Marlborough hingegen konzentrierte alle verfügbaren Truppen in der Mitte zum entscheidenden Durchbruch, vom taktisch überlegenem Artillerieeinsatz unterstützt. Auch Eugen befahl dem Dessauer erneut den Sturm auf Lutzingen, der diesmal umfassend angesetzt werden konnte. Nicht gleich, aber mit dem zweiten Anlauf durchstießen die Reiterregimenter die französische Schlachtlinie. Ihr Zentrum brach stückweise auseinander, da auch Marlboroughs Infanterie nachdrängte. Tallards Kavallerie floh in Richtung Höchstädt, der Marschall selbst fiel verwundet in Gefangenschaft. Auf dem linken Flügel drangen die Preußen ins Dorf ein, doch die bayerische Reiterei blieb ungeschlagen. Kurfürst Max Emanuel brachte seine Truppen halbwegs geordnet auf den Rückzugsweg nach Mörslingen und wurde in hoffnungsloser Lage auch von Marschall Marsin gestützt, der sich von Ober-Glauheim kaum ernsthaft gestört abgesetzt hatte. Von allen Seiten eingeschlossen, kapitulierte um 20.00 Uhr die Besatzung von Blindheim mit 9000 Mann. Die zähe, doch völlig passive Verteidigung einer derartig stark angehäuften Infanteriemasse hat nicht nur den eigenen Untergang verschuldet, sondern auch zum Verlust der Schlacht beigetragen.

Das Resultat der blutigen Ausfälle lag mit fast 25 Prozent extrem hoch: beim Angreifer 4493 Tote und 7335 Verwundete, bei Franzosen und Bayern nahezu 6000 Tote und 7000 Verwundete. Ihrem Verlust sind 14 000 Gefangene hinzuzuzählen. Die Trümmer des zersprengten Heeres gingen unverfolgt über den Rhein zurück. Ulm kapitulierte erst am 11. September. Alle anderen festen Plätze des Kurfürstentums mußten dem Kaiser übergeben werden, das ganze Land kam unter österreichische Verwaltung. Frankreich hatte seinen wichtigen Bundesgenossen verloren und seine Kriegsmacht den Nimbus der Unbesiegbarkeit. Insofern war die Schlacht bei Höchstädt von geschichtlicher Bedeutung, obgleich der Kampf weiterging. Als Statthalter der Niederlande im Solde Ludwigs XIV. focht Max Emanuel mit den Resten seiner Regimenter den Krieg bis zum Ende durch.

Das Feldzugsjahr 1705 war in Italien für den Herzog von Savoyen an der Seite schwacher kaiserlicher Unterstützungskräfte nachteilig verlaufen und Prinz Eugen

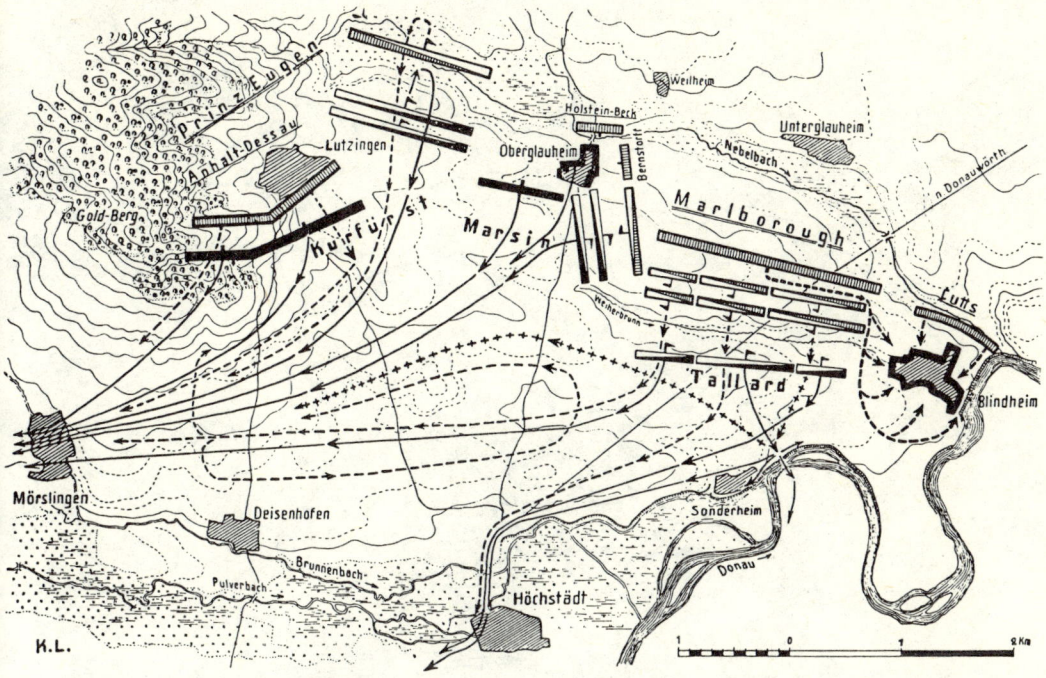

Abb. 86. Skizze zur Schlacht bei Höchstädt am 13. August 1704.

hatte auch mit preußischer Verstärkung nicht bis Piemont durchdringen können[66]. Marlborough wollte nach gescheiterter Operation an der Mosel in den Niederlanden die Franzosen südlich Brüssel bei Waterloo zur Schlacht zwingen, kam dort aber nicht zum Zuge, weil die holländischen Generale dagegen Einspruch erhoben. Seitdem schlief die Kriegführung in beiderseitiger Untätigkeit buchstäblich ein.

Bis zum Spätsommer 1706 hatte sich Frankreichs strategische Lage jedoch bedrohlich verschlechtert. Marschall Villeroy war schon am 23. Mai durch den angriffsversessenen englischen Feldherrn bei Ramillies (20 km nördlich Namur) schwer geschlagen und dann auch operativ über Dyle und Schelde so nachhaltig verfolgt worden, daß er von 70 000 Mann zuletzt noch 15 000 besaß. Marlborough sprengte den gesamten französischen Festungsgürtel in Flandern; Gent, Brügge, Oudenarde, Antwerpen, Menin und Ostende fielen in seine Hand. Mit dem Verlust der spanischen Niederlande war Ludwig XIV. nach sechsjähriger gewaltiger Anstrengung des Vorteils beraubt, den Krieg außerhalb der eigenen Reichsgrenze führen zu können. Die

---

66 Feldzüge des Prinzen Eugen, Bd. VII, Wien 1881.

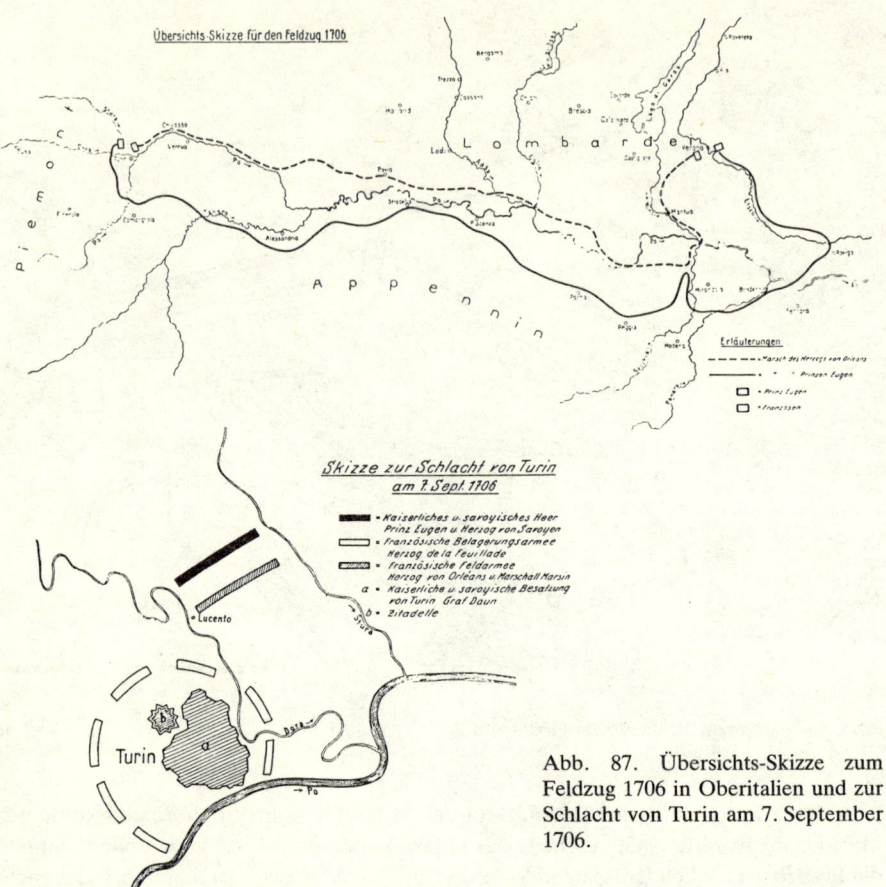

Abb. 87. Übersichts-Skizze zum Feldzug 1706 in Oberitalien und zur Schlacht von Turin am 7. September 1706.

neue, bei Lille sich versammelnde Armee sollte unter keinen Umständen eine Schlacht wagen. Der abgelöste Marschall Villeroy, der seinen Gegner einen Abenteurer nannte, mußte die Lehre annehmen, daß sich selbst wider alle Regeln der konventionellen Kriegskunst ein ganz unzeitgemäß großer Feldzugserfolg erringen ließ[67]. Prinz Eugen in Oberitalien verfuhr kaum anders. Um die vom kaiserlichen Feldzeugmeister Grafen Daun tapfer verteidigte Festung Turin zu entsetzen, marschierte er im Juli von der unteren Etsch aus südlich des Po ungestüm ohne gesicherte rückwärtige Verbindungen direkt auf sein Ziel los, was im Vorjahr nördlich des Flusses mißlungen war. Am 7. September griff Eugen in voller Eintracht mit dem Herzog von Savoyen die französische Belagerungsarmee an der schwächsten Stelle ihrer Circumvallations-

---

67 K. Staudinger: Geschichte des Bayerischen Heeres, Bd. II, S. 1105 ff., vgl. W. Gembruch, Marlborough, S. 121 f.

254

Abb. 88. Szene aus der Schlacht von Turin, Kupferstich nach einer Zeichnung von G. Ph. Rugendas.

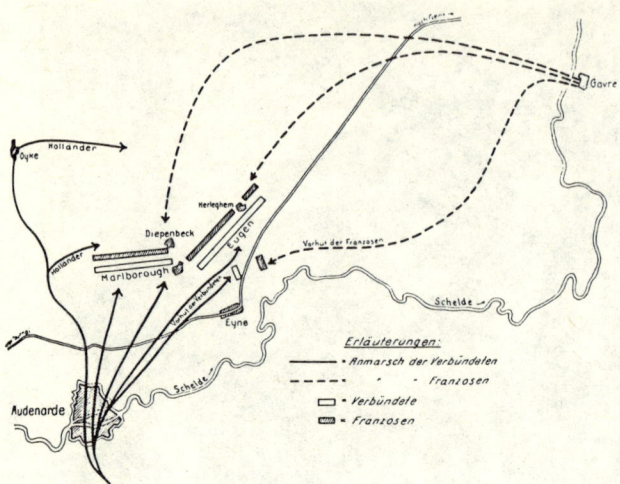

Abb. 89. Übersichts-Skizze zur Schlacht bei Oudenarde am 11. Juli 1708.

linie an, nach ganzer Umgehung im Nordwesten mit verkehrter Front. Da unter ihren Generalen niemand solche Kühnheit für möglich gehalten hatte, war das Feuer auf die Festung fortgesetzt worden. Der örtliche Erfolg von 30 000 Mann über reichlich 12 000 konnte dann nicht zweifelhaft sein. Er weitete sich zum glänzenden Siege aus, als die Geschlagenen die ganze Hauptmacht (28 000) vor der belagerten Stadt in ihre Panik mit hineinrissen. Die Folge davon war, daß Frankreich bis zum Frühsommer des nächsten Jahres seine Herrschaft über Italien aufgab[68].

1708 schlugen die beiden Sieger von Höchstädt am 11. Juli gemeinsam die Schlacht bei Oudenarde an der Schelde. Sie entwickelte sich aus einem Begegnungsgefecht zum sukzessiven Aufmarsch, den Marlborough links zu wirksamer Umfassung bis zur Umgehung des Feindes ausweitete, während Prinz Eugen rechts nach hartnäckigem Kampf die französische Linie durchstieß. Das bedeckte Gelände hatte die einheitliche Verwendung der Angriffsgruppen behindert, was aber dem dennoch positiven Verlauf der Schlacht ein geradezu modern anmutendes Gepräge gab. Am Ende hätte sich sogar ein totaler Sieg angebahnt, wenn es den Franzosen unter der bewährten Führung des Herzogs von Vendôme im Schutz der Dunkelheit nicht gelungen wäre, sich der beiderseitigen Umklammerung zu entziehen. Wie nach Ramillies wollte Marlborough auch jetzt dem Sieg eine kräftige Verfolgung hinzufügen und die Operation sogleich weiter ins Innere Frankreichs treiben, aber Eugen und auch die Holländer widerrieten schon aus versorgungstechnischen Gründen solchem unmethodischen Vorhaben und forderten als nächsten Schritt die Belagerung von Lille[69].

---

68 Feldzüge des Prinzen Eugen, Bd. VIII, Wien 1882.
69 Feldzüge des Prinzen Eugen, Bd. X, Wien 1885, vgl. Gembruch, Marlborough, S. 122 f.

Nach dem Fall des stärksten Bollwerkes an der französischen Nordgrenze (30. Dezember) zeigte Ludwig XIV. Bereitschaft zum Verzichtfrieden. Gleichwohl führten die Verhandlungen der Diplomaten zu keinem guten Ende, da London und Wien den Vertragsabschluß an einem für den König demütigenden Punkt – er sollte selbst mithelfen, seinen Enkel aus Spanien zu vertreiben – scheitern ließen. 1709 kam es dann am 11. September zur letzten großen Feldschlacht bei Malplaquet. Marschall Villars wollte die Wegnahme der wichtigen Festung Mons unbedingt verhindern und legte sich in verschanzter Stellung den Alliierten in den Weg: 95 000 Verteidiger gegenüber 110 000 Angreifern. Marlborough und Eugen siegten gemeinsam zum dritten Male, doch mußte der Rückzug des Feindes mit ungeheuerlichen Opfern im frontalen Abringen der Kräfte erkauft werden, mit 30 000 Toten und Verwundeten[70]. Die französische Armee hatte 12 000 Mann verloren und verließ moralisch ungebrochen den Kampfplatz; ein sicheres Zeichen ihrer inzwischen wiedererstarkten Schlagkraft. Wenn die in keinem Verhältnis zum Siege stehenden Verluste manche Hoffnungen begruben, so erscheinen sie sehr bemerkenswert im Hinblick auf die Leistungs- und Leidensfähigkeit der stehenden Heere zu jener Zeit[71].

Der Bluttag von Malplaquet bewirkte nicht allein eine große Scheu vor jedem neuen Wagnis zur Entscheidungsschlacht, er ließ vor allem in England immer drän-

---

70 Feldzüge des Prinzen Eugen, Bd. XI, Wien 1886, Kurzdarstellung der Schlacht von Malplaquet bei Jany, Geschichte der Preußischen Armee, Bd. I, S. 505 ff., einen psychologischen Einblick gibt C. Hinrichs, Friedrich Wilhelm I. König in Preußen, S. 392 ff.
71 Hierzu die tiefe Bemerkung von Clausewitz im Hinblick auf den esprit de corps und den kriegerischen Geist des Heeres, Vom Kriege (16. Aufl.), S. 260 f.

Abb. 90. Schlacht von Malplaquet am 11. September 1709, Kupferstich von Huchtenburg.

gender die Frage aufkommen, was bei der Fortsetzung des Krieges noch zu gewinnen wäre. Als durch den unerwarteten Tod Kaiser Josephs I. am 17. April 1711 mit seinem Nachfolger Karl VI., dem Prätendenten auf den Thron in Madrid, die Wiederherstellung der habsburgischen Universalmonarchie als drohende Möglichkeit hervortrat, überbot das politische Kalkül die Friedenssehnsucht. Das Gleichgewicht in Europa schien bereits gesichert, das englische Übergewicht auf dem Meer ebenfalls. So gewann der Gedanke der Teilung des spanischen Erbes die Oberhand, der zum Frieden von Utrecht führte. Bis auch der Kaiser diesem Beispiel folgte, schleppte sich der Krieg auf dem noch übriggebliebenen Schauplatz am Oberrhein unter örtlichen Erfolgen der Franzosen fort. Für Österreich bedeutete das Ende des langen Kampfes eine Erlösung von übermäßigem Energieaufwand. Schon vorher war auch der ungarische Aufstand erloschen, der die Kriegführung bis zum Frühjahr 1711 erschwert hatte. Der Rastatter Frieden brachte den Gewinn fast der gesamten spanischen Außenlande.

Wie Großbritannien als Seemacht schon seit König Wilhelm III. die Seele des Widerstandes gegen Ludwig XIV. war, so hatte es im Spanischen Erbfolgekrieg seine Flotte entschiedener als bisher zu direkten maritimen Unternehmungen eingesetzt, nicht nur zum Schutz des Handelsverkehrs. Die Besitznahme von Gibraltar (1704) und Port Mahon auf Minorca (1708) begründete die englische Position im Mittelmeerraum. Truppenlandung und kombinierte Operation der Armee an den Küsten Südfrankreichs, Spaniens und Flanderns standen im großen strategischen Zusammenhang mit den Ereignissen auf den weit voneinander getrennten Kriegstheatern. Für diese, den Gegner einschnürende, in die Defensive drängende Kriegführung zu Land und auf dem Meer ist Marlborough der Initiator und Koordinator gewesen, so lange er die große Allianz in enger kontinentaler Bindung Englands beieinanderhalten konnte[72].

Am Ende des Spanischen Erbfolgekrieges war Rußland als neue Großmacht in Erscheinung getreten, wenn auch noch nicht im Sinne der europäischen Zivilisation dazu voll entwickelt. Zurück lag die 1700 losgebrochene Verschwörung Zar Peters I. (1672–1725) im Bunde mit Dänemark und Sachsen-Polen gegen Schwedens Vormachtstellung im Ostseeraum, die der jugendliche Heerkönig Karl XII. sogleich auseinandergesprengt hatte[73]. Man muß es als das Verhängnis seiner leichtfertigen Tatkraft bezeichnen, wenn er nach dem totalen Sieg über das russische Heer bei Narwa (30. November 1700) – 8000 Mann gegen 40 000! – dem gefährlichsten Gegner die Zeit zu gründlicher Staats- und Militärreform ließ. Dennoch durch die exponierte Außenstellung Schwedens zu fortgesetzter Offensive gezwungen, schlug er in den folgenden Jahren die Sachsen Augusts des Starken aus dem Feld; zuerst in Livland

---

72 Vgl. W. Gembruch, Marlborough, S. 114 f.
73 Die zuverlässige Biographie über den König nach neuestem Stand von O. Haintz, König Karl XII. von Schweden, 3 Bde., (2. Aufl.) Berlin 1958.

Abb. 91. Zar Peter der
Große von Rußland
(1672–1725), Schwarz-
kunstblatt nach dem Ge-
mälde von G. Kneller.

bei Riga (1701), dann in der Weite des gestaltlosen polnischen Raumes bei Klissow
(1702) und Pultusk (1703), den Brennpunkten eines langwierigen, aber trotzdem
erstaunlich gemeisterten Bewegungskrieges[74]. Als der tollkühne Sieger 1706 König
August in Kursachsen zu Boden warf, drohten beide Kriege in West und Ost zur
gesamteuropäischen Auseinandersetzung zu verschmelzen. Ludwig XIV. suchte den
Schwedenkönig auf seine Seite hinüberzuziehen; Marlborough erschien in Berlin, um
Preußen von einem möglichen Waffenbündnis ab- und dessen Armee durch neue
Subsidien in Flandern und Italien festzuhalten. Karl XII. tat weder das eine, noch das
andere. Nachdem er den verhaßten Wettiner gezwungen hatte, der Krone Polens zu
entsagen und den von seinen Gnaden abhängigen Stanislaus Lesczinski als Nachfolger
anzuerkennen, interessierte ihn auch der unfähige polnische Adelsstaat nicht mehr.

74 H. Stegemann: Der Krieg, II, S. 54 ff.

Abb. 92. Menzels Vignette zum Aufsatz Friedrichs des Großen »Betrachtungen über die militärischen Talente und den Charakter Karls XII. Königs von Schweden«.
Gezeichnet nach der Bronzebüste von E. Bouchardon im Speisesaal des Schlosses Sanssouci.

Statt dessen verfolgte Karl das utopische Ziel, den auf tönernen Füßen geglaubten russischen Koloß niederzuwerfen. Das Kriegsheer des Zaren war seit Narwa durch ebenso unermüdliche wie gewalttätige Schöpferkraft so gestärkt, daß es weiträumig operieren konnte.

Im November 1707 zog der König mit seiner bestausgerüsteten Armee von 43 000 Mann, so stark wie nie zuvor, über die Weichsel Richtung Pleskau zum Entsatz der schwedischen Ostseeländer, hielt jedoch auf halbem Wege an, weil sich die Russen ohne Gegenwehr zurückzogen. Oberflächliche Kenntnis der inneren Verhältnisse im Zarenreich veranlaßten ihn zu erster Änderung des Angriffsplanes, der nun auf Moskau zielte. Sobald der Graswuchs den Weitermarsch erlaubte, führte er Anfang Juni 1708 ostwärts über die Beresina und bei Mohilew über den Dnjepr. Unterwegs hatte der Feind erstmals ernsthaften, freilich vergeblichen Widerstand geleistet, dann aber auf seinem Rückzug das eigene Land bis Smolensk verbrannt und verheert. Als die Schweden Anfang September die Stadt Tatarks 80 Kilometer ostwärts des Dnjepr erreichten, erwies sich die Fortsetzung des Feldzuges Richtung Moskau als unmöglich. Da der halsstarrige Kronfeldherr in dieser bedenklichen Lage vorwärts nicht konnte und zurück nicht wollte, änderte er zum zweiten Mal seinen Plan und bog Mitte Dezember nach Süden in die Ukraine ab. Dort erhoffte er neben guten Quartieren die Unterstützung von 40 000 aufständischen Kosaken, deren Anführer Mazeppa schließlich nur als Flüchtling mit einer kleinen Schar bei ihm ankam. Von den Verbindungen mit der Welt so gut wie vollständig abgeschnitten, führte der König den Krieg mit unbegreiflicher Hartnäckigkeit auch während des Winters weiter. Als er am 27. Juni 1709 die Russen mit letzter verzweifelter Kraftanstrengung bei Poltawa angriff, war das kampferprobte Schwedenheer schon um die reichliche Hälfte seines Bestandes dezimiert und besaß keine Artillerie mehr. Zar Peter stellte ihm 70 000 Mann und 130 Kanonen entgegen. Sein Vernichtungssieg ist »als das aus der Entwicklung der vorangegangenen Kriegsereignisse mit Notwendigkeit hervorgegangene Resultat zu betrachten. Dies ist tragisch, aber – es ist so.«[75]

Nach seiner Rückkehr aus der Türkei nach Stralsund im November 1714 nahm Karl XII. den Kampf sofort wieder auf, obwohl dazu keine reale Möglichkeit bestand. Am Ende verlor Schweden auch seine Besitzungen in Deutschland an Preußen und Hannover bis auf den Rest von Vorpommern mit der Insel Rügen. Den größten Anteil der Beute erhielt der Zar. Mit Estland, Livland, Ingermanland und dem wichtigen Teil Kareliens hatte er den Zugang zur »warmen« Ostsee gewonnen. So lautete das Ergebnis des Nordischen Krieges gemäß den Friedensschlüssen von Stockholm und Nystadt (1720/21), nachdem der Schwedenkönig in seinem letzten Kampf vor der dänisch-norwegischen Festung Frederikshall im Winter 1718 gefallen war. Hätte er das nötige Augenmaß für seine Kriegführung und dazu noch diplomatisches Geschick besessen, so wäre ihm auch dann seiner eigenen heroischen Natur nach wohl kaum ein anderes Ende beschieden gewesen.

Sein Hauptgegner konnte sich auf den stärksten Bundesgenossen stützen: die Gewalt des Riesenraumes und seine militärische Logik. Im Unterschied zu Österreich während der Türkenkriege reichte Schwedens Machtgrundlage zu operativer Überwindung niemals aus. Damit stand zum Abschluß der beiden großen Kriege der Neuordnung im Westen im Osten das russische Reich mit noch ungeahnter Expansionskraft gegenüber.

Die Kriege Friedrichs des Großen

Als König Friedrich im Oktober 1759 nach seiner schlimmsten Niederlage von Kunersdorf im Krankenquartier zu Glogau, von heftigen Gichtanfällen geplagt, über das »Mirakel des Hauses Brandenburg« nachdachte und dabei die »Betrachtungen über das militärische Talent und den Charakter Karls XII.«[76] niederschrieb, traten in dem sehr kritisch abgewogenen, doch gerecht würdigenden Urteil auch die Grundsätze eigener Kriegführung hervor. Sie sei eine schwierige Wissenschaft und bedürfe außer

---

75 E. Carlson, Karls XII. Russischer Feldzugsplan 1707 bis 1709, deutsche Übersetzung aus dem Schwedischen, in: Beihefte zum Militär-Wochenblatt (1890), S. 238.
76 Militärische Schriften, S. 171 ff.

angeborener Anlagen des ernsten Studiums wie einer langen Erfahrung. Der Feldherr müsse eine ganze Reihe hervorragender Eigenschaften in sich vereinigen: den Mut und die Standhaftigkeit Karls XII., den sicheren Blick Marlboroughs, die Pläne, Hilfsmittel und Fähigkeit des Prinzen Eugen, die Klugheit, Methode und Umsicht Montecuccolis und die Kunst Turennes, den rechten Augenblick zu benützen. Nicht zuletzt sei ebensoviel Zielstrebigkeit wie Mäßigung erforderlich, und kein Glück dürfe zu dem »unmethodischen« Verfahren verleiten, sich von den Regeln der Kriegskunst zu entfernen. Das Bekenntnis zur Strategie seiner Zeit mag seltsam klingen, weil sich der König durch die eigenen Feldzüge damit in Widerspruch zu setzen schien. In Wirklichkeit hat auch Friedrich durchaus im Rahmen der Möglichkeiten operiert, die bei der relativen Kleinheit, der Taktik und dem Verpflegungssystem der Heere im 18. Jahrhundert eng begrenzt waren. Er ging nur häufiger das hohe Wagnis der Schlacht ein als die vorsichtigen »Klassiker« des Manöverkrieges. Dazu zwang ihn die geographisch-strategische Lage des preußischen Staates. Seine langen, offenen Grenzen wie die Schwäche seiner physischen Grundlagen erforderten die schnelle Offensive, um auf dem Wege der Waffenentscheidung »kurz und vive« ans Ziel zu gelangen. Daß er dann gegenüber einer so erdrückenden Übermacht wie im Siebenjährigen Krieg trotzdem standhielt, ist im Hinblick auf die militärische Leistung der Methode fortgesetzter offensiver Vorstöße und Teilschläge zuzuschreiben, ohne die eine derartig lange, immer wieder, zuletzt noch halbwegs gelungene Verteidigung gar nicht möglich gewesen wäre. Das hierzu unerläßliche Kampfmittel bestand in der hohen Angriffsfähigkeit und Feuerkraft der Armee.

Zu Beginn des Ersten Schlesischen Krieges war die Lineartaktik voll entwickelt. In maximaler Breite und minimaler Tiefe (die Preußen nur noch zu drei Gliedern) dehnte sich die Infanterie über das flache Schlachtfeld aus; die Bataillone starr ausgerichtet dicht nebeneinander, nur noch durch ihre beiden leichten Begleitgeschütze getrennt. Diese dünne Formation ermöglichte den wirksamsten Einsatz aller Gewehre und bei entsprechender Kombattantenzahl die Überflügelung des Gegners. Im Angriff galt es, die Linie durch rhythmischen Wechsel von Feuer und Bewegung so rasch es ging vorwärtszubringen. Bei der hohen Störanfälligkeit der langen Linie war jedes deckende Gelände ein zusätzliches Hindernis. Die naturgemäß auf den Flügeln zum Flankenschutz plazierte Kavallerie konnte im freien Feld mit ihrer Attacke im richtigen Moment am nützlichsten die Kampfentscheidung mitbestimmen.

Nach diesem Schema von revuemäßiger Genauigkeit führte Friedrich seine Truppen in die erste Schlacht bei Mollwitz (10. April 1741). Er mußte sie angriffsweise schlagen, nachdem die österreichische Armee unter Feldmarschall Neipperg früher als erwartet von Mähren nach Schlesien vorgerückt war und schließlich auf seiner Rückzugslinie zwischen ihm und dem Hauptmagazin von Ohlau stand. Die eigene Überlegenheit an Infanterie und Artillerie (17 000 Mann und 50 Geschütze gegen 9000 Mann und 19 Geschütze) hätte einen sehr leichten Sieg ergeben können, wenn die Preußen ohne Verzug über die noch nicht gefechtsbereiten Österreicher hergefallen wären. Zum raschen Zupacken fehlte ihnen aber noch die Marsch- und Rangier-

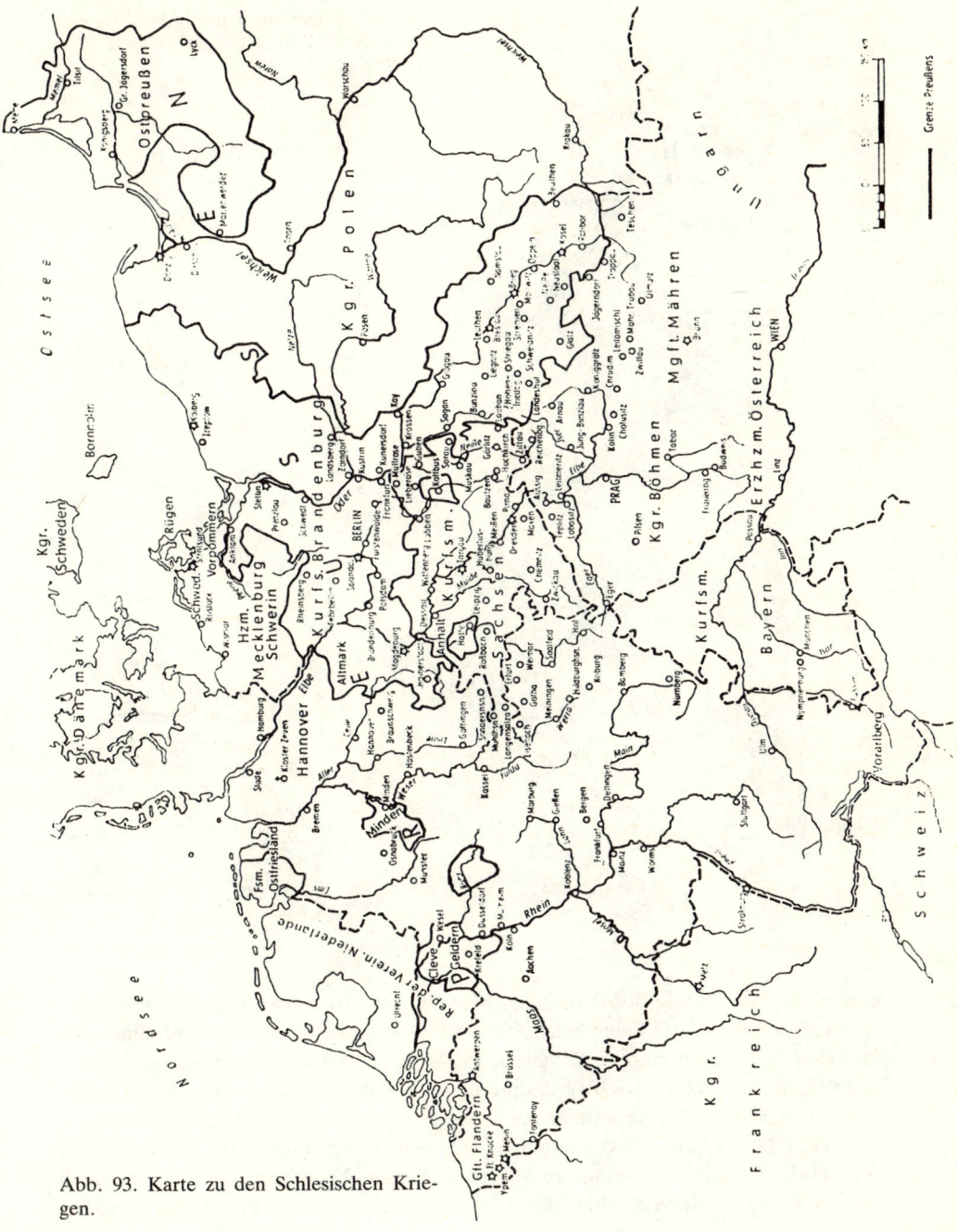

Abb. 93. Karte zu den Schlesischen Kriegen.

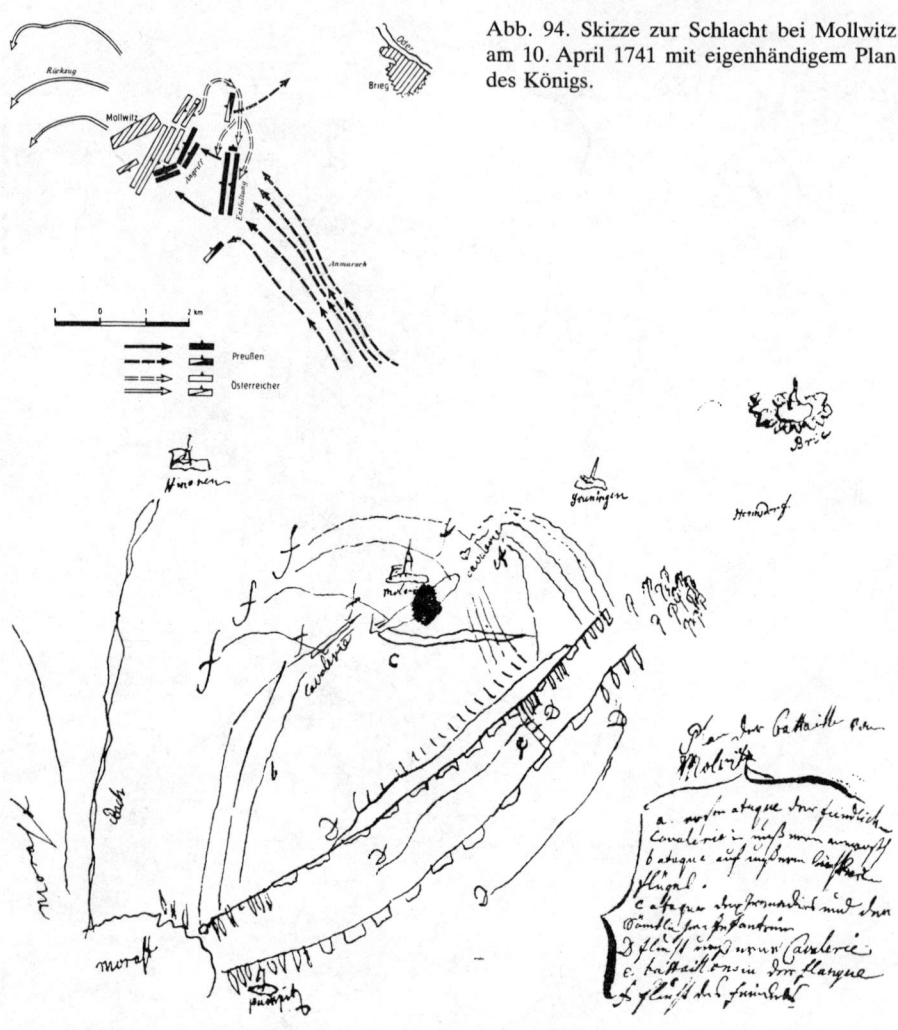

Abb. 94. Skizze zur Schlacht bei Mollwitz am 10. April 1741 mit eigenhändigem Plan des Königs.

übung und dem König die Erfahrung. Man marschierte umständlich zwei Stunden lang auf, der alarmierte Feind hatte Zeit, sich gleichfalls zu formieren und seine auch an Zahl erheblich überlegene Kavallerie (8500 gegen 4500) attackierte im zielgerichteten taktischen Präventivschlag die preußischen Eskadrons so nachhaltig über den Haufen, daß auch die Infanterie am rechten Flügel einen schlimmen Teil davon abbekam. Der König steckte mitten im Gewühl seiner fliehenden Reiter, die er vergeblich aufzuhalten suchte. In dieser kritischen Lage riet ihm Feldmarschall Schwerin, der die Nerven behielt, das Schlachtfeld zu verlassen, damit der offensichtlich kopflos gewordene Kriegsherr die jetzt absolut nötige ruhige Leitung der Schlacht nicht unnütz störte und nicht in die Gefahr der Gefangennahme geriet. Im eiligen Davonreiten durchlitt Friedrich die bitterste Schmach, bis er zu früher Morgenstunde die Siegesbotschaft erhielt. Schwerin hatte die unerschütterliche Infanterie-Linie zum Angriff vorgeführt. Ihrem geschwinden Pelotonfeuer waren die ungeschulten, pulverscheuen Rekrutenbataillone der Österreicher nicht gewachsen. Beiderseits überflügelt und rechts flankiert, von ihrer inzwischen verbrauchten, aufgelösten Kavallerie nicht mehr unterstützt, mußten sie weichen. Da der verlustgeschwächte, erschöpfte und von seinem König verlassene Sieger ihnen nicht folgte, zog sich die geschlagene Armee bald wieder geordnet bis unter die schützenden Kanonen der Festung Neiße zurück. Auf den weiteren Verlauf des Feldzuges hatte die Schlacht von Mollwitz keinerlei militärische Auswirkung[77].

Politisch lagen die Dinge anders. Der Preußenkönig war ohne Bundesgenossen, aber mit kühl berechnender Voraussicht auf die Wirren der österreichischen Erbfolge in den ersten Schlesischen Krieg gezogen. Gründe für diese Wirren gab es genug, so daß der preußische Sieg vom 10. April 1741 wie ein Signal zur Ausweitung des Erbfolgestreites zum europäischen Krieg wirkte. Nach gescheiterten Allianzversuchen ging Friedrich ein Bündnis mit Frankreich ein (5. Juni 1741), das dem bayerischen Kurfürsten Karl Albrecht die Unterstützung zur Kaiserwahl zusagte und ihm gegen Habsburg eine Hilfsarmee schickte[78]. Als aber der Partner nicht nach den Erwartungen des Königs die Operationen Richtung Wien, sondern nach Böhmen lenkte, schloß er insgeheim eine beiderseits nicht ernsthaft gemeinte Waffenstillstands-Konvention mit Feldmarschall Neipperg ab (9. Oktober), die wiederum schon nach wenigen Wochen aufgekündigt wurde, nachdem die Franzosen mit hinzugetretener sächsischer Waffenhilfe Prag erobert, die Österreicher hingegen mit neu mobilisierten Reserven aus Italien und Ungarn die Initiative an der Donau zurückgewonnen hatten. Diese Frontenwechsel waren im überall üblichen Ränkespiel auf dem Schachbrett der Diplomatie bezeichnend für den Stil des Kabinettskrieges. Auch Friedrich führte keinen reinen Militärkrieg. Der Vertrag mit Wien war eine Sünde wider dessen Geist; denn er gab die österreichische Armee in Schlesien zur Verwendung in Mähren frei. Der König beabsichtigte jedoch keine Niederwerfung seiner heroischen Gegnerin Maria Theresia. Er wollte Schlesien um einen möglichst billigen Preis bei weitgehender Schonung der eigenen Armee. Die rücksichtslose Dreistigkeit der politischen Ausnützung günstig scheinender Augenblickssituationen, gleich wieder gefolgt von höchster kriegerischer Aktivität, haben ihn in tiefen Verruf gebracht, obgleich auch alle anderen Machtstaaten sich nicht durch moralische Erwägungen davon abhalten

---

77 Zur Schlacht bei Mollwitz siehe: Die Kriege Friedrichs des Großen, hrsg. v. Gr. Generalstabe, Teil I, Bd. 1, Berlin 1893. Die beiderseits hohen Verluste betrugen bei den Preußen 4849, bei den Österreichern 4551 Mann.

78 Die Gemahlin Karl Albrechts war eine Tochter Kaiser Josephs I., worauf der Kurfürst seine Ansprüche gründete. Maria Theresias Gemahl, Großherzog Franz von Toscana, besaß kein Reichsfürstentum, so daß ihm die Grundlage für eine Bewerbung um die Kaiserkrone fehlte.

Abb. 95. Menzels Vignette zu Friedrichs II. »Geschichte meiner Zeit« (Kap. XI.)
Kaiser Karl VII. todesmatt und machtlos mit abgelegter Krone im üppigen Sessel sitzend, »zweimal verlor er seine Staaten«, verstorben am 18. Januar 1745.

ließen, ihren Vorteil zu sichern. So oft Friedrich mit seiner Armee noch ins Feld ziehen sollte, stets bildeten Politik und Kriegführung eine charakteristische Aktionseinheit, wobei der Souverän des Staates immer den beherrschenden Rang über der personengleichen Stellung des Feldherrn besaß, bestimmt durch die Selbstbeschränkung auf das begrenzte militärische Ziel.

Um den erhofften schnellen Frieden zu erreichen, war 1742 noch eine zweite Schlacht nötig. Friedrich schlug sie, als ihn Maria Theresias Schwager Prinz Karl von Lothringen überraschend bei Chotusitz in Böhmen angriff (17. Mai); aus eigenem Ingenium, ohne noch eines Ratschlages zu bedürfen[79]. Wie bei Mollwitz entschied die Infanterie den Sieg, doch jetzt auch durch schnelleres Aufmarschieren und beweglicheres Avancieren, zuletzt im Einschwenken des zurückgehaltenen rechten Flügels. Die Kavallerie hatte weisungsgemäß sofort attackiert und einen beachtlichen Anfangserfolg errungen, den freilich der immer noch stärkere Reitergegner wieder zunichte machte, weil die Wucht des Stoßes infolge vorzeitigen Sammelns gebrochen war. Immerhin stand nun die friderizianische Kavallerie am Anfang jener glänzenden Entwicklung zur schlachtentscheidenden Waffe, die im vortechnischen Zeitalter das bereits vorrangige Element des Infanteriekampfes noch einmal zu überdecken vermochte[80]. Der Sieg von Chotusitz bahnte der Diplomatie den Weg zum baldigen Frieden mit Österreich (28. Juli 1742). Der König hatte die leistungsschwache Allianz kurz und bündig verlassen, weil er nicht länger gewillt war, die Hauptlast des Krieges weiter zu tragen.

79 Zu Chotusitz siehe: Die Kriege Friedrichs des Großen, Teil I, Bd. 2, S. 227 ff.
80 Auch stärkemäßig bestand die Armee zu einem guten Viertel aus Kavallerie. Vgl. H. Meyer: Geschichte der Reiterkriege, Stuttgart 1982, S. 223 f., außerdem H. Bleckwenn: Preußisches Reglement von 1726, Einleitung S. VI.

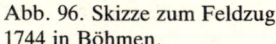

Abb. 96. Skizze zum Feldzug
1744 in Böhmen.

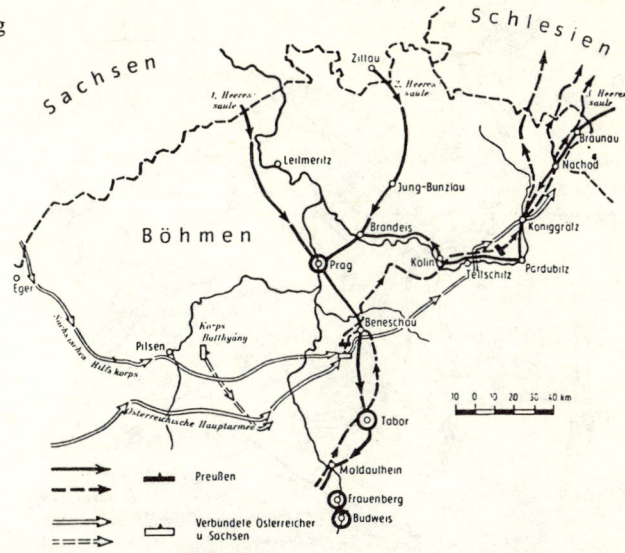

Nach gerade zwei Jahre langer Pause fortgesetzter Heeresvermehrung- und -ver-
besserung begann Friedrich Mitte August 1744 den nächsten Schlesischen Krieg mit
seinem Einmarsch in Böhmen (72 000 Mann), den er jetzt zur Verteidigung der
gewonnenen Provinz führen zu müssen glaubte. Österreich wurde in seinem fortgesetzten Kampf gegen Frankreich von England tatkräftig unterstützt und Kaiser Karl
VII., dessen bayerisches Stammland Maria Theresia als Ersatz für den Verlust Schlesiens vorsah, konnte sich ohne preußische Hilfe nicht länger behaupten. Seit 5. Juni
1744 stand der König im neuen Bündnis mit Ludwig XV.[81], auf dem der Plan eines
gemeinsamen Angriffes beruhte, doch wieder auf schwankendem Grund. Die Franzosen folgten der eilig aus dem Elsaß nach Böhmen zurückgerufenen österreichischen
Hauptarmee nicht mit dem nötigen Nachdruck, sondern belagerten vorwiegend die
Festung Freiburg. So sahen sich die Preußen ganz unerwartet dem Feind allein und
mit ungesicherten Flanken gegenüber. Friedrich war nach der Eroberung Prags
(16. September) zu weit nach Süden vorgedrungen[82]. Obendrein besaßen die Österreicher durch die Vereinigung mit den jetzt auf ihrer Seite stehenden Sachsen das
numerische Übergewicht und im Adlatus des oberkommandierenden Prinzen von
Lothringen, Feldmarschall Traun, einen überlegenen Meister der reinen Manöverstrategie. Da sie der König nicht zur Schlacht stellen konnte, mußte er umkehren. Am
schlimmsten war, daß er den Rückzug passiv hinzunehmen hatte, weil sein Kontra-
hent immer wirksamer gegen die rückwärtigen Verbindungen operierte. Bis zur schle-

81 Über den Zusammenhang dieses Bündnisses mit Friedrichs Reichspolitik siehe A. Berney:
  Friedrich der Große. Entwicklungsgeschichte eines Staatsmannes, Tübingen 1934, S. 167 ff.
82 Kriege Friedrichs des Großen, Teil II, Bd. 1, S. 127 ff.

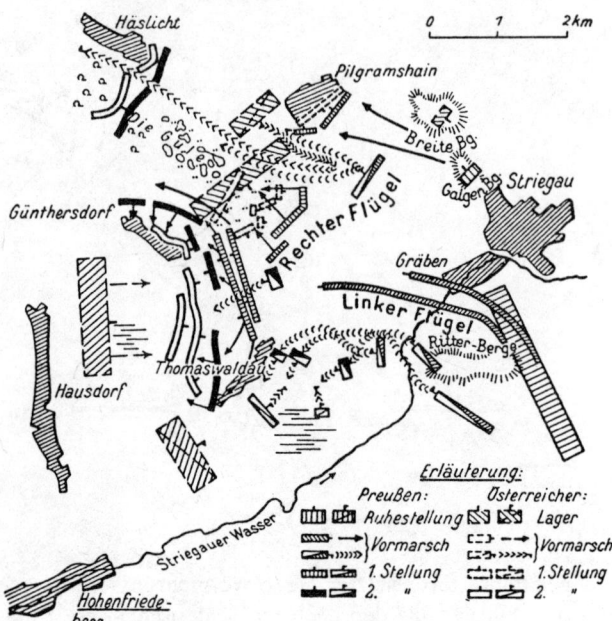

Abb. 97. Skizze zur Schlacht von Hohenfriedeberg am 4. Juni 1745.

sischen Grenze steigerte sich die Räumung Böhmens infolge Verpflegungsmangels, einreißender Massendesertion und Demoralisierung zur Katastrophe[83]. In der Hauptsache kann man sie als das Werk einer zielbewußten, überaus intensiven und massenhaften Verwendung leistungsfähiger leichter Truppen bezeichnen, wofür es in der Kriegsgeschichte kaum ein vergleichbares Beispiel gibt. Husaren, Kroaten und Panduren hatten die preußische Armee unaufhörlich umschwärmt und belästigt, hatten ihre Lebensmittelzufuhr unterbunden und den König jeglicher Nachricht über die Feindlage beraubt. Einen solchen Erfolg vermochten die wenig disziplinierten Streifscharen der ungarischen Insurrektion in Schlesien nicht zu erzielen[84].

In die Verteidigung gedrängt, durch die Erschöpfung der finanziellen Mittel und die Zerrüttung des inneren Heeresgefüges aufs höchste gefährdet, konnte sich der König nur durch eine neue Schlacht aus seiner verzweifelten Lage befreien. Wie aber Prinz Eugen ähnliche Schwierigkeiten wiederholt erstaunlich rasch überwunden

83 Die Gesamtzahl der Deserteure nach Jany: Geschichte d. Kgl. pr. Armee, Bd. II, S. 114 betrug 15 000 Mann. Über den Zustand der Armee schrieb der Minister v. Münchow in Breslau: »Es ist mit einem Wort, als ob es keinen König mehr gäbe ... Wir haben keine Armee mehr.« Zit. nach J. G. Droysen: Geschichte der preußischen Politik, Bd. V, 2, Leipzig 1876, S. 369.
84 O. Criste: Die Verwendung der leichten Truppen im 2. Schlesischen Kriege, in: Österreichische Mil. Zeitschrift Bd. I, 1904, S. 256 ff.

hatte, so gelang auch ihm die Wiederaufrichtung der Armee in kürzester Zeit, die für Friedrich eine lehrreiche Schule des Unglücks war. Im Frühjahr 1745 erneut schlagbereit, überließ er in kluger Berechnung dem Gegner die Initiative und gab ihm die schlesischen Gebirgspässe frei. Die alliierte Hauptmacht hatte keinen Winterfeldzug führen können, begann jedoch Ende Mai ihren Vormarsch durch das Waldenburger Bergland, um in der jenseitigen Ebene die Preußen auf gleiche Weise aus Schlesien zu vertreiben wie aus Böhmen. Da wurde sie nach ihrem Austritt am frühen Morgen des 4. Juni überraschend vor ihrem Lager bei Hohenfriedeberg angegriffen. Es war ein Anfall mit ganzer, in einem wohl vorbereiteten Nachtmarsch blitzschnell herangeführter Macht: 68 000 gegen 75 000 Mann[85]. Mit Schwerpunkt rechts traf er zuerst auf die Sachsen, die den herausgeschobenen linken Flügel bildeten und, bald geworfen, an den rechten der Österreicher keine Anlehnung mehr fanden. Ohne die Aufmarschentwicklung seines noch zurückhängenden Armeeteiles abzuwarten, setzte Friedrich die erfolgreich begonnene Flügelschlacht noch verstärkt gegen die ungedeckte linke Flanke der feindlichen Hauptstellung fort. Wie die preußische Kavallerie gegen die sächsische durchschlagend attackiert hatte, so siegte sie auch am anderen Ende des Kampffeldes über die österreichische und erlaubte dadurch den Vorstoß des linken Infanterieflügels. Als die beiderseits umfaßte Front zu wanken anfing, brach in der Mitte der Reitersturm des Dragonerregimentes Bayreuth los, der die Schlacht um neun Uhr morgens triumphal beendete[86]. Karl von Lothringen war allzu großem Optimismus und zu geringer Reaktionsfähigkeit erlegen. Friedrich hatte in der operativen Vorbereitung zur Schlacht wie in der freien Verwendung der Armee zu getrenntem Kampfeinsatz ohne jede starre Gebundenheit an das lineartaktische Schema sein nicht mehr bestreitbares Genie als Meister der Kriegskunst bewiesen. Hohenfriedeberg blieb eine leitende Idee friderizianischer Strategie. Die Österreicher über das Gebirge in die schlesische Ebene zu locken und sie dann kraft Überlegenheit des Angriffsinstrumentariums aus dem Felde zu schlagen, sollte nach der Kriegswende von Kolin im Sommer 1757 zu einer allerdings bitter enttäuschten Hoffnung werden.

Der strahlende Sieg trug aber keine Früchte. Die unbeugsame Maria Theresia hielt den erlittenen Schlag nicht für so schwer, nachdem die Preußen vor der umsichtig gesperrten Gebirgsbarriere keine Verfolgung gewagt hatten und erst Tage später mit neu geregelter Magazinversorgung dem geordnet abgezogenen Gegner langsam, doch nur bis zur Elbe-Adlerlinie hinterhergerückt waren. Der mit Bayern geschlossene Frieden (22. April) und die mit der gesicherten Kaiserwahl ihres Gemahls wieder gehobene Stellung im Reich[87] gaben neue Zuversicht. Auch die verschlechterte Lage

---

85 Die Kriege Friedrichs des Großen, Teil II, Bd. 2, S. 211 und 224.

86 Das Regiment brachte 2500 Gefangene ein und erbeutete 67 Fahnen bei einem eigenen Verlust von nur 94 Mann. Österreicher und Sachsen verloren insgesamt 13 660, die Preußen 4700 Mann.

87 Der Großherzog von Toscana war am 13. 9. mit sieben von neun Kurstimmen zum Kaiser gewählt worden, die Krönung fand am 4. 10. zu Frankfurt statt. Friedrichs Reichspolitik war damit endgültig gescheitert.

Abb. 98. Prinz Karl Alexander von Lothringen, Kupferstich von J. Daullé nach dem Gemälde von M. v. Meytens.

Charles Alexandre De Lorraine, Né le 12. Décembre 1712.

im Erbfolgekrieg änderte nichts an ihrem festen Entschluß, Schlesien zurückzuerobern, obgleich der Sieg des Marschalls von Sachsen bei Fontenoy (11. Mai) und der moralische Eindruck von Hohenfriedeberg Englands Bestreben stärkte, die gesamte Kriegsmacht Österreichs zum Kampf gegen die Franzosen freizubekommen. Sie wollte unbedingt eine neue Schlacht. Karl von Lothringen erfüllte ihr diesen Wunsch, als er den Aufmarsch zum Überfall auf Friedrichs Lager bei Soor befahl. Der König befand sich schon auf dem Rückzug, nachdem seine Truppen das besetzte Land kahlgegessen und sich hierbei pausenloser Angriffe von Kroaten und Panduren zu erwehren hatten. Er war durch die Unvorsichtigkeit zu starker Detachierungen in eine üble Situation geraten, konnte jedoch gerade noch rechtzeitig im blitzartigen Gegenzug zum Flankenstoß, von Infanterie und Kavallerie mit unerhörter Bravour

Abb. 99. Skizze zur
Schlacht von Soor am
30. September 1745.

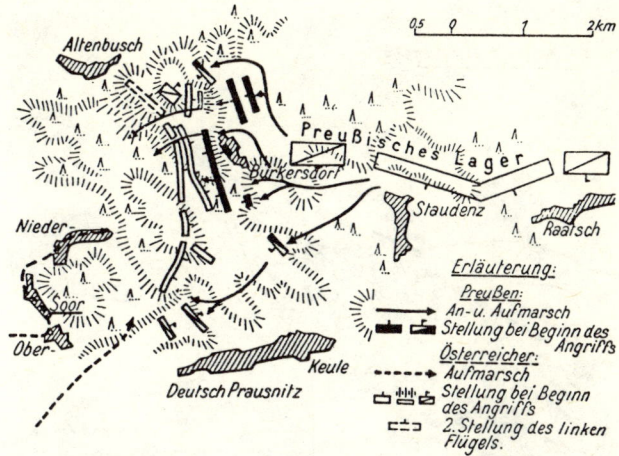

ausgeführt, die scheinbar sichere Niederlage in einen freilich sehr verlustreichen Sieg verwandeln (30. September)[88].

Ehe der Friedensschluß unter englischem Druck zustande kam, mußte Friedrich erst noch die Sachsen in ihrem eigenen Land angreifen, die zusammen mit den Österreichern einen Vorstoß ins preußische Kerngebiet planten[89]. Der alte Feldmarschall Fürst Leopold ging mit seiner schon seit August in Grenznähe bei Halle versammelten Reservearmee über Leipzig und Torgau Richtung Dresden vor, während die Armee des Königs in der Ober-Lausitz die Deckungsaufgabe übernahm. Die kaum berechtigten Vorwürfe des ungeduldigen Kriegsherrn wegen zu bedächtiger Langsamkeit brachten den Dessauer in Wut, feuerten ihn aber zur Angriffsschlacht an. Am 15. Dezember vollendete der preußische Exerziermeister sein Lebenswerk. Bei Kesselsdorf dicht vor Dresden schlug er die ungefähr gleichstarke sächsische Hauptmacht (31 000 Mann) so nachhaltig, daß sie sich mit der in unmittelbarer Nähe stehenden österreichischen Armee über Pirna zurückzog. Daß der König nur 10 000 Mann Verstärkung dem Fürsten zugeschickt hatte, anstatt mit ganzer Streitkraft noch vor der Schlacht die Vereinigung zu vollziehen, unterstreicht seine Handlungsweise im Rahmen der zeitgebundenen Manöverstrategie[90]. Die sofort nach dem Einmarsch in

88 Kriege Friedrichs des Großen, Teil II, Bd. 3, S. 56, 66 und 87, dort die Stärkeangaben: Die Preußen kämpften mit 22 000 Mann gegen 40 000 Österreicher (ohne leichte Truppen) und Sachsen und verloren 3911 Mann, die Gegner 7444.
89 Damit entfielen für ihn die Gründe, die bisher einen preußischen Angriff auf das neutrale Sachsen verhindert hatten.
90 Zu Kesselsdorf siehe: Die Kriege Friedrichs des Großen, Teil II, Bd. 3, S. 226 ff. Der preußische Verlust betrug 5036 Mann, der sächsische 3810 Mann und reichlich 6500 Gefangene. Kritische Würdigung der Kontroverse Friedrich-Leopold bei G. Eickemeyer: Die Zuverlässigkeit der kriegsgeschichtlichen Darstellung des 2. Schlesischen Krieges in der »Histoire de mon temps Friedrichs des Großen«, Göttinger Diss. 1910, S. 162 ff., vgl. H. Delbrück: Kriegskunst, Bd. IV, S. 381.

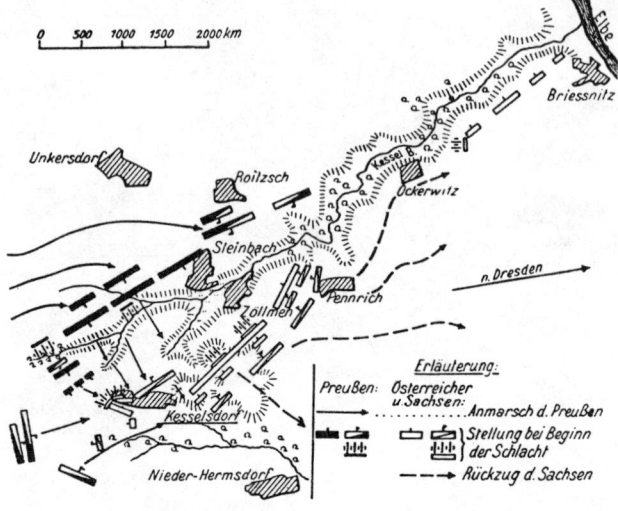

Abb. 100. Skizze zur Schlacht von Kesselsdorf am 15. Dezember 1745.

Abb. 101. Menzels Vignette zu Friedrichs II. »Geschichte meiner Zeit« (Kap. XIV). Beerdigung gefallener preußischer Soldaten nach der Schlacht von Kesselsdorf, ein teuer erkaufter Sieg.

Dresden eingeleiteten Friedensverhandlungen führten jetzt zum gewünschten schnellen Erfolg (25. Dezember). Der Österreichische Erbfolgekrieg dauerte noch knapp drei Jahre fort.

Es läßt sich leicht denken, wie verzweifelt man in Wien gewesen sein muß, eine so reiche, wirtschaftlich wie strategisch wichtige Provinz an den Hauptfeind zu dessen fast doppelter Stärkung verloren zu haben, und zwar ohne Aussicht auf Rückgewinnung aus eigener Kraft. Eine zielstrebige Bündnispolitik, nach Petersburg und Versailles gerichtet, mußte die Folge davon sein, und der Preußenkönig traf aufs emsigste seine militärischen Vorbereitungen. Wenn auch nicht als generelles, so doch als essentielles Angriffsprinzip galt ihm die sogenannte »ordre oblique«, die schräge Schlachtordnung, die er in allen fünf vorangegangenen Schlachten zumindest im Ansatz versucht hatte.

Der Sieg von Soor war der Beweis, daß in dieser Ordnung sogar eine erdrückende Übermacht überflügelt und geschlagen werden konnte[91]. Seit Epaminondas verstand man darunter das Zurückhalten des einen defensiven Flügels und das Verstärken des anderen, der zum Angriff bestimmt war. Im Zeitalter der Lineartaktik kam es um so mehr darauf an, diese Form der Flügelschlacht nicht nur vorwärts geradeaus anzuwenden, sondern den Aufmarsch zur Überflügelung des Feindes schräg anzusetzen, um dem verlustreichen Frontalkampf so lange wie möglich auszuweichen und den Stoß in die Flanke führen zu können. Da sie der Verteidiger aber nicht schutzlos preisgab und ein entsprechendes Gelände für seine Stellung wählte, ergab sich aus dem Zwang, nach beendetem Aufmarsch zum Überflügeln noch einmal die Richtung zu ändern, ein schwieriges Exerzierproblem. Die Bataillone mußten dann staffelweise schräg aufeinandergeschoben und zugleich feindwärts gebracht werden. Mit dem äußersten Angriffsflügel beginnend, folgte das nächste »Echelon« erst auf 50 Schritt Abstand, bis das andere Flügelende der Schlachtlinie im Falle von 20 Bataillonen im ersten Treffen um etwa 1000 Schritt zurückstand. Daraus ist auch zu ersehen, daß unter den Bedingungen der Taktik wie der starr gegliederten Einheitsarmee der Flankenstoß nur mit ganzer geschlossener Front, noch nicht mit einer getrennt anmarschierenden Umfassungsgruppe im Sinne selbständig operierender Heeresglieder, möglich war.

In den zehn Friedensjahren bis 1756 hat Friedrich der Große die Manövrierfähigkeit seiner Armee bis zur Perfektion entwickelt. Er rechnete fest damit, daß die Österreicher als künftige Hauptgegner nicht nur mit ebenfalls gesteigerter Schlagkraft in den Krieg ziehen, sondern auch auf die preußische Spezialität der schrägen Schlachtordnung besser als bisher reagieren würden. So blieb der König unablässig bestrebt, durch kriegsnahe Ausbildung noch mehr Spielraum zum Gebrauch der Waffen auf dem Gefechtsfeld zu gewinnen, die Schnelligkeit beim Aufmarsch noch weiter zu erhöhen und die ungelenken Linien-Glieder noch beweglicher zu machen. Der Ka-

---

91 Beschrieben von Jähns: Kriegswissenschaften, Bd. III, S. 2064 f., nach Guiberts: Essai général de tactique, London 1772.

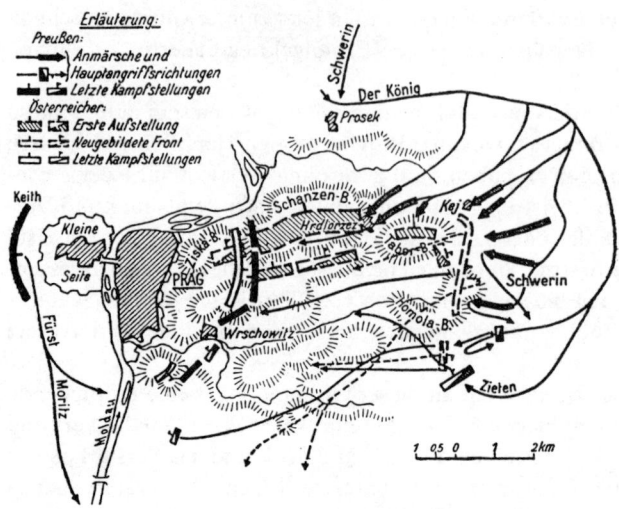

Erläuterung:
Preußen:
→ Anmärsche und
→▯→ Hauptangriffsrichtungen
▬ Letzte Kampfstellungen
Österreicher:
▨ ▨ Erste Aufstellung
▭ ▭ Neugebildete Front
▭ ▭ Letzte Kampfstellungen

Abb. 102. Skizze zur
Schlacht von Prag am
6. Mai 1757.

vallerie wies er die Hauptaufgabe zu, den Infanterieangriff abzuschirmen und im günstigen Moment zur Entscheidung zu bringen.

Die Feldzugspläne der großen Koalition im Siebenjährigen Krieg beruhten auf der Überzeugung, daß es bei der wirtschaftlichen Schwäche und den begrenzten Hilfsmitteln der eingekreisten preußischen Militärmonarchie gelingen müßte, das nun weitgesteckte Ziel völliger Niederwerfung zu erreichen. In der operativen Zwecksetzung hielten sie sich nach den Anschauungen der Zeit ans militärisch Mögliche. Schlachten sollten dort geschlagen werden, wo nur schwache feindliche Kräfte standen, während den stärkeren des Königs gegenüber die Defensive geboten war. Auf diese Weise glaubte man, ihn langsam einzuengen und seine Ressourcen abzugraben, bis gänzlich unzureichender Heeresunterhalt den »bösen Mann« zur Unterwerfung zwang[92].

Solche Absicht erkennend, hatte Friedrich mit seinem überfallartigen Präventivschlag gegen Sachsen am 29. August 1756 den Krieg eröffnet, um eine günstige Operationsbasis für Angriff oder Abwehr in Böhmen bzw. Schlesien zu gewinnen und auch das reiche Land selbst finanziell wie militärisch ausbeuten zu können. Die erste Schlacht bei Lobositz (1. Oktober), keineswegs ein klarer Sieg, hatte nur der Abwehr des österreichischen Entsatzheeres gedient, worauf die im Lager von Pirna eingeschlossene sächsische Armee (18 500 Mann) kapitulieren mußte (16. Oktober)[93].

Im Frühjahr 1757 gedachte der König, dem Hauptgegner aus breiter, ganz Nordböhmen umspannender Aufstellung durch konzentrischen Vormarsch vier voneinander getrennter Heereskolonnen einen betäubenden Schlag zu versetzen, bevor zuerst die Franzosen, dann auch die Russen herankamen. Nach geglückter Vereinigung

92 J. Kunisch: Das Mirakel des Hauses Brandenburg, S. 45 ff.
93 Die Kriege Friedrichs des Großen, Teil III, Bd. 1, S. 205 ff.

Abb. 103. Skizze zur
Schlacht von Kolin am
18. Juni 1757.

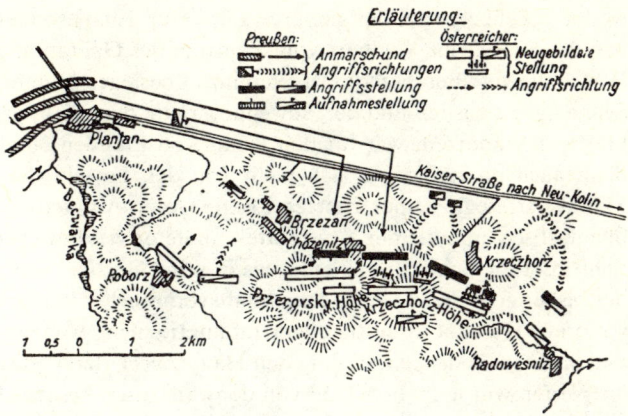

wurde dieser Schlag vor Prag ausgeteilt (6. Mai); unter schwersten Opfern, aber mit
dem Ergebnis, daß die in die Festung hineingeworfenen Österreicher baldigen Entsatz erhoffen mußten. Die bisher blutigste Schlacht gegen einen standhaften Feind
hatte jedoch gezeigt, daß die »psychologische Taktik« des rasch vorwärtsdrängenden
Bajonettstoßes ohne Feuervorbereitung ein verhängnisvoller Irrtum war. Als Feldmarschall Daun sein Reserveheer (54 000 Mann) planmäßig über den preußischen
Verbindungsweg zu den Magazinen an der oberen Elbe gegen Prag heranschob, stand
Friedrich vor der schwierigen Doppelaufgabe der Belagerung und der Abwehr. Er
wagte das Äußerste und griff am 18. Juni eine anderthalbfache Übermacht auf den
Höhen von Kolin an. Dabei geriet der Aufmarsch en ordre oblique aus den Fugen. Zu
früh angehalten, schwenkte die Schlachtlinie gegen die Mitte des noch in der Rechts-
verschiebung vermuteten Verteidigers ein, obendrein von der umfassenden Vorhut
getrennt. Offenbar hatte der König an seiner ursprünglichen Absicht des massierten
Flankenstoßes nicht festgehalten[94]. Halb gewonnen ging die Schlacht aus Mangel an
Reserven verloren. Wieder waren die blutigen Ausfälle mit 13 376 Mann annähernd
gleich groß wie sechs Wochen zuvor bei Prag.

Das Unglück von Kolin bedeutete für die Preußen die entscheidende Wende zum
gesteigerten Kampf von unbestimmbarer Dauer; jetzt nicht mehr allein um die Behauptung Schlesiens, sondern um die Existenz ihres Staates. Der Nimbus der Unbesiegbarkeit war gebrochen. Seit dem unvermeidlichen Rückzug aus Böhmen in die
Defensive gedrängt, mußte Friedrich fortan durch rasches Hin- und Herwerfen seiner
Truppen einen Gegner nach dem anderen – Österreicher, Franzosen, Russen, Schweden und Reichsarmee – so kräftig wie möglich abschütteln. Demzufolge liefen alle

94 M. v. Hoen: Die Schlacht bei Kolin am 18. Juni 1757, in: Streffleurs Militärische Zeitschrift,
   1911, I, S. 11–40, 367–404, 581–611, 773–796 und 939–957. Die fundierte österreichische Darstellung bietet bessere Klarheit über die Schlacht, als man sie aus den widersprüch-
   lichen preußischen Quellenzeugnissen gewinnt. Außerdem P. Broucek, Kolin: Die Geburt
   der Monarchie, Wien, 1984.

weiteren Feldzüge auf der »inneren Linie« ab. Ein besonderer Vorteil bestand darin, daß der überlegene Feldherr vom Zentrum des Operationsgebietes aus auf kürzeren Wegen die geteilten Feindkräfte vereinzelt besiegen konnte, wenn er mit der nötigen Schnelligkeit zustieß und der Bewegungsraum dazu ausreichte[95]. Solchen Vorteil tatkräftig auszunützen, war für den König von Preußen ebenso dringlich wie mißlich; denn auch er vermochte sich nicht von den Fesseln der Heeresstruktur und der Manöverstrategie seiner Zeit zu lösen. Unter Aufbietung geradezu abenteuerlich-phantastisch anmutender Kraftmittel mußte er viel beweglicher operieren und rücksichtsloser die Schlacht riskieren, als es seine Gegner wagen durften. Dazu bereitete der bisherige Offizier- und Mannschaftsverbrauch schon größte Sorgen, weil sich die verlorene Qualität kriegstüchtiger Infanterie nicht ersetzen ließ. Die Kernprovinzen und Sachsen zu decken, bildete den Hauptzweck der Verteidigung. Die Randgebiete im Westen wurden schon 1757 von den Franzosen besetzt, Ostpreußen Anfang 1758 von den Russen, die nach ihrem Sieg bei Großjägerndorf (30. August 1757) über das Korps des Feldmarschalls v. Lehwaldt das Land infolge verminderter Einsatzfähigkeit vorübergehend wieder verlassen hatten[96]. Im Unterschied zu den gescheiterten böhmischen Feldzügen erleichterten die strapazenreichen Operationen auf der »inneren Linie« zwei wesentliche logistische Faktoren; man kann sagen, sie wurden dadurch überhaupt erst möglich: die geographische Lage mit Elbe und Oder als zwei überaus günstige Lebensadern der Armee und der gesamte militärstaatlich funktionierende Unterhaltsapparat mit seinen Magazinstützpunkten, Wagentrains und Kantonnementsquartieren im eigenen Land. Schließlich riß wiederum das Spiel der Diplomatie niemals ab, mit dem Friedrich unentwegt versuchte, den Frieden zu erhaschen oder andernfalls den Ring der großen Koalition an einer Stelle aufzusprengen.

Im September 1757 nahm der König den kleineren Teil seines Operationsheeres (22 000 Mann) gegen Franzosen und Reichsvölker nach Thüringen mit, während der größere unter dem Herzog von Bevern (45 000 Mann) die Lausitz und Schlesien deckte. Nach bangen Wochen vergeblicher Mühe, eine Gelegenheit zur Schlacht zu finden, gelang es ihm endlich am 5. November bei Roßbach, den Westgegner anzufallen, der immer wieder ausgewichen, aber nach dem Handstreich eines österreichischen Streifkorps auf Berlin und dem eiligen Abzug preußischer Teilkräfte langsam Richtung Leipzig vormarschiert war. Friedrich hatte seine Streitmacht schnell wieder beisammen, und als sie die alliierte Armee (40 000 Mann ohne zurückgelassene Sicherungs-Truppen) in offensiver Absicht umging, brach das Ungewitter herein. Die preußische Kavallerie, jetzt vom jüngsten General v. Seydlitz kommandiert, warf die

---

95 Das umgekehrte Verhältnis ist nach dem Sprachgebrauch des 19. Jahrhunderts die Operation auf der »äußeren Linie«: wenn sich die Teile einer oder mehrerer Armeen aus verschiedenen Richtungen konvergierend auf das Operationsobjekt zu bewegen, das von der Peripherie eines Kreises aus gesehen etwa in dessen Mitte liegt.

96 Neue Nachrichten über den Krankheitszustand der Zarin trafen ein, als die russische Armee zurückmarschierte. Die Kriege Friedrichs des Großen, Teil III, Bd. 7, S. 12; vgl. Kunisch: Das Mirakel des Hauses Brandenburg, S. 13 f.

Abb. 104. Skizze zur
Schlacht von Roßbach am
5. November 1757.

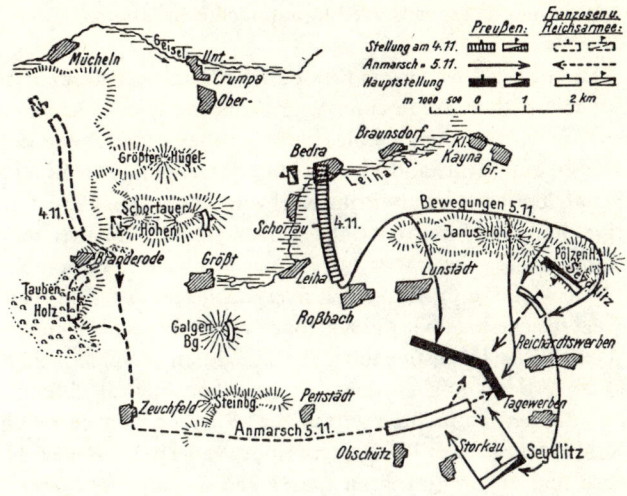

ziemlich sorglos voranziehende Reitermasse über den Haufen und auf das nachfolgende Fußvolk zurück, das von der preußischen Artillerie und nur wenigen Bataillonssalven eines überflügelnden Staffelangriffes zerschlagen wurde. Seydlitz besorgte
den Rest, nachdem er seine Geschwader rasch gesammelt und sie zur zweiten Attacke
gegen Flanke und Rücken des Feindes angesetzt hatte[97].

Mehr noch als der militärische Erfolg wog der moralische und politische Gewinn. In
ganz Deutschland fühlte man sich erhoben, feierte Friedrich als einen Nationalhelden
und sang Spottlieder auf die davongelaufene Armee. Enthusiastisch nahm England
für den Sieger Partei. Die Regierung in London kam zu der Einsicht, daß der waghal-
sige Kronfeldherr trotz der Zahl seiner Feinde längst noch nicht verloren sei und daß
Amerika im weltumspannenden Kolonialkrieg gegen Frankreich am besten in
Deutschland erobert werden könnte. Das geschah durch die Bildung eines neuen
schlagkräftigen Kontingentsheeres (Hannoveraner, Hessen, Braunschweiger, Bückeburger, Engländer und Preußen), dessen Vorgänger unter der kläglichen Führung des
Herzogs von Cumberland von der französischen Hauptarmee bei Hastenbeck
(27. Juli 1757) ungeschlagen zum Rückzug bis in den Raum von Stade gedrückt und
dort zur Neutralisierung veranlaßt worden war. Herzog Ferdinand von Braunschweig,
ein General aus der Schule Friedrichs des Großen, übernahm den Oberbefehl. Die
folgenden Jahre bis zum Kriegsende verwehrte er den Franzosen im großen Abwehr-
raum zwischen Rhein und Weser, Main und Diemel den Durchbruch nach Hannover
und hielt zugleich seinem König den Rücken frei. Die hier gebundenen Waffen und
Geldmittel Frankreichs ermöglichten es England, mit der Masse seiner Truppen die

97 Die Kriege Friedrichs des Großen, Teil III, Bd. 4.

277

Auseinandersetzung der Kolonialmächte in Übersee zu seinen Gunsten zu entscheiden[98].

Die bei Roßbach wiedergewonnene Operationsfreiheit mußte Friedrich sofort und auf schnellstem Wege zum Angriff auf die Österreicher nutzen, wenn er das an sie inzwischen verlorene Gebiet zurückerobern wollte, ehe der Winter die Heeresbewegungen zum Stillstand brachte und damit ein gewichtiger Teil der Ressourcen dem Feind überlassen blieb. Prinz Karl von Lothringen hatte den Herzog von Bevern bis in eine Stellung hinter der Lohe südlich Breslau vor sich her manövriert. So brach der König am 13. November von Leipzig aus mit den besten Kerntruppen, nicht mehr als 13 000 Mann, zum Eilmarsch nach Schlesien auf. Die reichlich 300 Kilometer lange Wegestrecke bis über die Katzbach nordostwärts Liegnitz wurde in 15 Tagen zurückgelegt. Eine Höchstleistung, die nur durch reglementsmäßigen Bezug vorbereiteter Ortsquartiere möglich gewesen ist, ohne hierbei unter den Siegern von Roßbach Desertionen befürchten zu müssen. Für den Marsch durch die stark ausfouragierte Nieder-Lausitz war ein Brottransport von Dresden nach Königsbrück beordert worden, und zuvor in Torgau hatten die Regimenter sogar noch neue, auf der Elbe herbeigeschaffte Monturen empfangen. Die preußische Militärökonomie leistete auch in kritischer Zeit, was der König verlangte[99].

Im Lager von Parchnitz traf am 2. Dezember die zehn Tage zuvor bei Breslau geschlagene und über Glogau zurückgegangene schlesische Armee (20 000 Mann) ein. Die Vereinigung mit dem König hob um so nachhaltiger ihre Zuversicht, als viele Fahnenflüchtige wie Schlacke abgefallen waren und der feste Bestand an Landeskindern zusammen mit der Roßbacher Kampfelite eine zuverlässige Angriffstruppe ergaben. Zum erheblichen Nachteil für die bevorstehende Operation fiel jedoch der Verlust der Festung Breslau ins Gewicht, die nach verlorener Schlacht schnell kapituliert hatte. Vorläufig war allerdings ein großer Vorteil weit wichtiger: Erst nach tagelanger Untätigkeit und verspätet eingetroffener Weisung aus dem Wiener Kabinett hatte der österreichische Kriegsrat am 2. Dezember den Vormarsch nach Liegnitz beschlossen. Unter Außerachtlassung jeglicher Vorsichtsmaßregeln ließ er ihn langsam beginnen, als ob man mit keinem kriegsgewaltigen Gegner mehr zu rechnen brauchte, dessen Zahl der eigenen Macht kaum bis zur Hälfte heranreichte. Um so ungestörter konnte der König so weit vorrücken, bis beide Armeen auf freiem Feld westlich der verlassenen Lohe-Stellung bei Leuthen zusammentrafen. Vollkommen überrascht stand Prinz Karl von Lothringen seinem gefährlichsten Widersacher gegenüber, der ihn schon

---

98 Die im Frieden von Aachen 1748 ungelöst gebliebenen Streitfragen zwischen Frankreich und England hatten in Übersee den Anstoß zum Siebenjährigen Krieg in Europa gegeben, der durch seine Ausweitung über vier Erdteile als ein erster Weltkrieg zu bezeichnen ist.
99 E. F. R. v. Barsewisch: Von Roßbach bis Freiberg 1757–1763. Neudruck der Ausg. 1863, Krefeld 1959, S. 28 f., vgl. H. Bleckwenn: Die Ökonomie-Reglements des altpreußischen Heeres, S. 46 f.

viermal besiegt hatte, und ihm blieb nichts anderes übrig, als die Schlacht passiv anzunehmen, um sie verteidigungsweise zu führen[100].

Das Gelände war dem Angreifer von den Friedensmanövern her wohlbekannt, so daß sich zeitraubende und auffällige Erkundung erübrigte. Am frühen Vormittag des 5. Dezember begann die preußische Armee nach siegreichem Vorhutgefecht vor dem rechten Flügel der österreichischen Schlachtaufstellung, die sich 65 000 Mann stark reichlich acht Kilometer lang ausdehnte, aufzumarschieren. Dem Plan des Königs zufolge führte sie dieses Manöver aber nur halbwegs aus, um den Feind zu täuschen und ihn zum verfrühten Einsatz seiner Reserven an der scheinbar bedrohten Stelle zu verleiten. Sobald er das Gewünschte tat, bogen die Kolonnenspitzen gegen 10.30 Uhr wieder rechts ab. Die ganze Armee zog in südlicher Richtung weiter und verschwand hinter jener flachen Hügelkette, die den Österreichern nur drei Kilometer entfernt gegenüber lag. Eine entschlossene Heeresführung hätte jetzt die günstige Gelegenheit ergriffen, über sie hinweg dem halsbrecherischen Flankenmarsch in die Seite zu fahren wie Friedrich bei Roßbach. Statt dessen kam man auf dem Feldherrnhügel zu einer ganz anderen Lagebeurteilung: Im Hinblick auf die fortgeschrittene Tageszeit wurde ein ernsthafter Angriff der »Potsdamer Wachtparade« nicht mehr erwartet, der nach Lage der Dinge nur durch noch weite Überflügelung rechts erfolgen konnte. Trotz warnender Einwände wollte Prinz Karl den Fridericus gleichsam unverrichteter Sache ruhig wieder abziehen lassen, womit er den Manöverzweck seiner eigenen Vormarschoperation als erreicht ansah. Während sich seine Armee nicht vom Fleck rührte, brachte aber die preußische das Kunststück fertig, nach abgebrochenem »Deploiement« im Weitermarschieren die Gefechtsformation zu verändern. In der Reihenfolge rechter Flügel – Kavallerie zuerst, gefolgt von der Infanterie –, dann der linke umgekehrt, stellte sie die endgültige Schlachtordnung her. Unglaubhaft schnell standen alle Bataillone, Regimenter und Batterien um 13.00 Uhr in der Sturmausgangsposition schon halb in der Flanke des Feindes. Hier hatte der König den Schwerpunkt gewählt, wo er sich nach taktischer Lage, Waffenwirkung und Stoßkraft am wirksamsten zur Geltung bringen ließ. Die österreichische Schlachtlinie war starr nach Westen ausgerichtet, die Stoßrichtung des Angreifers verlief von Südwest nach Nordost, so daß die Abwehrwaffen entlang der überbreiten Front vorerst gar nicht zur Aktion kommen konnten. Die mit erdrückender Übermacht an entscheidender Stelle aufmarschierte Armee gliederte sich gemäß »ordre oblique«. Der rechte Infanterieflügel hatte den Hauptangriff auszuführen, eingeleitet von einer »Attaque« aus drei Bataillonen vor dem ersten Treffen. Die Staffelung der Bataillone nach links rückwärts verhinderte den Frontalkampf, so lange die Umfassung andauerte; das Schrägziehen »en echelons« sicherte ihr Gelingen. Starke Kavalleriekräfte standen beiderseits zur Deckung angriffsbereit, links versteckt hinter einem Hügel, auch hin-

---

100 S. Fiedler: Grundriß der Militär- und Kriegsgeschichte, Bd. 1, München 1972, S. 248 ff. Hier ist Leuthen als kriegsgeschichtliches Beispiel des 18. Jahrhunderts dargestellt und betrachtet.

ter der Infanterie als drittes Treffen in Reserve. Ein Teil der Artillerie fand überhöhte Stellung zu effektivster Unterstützung. Der große Erfolg des Flankenstoßes bestand darin, daß der gesamte linke Flügel der österreichischen Armee unter nur geringem eigenen Verlust total zertrümmert werden konnte. Dabei hatten konzentrisches Artilleriefeuer den Angriff wesentlich erleichtert und die Kavallerie des Generals v. Zieten den ersten Teilsieg vollendet.

Jetzt trat die Schlacht in ihre kritische Phase, da sich ihre Mechanik zwangsläufig zum Frontalkampf änderte, nachdem Prinz Karl den voll intakten Hauptteil seiner Armee um den Drehpunkt Leuthen herumgeschwenkt hatte. Die Erstürmung des Dorfes gegen zähen Widerstand erforderte hohe Opfer und darüber hinaus schritt der Angriff nicht weiter fort. Die dünne preußische Infanterielinie – auch das zweite Treffen war nun in sie mit eingerückt –, stand in einem konstanten Feuergefecht. Ihre rechte Flanke sicherte Zietens Kavallerie, doch die linke lag scheinbar ungeschützt feindlichem Zugriff offen. Dagegen richtete sich bei schon einsetzender Tagesdämmerung die entscheidungsuchende Attacke der noch voll intakten österreichischen Reitermasse. Auf diesen Moment hatte aber der Führer des linken preußischen Kavallerieflügels, General v. Driesen, schon gewartet. Mit seinen Kürassieren, Dragonern und Husaren brach er aus seiner Lauerstellung hervor und fiel dem Gegner in den Rücken. Unter Mitwirkung der Reserve, die der Infanterie gefolgt war, wurde Prinz Karls Kavallerie ins eigene Fußvolk hineingetrieben, wodurch die ganze Schlachtfront ins Wanken geriet. Driesens Gegenschlag riß auch die preußischen Bataillone wieder vorwärts, die mit dem Bajonett nachsetzten. Wenn die geschlagene Armee nicht noch höhere Verluste auf dem Schlachtfeld erlitt – 3000 Tote, 6000 Verwundete und über 12 000 Gefangene gegenüber 1175 toten und 5200 verwundeten Preußen –, so verdankte sie ihre Rettung allein der schützenden Nacht.

Der denkbar größte Waffenerfolg am Ende eines epochewidrig ereignisreichen Kriegsjahres mit vier Schlachten in sieben Monaten (!) demonstriert beispielhaft im Zusammenhang mit der Gesamtoperation von Roßbach bis Leuthen, was überlegene Führungskunst in ihrer elementaren Gültigkeit bedeutet. Friedrich der Große hatte seine unterlegene Macht durch Gewinnung von Raum- und Zeitfaktoren, die der Gegner in gleichem Maße verlor, an der entscheidenden Stelle zu vielfacher Wirkung gebracht. Wie zu allen Zeiten, waren dazu sorgfältiges Berechnen von Risiko und Erfolgsaussicht, perfekte Überraschung und das entsprechend verwendungsfähige Kampfinstrument erforderlich. Andererseits zeigt das Beispiel Leuthen die Grenzen der zeittypischen Lineartaktik und der durch sie bedingten Manöverstrategie deutlich auf. Der Idealfall des voll geglückten Flankenstoßes mittels schiefer Schlachtordnung ist nur dieses eine Mal unter günstigsten Umständen eingetreten. Der Schlachterfolg wurde zwar durch operative Verfolgung so weit wie möglich ausgenützt, doch begann sie erst am übernächsten Tag; nicht eher bis die erschöpften Truppen wieder lineartaktisch geordnet in gefechtsbereiter Formation standen. Am nachteiligsten wirkte sich jetzt der Verlust Breslaus auf den Abschluß des Feldzuges aus; denn der König mußte vorrangig den strategischen Schlüsselpunkt Schlesiens einschließen und zurück-

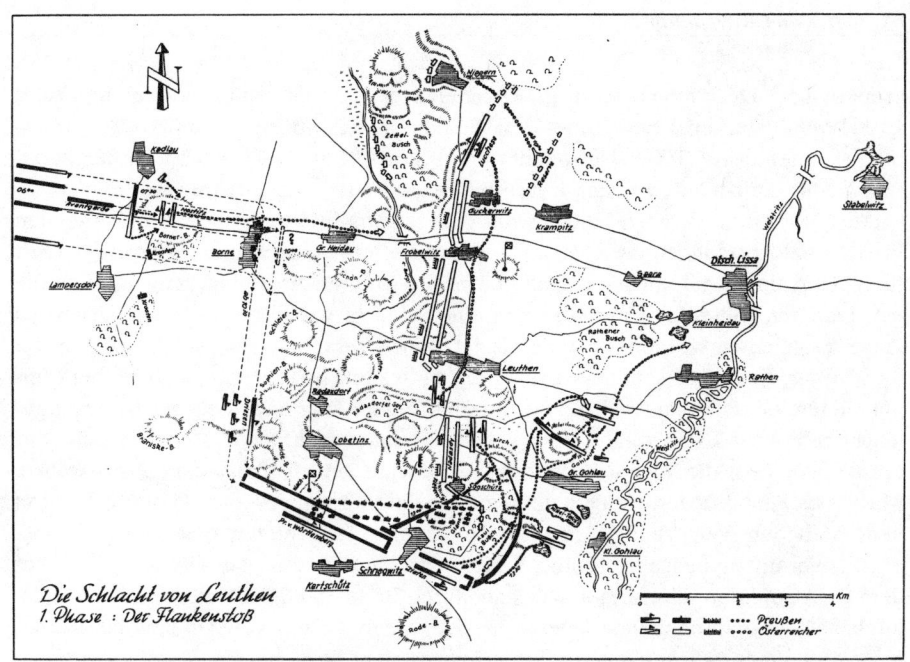

Abb. 105 u. 106. Zwei Skizzen zu den beiden Phasen der Schlacht von Leuthen am 5. Dezember 1757.

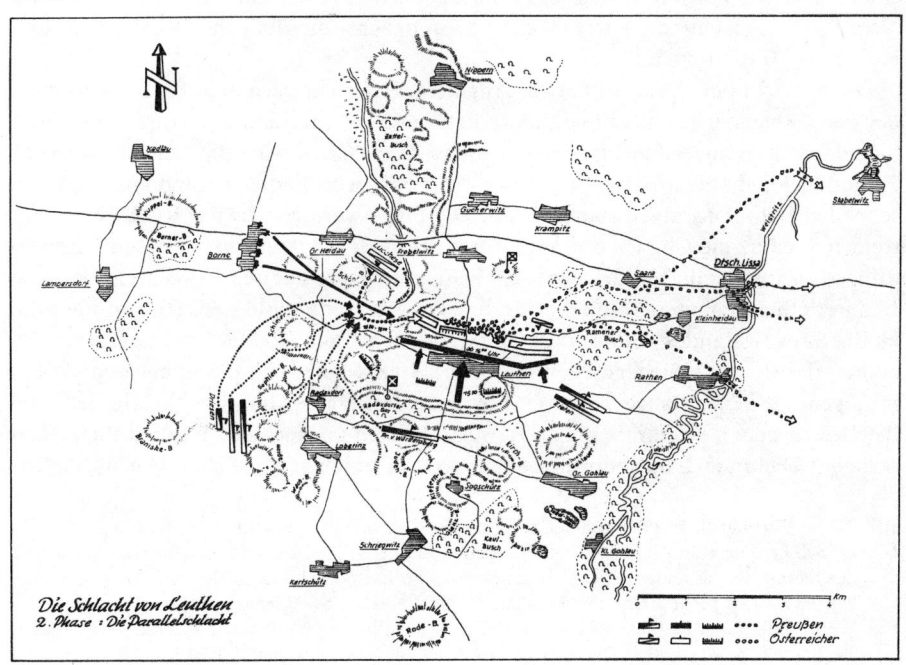

erobern (21. Dezember). Zum gleichzeitigen Nachdruck fehlte es dem nur rund 10 000 Mann starken Verfolgungs-Detachement an der nötigen Kampfkraft. Immerhin gelangten etwa 23 000 Österreicher hinter Landeshut über die schützenden Sudeten, womit die Kader zu neuer Heeresbildung erhalten geblieben waren.

Auch noch den nächsten Feldzug von 1758 begann Friedrich in der Hoffnung, den Frieden bald erzwingen zu können[101]. Wieder offensiv, doch mit begrenztem Ziel, drang er Anfang Mai mit seiner Hauptarmee in Mähren zur Belagerung von Olmütz ein. Dadurch sollte das Entsatzheer in eine Schlacht verwickelt oder wenigstens so lange festgehalten werden, bis man die jetzt auch heranmarschierenden Russen wie im Vorjahr die Franzosen zurückgeworfen hatte. Maria Theresias neuer Oberkommandierender, Feldmarschall Daun, tat aber dem König nach den bei Leuthen gemachten bitteren Erfahrungen einen solchen Gefallen nicht mehr. Er schob sich zwar umsichtig bis vor die Tore der Festung, gebrauchte jedoch zur Aktion das bewährte Mittel des Kleinkrieges. Seine zahlreichen leichten Truppen unter General Laudon bedrohten den Versorgungsweg nach Neiße und vernichteten den großen Transportkonvoi mit Lebensmitteln und Schießbedarf am 30. Juni bei Domstadtl[102]. Auf dem frei gewählten schwierigen Rückzug durch Böhmen blieb Friedrich auch weiterhin bei seiner ursprünglichen Operationsidee, indem er drei Wochen lang bei Königgrätz nach einer Gelegenheit zur Schlacht Ausschau hielt, bis die Zeit hierfür abgelaufen war. Anders als Daun erwartet, ließ er dann die Masse seiner Truppen vor ihm stehen und zog mit nur 15 000 Mann an die mittlere Oder zur Vereinigung mit der Nebenarmee gegenüber der russischen Hauptmacht, die über die Warthe ging und Küstrin in Brand schoß.

Die Schlacht bei Zorndorf am 25. August verlief nicht nach dem Plan des Königs, der den Ostgegner leichtfertig unterschätzte. Die Infanterie mußte, geländebedingt, anfangs frontal angreifen und, was nicht vorauszusehen war, die auf dem rechten Feindflügel stehenden besten Truppen, die einer zweistündigen Kanonade und den schnellen Bataillonssalven standhielten. Die Folge war der schwere Rückschlag, der freilich Seydlitz die Chance bot, mit seiner gewaltigen Attacke vernichtend durchzudringen. Seine zweite zertrümmerte im Zusammenhang mit dem Angriff des rechten Infanterieflügels auch den feindlichen linken. Am Ende hatten die Russen über die Hälfte ihres Bestandes verloren (22 000 Mann, dabei nur 2000 Gefangene), die Preußen ein Drittel. Die Sieger waren mit noch 23 000 Mann jetzt die numerisch stärkeren, wenn auch total abgespannt und ohne ausreichende Munition[103]. Friedrich ließ die Geschlagenen aus ihrem engen Bewegungsraum nördlich des Warthebruches unbehelligt Richtung Landsberg abziehen, weil er einen mit gleicher Hartnäckigkeit

---

101 Th. v. Bernhardi: Friedrich der Große als Feldherr, Bd. 1, Berlin 1881, S. 203 ff.

102 O. Schier: Die Kämpfe bei Gundersdorf und Domstadtl am 29. und 30. Mai, in: Zeitschrift des Deutschen Vereines für die Geschichte Mährens und Schlesiens, Jg. XII, H. 3, S. 41 ff., vgl. Die Kriege Friedrichs des Großen, Teil III, Bd. 7, S. 93 ff.

103 Wenig bekannte Details zu Zorndorf bei C. Bleibtreu: Geschichte der Reiterattacken, Berlin o. J. S. 44 ff., vgl. Die Kriege Friedrichs des Großen, Teil III, Bd. 8.

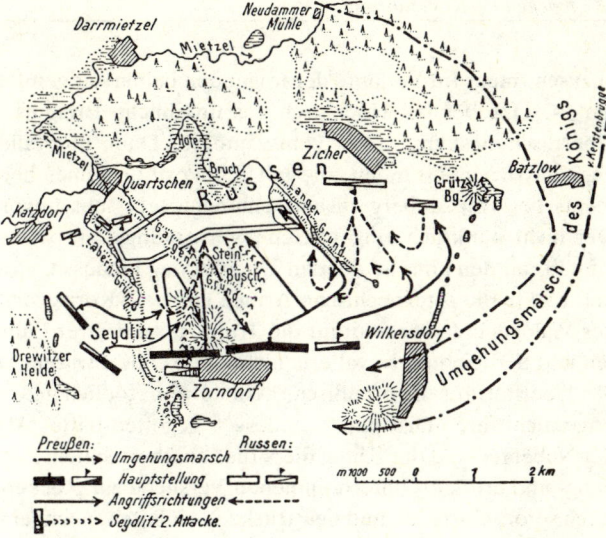

Abb. 107. Skizze zur Schlacht von Zorndorf am 25. August 1758.

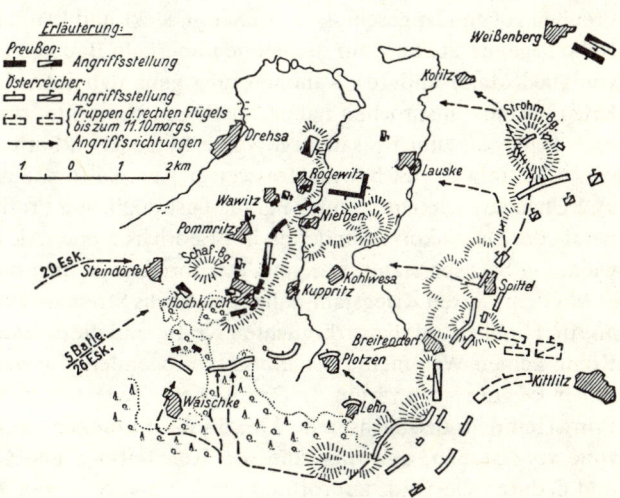

Abb. 108. Skizze zur Schlacht von Hochkirch am 14. Oktober 1758.

erneuerten Verteidigungskampf der Russen unter keinen Umständen wünschte. Die Gefahr ihrer Vereinigung mit den Schweden und den Österreichern drohte ohnehin nicht länger, und so konnte er nach einer für das »Intermezzo« im Osten genau berechneten Zeit von drei Wochen schnell nach Sachsen marschieren, wo Feldmarschall Daun bis vor Dresden gezogen war. Beim Herannahen des Siegers von Zorndorf ging er jedoch wieder einen Tagesmarsch weit in eine feste Defensivstellung zurück. Da die Kaiserin von Russen und Schweden nichts Ernsthaftes erwarten durfte, auch Dresden ohne Schlacht nicht zu gewinnen war, befahl sie ihrem Feldmarschall, die inzwischen veranlaßte Belagerung von Neiße in Schlesien gegen den König abzuschirmen. Im Verlaufe der folgenden beiderseitigen Bewegungsmanöver geschah am 14. Oktober bei Hochkirch das unfaßliche Ereignis, daß sich der Meister der Überraschungskunst selbst vom Zauderer Daun überfallen ließ. Er hatte dort vier Tage zuvor aus Gründen, die mit der Position seines herausgeschobenen Detachements bei Weissenberg zusammenhingen, ein sehr unvorteilhaftes Lager bezogen. Der nicht pünktlich eingetroffene Versorgungstransport schob obendrein den Aufenthalt um den entscheidenden Unglückstag hinaus. Unter Ausnützung der Dunkelheit rückte die österreichische Armee »in viele Korps zerstückt«[104] durch behinderndes Waldgelände vor, worauf die Truppen samt ihrer Führung außer Laudons Kroaten und der leichten Kavallerie nicht einexerziert waren. Dennoch wäre die Wirkung des Überfalls für die preußische Armee wohl tödlich gewesen, wenn in einer solchen Lage nicht ihre »Disziplin . . . alles«[105] gegolten hätte. Als gegen acht Uhr morgens der Nebel fiel und der König die Situation überschauen konnte, ließ er die zusammenhang- und erfolglos unternommenen Versuche zur Rückeroberung des Dorfes Hochkirch sofort einstellen und den Rückzug einleiten, nachdem auch die Österreicher viel Zeit beim Ordnen ihrer durcheinandergeratenen Formationen verloren hatten. Die Preußen zogen fest geschlossen, sicher gedeckt und kaum gestört in eine ganz in der Nähe liegende Stellung auf den Höhen oberhalb Bautzen ab. Der preußische Verlust von 9000 Mann und 101 Kanonen mag ganz den Intentionen der österreichischen Kriegführung entsprochen haben, als Daun bemerkte, daß er dem König den Weg nach Schlesien zum Entsatz von Neiße freigegeben hatte. Wieder auf 35 000 Mann verstärkt, fuhr er mit bewundernswerter Energie fort, aus den Fehlern, Schwächen und Unzulänglichkeiten seiner Feinde bestmöglichen Profit zu ziehen. Auch die Generale der Nebenkorps handelten in Friedrichs Sinne. Als er am Ende des Feldzuges wieder in Sachsen stand, war sein Territorialbesitz unverändert wie am Anfang.

Mit dem vierten Kriegsjahr nahm Friedrichs Strategie einen veränderten Charakter an. Im Hinblick auf die verbrauchten Kräfte und die erschöpften Ersatzmittel sah der König keinen Weg mehr, den Kampf zu beenden. Er war gezwungen, die Schritte seiner Gegner abzuwarten[106]. Damit diese Zeit aber nicht untätig verstrich, hatte Prinz Heinrich, der Sachsen deckte, bis nach Franken, dann in die böhmische Randzone vorzustoßen, um Magazine von Reichsarmee und Österreichern zu zerstören und dadurch die Feldzugseröffnung von dieser Seite her zu verspäten. Ein gleiches Unternehmen zielte ins russische Regenerationsgebiet von Posen. Das Hauptproblem der alliierten Kriegführung bildete die Vereinigung beider Heere zum gemeinsamen Vorgehen, worunter man im Wiener Kabinett die Besitznahme Schlesiens verstand.

104 Th. v. Bernhardi: Friedrich der Große als Feldherr, Bd. 1, S. 299, nach dem Urteil eines österreichischen Veteranen (Cugniazzo) über Dauns Dispositionen zur Schlacht.
105 J. W. v. Archenholtz: Geschichte des Siebenjährigen Krieges in Deutschland von 1756 bis 1763, Berlin 1793, S. 182.
106 Th. v. Bernhardi: Friedrich der Große als Feldherr, Bd. 1, S. 313 ff., vgl. Die Kriege Friedrichs des Großen, Teil III, Bd. 10 und 11.

Abb. 109. Skizze zur
Schlacht von Kunersdorf
am 14. August 1759.

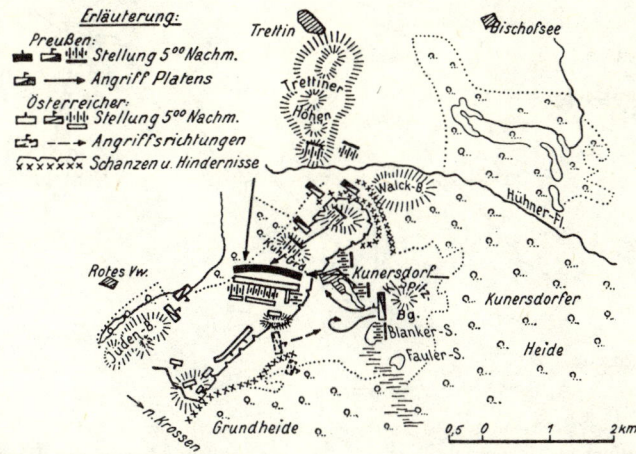

Zunächst hielt Friedrich die südostwärts Görlitz postierte Hauptarmee Dauns in Schach, der dem an die Oder rückenden Bundesgenossen nur ein Hilfskorps unter General Laudon (19 000 Mann) entgegenschickte. Sobald der russische Druck gefährlich wurde, mußte der König selbst mit allen noch verfügbaren Kräften (48 000 Mann) unter Preisgabe Sachsens die Schlacht suchen. Bei Kunersdorf standen ihm 60 000 Mann gegenüber, als er nach ganzer Umfassung des feindlichen Ostflügels wie bei Leuthen zum Flankenstoß ansetzte (12. August 1759). Genau so leicht und schnell wurde die Stellung fast bis zur Mitte aufgerollt. Weiter kam der Angriff aber nicht, da der Verteidiger aufgrund seiner geringen Frontbreite den Abwehrriegel quer zur Stoßrichtung sukzessive verstärken konnte. Friedrichs Artillerie vermochte der Infanterie im eingeschnittenen Gelände nicht zu folgen und ebensowenig war die Kavallerie imstande, helfend einzugreifen. Mit dem Versagen der Kräfte schwand auch die Standhaftigkeit dahin. Zuletzt brachten Laudons Reiterregimenter die ganze preußische Armee zur Auflösung.

Selbst diese schlimmste Niederlage stand der König durch, weil auch der Sieger keine Kraft mehr zum Nachstoß besaß. Ein Glück im Unglück war es, daß Prinz Heinrich mit der in Schlesien zurückgelassenen Armee ganz im Stil des Manöverkrieges gegen Dauns rückwärtige Verbindungen operierte und ihn dadurch am weiteren Vormarsch zu den Russen hinderte. Die bisher ausgebliebene Vereinigung kam auch jetzt nicht zustande, was seine tieferen Gründe in der mangelhaften Organisation des abermals verlustgeschwächten russischen Heeres, in seiner enttäuschten, unsicheren Führung und in der Divergenz der beiderseitigen operativen Absichten hatte[107]. Am Ende des Kriegsjahres 1759 wäre Friedrich der Große wieder Herr der Lage wie Ende 1758 gewesen, wenn nicht ein ganzes preußisches Korps von 13 000 Mann, von ihm unter General v. Finck zu einem gewagten Unternehmen gegen Dauns Rück-

---

107 J. Kunisch: Das Mirakel des Hauses Brandenburg, S. 55 ff.

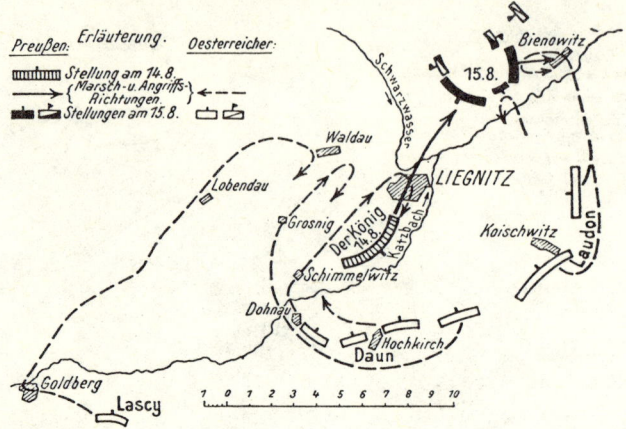

Abb. 110. Skizze zur Schlacht von Liegnitz am 15. August 1760.

zugsweg detachiert, am 21. November bei Maxen die Waffen gestreckt hätte; vor erdrückender Übermacht, doch auf freiem Feld. Das gab den Feinden neuen Auftrieb und die preußisch-englischen Friedensbemühungen versandeten. Dresden samt dem südlichen Teil Sachsens blieben erstmals von den Österreichern besetzt.

Der nächste Feldzug 1760[108] begann mit einem neuen schweren Verlust, als fast das ganze Nebenkorps des Generals v. Fouqué (12 000 Mann) an der schlesischen Grenze bei Landeshut von Laudon umfaßt und aufgerieben wurde. Auf dem Wege forcierter Hin- und Hermärsche zwischen Sachsen und Schlesien mißlang die Belagerung Dresdens. Dauns bewährte Methode ließ dem König keine Chance zum Schlagen, bis es schließlich umgekehrt auf Drängen der Kaiserin dazu kam, daß sich drei österreichische Heeresgruppen mit 90 000 Mann bei Liegnitz zum konzentrischen Angriff auf 30 000 Preußen bereitstellten. Aus dieser gefährlichsten Lage rettete sich Friedrich wiederum durch überraschenden Gegenzug, indem er Laudons Umgehungskolonne vollständig besiegte (15. August). Die schon über die Oder gekommenen Russen zogen sich sofort wieder auf ihre Magazine bei Militsch zurück. Ihre weitere Aktivität beschränkten sie im wesentlichen nur noch auf einen Freibeuterzug nach Berlin, an dem auch ein österreichisches Korps teilnahm. Der König eilte zur Rettung herbei, bewirkte schon in Sagan den Rückmarsch beider Feindteile nach Ost und West (12. Oktober) und ging gleich weiter an die mittlere Elbe vor, weil Feldmarschall Daun zur Unterstützung der Reichsarmee nach Sachsen rückte. Ihn von dort wegzumanövrieren, war unmöglich, und so mußte Friedrich das Gewaltmittel des Bataillierens anwenden. Daun hatte auf dem Süptitzer Höhenzug nordwestlich Torgau mit 60 000 Mann eine zwar beengte, doch starke Stellung bezogen. Die Disposition des Königs wich diesmal grundlegend vom Schema der linearen Flügelschlacht ab. Er teilte seine Armee in eine stärkere Gruppe (27 000 Mann), die er selbst anführte, und in eine

---

108 Im Generalstabswerk, Teil III, Bd. 12 und 13, nur noch bis zur Operation vor Torgau bearbeitet, sonst Bernhardi: Friedrich der Große als Feldherr, Bd. 2.

Abb. 111. Skizze zur
Schlacht von Torgau am
3. November 1760.

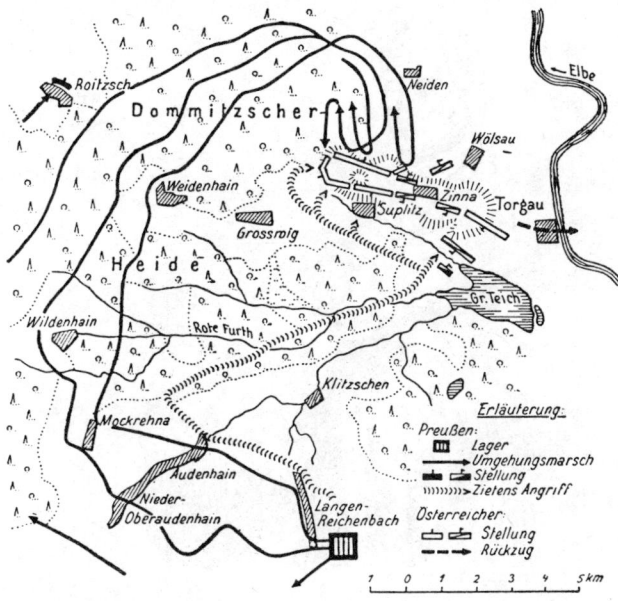

schwächere unter Zietens Kommando (17 000 Mann), um den Gegner am 3. November in Front und Rücken zugleich anzupacken[109]. Da dessen Stellung nicht genau
bekannt war, vor allem aber beide Aktionen wegen des zu weiten Umgehungsweges
und einer zu früh alarmierenden Kanonade beim Aufmarsch Zietens zeitlich nicht
zusammentrafen, entstand ein wechselhafter, außerordentlich blutiger Kampf. Friedrich wollte den Angriff auf der Nordseite gegen den linken Feindflügel führen, verstärkt durch eine Attacke von zehn Grenadierbataillonen. Übereilt richtete er sich
gegen die Mitte, die noch nicht unterstützte Sturmelite wurde zurückgeschlagen und
die folgenden beiden Treffen ebenfalls, weil sie nacheinander ohne ausreichende
Waffenhilfe immer ein neues Gefecht beginnen mußten. Die erst später eingetroffene
Artillerie und Kavallerie, so weit sie im eingeengten Gelände attackieren konnte,
haben allerdings ihre Wirkung getan. Als Zieten endlich von Süden her angriff, war es
dieser Stoß, der am späten Abend die gleichfalls gelichteten Reihen der Österreicher
zum Weichen brachte. Zuletzt hatten auch die noch übrigen wenigen Reserven und
gesammelten Reste von der Gruppe des Königs in den Entscheidungskampf mit
eingegriffen, so daß 25 preußische Bataillone siegreich auf den Höhen von Süptitz
standen. Die Verluste waren auf beiden Seiten furchtbar: über 16 000 die Preußen,
über 17 000 ihr Gegner[110].

109 E. Kessel: Quellen und Untersuchungen zur Geschichte der Schlacht bei Torgau, Berlin
   1937, auch Bernhardi: Friedrich der Große als Feldherr, Bd. 2, S. 178 ff.
110 Der Kaiserin wurde das Ausmaß der Verluste verheimlicht, der König verbot die Bekannt-
   gabe der Liste.

Abb. 112. Menzels Vignette zu Friedrichs »Epistel an den Marquis D'Argens«. Gedichtet im Lager zu Bunzelwitz 1761, als die Russen wieder abzogen. Ihnen schaut der »tapfere Achill«, General Laudon, nachdenklich, doch mit grimmiger Miene, hinterher.

Torgau ist die letzte große Schlacht gewesen, die der König geschlagen hat; als Sieg zu teuer erkauft und mit dem unvollständigen Ergebnis, daß seine Armee zwar in Sachsen überwintern konnte, aber auch die Armee Dauns, die auf Befehl der Kaiserin nicht den ersehnten Rückzug nach Böhmen antreten durfte. Der von Jahr zu Jahr verschlechterte kriegerische Wert der preußischen Truppen zwang jetzt zum absoluten Vorrang ihrer Erhaltung. Was sie noch an offensiver Leistungskraft besaßen, war für die letzten Entscheidungen aufzusparen. Demgegenüber machte auch Feldmarschall Daun das ihm wieder übertragene Oberkommando von unbedingter Schonung der Armee abhängig, im Widerspruch zum Hof von Petersburg wollte die russische Heeresführung nach allen bisher gelieferten blutigen Kämpfen für Österreichs Kriegsziel keine unsichere Operation mehr wagen, und insgesamt gesehen blieben dem alliierten Manövriervermögen die engeren Grenzen gezogen. So beschränkten sich die Tätigkeiten bei Freund und Feind auf Märsche, auf langes Gegenüberliegen in verschanzter Lagerstellung, auf Nebenunternehmungen kleinerer Korpsverbände, auf Detachementsgefechte und die ständigen Störaktionen im Kleinkrieg der leichten Truppen[111]. Als es der König doch nicht länger verhindern konnte, daß sich beide Hauptgegner bei Liegnitz die Hand reichten (19. August 1761), wartete er im festen Lager von Bunzelwitz mit 55 000 Mann, jede Nacht voll abwehrbereit, den General-

---

111 Zum Feldzug 1761 siehe Bernhardi: Friedrich der Große als Feldherr, Bd. 2, S. 258 ff., vgl. das alte Generalstabswerk Geschichte des siebenjährigen Krieges, fünfter Teil, Berlin 1836 und S. Fiedler, Geschichte der Grenadiere Friedrichs des Großen, München 1981.

angriff der fast dreifachen Übermacht ab. Die Russen scheuten jedoch das Risiko so lange, bis sie Verpflegungsmangel zum Abzug nötigte (10. September). Gleiche Schwierigkeiten bewogen auch Friedrich, auf nun freiem Weg mit Neiße in Verbindung zu treten, doch darüber ging die Schlüsselfestung Schweidnitz verloren, die Laudon im Sturm einnahm (1. Oktober). Jetzt konnten die Österreicher auch in Schlesien ihre Winterquartiere beziehen, und als schließlich noch Kolberg fiel (16. Dezember), ebenso die Russen in Pommern. Dadurch war Ende 1761 der preußische Besitzstand gegenüber dem Vorjahr bedrohlich eingeschränkt. Das Ziel der Zertrümmerung schien nun ganz nahe gerückt zu sein – vorausgesetzt, die gleichfalls übermäßig erschöpften Kräfte reichten dazu noch aus. Friedrich blieb fest entschlossen, den kommenden Feldzug noch durchzuhalten, als ihn der Tod der Zarin (5. Januar 1762) von seiner ärgsten Bedrängnis erlöste. Der Friede mit Rußland (5. Mai), dem sich Schweden gleich anschloß (22. Mai), und das bald darauf folgende Bündnis Peters III. (19. Juni), das ein 20 000 Mann starkes Hilfskorps dem König zur Seite stellte, änderte die militärische Lage Preußens von Grund auf[112]. In Schlesien zielte Friedrichs Absicht darauf ab, Dauns Hauptarmee unter Verzicht auf eine große Schlacht aus ihrer Gebirgsstellung gegenüber der Festung Schweidnitz wegzudrücken. Nach vergeblichem Umgehungsmanöver an derem linken Flügel vorbei gelang ihm das infolge eines unbemerkten Nachtmarsches nach der anderen Seite hin durch Überraschungsangriff auf die verschanzten Höhen von Burkersdorf und Leutmannsdorf (21. Juli). Als reines Gebirgsgefecht fiel dieser Flankenstoß ganz aus dem Rahmen der konventionellen Taktik heraus. Nur Sturmkolonnen konnten durch die unbesetzten Waldschluchten die Steilhänge hinaufgelangen, wo es keine Möglichkeit zu linearer Entwicklung gab. Die Schanzen überwältigte die von der Artillerie kräftig unterstützte Infanterie im halbwegs geordneten Wechsel von Feuer und Bajonettdruck, flankierend und frontal. Unter einer Führung, die selbständige Aufgaben selbsttätig lösen mußte, waren hierzu ausgesuchte Truppen bestimmt. Die Gesamtanlage der Operation zeigte einen bis zu 20 Kilometer ausgedehnten Kräfteansatz, der aber nur zur Verschleierung des Schwerpunktes diente und scheinbare Überlegenheit demonstrierte: 32 Bataillone vor der feindlichen Stirnseite brigadeweise verteilt, in der Ebene linear ausgerichtet. Auch das russische Hilfskorps, das wegen des Umsturzes in Petersburg schon am 18. Juli den Abmarschbefehl erhalten hatte, blieb an diesem Tag noch als Kulisse dahinter stehen. General Tschernyschew war der Bitte des Königs gefolgt, ohne dabei eine Unkorrektheit zu begehen. Sobald Daun erkannt hatte, daß es schon zu spät war, die beiden verlorenen Flankenpostierungen zurückzuerobern, nahm er seine Armee weiter ins Gebirge zurück. Dadurch wurde die Verbindung mit Schweidnitz aufgegeben, das die Preußen sogleich belagerten, aber erst am 10. Oktober bezwingen konnten.

112 Zum Feldzug 1762 siehe Bernhardi, Bd. 2, S. 439 ff., Generalstabswerk sechster Teil, Berlin 1841 und Fiedler, Geschichte der Grenadiere Friedrichs des Großen.

Erläuterung:
Preußen: *Österreicher:*
Stellungen
Angriffsrichtungen
Russen: Schanzen und Verhaue

Abb. 113. Skizze zum Angriff auf die Höhen von Burkersdorf und Leutmannsdorf am 21. Juli 1762.

Abb. 114. Menzels Vignette zu Friedrichs »Geschichte des Siebenjährigen Krieges« (Kap. XVI). Hier ist der letzte Sturm der preußischen Infanterie auf den Kuhberg in der Schlacht bei Freiberg am 29. Oktober 1762 dargestellt.

290

Die letzte Schlacht des Siebenjährigen Krieges schlug der versierte Manöverstratege Prinz Heinrich am 29. Oktober bei Freiberg auf dem Nebenkriegsschauplatz in Sachsen, als er gegen Reichsarmee und Österreicher zum befohlenen Angriff schritt[113]. Auch seine Disposition bedeutet eine Abkehr von den Grundsätzen der Lineartaktik, wenngleich sie durch das Gelände bedingt war. Vier aus allen drei Waffengattungen zusammengesetzte Kolonnen, jede auch örtlich von der anderen getrennt, zogen selbständig heran und übten von beiden Flügeln her einen so starken konzentrischen Druck auf den im Halbkreis um Freiberg verschanzten Gegner aus, daß er nur wenig Widerstand leistete. Obwohl man in der Truppengliederung schon die künftigen Divisionen erkennen möchte, ist sie den Zeitgenossen gar nicht zum Bewußtsein gekommen. Andererseits sind auch die vorangegangenen Angriffsschlachten nicht in starr zusammenhängender Linie abgelaufen. Im gebrochenen Zustand mußten sie je nach Gefechtslage immer wieder neu angesetzt werden. Ganz losgelöst vom Schema der voll durchgebildeten linearen Kampfform hatte bereits Herzog Ferdinand von Braunschweig in der Schlacht bei Krefeld (23. Juni 1758) mit drei getrennt anmarschierten Kolonnen umfassend und frontal vorrückend die Franzosen besiegt[114].

Überhaupt ist aus der Kriegführung Friedrichs des Großen gegen die große Feindkoalition eine fortgesetzte Aushilfe mit ungewöhnlichen Mitteln zu ersehen, wenn auch durchaus im Aktionskreis der zeitgebundenen Strategie, den zu durchbrechen ihm gar nicht möglich gewesen wäre. Friedrichs Siege mit der Unterlegenheit der Zahl entsprachen der normalen Stärke lineartaktisch geordneter, ungeteilter Einheitsarmeen, die durch geschickt geführten Angriff überlegene Waffenwirkung erzielen konnten und nur die Schlachtordnung des Gegners nachhaltig zu stören brauchten, um den Kampf zu gewinnen. Auch der König hat nicht wie zu späterer Zeit alle verfügbaren Streitkräfte zur Schlachtentscheidung konzentriert, weil er immer lebenswichtige Gebiete und Verbindungswege decken mußte. In der Konfrontation mit den weitgesteckten Zielen seiner Feinde blieb ihm keine andere Wahl, als überall so schnell wie möglich vorzustoßen und dabei stets zum Schlagen bereit zu sein. Rein defensives, den feindlichen Angriff abwartendes Verhalten hätte in absehbarer Zeit sein Ende heraufbeschworen. Solche Kriegführungsweise besagt jedoch nur eine mächtig gesteigerte Dynamik in den Bahnen der herkömmlichen strategisch-taktischen Grundsätze und Regeln. Als Feldherr und Souverän des altpreußischen Kriegsstaates besaß der König den großen Vorteil, daß seine Gegenspieler ihre Entschlüsse im ständigen Kriegsrat faßten, der nach den militärischen Anschauungen des Absolutismus in Bezug auf die Empfindlichkeit der Heere naturgemäß vielfältige Überlegungen erforderte, meistens zu halben Maßnahmen führte und vom Kabinett abhängig

---

113 Bernhardi: Bd. 2, S. 604 ff. und E. F. R. v. Barsewisch: Von Roßbach bis Freiberg, S. 173 ff.
114 Die Kriege Friedrichs des Großen, Teil III, Bd. 7, S. 168 ff.

blieb. »Und hier lagen Probleme, denen die Heeresleitungen der Alliierten nicht gewachsen waren«[115].

Nicht zuletzt ist auch der psychologische Effekt des »Fridericus-Mythos« zu bedenken. Die unübertreffliche Feldherrnkunst, die heroische Leistung neuer überraschender Siege nach schlimmsten Niederlagen, die sittliche Kraft des Durchhaltens und die dem König von aller Welt entgegengebrachte Bewunderung haben sich immer wieder lähmend auf die Reaktionen in den Hauptquartieren ausgewirkt[116].

Der letzte Kabinettskrieg

Wie in den letzten beiden Feldzügen des Siebenjährigen Krieges keine Schlachten großen Stils mehr vorgekommen sind, so erst recht nicht im nächsten Kampf um die Bayerische Erbfolge. Im Januar 1778 ließ Kaiser Joseph II. 15 000 Mann in Niederbayern einrücken, um aufgrund heimlicher Verzichtleistung des kinderlosen Erben Kurfürst Karl-Theodor von der Pfalz das Land in Besitz zu nehmen. Dagegen protestierten wiederum dessen Erben, worauf der Preußenkönig vorwiegend zur Erhaltung des Machtgleichgewichtes im Reich die Beschützerrolle übernahm. So war beiderseits der Krieg beschlossen. Der Kaiser beabsichtigte, ihn »zur Defensive von Böhmen«[117] zu führen. Der preußische Operationsplan sah die Offensive mit zwei Armeen vor: Die eine unter Prinz Heinrich (87 000 Mann) sollte von Sachsen aus, das in der bayerischen Frage auf Friedrichs Seite stand und ein Hilfskorps stellte, in Böhmen einfallen, die andere, vom König geführte Heeresgruppe (87 000 Mann) von Schlesien aus in Mähren. Der gedachte Operationsverlauf richtete sich nach der Stellung der feindlichen Hauptkräfte. Je nach erreichter Vormarschposition waren sie zuerst zu fesseln, dann entgegengesetzt anzugreifen. Beide Armeen sind in der Ausführung dieses Planes nicht weit vorangekommen, Prinz Heinrich nützte Anfangserfolge nicht aus und der König mochte einen ernsthaften Kampf im schwierigen Gebirgsgelände nicht riskieren. Auch der Gegner hielt sich untätig in der Defensive, so daß die als »Kartoffelkrieg« in die Geschichte eingegangene Unternehmung mit einem unbehelligten Rückzug der Preußen im September 1778 endete. Das Nachspiel zog sich noch fünf Monate lang mit örtlichen Gefechten um Stellungen und Kleinkriegaktionen in den Grenzbereichen hin.

Friedrich der Große hatte schon zuvor in seinen militärischen Schriften das aktuelle Kriegsbild aufgrund zurückliegender Erfahrungen zutreffend beschrieben. Von der schiefen Schlachtordnung war kaum noch die Rede. Wenn überhaupt, dann sei das

---

115 J. Kunisch: Das Mirakel des Hauses Brandenburg, S. 75.
116 Der alte Strategiestreit zwischen Delbrück und dem Generalstab vor dem Ersten Weltkrieg ist aus heutiger Sicht als erledigt anzusehen; von V. Regling kurz und informativ dargelegt, siehe Grundzüge der militärischen Kriegführung, S. 134 ff.
117 Defensionsplan für das Königreich Böhmen, siehe O. Criste: Kriege unter Kaiser Joseph II., Wien 1904, Anlage II, S. 262.

Bataillieren nur im äußersten Notfall kraft gewaltiger Feuerüberlegenheit möglich; denn die Kanone habe im Zusammenhang mit einer voll entwickelten Verteidigungskunst alles geändert. Aus diesem Grund war bereits in der zweiten Hälfte des Siebenjährigen Krieges die preußische Artillerie von einer ungenügend eingeschätzten Unterstützungswaffe zum Palladium der Schlacht erhoben worden[118]. Folglich gaben beide Seiten den Bayerischen Erbfolgekrieg ohne Schlacht und ohne militärische Entscheidungen frühzeitig wieder auf. Sie bedienten sich des diplomatischen Verkehrs, der auf dem Weg russisch-französischer Vermittlung zum Frieden von Teschen führte (13. Mai 1779). Es war der letzte Kabinettskrieg der Epoche. Die Preußen hatten einen beträchtlichen Verlust an Lagerkranken zu beklagen; in den Lazaretten verstarben 6930 Mann[119].

Die Geschehnisse waren durch die Erfahrungen des Siebenjährigen Krieges auf gravierende Weise bestimmt und die neu hinzugewonnenen wirkten verstärkt weiter fort. Die Kriegstheoretiker fanden nun heraus, daß die wesentliche Grundlage aller Operationsberechnung und Manöverkunst die mathematisch-militärische Wissenschaft sein müßte. Sie liefere das richtige System genau disponierter Stellungstaktik und Positionsstrategie, nach dem die Truppen zielgerichtet auf dem Terrain bewegt, unangreifbar postiert, ihre Flanken gesichert, entscheidende Räume gedeckt und die Verbindungen des Feindes durchschnitten werden könnten. Das Resultat davon wäre die absolute Unmöglichkeit, noch Schlachten zu schlagen und damit auch die Zwecklosigkeit des großen Krieges. Je weiter solche idealistischen Anschauungen um sich griffen, desto weniger vorstellbar war ein umstürzender Wandel der Kriegführung. Der pazifistische Idealismus in der konstitutionellen Phase der Französischen Revolution sollte ihn dann auch um noch drei Jahre hinauszögern.

Im Verlauf des 18. Jahrhunderts erfuhr der Kabinettskrieg durch die stärker beachteten Gebote der Staatsräson eine immer strengere Disziplinierung, und die geistigmoralischen Einflüsse des »aufgeklärten« Zeitgeistes haben ihn in seinen Auswirkungen weiter gemildert. Allein schon die Rücksicht auf die Erfordernisse der merkantilistischen Wirtschaft im Einklang mit der Versorgung nur schwer ergänzbarer Heere nötigten zur Schonung der Volkskraft ohne Unterschied von Freund und Feind. Die rational geplanten und systematisch praktizierten Landverwüstungen kamen nicht mehr vor. Plündereien der »Soldateska« wurden drakonisch unterbunden, wenn nicht der Hunger die Befehlshaber manches durch die Finger sehen ließ. Berüchtigt war die Gefräßigkeit der preußischen Muschkoten, die auf ihren Streifzügen, ohne mutwillig zu verderben, ihre Ranzen mit allem Eßbaren vollstopften[120]. Nur die Beutelust der

---

118 Militärische Schriften, S. 205, 216 ff. und 305 ff. Die Zahl der Rohre hatte sich mit jedem weiteren Kriegsjahr beträchtlich vermehrt, 1758:203, 1759:298, 1762 sogar 314 schwere Geschütze ohne die Bataillonskanonen.

119 C. Jany: Geschichte der kgl. preußischen Armee, III, S. 123.

120 Tagebuch des Musketiers Dominicus, hrsg. v. D. Kerler, Neudruck der Ausg. 1891 mit Nachwort von H. Bleckwenn, Osnabrück 1972.

Abb. 115. Russische Kriegsgefangene in Berlin, Radierung von D. Chodowiecki. Die Gefange-
nen wurden nach der Schlacht bei Zorndorf 1758 durch die Landeshauptstadt geführt und von
Berliner Frauen auf dem Schloßplatz beschenkt. Rechts im Bild der Künstler selbst mit seiner
Frau.

außerhalb der Schlachtordnung fechtenden leichten Truppen war zum Kummer aller
Feldherrn wegen ihrer Brauchbarkeit im Kleinkrieg kaum zu zügeln.

Die Gefangenen tauschte man in der Regel wieder aus, weil diese Methode den
beiderseitigen Ersatzmangel herabminderte. Wer Lust hatte, trat gleich in den Dienst
des anderen Potentaten. In der Spätphase des Siebenjährigen Krieges wurde der
Freiwilligkeit mittels Gewalt nachgeholfen. Beim Überfallen postierter Detachements
kam es mehr auf Gefangennahme als aufs Töten an, dem der Soldat von vornherein
Rechnung trug und meistens wenig Widerstand leistete. Während der Ruhezeit in den
Winterquartieren war es Kriegsbrauch, bis zum Ablauf einer vereinbarten Frist Waffenstillstand zu halten. Festungen verteidigten sich selten bis zum Äußersten. Die
Vorratslage, die Aussicht auf Entsatz und der Schaden der Zivilbevölkerung bestimmten die Zeit bis zur Kapitulation. Unblutige Besitznahme unter Zusage freien Truppen-
abzugs »mit klingendem Spiel« sah der Eroberer als einen Vorteil an. Fanatischer Haß
auf den Feind hat die Soldaten jener Zeit nicht angestachelt, so hart sie auch im
grausamen Toben einer Schlacht aufeinander losschlugen. War der Kampf vorüber,
dann erhielten die Verwundeten des Gegners gleichzeitig mit denen der eigenen Seite
die für alle bescheidene erste Hilfe. Die ritterlich-kriegerische Haltung des Offizierkorps in der Internationalität seiner vorherrschend aristokratischen Herkunft charak-

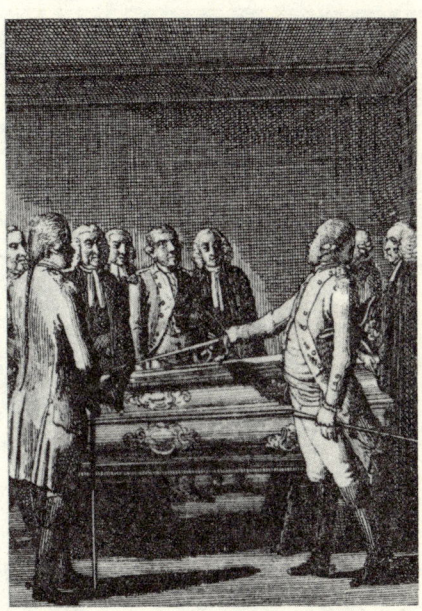

Abb. 116. Der Tod des Dichters Ewald v. Kleist und seine Bestattung, zwei Illustrationen zum Genealogischen Militärischen Kalender 1787 von D. Chodowiecki. Der bei Kunersdorf schwer verwundete Major wurde von Kosaken total ausgeplündert, bis ihn russische Husaren versorgten und nach Frankfurt brachten, wo er im Hause des Professors Nicolai verstarb. Der russische Kommandant ordnete ein ehrenvolles Begräbnis an, 12 seiner Grenadiere trugen den Sarg, Nicolai hielt die Leichenrede. Da ein preußischer Offizierdegen fehlte, gab der russische Oberst v. Bülow den eigenen her: »Ein so würdiger Offizier soll ohne dieses Ehrenzeichen nicht begraben werden.«

terisierte die stehenden Heere der Könige auf eigentümliche Art. Standen sich die Parteien auf dem Schlachtfeld gegenüber, so schien es, als ob der Adel Europas zu einem Rendezvous versammelt wäre, nur um im Wettstreit mit der Waffe einander den persönlichen Wert zu beweisen[121].

Man kann sagen, daß zwischen den 150jährigen sogenannten Glaubenskriegen, in denen es weniger um Religion als um Macht und Profit gegangen war, und den modernen Kriegen der mobilisierten Nation eine Epoche relativ gemäßigter militäri-

---

121 Am Abend vor der Schlacht von Malplaquet kamen die Offiziere beider Seiten zusammen und tauschten »tausend Artigkeiten« aus. Französische und preußische Generale, darunter Kronprinz Friedrich Wilhelm, hatten zuletzt »alle Mühe der Welt, um sich voneinander zu trennen«. In der Schlacht bei Fontenoy überließ der Kommandeur der französischen Garde dem General der angreifenden englisch-hannoverschen Truppe die Ehre der ersten Salve.

Abb. 117 Begräbnis des in der Schlacht bei Hochkirch gefallenen preußischen Feldmarschalls *v.* Keith, Kupferstich von J. M. Will. Der unter Toten und Verwundeten gefundene Leichnam wurde in die Dorfkirche gebracht, wo Feldmarschall Daun ihn tief betrauerte. Am 15. Oktober war das feierliche Begräbnis mit Ehrensalut von 12 Geschützen und von zwei Infanterieregimentern.

scher Gewaltanwendung gelegen hat. Sie brachte die Idee des ewigen Friedens aufgrund völkerrechtlich gebundener Politik hervor, die zuletzt den Verteidigern absolutistischer Kriegszucht das Hauptmotiv lieferte: Die durch stehende Heere wohlgerüsteten Staaten könnten sich im Gleichgewicht der Abschreckung halten und somit auch den Wohlstand des glücklicherweise unbeteiligten Bürgers am besten sichern. Als Napoleon das Revolutionsheer anführte, zerriß er solche Vorstellung gleich einem Spinnengewebe.

Auswahl grundlegender und weiterführender Literatur

Allmeyer-Beck, Johann Christoph: Die kaiserlichen Kriegsvölker, München 1978.

Derselbe: Das Heer unter dem Doppeladler, München 1981.

Die Bedeutung der Logistik für die militärische Führung von der Antike bis in die neueste Zeit. (MGFA-Vorträge zur Militärgeschichte, Bd. 7.) Herford u. Bonn 1986.

Bleckwenn, Hans: Unter dem Preußen-Adler. Das brandenburgisch-preußische Heer 1640–1807, München 1978.

Braubach, Max: Prinz Eugen von Savoyen, eine Biographie, 5 Bde. München 1963 ff.

Criste, Oskar: Kriege unter Kaiser Joseph II., Wien 1904.

Delbrück, Hans: Geschichte der Kriegskunst, Bd. IV, Berlin 1962.

Demeter, Karl: Das Deutsche Offizierkorps in Gesellschaft und Staat 1650–1945, Frankfurt a. M. 1963.

Deutsche Militärgeschichte in sechs Bänden 1648–1939, hrsg. v. Militärgeschichtlichen Forschungsamt, Bd. 1, Abschnitt I u. III, und Bd. 6, Abschnitt IX, München 1983.

Feldzüge des Prinzen Eugen, Wien 1876 ff.

Franke: Handbuch der Wehrwissenschaften, Bd. I u. II. Berlin 1936–1937.

Die Kriege Friedrichs des Großen, hrsg. v. Gr. Generalstabe, T. I–III, Berlin 1983 ff.

Die Türken vor Wien. Europa und die Entscheidung an der Donau 1683, hrsg. vom Historischen Museum der Stadt Wien, Salzburg/Wien 1982.

Fiedler, Siegfried: Grundriß der Militär- und Kriegsgeschichte, Bd. 1, Die stehenden Heere im Zeitalter des Absolutismus 1640–1789, München 1972.

Frauenholz, Eugen von: Entwicklungsgeschichte des deutschen Heerwesens, Bd. IV. München 1938.

Derselbe: Das Gesicht der Schlacht: Taktik und Technik in der deutschen Kriegsgeschichte, Stuttgart 1937.

Hinrichs, Carl: Preußen als historisches Problem, Veröffentlichungen der Historischen Kommission zu Berlin, Bd. 10, Berlin 1964.

Hintze, Otto: Staat und Verfassung, Gesammelte Abhandlungen, Bd. 1, Göttingen 1970.

Höhn, Reinhard: Revolution – Heer – Kriegsbild, Darmstadt 1944.

Hubatsch, Walther: Das Zeitalter des Absolutismus 1600–1789, Braunschweig 1962.

Jany, Curt: Geschichte der Preußischen Armee, Bd. 1–3 (2. Aufl.), Osnabrück 1967.

Jähns, Max: Geschichte der Kriegswissenschaften, Bd. II und III, Nachdruck der Ausg. München/Leipzig 1891, Hildesheim 1966.

Kroener, Bernhard: Les Routes et les Etapes. Die Versorgung der französischen Armeen in Nordostfrankreich (1635–1666) (Schriftenreihe der Vereinigung zur Erforschung der Neueren Geschichte, Bd. 11), Münster 1979.

Kunisch, Johannes: Der kleine Krieg. Studien zum Heerwesen des Absolutismus. (Frankfurter Historische Abhandlungen, Bd. 4), Wiesbaden 1973.

Derselbe: Das Mirakel des Hauses Brandenburg. Studien zum Verhältnis von Kabinettspolitik und Kriegführung im Zeitalter des Siebenjährigen Krieges. München/Wien 1978.

Kriege unter der Regierung des Kaisers Franz. Krieg gegen die Französische Revolution 1792–1797. Bd. 1, Wien 1905.

Linnebach, Karl (Hrsg.): Deutsche Heeresgeschichte, Hamburg 1935.

Oestreich, Gerhard: Geist und Gestalt des frühmodernen Staates, Berlin 1969.

Ritter, Gerhard: Staatskunst und Kriegshandwerk. Das Problem des »Militarismus« in Deutschland, Bd. 1: Die altpreußische Tradition, 3. Aufl., München 1965.

Schlieffen, A. Graf v.: Friedrich der Große. Berlin (2. Aufl.) 1927.

Schnitter, Helmut: Volk und Landesdefension, Berlin-Ost 1977.

Schuster, Otto und Franke, Adolf: Geschichte der Sächsischen Armee von deren Errichtung bis auf die neueste Zeit, 3 Bde., Leipzig 1885/86.

Sichart, A. u. R. v.: Geschichte der Königlich Hannoverschen Armee (1631–1803), 4 Bde., Hannover 1866 ff.

Sicken, Bernhard: Das Wehrwesen des fränkischen Reichskreises. Aufbau und Struktur (1681–1714), 2 Bde., Nürnberg 1967.

Staudinger, Karl: Geschichte des bayerischen Heeres (1651–1777), 3 Bde., München 1901 ff.

Storm. Peter-Christoph: Der Schwäbische Kreis als Feldherr, Untersuchungen zur Wehrverfassung des Schwäbischen Kreises in der Zeit von 1648–1732, Berlin 1974.

Weygand, General: Die Geschichte der französischen Armee, deutsche Übersetzung, Berlin 1939.

Bildnachweis

Allgemeine Geschichte in Einzeldarstellungen, hrsg. von W. Oncken, Bde. III, 7–9, Berlin 1881 ff. (6, 12, 19, 28, 30, 32, 36, 52, 62–64, 66, 73, 81, 83, 84, 88, 91, 98)

Amsterdam/Rijskmuseum (Tafel III, unten)

Archiv-Verlag, Braunschweig (54, 55, Tafeln II und IV, unten)

Berlin/Kunstbibliothek Lipperheide (40)

Bilder a. d. Brandenbg. Preuß. Geschichte, Radierungen von D. Chodowiecki, hrsg. v. G. Voß, o. J. (33, 34, 39, 46, 48–50, 76, 77)

Die Türken vor Wien, hrsg. v. Histor. Museum der Stadt Wien, Salzburg/Wien 1982 (14–16, 20, 69)

Exercises de Mars, Nachdruck Nürnberg 1700 (8–10)

Friedrich d. Große u. Maria Theresia, Diplomatische Berichte, Berlin 1937 (24, 29, 43)

Heidelberg/Kurpfälzisches Museum (71)

Liebe, G.: Soldat und Waffenhandwerk, Leipzig 1899 (17, 22, 60, 117)

Matasovic, J.: Die Briefe des Grafen Sermage a. d. 7jährig. Krieg, Zagreb 1923 (25b u. 26)

Mention, L.: L'armée de l'ancien régime, Paris 1900 (3a und b, 5, 11, 57a und b)

Menzel, A.: Illustrationen zu den Werken Friedrichs d. Großen (27, 41, 42, 44, 45, 51, 92, 95, 101, 112, 114)

Musée de Versailles (Tafel I)

Privatbesitz (2, 18, 37, 38, 47)

Rastatt/Wehrgeschichtliches Museum (31, 56, 56 und Tafel III, oben)

Soldatenjahrbuch 1972 ff. (25a, 35, 53, 59, 67, 68, 78 und Tafel IV, oben)

Wallfahrtskirche Aufkirchen (58)

Weygand, Geschichte der Französischen Armee, dtsch. Ausg. Berlin 1939 (4, 7, 65, 90)

Werke Friedrichs d. Großen, Berlin 1913 (94)

Skizzen: v. Alten, Handbuch f. Heer u. Flotte (80)

Elze, W.: Friedrich d. Große, Berlin 1936 (96, 97, 99, 100, 102–104, 107–111)

Fiedler, S.: Grundriß d. Militär- u. Kriegsgeschichte Bd. 1, München 1972 (105 und 106)

Feldzüge des Prinzen Eugen/Kartenband (79)

Die Verteidigung Mitteleuropas, Berlin 1937 (1, 72)

Schlieffen, A.: Friedrich d. Große (93)

Textor, F.: Entfestigungen u. Zerstörungen im Rheingebiet während des 17. Jh. als Mittel der frz. Rheinpolitik, Bonn 1937 (70)

Register

Der Autor

Siegfried Fiedler

Geboren 1922 in Hirschberg/Schlesien. Kriegsdienst. Berufsoffizier in der Wehrmacht (1940–1945) und Bundeswehr (1956–1979), zuletzt Oberstleutnant. Langjähriger Lehrstabsoffizier für Militär- und Kriegsgeschichte an der Heeresoffizierschule I (Hannover), von April 1974 bis zur Pensionierung im März 1979 Direktor des Wehrgeschichtlichen Museums Schloß Rastatt.
Vorstandsmitglied der Deutschen Gesellschaft für Heereskunde e. V. gegr. 1898. Verfasser von Fachbüchern, Zeitschriftenaufsätzen (»Deutsches Soldatenjahrbuch«, »Zeitschrift für Heereskunde«, »Bote aus dem Wehrgeschichtlichen Museum«) und Beiträgen zu Ausstellungskatalogen.

Buchveröffentlichungen:

Scharnhorst – Geist und Tat, München 1958.

Grundriß der Militär- und Kriegsgeschichte, 3 Bände, München 1972–1978. Bd. 1: Die stehenden Heere im Zeitalter des Absolutismus 1640–1789, 1972 (2. Aufl. 1981). Bd. 2: Das Zeitalter der Französischen Revolution und Napoleons, 1976. Bd. 3: Napoleon gegen Preußen, 1978.

Die Grenadiermützen der Armee Friedrichs des Großen. Publikation des Wehrgeschichtlichen Museums Rastatt (Text) mit Geschichte der Grenadiere Friedrichs des Großen, München 1981.

Carl Friedrich und seine Zeit. Ausstellung der Markgräflich Badischen Museen 1981 (Mitarbeit als wissenschaftlicher Beirat).

Deutsches Militärarchiv, Braunschweig 1981 ff. (Sammelwerk mit monatlichen Lieferungen; bisher erschienen 4 Bände Militärarchiv und 2 Bände Ergänzungsarchiv; mit Georg Ortenburg und Karl Hermann Frhr. von Brand zu Neidstein.)

Unter dem Greifen. Altbadisches Militär von der Vereinigung der Markgrafschaften bis zur Reichsgründung 1771–1871, hrsg. von der Vereinigung der Freunde des Wehrgeschichtlichen Museums Schloß Rastatt e. V., Karlsruhe 1984 (Beiträge zur Kriegsgeschichte).

Kriegswesen und Kriegführung im Zeitalter der Landsknechte, Koblenz 1985 (Heerwesen der Neuzeit, Bd. I 1).